U0726568

吉尼斯
世界纪录大全
2025

吉尼斯世界纪录有限公司 著

迟文成 张宏佳等 译

北方联合出版传媒（集团）股份有限公司

辽宁少年儿童出版社

沈 阳

图书在版编目（CIP）数据

吉尼斯世界纪录大全．2025 ／ 吉尼斯世界纪录有限公司著 ；迟文成等译． —— 沈阳 ：辽宁少年儿童出版社，2025．1（2025．9重印）． —— ISBN 978-7-5759-0069-0

Ⅰ．Z228

中国国家版本馆CIP数据核字第2024N7V283号

声明：本书中部分图片展示内容由专业人士完成，读者切勿随意模仿。

吉尼斯世界纪录大全2025
Jinisi Shijie Jilu Daquan 2025
吉尼斯世界纪录有限公司 著　迟文成　张宏佳　王馨悦　潘　清　邓　玲　李嘉璇　张舒瑞　魏　芳 译
出版发行：北方联合出版传媒（集团）股份有限公司
　　　　　辽宁少年儿童出版社
出 版 人：胡运江
地　　址：沈阳市和平区十一纬路25号
邮　　编：110003
发行部电话：024-23284265　23284261
总编室电话：024-23284269
E-mail：lnsecbs@163.com
http://www.lnse.com
承 印 厂：辽宁新华印务有限公司
责任编辑：董全正　段胜雪
责任校对：贺婷莉
封面设计：白　冰
版式设计：鼎籍文化创意
责任印制：孙大鹏
幅面尺寸：210mm×285mm
印　　张：16　　　　字数：1172千字
出版时间：2025年1月第1版
印刷时间：2025年9月第3次印刷
标准书号：ISBN 978-7-5759-0069-0
定　　价：168.00元

版权所有　侵权必究

吉尼斯
世界纪录大全
2025

目录

为了庆祝《吉尼斯世界纪录大全》面世 70 周年，我们将为读者奉献一场饕餮盛宴。本书开篇即重点回顾过去 70 年收录的纪录精华，当然也少不了过去 12 个月打破纪录的高光时刻……

哺乳动物

在庆祝《吉尼斯世界纪录大全》白金禧年之际，我们在本书中重现了过去 70 年趣味十足的设计风格，并将这种风格延展至全书。本书所列事实、统计数据、细节描述和图表信息也都得到更新，还配上了 1 000 多幅特别抓眼球的图片。

戴安娜·阿姆斯特朗

ICON

偶像

一些纪录持有者为"吉尼斯世界纪录"赋予了人性意义，吉尼斯向他们致敬。读者会在书中了解电影《芭比娃娃》幕后的世界著名玩偶、连续创造多项纪录的泰勒·斯威夫特，还有在《吉尼斯世界纪录大全》上确立偶像级地位的戴安娜·阿姆斯特朗（*上图*）。

亲爱的吉尼斯……

值此白金禧年到来之际，编辑们不辞劳苦，从以往浩如烟海的档案资料中挖掘精选出一些特殊纪录。它们都人气颇高。这些纪录既洋溢着申请人的激情，又体现出满满的创意思维，这正是我们珍视的可贵品质。非常感谢他们，请继续提交申请吧！

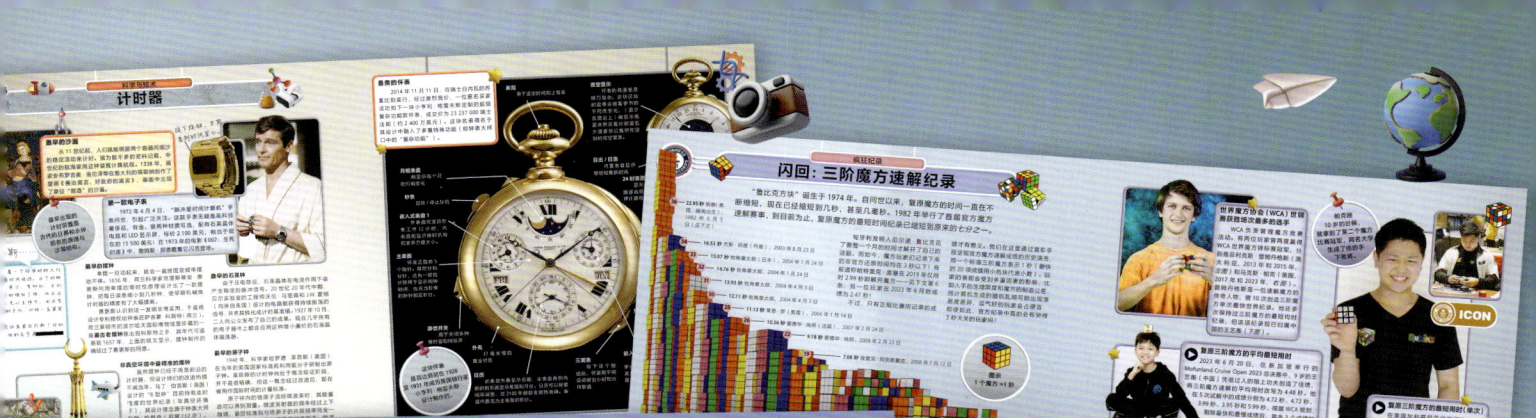

闪回：三阶魔方速解纪录

闪回

这些类似海报的页面是《吉尼斯世界纪录大全 2025》新推出的内容，重现了一些热门纪录产生的过程。和我们一起沉浸到缤纷的世界纪录中吧，这里有世界上最高的建筑、身价最高的足球运动员，还有最快的三阶魔方复原时间等。

通过 guinnessworldrecords.com 在线了解更多拓展内容

每当你看到这个播放符号，请访问 guinnessworldrecords.com/2025 获取我们附赠的精彩视频。我们的团队精选了一些视频，内容都是世界上最令人叹服的纪录保持者。不要错过世界纪录诞生的真实画面哟！

YOUNG ACHIEVERS 金奈呼啦圈俱乐部

YOUNG ACHIEVERS 奥利·弗格森与哈里·弗格森

少年儿童专区

吉尼斯一以贯之的使命是激励所有年龄段的破纪录者，今年又新推出了一批 16 岁以下的神奇青少年，他们表现出超越年龄的勇气、决心和激情。无论是勇于开拓的滑板玩家，还是持有 30 多项世界纪录的呼啦圈高手，他们都充分证明了年轻绝不是成功的阻碍。

白金

白金，即铂，是一种金属元素，符号为 Pt，原子序数为 78。因为它很像银，人们便使用西班牙语里的 platina（意为"小银子"）把这种贵金属命名为 platinum。因具有稀缺性（在地壳中含量约为 $1 \times 10^{-7}\%$）、高密度、可锻性、延展性和化学稳定性等特征，铂成为极为宝贵、用途广泛的金属，常被用于制作珠宝首饰、医疗器械、电传感器和硬盘存储材料等。铂也代表着重要事件的 70 周年纪念日，即白金纪念日。

最大的白金块

1904 年，人们在俄罗斯叶卡捷琳娜堡的依沃夫矿中发现了一块重达 7 860.5 克的白金，并称之为"乌拉尔巨人"。它目前由莫斯科的克里姆林宫钻石基金会保管。

赢得最多的 PlayStation 白金奖杯

PlayStation 游戏玩家可获得虚拟奖励，而解锁一款游戏其他所有奖杯的玩家就能获得白金奖杯。截至 2023 年 12 月 8 日，加拿大玩家 dav1d_123 在超过 10 761 个游戏中收获了 9 190 个白金奖杯，创造了世界纪录。

最大的地图

《白金版大地图》是由千禧出版社（澳大利亚）出版的地图册，共 61 页，重约 200 千克，是唯一以"白金"为材质的书。它有 1.854 米长，闭合状态下 1.45 米宽、6 厘米厚。它仅发行了 31 册，单册售价 100 000 美元。2012 年 7 月 13 日，它在英国伦敦大英图书馆首次展出。

最贵的酒瓶

2006 年 7 月 20 日，一位墨西哥私人收藏家豪掷 225 000 美元，购买了一瓶由龙舌兰莱伊 925 做成的白金龙舌兰酒。瓶内的蓝色龙舌兰仅值 2 500 美元，而制作酒瓶使用了 2.26 千克白金和 4 100 颗白钻，其价值占到总售价的 98.8%。

白金唱片

根据美国唱片业协会规定，当单曲或专辑的实体销量达到 100 万份，或单曲播放 1.5 亿次、专辑播放量达到 15 亿次时，就可以获得"白金"认证。如果销量或播放量在此基础上再翻 1 倍，就可以获得"多白金"认证。"摇滚之王"埃尔维斯·普雷斯利（美国）拥有**最多的白金认证**——82 个，其中包括 57 白金认证和 25 个多白金唱片认证。芭芭拉·史翠珊（美国）持有**女子纪录**——42 个白金认证（包括 30 个白金认证和 12 个多白金认证）。**团体纪录**由披头士乐队（英国）创造，他们拥有 68 个白金认证（42 个白金认证和 26 个多白金认证）。

最贵的……

沙丽：2008 年 1 月 5 日，一条镶有钻石、翡翠、蓝宝石和黄玉，由金线、银线和白金线缝制的丝绸沙丽卖出了 3 931 627 卢比（约合 99 990 美元）的高价。它由金奈纺织（印度）制作，主要设计灵感来源于印度著名艺术家拉贾·拉维·瓦尔玛的画作。

袖扣：在 1996 年 11 月的一次私人交易中，流行乐天王迈克尔·杰克逊斥资 39 750 美元买下一对袖扣。这款袖扣名为 V2，由白金和 18K 金制作而成，上嵌钻石和蓝宝石，由英国西约克郡巴特利的设计师阿尔法克（又名巴特利的阿尔法克·侯赛因）制作。

钱包：1984 年 9 月，由法国巴黎瑞克朵丝和日本东京御木本珠宝共同推出的一件由白金包角并镶钻的鳄鱼皮钱包卖出了 56 000 英镑的天价。

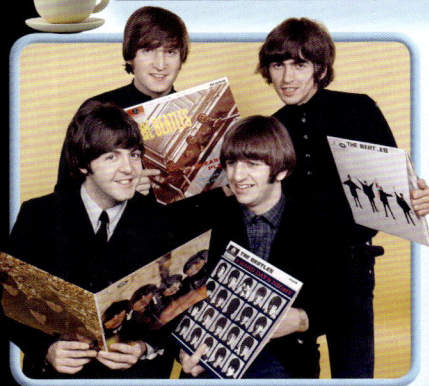

最小的手工国际象棋

2020 年 8 月 22 日，亚美尼亚裔美国艺术家阿拉·戴维迪·加扎里安手工制作了一副全尺寸仅为 8 毫米×8 毫米并且能下的微型国际象棋。棋盘由黄金、白金和亚美尼亚杏木制成，被置于一个由白金、黄金、红宝石和钻石制成的框架上。

100%

当代艺术品上使用的最昂贵材料

　　"献给上帝的爱"是达米恩·赫斯特（英国，下图）于 2007 年设计的珠宝骷髅头，由英国珠宝商本特利斯金纳公司制造，使用的原材料价值 1 200 万英镑。据称，它是用 2 156 克白金按照一位 30 多岁去世的欧洲男性头颅铸型的，并镶嵌了 8 601 颗高纯度钻石。2007 年 6 月 1 日，这件艺术品在英国伦敦的白立方画廊首次与观众见面，被视为"死亡警示类"作品，喻示"人终有一死"。该作品最初标价为 5 000 万英镑。

高纯度钻石
骷髅头布满8 601颗明亮式切割的高纯度钻石，总重达1 106.18克拉。

"前额之星"
额头中央嵌有一颗高纯度的明亮式切割淡彩水滴形粉钻，重52.4克拉。据赫斯特说，它代表"第三只眼"。

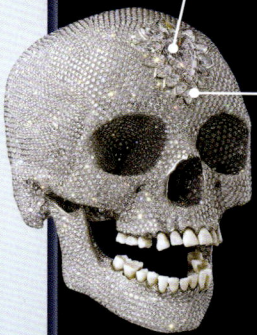

环绕装饰
"前额之星"由14颗总重为37.81克拉的D色（完全无色）明亮式切割的水滴形高纯度钻石环绕。

原生牙齿
作品所用的牙齿是2007年从一家名为"伦敦动物标本和自然历史文物店"购得的，经碳十四断代法测定，其年代可追溯到1720年到1810年。

光滑材料

　　因为白金颗粒度很低（即光滑），所以特别适合在电子显微镜下显示细节。例如，**最小的贺卡**是英国国家物理实验室用涂有白金的氮化硅制成的，尺寸仅为 15 微米 × 20 微米。加拿大西安大略大学纳米实验室的托德·辛普森（加拿大）制作出**最小的雪人**，仅有 3 微米高，其手臂就是白金棒。

最贵的蟹肉饼

　　2019 年，美国南卡罗来纳州哥伦比亚市的特维斯特餐馆主厨拉扎瑞斯·来萨斯·沃克（美国）制作了一份最贵的蟹肉饼，标价为 310 美元。制作蟹肉饼的多种原材料都价格不菲，外表甚至镀了一层白金。白金的生物惰性可以使其直接从人体排出。

主编寄语

今年恰逢《吉尼斯世界纪录大全》的白金禧年。过去的 70 年是记载无数"严肃而认真"的壮举的 70 年！但我们几乎没有时间吹生日蜡烛，因为仅今年一年就有 29 000 多份纪录申请在等着我们审查。

70 年前，照片中的这对双胞胎兄弟（下图）在伦敦弗利特街一家废弃健身房里建了一间小办公室。他们要将"坊间争论的热点转化成知识的光芒"，所以打算编纂出版一本参考性图书，用来解决英国酒吧里的各种争论（顺带推销一种名牌黑啤）。然而二人最终的作品却在出版业引发了现象级的反响。

他们当时出版的《吉尼斯纪录》被称为"硬支小绿本"，免费赠送给酒吧老板。这本书因其封面涂层能防啤酒浸湿而大受欢迎。由于需求暴增，《吉尼斯纪录》很快就被投放到书店销售。那一年，它成为圣诞季的畅销书，还促成了一家出版企业的成立，并迅速走向全球。现在，《吉尼斯世界纪录大全》每年以 40 种语言出版，有数百万粉丝活跃在其庞大的社交媒体上，另外还有一家向全世界所有人开放挑战机会的专属咨询公司。

超凡成就

我们想通过这本特别版来庆祝我们了不起的文化遗产，同时探究 70 年来我们视野的开阔过程，而追求卓越更能体现我们努力的意义。

通过最长、最高、最强或最小的角度认知世界，能让我们对世界的运行形成独特的感悟。所有人都有机会留下自己的印记，无论成就大小，都值得褒扬。

我们也渴望未来 70 年更加精彩。我们每年收到的申请数以万计，这足以证明世界纪录的吸引力。只要人们朝着更高的挑战目标不断奋进，我们就会带着秒表和量尺，随时准备记录。

回首过往

我们对纪录的发展历程进行

1 分钟做俯卧撑的数量最多（男子，CID1 级、CID2 级）

2023 年 9 月 29 日，乔·伯德用时 60 秒完成了 61 个俯卧撑。按照吉尼斯残障评级系统，双臂和双腿机能缺失属于 CID1 级和 CID2 级残障。乔出生时患有脑瘫，但他自己磨炼出不依靠辅助装置的运动能力，最终成为一名残奥会赛艇运动员。他自己能走能跑也能跳，打破了人们对残疾人的刻板印象。

了梳理，以编年史的形式呈现纪录背后的故事。你能在每一板块找到"闪回"栏目，专门介绍一项世界纪录多年来的变化轨迹。我们选择了各种各样的主题，包括动物的体型大小（第 30~31 页）、人类的身高（第 62~63 页）、飞行的高度（第 124~125 页）和足坛的转会费（第 220~221 页）等。在创意合作伙伴 55Design 的大力帮助下，我们用视觉冲击力极强的信息图来展示纪录的直观演变情况。

吉尼斯世界纪录元勋：麦克沃特兄弟

在庆祝 70 周年华诞之际，我们必须向《吉尼斯世界纪录大全》的创始人诺里斯·麦克沃特和罗斯·麦克沃特表达诚挚的敬意。从 1955 年的第一部开始，这对双胞胎兄弟就为这**本年度最畅销图书**注入了狙特的气质（见第 10~11 页）。他们成为 BBC 经典节目《破纪录者》的重量级嘉宾，在演播室里听众解答世界纪录方面的各种问题。罗斯在 1975 年去世，而诺里斯（故于 2004 年）则在吉尼斯世界纪录当家人的位置上一直干到 1996 年。兄弟二人对你手上的这部书有着至高无上的影响，他们的贡献怎么强调都不为过。

2023 年 4 月 23 日，在伦敦马拉松比赛中，数千名运动员走上街头，为他们心中的慈善机构筹集善款。本次马拉松比赛总共诞生了 44 项新纪录，下表按从快到慢的顺序排列。

伦敦马拉松选手																						
即乐马（男子，肯尼亚）2:01:25	拳击手（男子）亚历克斯·格兰迪（美国）2:38:52	救生员（男子）托马斯顿奇2:42:22	穿睡衣（男子）朱利安·伦德兹2:46:46	穿女巫服饰（男子）柳迪默德·S本·阿里亚巴斯（马来西亚）2:49:22	羽毛球运动员（男子）阿德里·柏德克·波兰2:53:01	手铐二人组（男子）杰克·米根·丹尼尔·加拉他彼此2:53:33	科学家（男子）罗伯特·沃尔夫2:55:40	高尔夫球运动员（男子）安德鲁·塔兰特2:57:26	非竞赛轮椅——单前轮（女子）克劳迪娅（自制）3:00:56	漫画人物（女子）维多利亚3:01:59	墨西哥式传统食物运动员（男子）本·莫利迪先斯3:10:30	咸味食品（女子）凯布尔尔斯拉夫斯库草（美国）3:14:52	穿护膝装（男子）阿丽妮珍珀3:23:24	西装革履（男子）近野正一（美国）3:22:43	演过橄榄球赛装（男子）纪念的·骨林（澳大利亚）3:26:43	功夫套装（男子）马修·弗兰德3:28:10	邮递员（男子）尼克拉冲·肯提3:28:38	星星装（男子）依狩·托茨利3:30:09	带气门（女子）阿蒂尔·罗伯3:30:22	海盗装（女子）钟娃·奥利斯3:31:27	穿睡衣（女子）埃马努埃拉·皮皮左仁（意大利）3:34:20	身体放位（女子）埃玛基乔（加拿大）3:37:16

▲ 被打破的纪录　　　*没有特别标明国籍的纪录持有人均来自英国

《蓝彼得》与吉尼斯世界纪录一同起航

今年，这档**播放时间最长的儿童电视节目**再次成为一系列趣味十足的吉尼斯世界纪录的福地。从左至右：欧洲电视网的希望之星奥利·亚历山大创造了**在椅子上旋转同时抛接物体最多**纪录——接住了 27 个沙滩球；最近入职《蓝彼得》的主持人什妮·穆图克里什南用时 **1 分钟戴上最多的小丑鼻子**——33 个；露西·安德唐则用 37.47 秒创下**肩扛双人行进 50 米的最短用时**纪录；节目组的乔尔·马维尼（穿绿衣者）击败了电视主持人斯蒂芬·穆赫恩，用时 28.63 秒获得**穿好 5 件夹克衫最短用时**纪录。

1 分钟穿上最多的苏格兰裙

为了庆祝 2023 年 11 月 30 日的圣安德鲁日，广播员詹妮弗·雷奥赫在格拉斯哥的 Heart Radio 演播室里用时 60 秒套上了 5 件苏格兰方格短裙。我们的主编克雷格·格伦迪到场见证了挑战过程。同为苏格兰人的洛林·凯利在 2007 年首次创造了该纪录，当时她穿上了 3 件方格裙。

个人 1 分钟送出的拥抱次数最多

2024 年 1 月 15 日，主持人萨姆·汤普森来到滨海肖勒姆镇，在英国独立电视台的《今晨》节目中用时 60 秒拥抱了 88 个人。英国人认为 1 月 15 日是一年中最令人沮丧的一天，而萨姆却要在这一天传播欢乐。虽然在滨海肖勒姆镇送出拥抱的理由貌似不够充分，但英国国家统计局发现该镇是全国忧郁指数最高的地方。

穿上 5 件套头衫的最短用时（团队）

2023 年 12 月 31 日，在第四频道 *The Last Leg* 的迎新年特别节目中，主持人乔希·维迪科姆、亚当·希尔斯（澳大利亚）和亚历克斯·布鲁克（左二至右）各自套上了 5 件节庆毛衣，共用时 34.43 秒。他们的这一次（第二次）挑战获得成功。他们在前一周的圣诞特别节目中的第一次挑战未能打破纪录。

- 君王（男子）▲ 吉尔斯·杜福斯（法国）3:38:13
- 伐木工（男子） 柯克·米利坎（美国）3:39:12
- 穿泰式裙装（女子） 坎查纳塞维·查林亚（泰国）3:45:34
- 昆虫（男子） 大卫·彻奇3:49:38
- 玻璃杯（男子） 丹尼尔·本特3:50:21
- 送奶工（男子） 加里·夸特3:52:12
- 穿惠灵顿长靴（女子） 贝基·拉福德3:59:57
- 3D飞机（男子）▲ 马丁·吉尔4:03:02
- 圣诞拉炮（女子） 露西·普莱斯4:05:57
- 玻璃杯（女子） 卡罗琳·李尔4:09:26
- 糖果（女子） 安妮丽斯·布鲁萨德（美国）4:14:36
- 挎高尔夫球杆（男子） 杰里米·莱特4:14:59
- 全身充气服装（男子） 斯蒂芬·沃特斯4:15:02
- 3D植物（男子） 迈克尔·丹尼尔斯4:15:23
- 公路车辆（男子）▲ 杰姆·史密斯4:27:52
- 3D飞机（女子） 菲奥娜·贝茨4:33:32
- 3D恐龙（男子） 理查德·埃里森4:36:43
- 骑士（男子） 保罗·埃文斯4:50:27
- 背白色货箱（男子） 山姆·哈蒙德4:52:10
- 书本（男子）▲ 肖恩·欧文5:19:15
- 穿木屐（男子） 约翰内斯·A. 伊尼森7:08:37

主编寄语

在圣大卫日上创造历史

为庆祝圣大卫日,威尔士语广播公司 S4C 再次主办了一系列纪录挑战活动。从右上图开始按顺时针方向:Ski4All 组合完成了**残疾人团体接力 1 小时滑雪距离最远**挑战——13.75 千米。酷爱兔子的克莱格·埃文斯展示了**最多的兔子文身**——69 个。莉安娜·洛伦仅用时 11.77 秒便刷新了**在弹跳球上跳跃 20 米用时最短(女子)**纪录。贝丝·格里斯、丽莎·玛丽·哈索尔、萨姆·泰勒和尼古拉·沃特斯一起创造了**团体拖拽卡车行进 20 米用时最短(女子)**纪录,仅用 20 秒就把一辆 20.2 吨的卡车拉了 20 米。

30 秒完成的钟摆舞步数最多

2023 年 11 月 10 日,在 BBC 的电视节目《舞动奇迹》现场,劳伦·奥克利在规定的时间内双腿交替完成了 15 个钟摆舞步。腿脚轻盈的劳伦从两岁开始跳舞,后来成为全英舞蹈比赛 21 岁以下组冠军。

本书第一章的版面设计也是为了向历史致敬。我们把每 10 年的纪录浓缩到一个对开页,按照时间顺序重新编排了《吉尼斯世界纪录大全》7 个年代的精华内容。你可以比对出几十年来设计风格和纪录类别的演变过程,也能发现一些至今未被打破的纪录。这肯定是很有意思的阅读体验!

展望未来

《吉尼斯世界纪录大全》能持续成功的部分原因在于始终坚持自己的使命,即反映全世界(以及宇宙)实际发生的事情。书中汇集了我们得到的公认事实和认证过的纪录条目。我们每年收到的申请超过 30 000 份,所以从不缺少新创意。因此,感谢联系我们的所有人,包括那些提交材料但没机会获得认证的人(参阅第 2 页的"亲爱的吉尼斯……")。

我要特别感谢所有 16 岁以下的吉尼斯世界纪录证书得主。我们骄傲地祝贺这些青少年才俊,这是我们第一次用整整一章的篇幅介绍年轻的超级明星。到第 174~191 页的儿童专区去开开眼界吧,他们一定能触动你。

完成 5 个汽车特技的最短用时

2023 年 8 月 20 日,在汉普郡范堡罗举行的英国车展上,保罗·斯威夫特仅用 57.21 秒就表演了 5 种不同的汽车特技,分别是:两轮着地行驶 50 米;在只比车身长度多 1.5 米的两车间隙中完成 J-Turn(即加速、急停、掉头);完成至少车身长度的坡道飞跃;在仅比汽车长 1 米的车位上完成平行停车;表演原地转圈 3 周。

2024 年 4 月 21 日,在伦敦马拉松比赛中,数千名运动员走上街头,为他们心中的慈善机构筹集善款。本次马拉松比赛总共创造了 47 项新纪录,下表按从快到慢的顺序排列。

马拉松选手(仅限女子)佩鲁斯·杰普基鲁伊(肯尼亚)2:16:16	
马拉松选手(LA3级,男子)◇ 马塞尔·赫格(瑞士)2:42:01	
1型糖尿病患者 西蒙·卡拉斯科维亚(意大利)2:44:33	
科学家(男子)斯蒂芬·科克伦 2:48:51	
游戏角色(男子)西蒙·基帕拉2:52:57	
网球运动员(男子)山姆·帕里什 3:03:51	
啦啦队员(男子)沃伦·罗素特3:05:18	
穿睡衣(女子)蕾切尔·布朗利3:06:18	
多发性硬化症患者(男子)乔纳森·阿斯特特3:07:34	
水壶(男子)斯图·曼福德3:10:50	
鸟类角色(男子)马库斯·埃斯利3:12:00	
滑雪角色(男子)戴维·迪特3:19:10	
游戏角色(女子)斯图尔特·科姆斯3:20:25	
魔方模型(男子)伊恩·普雷斯顿3:20:31	
飞行员(男子)萨姆·霍尔德3:21:07	
东气囊服(男子)李·本顿3:22:16	
交通锥筒(男子)马特·埃弗雷特3:22:16	
甜食(男子)迪格比加斯·奥尼尔3:28:16	
君王(男子)科林·杜福斯3:32:16	
《星球大战》角色(女子)凯蒂·巴巴多夫3:33:12	
3D飞机(男子)托比·诺曼3:34:27	
身体组织(男子)奥利·肖特(爱尔兰)3:43:00	
甜食(男子)劳拉·贝克尔3:45:57	
表情符号(男子)汤姆·霍尔3:50:17	
船钩(女子)克莱尔·卡霍恩3:51:01	

◇ 依据吉尼斯的残障分级体系,可以在 guinnessworldrecords.com 了解分级准则   * 没有特别标明国籍的纪录持有人均来自英国

最长的火车图画（II级）

哈维·普赖斯绘制出的 21.3 米长的火车素描图在 2023 年 7 月 13 日得到纪录认证。哈维是铁杆儿火车迷（最喜欢的是盖特威克快车）。他绘制这幅画花了 1 个月时间。他的举动也是"宿命终结者"运动的部分内容，这项运动旨在挑战有关残障的种种谬论。（"II级"残障是指学习能力或适应性行为持续受限。）上图为哈维与明星母亲凯蒂·普赖斯的合影。

最大的同乐会乐队

2024 年 3 月 15 日，来自爱尔兰各地的 384 名音乐人齐聚《爱尔兰深夜秀》节目现场，一同参加庆祝圣帕特里克节的演出。这场大聚会主打爱尔兰传统音乐，民间舞蹈团的表演更增添了欢乐气氛。活动地点在都柏林著名的克罗克公园体育场，这里从 1891 年开始举办盖尔人特色体育赛事。

创纪录的偶像

最后，我们在白金禧年纪念版中推出"偶像"专栏。入选的都是某一领域的榜样，比如 YouTube 红人"野兽先生"、篮球传奇人物勒布朗·詹姆斯、极地探险家普里特·钱迪等，当然也少不了芭比娃娃这样的文化现象！纪录保持者们能真正象征和体现吉尼斯世界纪录的精神，他们的价值观与我们创始人最初的意图所彰显的价值观产生了共鸣。我要感谢他们，也要感谢所有读者和贡献才智的专业人士，他们的精彩故事是吉尼斯世界纪录得以延续的重要组成部分。

克雷格·格伦迪

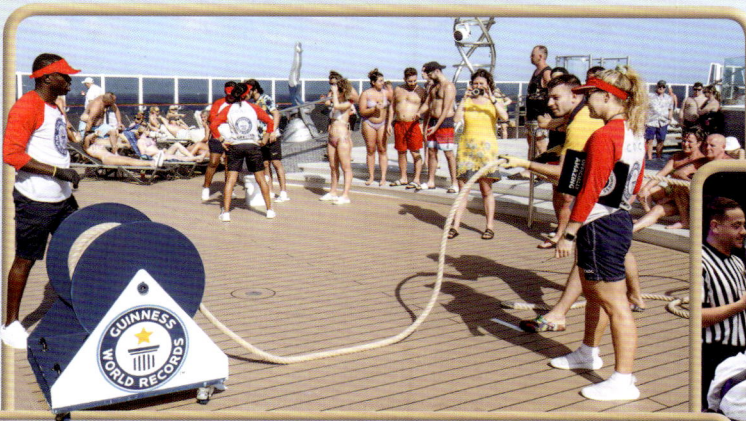

主编

克雷格·格伦迪

随吉尼斯世界纪录一起乘风破浪

2023 年，吉尼斯团队与"地中海邮轮"公司合作举办了一场海上游，让乘客有机会创造世界纪录！9 月 25 日，詹卢卡·帕斯卡莱（意大利）在"地中海神女号"（*上图*）上用时 37.68 秒创下**拉出 100 米缆绳最快（男子）**的纪录。遗憾的是，挑战**用时 1 分钟在魔术贴套装上黏球最多（二人组）**纪录没有达标，但参与者仍然很开心。

现年 61 岁的史蒂夫·爱德华兹创造了跑**1 000 场马拉松比赛总用时最少纪录**——3 363 小时 4 分 2 秒。他在 1981 年第一次参加了正式马拉松赛。

红自行车	穿绵羊装（女子）	金钢装（西亚诺）	U.博道克战（蒙古国）	旗帜（女子）	雪人（女子）	移动电话（女子）	房屋（女子）	小丑（女子）	手推轮椅（加拿大）	非竞赛轮椅（女子）	公路车辆（男子）	穿锁匠甲（上半身）	穿蒙古马装（男子）	解救鬼屋最多	机械师（女子）	穿着"打扮（女子）	公路车辆（美国）	木马装（男子）	书本（男子）	全包裹充气道具服（CII级，男子）	马拉松选手（CII级，男子）	穿T恤衫最多（男子）	布兰登·马隆（100 件）	10人连体道具装	最年轻跑者（II级，男子）
本·凯利利3:54:52	西亚诺3:54:58	金钢（美国）3:59:56	U.博道克（蒙古国）4:01:02	詹妮弗·斯坦克（美国）4:05:52	雪利（女子）4:08:42	斯特芬妮4:09:12	迪恩·威廉玛斯4:16:36	乔安妮·哈里奇尔4:19:21	贾妮·巴图（加拿大）4:21:41	艾德里安·贝田4:23:16	塞勒鲁·罗伯苏4:22:24	安德鲁·乔恩（蒙古国）4:22:59	G.马兰古胡（蒙古国）4:25:00	乔治·尚利5:20:00	亚历山德拉·弗丽斯科·萨纳约4:28:58	卡罗琳·双鸦4:36:16	艾玛·沃特利（美国）4:38:30	安迪·方乃4:50:52	菲利普·比尔尔5:08:04	乔治顿·伯克斯5:10:31	安东尼·布莱恩5:49:04	布兰登·马隆（100 件）△6:32:05		苏海德·马丁 19岁19分秒（6:46:10）	

△杰基·斯卡利、弗朗西斯·沃克、佩特·马斯洛夫、艾琳·莱斯－琼斯（爱尔兰）、迈克尔·爱德华兹、丹尼尔·史密斯、亚历克·斯威特、詹姆斯·瑞德、凯特·拉姆和卡梅伦·夏普

这一年，第一本《吉尼斯世界纪录》诞生了！这本免费向英国酒吧派发的小册子能平息醉酒客人们的纷争。按照鲁珀特·吉尼斯的说法，该书之所以能大获成功并成为畅销书，功臣无疑是"编辑水平超群"的诺里斯·麦克沃特和罗斯·麦克沃特，是他们将"面红耳赤的争论转变成全新的认知"。

1. 艺术界

学院奖
最多追授提名

美国演员詹姆斯·迪恩参演过《伊甸园之东》和《巨人传》两部电影，分别饰演颓废沉沦的卡尔·特拉斯克和得克萨斯州的牧场工人杰特·林克。尽管他在 1955 年 9 月英年早逝，但他凭借这两个角色在第 28 届和第 29 届学院奖颁奖典礼上被追授最佳男主角提名。

流行音乐
销量过 100 万的
首支单曲（英国）

红极一时的"比尔·海利与彗星合唱团"（美国）演唱的《围着时钟摇摆》在英国单曲榜上连续 5 周位居榜首，后来成为首支在英国销量突破 100 万的单曲。创造全球 100 万销量纪录的则是 1902 年的《粉墨登场》，演唱者为恩里科·卡鲁索（意大利），作品出自鲁杰罗·莱翁卡瓦洛的歌剧《丑角》。

雕塑
最大的纯金雕像

1955 年 5 月 29 日，工人在修缮泰国曼谷的金佛寺期间，造成大摩尼金佛佛像歪倒。人们通过破损处发现，这尊佛像的表层是很薄的石膏，里面竟然是一尊金佛像。这尊金佛像高 3 米，由 5 450 千克纯金雕塑而成。

2. 技术界

电视
第一款无线遥控器

"俾斯麦"系列电视机于 1955 年 1 月 22 日上市，由美国伊利诺伊州芝加哥市的天顶广播公司制造。这一系列电视机的与众不同之处在于其屏幕边缘安装了 4 个光电阻器件。用户使用的"天顶闪动遥控器"虽然没有信号线，但能远距离关闭电视机的扬声器或切换频道。

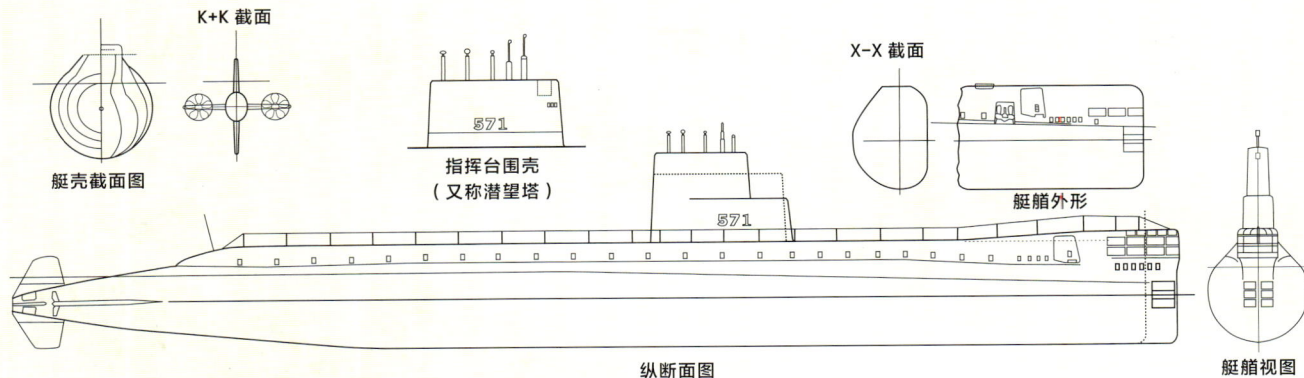

K+K 截面

艇壳截面图

571

指挥台围壳
（又称潜望塔）

X-X 截面

艇艏外形

571

纵断面图

艇艉视图

潜艇
第一艘核动力潜艇

1955 年 1 月 17 日，美国海军的"鹦鹉螺号"潜艇（舷号 SSN-571）完成了史上首次核动力潜艇远洋航行。"鹦鹉螺号"从美国康涅狄格州新伦敦启航，行驶 1 200 海里（2 200 千米）后抵达波多黎各圣胡安，全程仅用 90 小时，因此也成为当时航行速度最快的服役潜艇。*见上方示意图。*

水上飞机
最快的水上飞机

1955 年 8 月，"海马"喷气式水上轰炸机的原型机 XP6M-1 在美国马里兰州测试过程中飙出了 1 040 千米／时的惊人速度，其制造商为美国加利福尼亚州圣安娜的格伦·L. 马丁公司。然而不久之后，两架原型机相继在严重坠机事故中损毁，因此这种水上轰炸机在好几年后才入列服役。

英国的同类速度纪录保持者是喷气式水上战斗机"桑德斯－罗 SR.A/1"试验机。1947 年 7 月，它飞越索伦特海峡的时速达到 824 千米。

3. 体育界

赛车运动
最年长的大奖赛车手

在 1955 年 5 月 22 日举行的 F1 大奖赛摩纳哥站，摩纳哥车手路易斯·凯龙以第六名的成绩完赛，他当时的年龄是 55 岁 292 天。在最后冲刺过程中，他超越了成绩最高的英国车手斯特林·莫斯，而莫斯的年龄还不到他的一半。

拳击运动
重量级比赛中最多的
不败战绩

1955 年 9 月 21 日，美国拳手罗科·弗朗西斯·马尔切吉亚诺（绰号"洛基·马西安诺"）第六次将重量级拳王的金腰带留在手中。本场胜利也是他职业生涯的第 49 场连胜。马西安诺在第二回合被挑战者阿奇·摩尔击倒，但凭借第九回合的一记 KO 终结了比赛。马西安诺此前击败的挑战者还有"辛辛那提眼镜蛇"埃扎德·查尔斯和英国重量级拳王唐·科克尔。

斯诺克
第一次得到满分 147 分

只要按照以下顺序击球入袋，便能在一局比赛中单杆得到 147 分的满分：将 15 个红球全部打进，而且打入每个红球后都接着打入黑球（红球共得 15 分、黑球得 105 分），然后再按要求依次打进 6 个彩球（共 27 分）。1955 年 1 月 22 日，15 次获得冠军的乔·戴维斯（英国）在伦敦莱斯特广场大厅的一场表演赛上首次完成了这一壮举，他的对手是威利·史密斯。

底片 1

左上: 创满分纪录的斯诺克冠军乔·戴维斯正在连续进攻。

右上: 青年偶像詹姆斯·迪恩在《巨人传》（1956 年）中饰演牧场工人杰特·林克。

左中: 手柄设计成手枪握把样式的"天顶闪动遥控器"。

右中: 重量级拳王洛基·马西安诺在纽约麦迪逊广场花园猛击乔·路易斯。

左下: 泰国曼谷金佛寺的金佛被发现的前后对比图。

右下: 美国摇滚乐队"比尔·海利与彗星合唱团"。

1965 年：锡版

20 世纪 60 年代，吉尼斯顶级有限公司的编辑团队发现他们的工作地伦敦是一座尽情摇摆的城市。不论是苏联与美国之间的大国角逐，还是滚石乐队与披头士乐队之间的恩怨，当时的实力对手都通过《吉尼斯世界纪录大全》展开激烈较量。这本书已经成为全球现象级的畅销书，销量超过 100 万册，还被译成法、德、日和西班牙等国语言。

1. 动物界

蜘蛛
最大的蜘蛛种类
最大的蜘蛛标本

巨型食鸟蛛（亚马逊巨人食鸟蛛）生活在南美洲北部的沿海雨林中，成体通常能达到 175 克，相当于一颗台球或一副高级扑克牌的重量，其腿长约为 23 厘米。

1965 年 4 月，来自帕布罗·圣·马丁探险队的博物学者在委内瑞拉的卡罗尼河附近捕获一只腿展 28 厘米的巨型食鸟蛛。

蛇类
毒液提取最多

伯纳德·凯特尔是南非约翰内斯堡医学研究所主任。截至 1965 年 12 月，他在 14 年间已经给 78 万条毒蛇提取过毒液，累计达 3 960 升，但从未被咬伤过。

2. 人类成就

禁食
不进食固体食物的
最长时间

1965 年 6 月至 1966 年 7 月，来自英国法夫郡泰波特的安格斯·巴比耶里（1940 年生）在苏格兰邓迪市的玛丽菲尔德医院，只以茶、咖啡、水、苏打水和维生素为食，他的体重从 214 千克下降到了较为健康的 80.74 千克。巴比耶里保持住了减重成果，于 1990 年 9 月去世。

司法界
最年长的任职法官

1965 年 7 月 9 日，来自美国密苏里州普拉茨堡的法官阿尔伯特·亚历山大（1859 年 11 月 8 日生）正式退休，当时他的年龄是 105 岁 243 天。此前他一直主持遗嘱认证听证会。1950 年，亚历山大任此职时已经 90 岁，之后成功三次连任，直至因健康问题被迫离开法庭。

3. 机械与构造

陆上车辆
第一辆时速达到 600
英里的汽车

时速最高的事故生还者

最重的有动力运输车

1965 年 11 月 15 日，美国赛车手克雷格·布里德洛夫在美国犹他州的邦纳维尔盐滩成为历史第一人，他驾驶的四轮汽车飙出了超过 600 英里的最高时速。布里德洛夫驾驶的"美国精神－音速 1 号"搭载一台功率为 11 032 千瓦的"F-4 幻影"超音速战斗机的 J79 发动机，取得 600.601 英里 / 时（966.573 千米 / 时）的均速。

凭借上面的速度纪录，布里德洛夫在与阿尔特·阿方斯（美国）长达数年的竞争中取得了决定性胜利。此前两年间，两人曾 7 次轮番打破陆地速度纪录。在布里德洛夫创造时速 600 英里纪录的几个月后，阿方斯驾驶"绿色怪物号"喷气动力汽车冲到 610 英里时速时发生车祸，但自己平安无事。布里德洛夫随后在 1977 年刷新纪录，在时速 675 英里时亦发生车祸，最终也幸存了下来。

美国俄亥俄州马里恩电铲公司为美国航空航天局建造了两辆履带式运输车，每辆车自重 2 700 吨。这种运载车就是移动的大平台，面积相当于棒球场，由两台 2 022 千瓦的高功率 ALCO 机车引擎驱动。设计这款运输车的最初目的是转运佛罗里达州肯尼迪航天中心的"土星 5 号"火箭。后来经过升级，其自重增加到了 3 016 吨。

纪念碑
最高的纪念碑

美国密苏里州的圣路易斯弧形拱门于 1965 年 10 月 28 日竣工，高高耸立于密西西比河畔。这座宏伟的不锈钢建筑由芬兰现代主义建筑师埃罗·沙里宁设计，用以纪念美国的西进运动，也凸显了圣路易斯作为"西进门户"的枢纽地位。

4. 艺术与文化

学院奖
获得最佳女配角奖次数
最多的演员
首位获得提名的
侏儒演员

在第 38 届奥斯卡奖颁奖典礼上，雪莉·温特斯（美国）成为首位两度获得最佳女配角奖的演员。她分别凭借影片《安妮日记》（1959 年）和《再生缘》（1965 年）中的角色获此殊荣。黛安·威斯特（美国）后来追平此项纪录，获奖作品分别是《汉娜姐妹》（1986 年）和《子弹横飞百老汇》（1994 年）。

哥伦比亚公司 1965 年拍摄的《愚人船》（美国）一举收获 8 项奥斯卡奖提名，其中包括迈克尔·邓恩（美国）获得的最佳男配角奖提名。身高 1.17 米的邓恩是一位才华横溢的性格演员和音乐人，他在影片中饰演格洛肯。邓恩曾因舞台剧作品获得托尼奖提名，也是纽约影评人协会奖获得者。邓恩的贡献之所以能获得业界认可，在于其提升了侏儒艺人的地位，他们此前通常是为引起观众好奇心的陪衬角色。

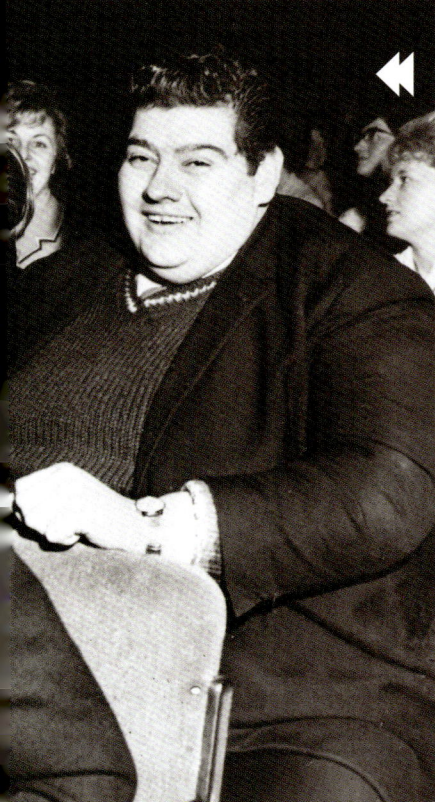

左上：1965 年夏，埃罗·沙里宁设计的纪念碑式建筑圣路易斯弧形拱门在密苏里州圣路易斯完工。

中上：巨型食鸟蛛可以长到餐盘大小。尽管名为食鸟蛛，但它们主要捕食蠕虫、昆虫和蛙类。

右上：紧握个人第二座奥斯卡小金人的雪莉·温特斯。她参演的《再生缘》是当年轰动一时的作品。

中图：经受了最长时间不进食固体食物的安格斯·巴比耶里的前后对比照，其破纪录的禁食过程接受了严格的医学指导。

左下：克雷格·布里德洛夫与创下陆上速度纪录的"美国精神－音速 1 号"喷气动力车。他用三轮的初级版"美国之魂号"跑出的纪录未获认定，而这辆四轮汽车则依照国际汽车运动联合会的规则制造。

右下：安装火箭发射平台前的美国航空航天局专用履带运输车，这个庞大的可移动平台用来转运史上最大的运载火箭——"土星 5 号"。

1975 年：瓷版

20 世纪 70 年代，微软和苹果两家公司的诞生，宣告家用计算机时代的来临；《大白鲨》和《星球大战》等热门电影成为"票房大片"；"旅行者号"探测器的发射将人类的视野扩展到了更深远的宇宙；还有数以百万计的人沉迷于新发明的魔方……

作品选自 1975 年版的《自然世界》的一章。

1. 自然界

最长寿的金丝雀　　1975 年 4 月 8 日，活了 34 岁的雄性金丝雀"乔伊"在英国东约克郡赫市的凯瑟琳·罗斯的家中死去。1941 年，凯瑟琳的父亲在商船上工作，他从尼日利亚的卡拉巴尔买下了这只鸟。

栖息地最深的海绵　　1975 年，苏联科考船"维塔兹号"在菲律宾海沟勘测期间，在 9 900 米深处发现了属于枝根海绵科的活体海绵。30 多年间，这艘科考船及其科研团队在深海发现了 1 176 个动植物新种。

2. 科学与技术

第一台数码相机　　1975 年 12 月，柯达公司工程师史蒂文·塞尚（美国）拍了一张数码照片。他使用的原型机由一台盒式磁带机、若干层电路板和一套笨重的电影摄像机镜头组成。这台照相机的大小与面包机相仿，核心部件是一块 100×100 像素的电子传感器，负责记录图像，然后将图像存储到盒式磁带上。

最畅销的电子游戏机　　1975 年，圣诞销售榜单上最后一次出现"米罗华奥德赛"的名字。自 1972 年 9 月 14 日发售以来的 3 年时间里，这款木纹盒式游戏机已售出 33 万多台，创造的销量纪录直到 1977 年雅达利 VCS 发布后才得以改写。

太空中最早种植出的食物　　1975 年 7 月 8 日，苏联宇航员维塔利·塞瓦斯季亚诺夫在"礼炮 4 号"空间站上庆祝了自己的 40 岁生日。同事彼得·克里穆克为他准备了生日大餐，装点主菜的青葱来自空间站自己的"绿洲 1M"灯光温室。

3. 娱乐

最早登上公告牌榜单榜首的首发专辑　　1975 年 6 月 7 日，艾尔顿·约翰的第九张录音室专辑《神奇队长和棕色泥土牛仔》在发行的第一周便排在了美国公告牌排行榜首位。艾尔顿·约翰的前 4 张专辑都曾荣登榜首，而《神奇队长和棕色泥土牛仔》尽管没有主打单曲（《今夜有人救了我》直到月底才发布），却仍备受期待。

最畅销的组合专辑　　1975 年 12 月，美国乡村摇滚乐队"老鹰"创始时的吉他手伯尼·利顿离开乐队不久后，乐队将前 4 张专辑中的精华曲目整理成新专辑《他们的最佳金曲集（1971—1975）》。作品重点展现了乐队前 3 张专辑中的乡村风格，仅在美国就售出 3 800 万张。

最多次的骨折　　1975 年 5 月 26 日，美国特技演员埃维尔·克尼维尔在英国伦敦温布利球场挑战骑摩托车飞越 13 辆城市公共汽车。虽然他成功完成飞越，但落地时摩托车失控，致使其骨盆骨折。据报道，这是他职业生涯中第 433 次骨折或骨裂。

马戏表演的最高上座率　　1975 年，玲玲马戏团如约来到美国路易斯安那州新奥尔良市。他们放弃传统的大棚演出模式，而选择在新落成的路易斯安那超级巨蛋体育馆演出。1975 年 9 月 14 日，52 385 名观众来到现场。马戏团表演了杂技、空中飞人等节目，菲利普·佩蒂表演了高空走钢丝。此前一年，他曾在纽约世贸中心双子塔之间表演走钢丝。

4. 体育与游戏

板球世界杯最早的一百分（男子）　　1975 年 6 月 7 日，在首届板球世界杯比赛揭幕战上，英格兰击球手丹尼斯·阿米斯在对阵印度的比赛中打出了 147 球 137 分的好成绩。总局分中有 18 次击球过边线获得大分。由克莱夫·劳埃德领衔的西印度群岛队在决赛中以 17 分优势击败澳大利亚队，赢得本届世界杯赛冠军。

称霸时间最长的国际跳棋冠军　　1975 年 7 月，沃尔特·海尔曼（美国，生于瑞典）因健康恶化丢掉了世界跳棋冠军头衔。自 1948 年首次夺冠以来，这位来自美国印第安纳州加里市的钢铁工人一直称霸国际跳棋赛事。在随后的 27 年中，他仅在 1955 年的冠军争夺战中输给马里恩·廷斯利一次，并且从 1958 年至退役前一直保持不败。

与乔伊（左上文）类似的黄色金丝雀。这种小型鸣禽的平均寿命为 10~15 年。

上图： "米罗华奥德赛"游戏机在销售时会附赠电路板式游戏卡，以让用户能在电视上玩不同的游戏。屏幕叠加层技术为系统粗糙的图像增添了一些细节。

右上： 柯达公司的史蒂文·塞尚组装的第一台独立的数码相机。他的上司都认为其设计毫无潜力。

中图： 拍摄于 1975 年的英国艺人艾尔顿·约翰。《神奇队长和棕色泥土牛仔》是其连续第七张白金唱片专辑（*更多白金唱片纪录参见第 4 页*）。

最右： 为发行专辑《他们的最佳金曲集》而举行新闻发布会时的老鹰乐队。

下图： 埃维尔·克尼维尔正骑着定制款的哈雷戴维森摩托车飞越一排汽车，这场特技表演也不可避免地会造成骨折。

右下： 英格兰击球手丹尼斯·阿米斯在 1975 年板球世界杯上对阵印度队时得分过百。这是又一记界外得分的击球瞬间。

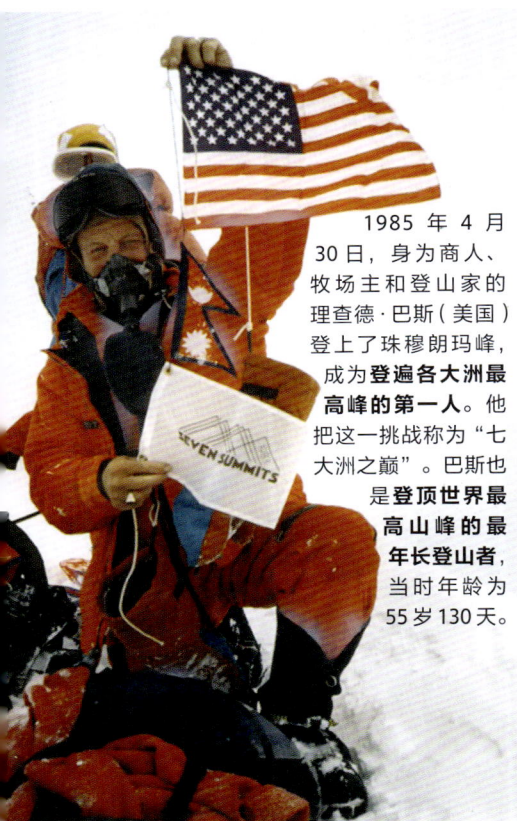

1985 年 4 月 30 日，身为商人、牧场主和登山家的理查德·巴斯（美国）登上了珠穆朗玛峰，成为**登遍各大洲最高峰的第一人**。他把这一挑战称为"七大洲之巅"。巴斯也是**登顶世界最高山峰的最年长登山者**，当时年龄为 55 岁 130 天。

20 世纪 80 年代，吉尼斯世界纪录开始关注新兴热点，比如 MTV、大制作音乐视频、计算机影像合成技术电影以及让所有人沉迷的游戏《俄罗斯方块》。

科学与技术

最早进入太空的恐龙

1985 年 7 月 29 日，执行 STS-51-F 任务的"挑战者号"航天飞机将几块慈母龙的骨骼化石带入轨道，此时距离这头恐龙死亡已有大约 7 600 万年。慈母龙属于鸭嘴龙科，生活在白垩纪晚期，在美国蒙大拿州发现了其筑巢遗迹和化石。蒙大拿州出生的宇航员洛伦·阿克顿将部分骨骼和蛋壳化石带入太空。

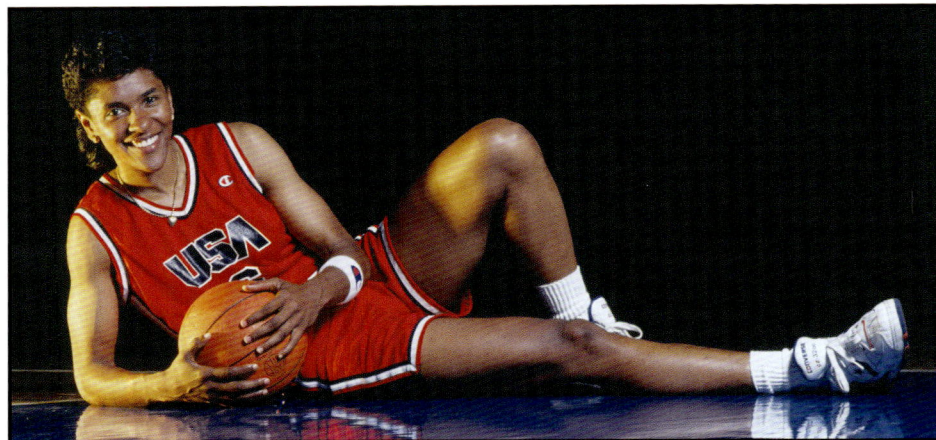

1985 年，莱内特·伍达德（美国）成为**首位加盟哈莱姆花式篮球队（美国）的女性球员**。这位身高 1.83 米的后卫是有史以来最伟大的女球员之一，是美国女子篮球队夺得 1984 年洛杉矶奥运会金牌时的队长，入选著名的"奈史密斯篮球名人堂"和"女子篮球名人堂"。

首位进入太空的王室成员

1985 年 6 月 17—24 日，沙特王子苏尔坦·本·萨勒曼·本·阿卜杜勒-阿齐兹·阿勒沙特以有效载荷专家身份搭乘"发现号"航天飞机执行 STS-51-G 任务。他也是进入太空的首个阿拉伯人和首位穆斯林。

首款"模拟人生"游戏

1985 年，动视公司（美国）在家用电脑平台上发布了游戏《小小电脑人》。该游戏要求

电影《少年福尔摩斯》（美国，1985 年）中的彩色玻璃骑士是**第一个完全由计算机生成的电影角色**。负责动画制作的约翰·拉塞特后来是皮克斯作品《玩具总动员》（美国，1995 年）的联合编剧和导演。

《超级马里奥兄弟》的爆火成为任天堂转型崛起的动力。这家日本玩具制造商变身为全球娱乐产业巨头。1985 年推出的这款平台游戏在 FC 游戏机和任天堂娱乐系统上销售了 4 000 万套，成为**有史以来最畅销的平台游戏**。

1985 年 10 月 31 日至 11 月 1 日，在英国伦敦举行的一场吉尼斯世界纪录挑战活动中，长期主持电视节目《破纪录者》的英国艺人罗伊·卡斯尔表演了跳舞马拉松，用 23 小时 44 分钟完成了 100 万次踢踏舞步。

玩家照顾住在三层楼房里的一名男子和他养的狗。游戏的最大创新点是每张软盘都有一个序列号，首次启动前玩家要输入序列号，从而获得一个具有独特外观和个性的数字小人。

首个域名

根据 NetNames Ltd. 公司的数据，1985 年 3 月 15 日注册的 Symbolics.com 是有史以来第一个网络域名。

自然界

最重的大蒜头

1985 年，美国加利福尼亚州尤里卡市的罗伯特·柯克帕特里克种植的一颗大蒜头重达 1.19 千克。

最重的大黄

1985 年，英国多塞特郡东伍迪亚茨的埃里克·斯通种出的一根大黄重达 2.67 千克。斯通将收获这根大块头的秘诀归因于 30 年来坚持给菜园施马粪肥。

家禽飞行的最远距离

由于翅膀较小、胸肌肥大，一般来说家鸡并不擅长飞行。可是在 1985 年 5 月 31 日，美国双胞胎兄弟比尔·诺克斯和鲍勃·诺克斯在美国宾夕法尼亚州帕克斯堡饲养的一只母鸡"希娜"竟然飞了 192.07 米。鲍勃曾是花样滑冰教练，创办过租赁天鹅和清理鹅粪的公司，后来他成为一名禽类专家。

最致命的火山泥流

1985 年 11 月 13 日，哥伦比亚的内瓦多·德尔鲁伊斯火山喷发。火山灰和熔岩与山坡上的

冰雪混在一起，形成了四股独立的火山泥流，泥流以 60 千米 / 时的速度沿着火山的侧坡倾泻而下，沿途不断裹挟河谷中的黏土与泥沙。首次喷发的 4 小时内，火山泥流已经奔流了 100 千米，估计致死 23 000 人。受灾最严重的城镇是阿梅罗，深达 5 米的火山泥流致使 28 700 名居民中有四分之三丧生。

娱乐

首部根据桌面游戏改编的电影

喜剧悬疑片《妙探寻凶》（美国，1985 年）改编自同名桌游。蒂姆·克里饰演的管家瓦茨沃斯试图揭露谋杀雇主博迪先生的凶手。6 名嫌疑人都是游戏中的角色：皮考克太太（艾琳·布伦南饰）、怀特夫人（玛德莲·卡恩饰）、普朗姆教授（克里斯托弗·洛伊德饰）、格林

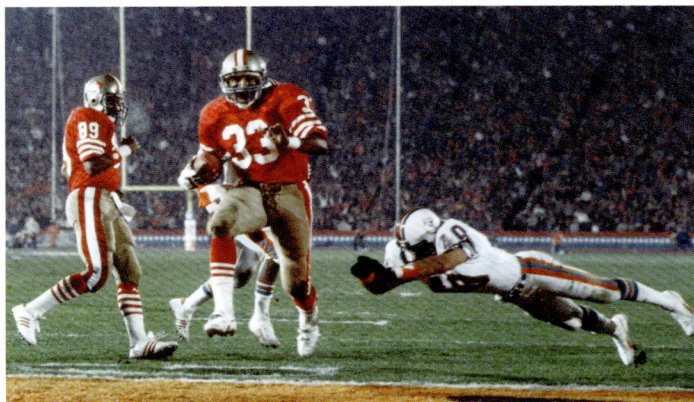

先生（迈克尔·麦基恩饰）、马斯塔德上校（马丁·穆尔饰）和斯卡雷特小姐（莱斯莉·安·华伦饰）。电影共拍摄了 3 个结局，所以不同电影院放映的结局可能不一样。

电影正片和续集的最长间隔时间

迪士尼公司出品的《重返奥兹国》（美国，1985 年）让观众足足等待了 46 年。故事发生在米高梅公司的《绿野仙踪》（美国，1939 年）故事结束的 6 个月后。饰演多萝西·盖尔的演员从朱迪·加兰变成了费尔鲁扎·鲍克。

体育

最年轻的温布尔登网球公开赛男单冠军得主

1985 年 7 月 7 日，年仅 17 岁 227 天的鲍里斯·贝克尔（德国，1967 年 11 月 22 日出生）夺得温网男单冠军，成为夺冠的首位非种子选手。1984 年，年仅 16 岁 216 天的贝克尔在比赛首轮击败美国选手布莱恩·威伦伯格，成为最年轻的温网赛事获胜者。

斯坦利杯系列赛的最高得分

冰球传奇人物韦恩·格雷茨基（加拿大）在 1985 年的季后赛中为埃德蒙顿油工队拿下 47 分。他贡献的 17 个进球和 30 次助攻也创下当时的纪录。

MLB 职业生涯中最多的安打次数

1985 年 9 月 11 日，皮特·罗斯（美国）轰出出道以来的第 4 192 个安打（到达或冲过一垒的得分击球），超过了泰·柯布的历史数据。到 1986 年 11 月退役之际，罗斯的职业生涯安打总数达到了无人企及的 4 256 次。

1985 年问世的《俄罗斯方块》要归功于苏联的计算机工程师阿列克谢·帕基特诺夫。这款游戏最初只是实验室计算机上运行的一系列简单的文本字符，但其令人上瘾的简洁性却带来了巨大商机，后来成为世界上销量最大的益智类电子游戏（约 5.2 亿套），也是各类游戏中被移植最多的电子游戏（至少被移植到 70 个不同平台）。

在 1985 年美国爱达荷州博伊西市的市长选举过程中，出现了一位相当"接地气"的候选人：蛋头先生。博伊西州立大学的学生们提议以"土地之子"为口号替这款孩之宝公司推出的玩具拉票。这位塑料马铃薯头最终只获得 4 张邮寄选票，尽管支持率很惨，但它仍然创下了玩具参加竞选活动赢得选票最多的纪录！

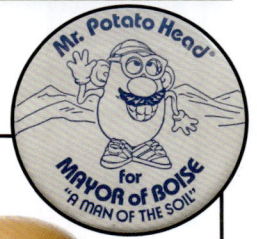

在 1985 年 1 月 20 日举行的第十九届"超级碗"决赛中，跑锋罗杰·克雷格 3 次完成达阵得分，率领旧金山 49 人队击败迈阿密海豚队。该数据至今仍是"超级碗"的一项纪录，六度被追平，但从未被打破。

我们在 20 世纪 90 年代见证了许多重大事件，比如万维网出现、谷歌创立、克隆羊"多莉"诞生，还有 PlayStation、任天堂 64 和世嘉土星等游戏设备所引发的电子游戏产业爆发式增长。世界人口达到了 60 亿……

动物界

最快的蜗牛 每年 7 月，英国诺福克郡的康汉姆镇都要举行世界蜗牛赛跑锦标赛（始创于 1967 年），比赛场地为直径 33 厘米的圆形赛道。卡尔·布拉姆（英国）训练的"阿奇"成为有史以来最快的蜗牛。1995 年，它从中心点冲刺到边缘刚好用了 2 分钟。

> 参加康汉姆蜗牛赛跑的"选手"赛后通常都会放归牧场。法国拉加尔代尔也举办年度蜗牛赛跑锦标赛，但失败者却要被扔进汤锅里！

最早发现的捕食性海绵 1995 年 1 月，马赛海洋研究中心的研究人员在探索法国拉西奥塔附近的地中海浅水区洞穴时，发现了一种能捕食小型甲壳动物的海绵。这种食肉海绵利用长长的卷须抓住附近游动的猎物，然后将其拖入体内消化。此前，人们一直认为海绵是被动的滤食者。

服务时间最长的导盲犬 导盲犬"唐娜"的主人约翰·霍根来自澳大利亚新南威尔士州皮尔蒙特角。1995 年 5 月 6 日，活了 20 岁 2 个月的唐娜走到生命终点，其已经为主人服务了 18 年。

单脚、跨步、跳！

1995 年 8 月 7 日，在瑞典哥德堡举行的世界田径锦标赛上，英国运动员乔纳森·爱德华兹（在上学时因身材矮小被称为"小不点儿"）取得 18.29 米的**三级跳远最远成绩**，这是一项迄今无人撼动的世界纪录。爱德华兹在决赛的前两次试跳中便跳出 18.16 米的世界纪录，但随后的第三跳竟然跳得更远。同年早些时候，爱德华兹在欧洲杯田径赛上借助顺风跳出 18.43 米，但该成绩不符合世界纪录的要求。

最长的鸡鸣声 1995 年 5 月 8 日，根据在日本长野县上田市的认证结果，一只名为"津轻 – 小野 –94 号"的公鸡的一声啼鸣持续了 23.6 秒。公鸡身边放置的测音仪器记录到 142 分贝的数值（电锯声大约为 120 分贝）。

人类成就

吐西瓜子的最远距离 自 1914 年开始，美国得克萨斯州每年都要举办德莱昂桃瓜节。1995 年 8 月 12 日，杰森·沙约特（美国）吐出的一颗西瓜子落到了 22.91 米开外，这差不多是美式橄榄球场地长度的四分之一。然而杂交技术使只有一小部分在美国销售的西瓜带子，这为吐西瓜子比赛敲响了丧钟。

THEN & NOW
Auction Web

EBAY
ebay
ebay

第一笔 eBay 交易发生在 1995 年 9 月，皮埃尔·奥米迪亚（法国）将一支用坏的激光笔卖给了自称是"故障激光笔收藏家"的马克·弗雷泽，成交价为 14.83 美元。来自美国的伊朗裔程序员奥米迪亚出生于法国，1995 年 9 月 3 日在美国创办了个人交易网站 Auction Web，1997 年更名为 eBay。eBay 因为在布绒玩偶"豆豆娃"热潮中收益丰厚，很快便成功上市。

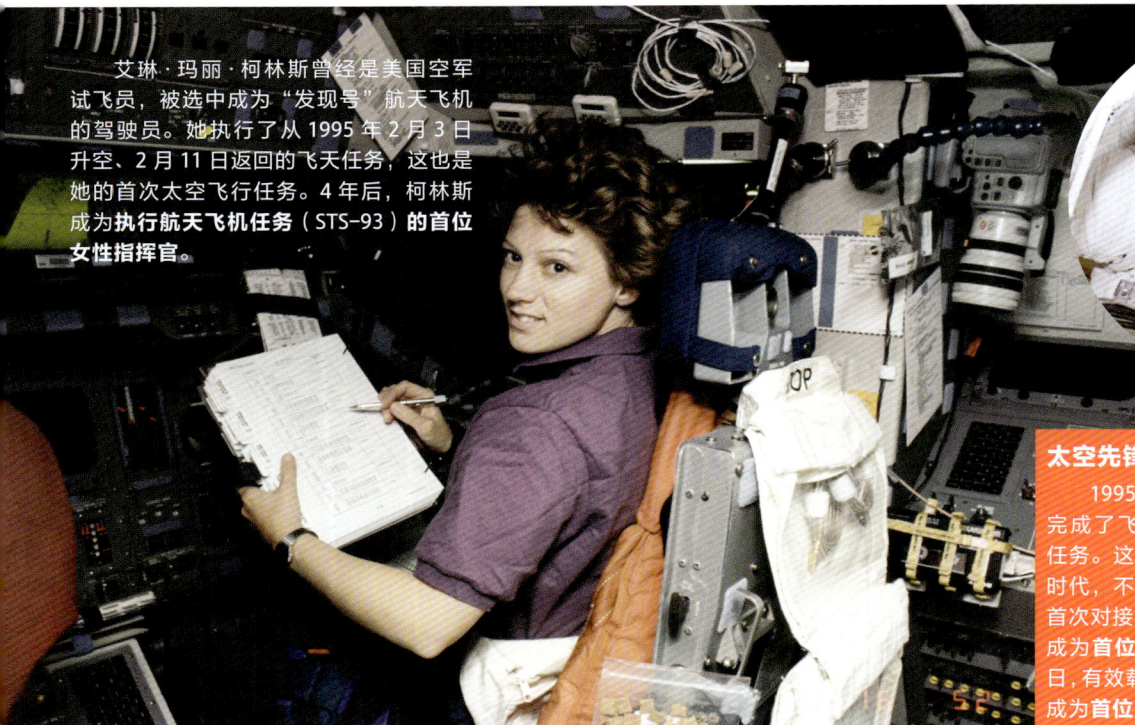

艾琳·玛丽·柯林斯曾经是美国空军试飞员，被选中成为"发现号"航天飞机的驾驶员。她执行了从 1995 年 2 月 3 日升空、2 月 11 日返回的飞天任务，这也是她的首次太空飞行任务。4 年后，柯林斯成为**执行航天飞机任务（STS-93）的首位女性指挥官**。

太空先锋

1995 年 2 月，"发现号"航天飞机完成了飞向"和平号"空间站的 STS-63 任务。这次航天飞行开启了探索太空的新时代，不仅是美国飞船与俄罗斯空间站的首次对接，还使艾琳·玛丽·柯林斯（美国）成为**首位航天飞机女飞行员**。当年 2 月 9 日，有效载荷指挥官伯纳德·哈里斯（美国）成为**首位完成太空行走的黑人宇航员**。

史上最高的拖移物体：1995 年 5 月 10—17 日，钻井平台"巨怪 A"从挪威罗加兰郡的瓦茨港被拖到北海 Troll 油田，全程 200 千米。这座平台全重 683 600 吨，高 472 米，约为吉萨大金字塔（参见第 148 页）高度的 3.5 倍，1996 年开始为油气企业 Statoil（现在称 Equinor，挪威）开采天然气。

最大规模的泰迪熊野餐会　1995 年 6 月 24 日，33 573 只毛绒熊和它们的主人来到爱尔兰的都柏林动物园，一起在园中享用了蛋糕和薯片。为了庆祝零食品牌 Jacob's 创立一百周年，人们在野餐会上还吃了米卡多饼干。

投掷长矛的最远距离　1995 年 7 月 15 日，在美国科罗拉多州奥罗拉市，大卫·恩格瓦尔投掷出的长矛飞了 258.63 米。掷长矛比赛要使用木制投矛器，它能为持矛手臂和矛杆尾端提供稳定的发力依托，提高投掷效果。过去的土著人掷出的长矛足以刺穿 16 世纪的西班牙盔甲。

1995 年 2 月 17—21 日，美国股票经纪人、冒险家史蒂夫·福塞特完成了**首次单人乘热气球横渡太平洋**。他从韩国首尔的奥林匹克体育场起飞，最后降落在加拿大萨斯喀彻温省的门德哈姆，全程 8 738 千米。他乘坐的吊舱"自由精神号"悬挂在 45 米高的氦气球下面。

科学

自然环境中的最低温度　旋镖星云是一团距离地球 5 000 光年的尘埃和气体云，其温度低于 −272℃。气体和尘埃从星云中心的衰老恒星快速逃逸造成了如此低的温度。1996 年，根据位于智利拉西拉的瑞典—欧洲南方天文台亚毫米波射电望远镜收集的数据，天文学家获得了这一发现。

历史最久的待解数学难题　1995 年，安德鲁·怀尔斯（英国）提出，当整数 $n \geqslant 3$ 时，方程 $x^n+y^n=z^n$ 没有正整数解，证明了"费马最后的定理"成立。1637 年，费马大定理由皮耶·德·费马提出，历经 358 年才被证明。

体育

首位世界极限运动会金牌得主　1995 年 6 月 25 日，在美国罗得岛州普罗维登斯举行的首届极限运动会上，滑水运动员贾斯汀·西尔斯（澳大利亚）赢得了赤脚腾跃项目冠军。该赛事在次年更名为世界极限运动会（X Games）。

得分最高的超级碗决赛　在 1995 年 1 月 29 日举行的第 24 届超级碗比赛中，旧金山 49 人队以 49:26 击败圣地亚哥电光队，创下美式橄榄球历史上总得分最高纪录。

首款销量过百万的 PlayStation 游戏　1995 年圣诞节前夕，一对一格斗游戏《铁拳》（南梦宫，1995 年）仅在日本和美国就售出 1 728 556 套。它在英国市场也成为圣诞季热销游戏。

蝉联奥斯卡最佳男主角奖次数最多：在 1995 年的美国学院奖颁奖礼上，主演《阿甘正传》（美国，1994 年）的汤姆·汉克斯（美国）第二次获得最佳男主角奖。此前一年，他曾凭借《费城故事》（美国，1993 年）获奖，并因此成为史上连续两年赢得奥斯卡最佳男主角奖的两位男影星之一。保持该纪录的还有斯宾塞·特雷西（美国），他曾凭借《怒海余生》（美国，1937 年）和《孤儿乐园》（美国，1938 年）两次获奖。

猜猜看？
问：哪 3 部电影创造了各赢下 11 项奥斯卡奖的纪录？
答：答案在第 208 页。

吉尼斯历史回顾 2005年：黄金版
《吉尼斯世界纪录大全》问世黄金禧年（50周年）纪念

最早被上传至 YouTube 的视频

2005年4月24日，一段19秒的短视频《我在动物园》被上传到视频共享平台 YouTube，所拍的内容是平台联合创始人贾德·卡林姆（美国，出生于德国）和两只大象在圣地亚哥动物园的活动。截至2023年12月5日，该视频的累计播放量已经超过2.96亿次，获得1 500万次点赞。

YouTube

最大的打蛋器

这个打蛋器有4.36米高，由加拿大民间艺术家克拉斯·杰弗里制作。

打蛋器由回收零部件制成。主要运转装置是一根卡车后轴，从商店挂衣架上拆下来的金属环被改成圆形操作柄。2005年4月1日，这项纪录得到认证。

最重的苹果

2005年，日本果农千里岩崎培育出的苹果大到能喂饱怪兽哥斯拉。

千里岩崎的果园位于日本本州岛青森县弘前市，当地出产的苹果闻名全日本。2005年10月24日，岩崎收获了一个重1.849千克的超大苹果，相当于3个篮球的重量，它是"斯塔克巨宝"品种，确实果如其名。

2017年，年仅51岁的克拉斯去世。他是知名的民间艺术家，极富创造力和游戏精神，经常在位于爱德华王子岛的自家后院的工作室里发挥才智。信手拈来的不同材料经过他的精心改造，往往能具有意想不到的新功能，比如把大众甲壳虫汽车改成鸡舍，把推土机铲斗改成餐具柜。

海拔最高的铁路线

2005年10月，全长1 956千米的中国青藏铁路竣工。这条铁路大部分路段的海拔超过4 000米，最高点海拔5 072米，已经超过了珠穆朗玛峰高度的一半。客运车厢使用了增压设施，并配有氧气面罩。

最高的过山车

2005年10月，美国新泽西州"六旗大冒险乐园"里的京达卡过山车向公众开放。它高139米，时速可达206千米，是当时世界上速度最快的过山车。

第一只克隆狗

历史上第一只克隆狗是一只阿富汗猎犬"史纳比"，由韩国首尔大学的一个科学家团队培育。它的名字 Snuppy 由首尔大学的英文缩写 SNU 和小狗 puppy 合成而来。史纳比的父亲是3岁的阿富汗猎犬"阿泰"，科学家从它的耳朵皮肤细胞中提取 DNA，注入供体卵细胞后，再将其整体移入代孕的拉布拉多猎犬体内。2005年4月25日，经过60天孕育后幼体诞生。史纳比活了10年，被《时代》周刊评为"年度发明"。

最大的佛卡夏面包

2005年8月6日，在意大利塔兰托省莫托拉市，彼得罗·卡图奇和安东尼奥·拉蒂（均来自意大利）烤制出一块2.8吨重的意式发酵面包，相当于6台三角钢琴的重量。

最大的金条

2005年6月11日，三菱综合材料株式会社（日本）制造了一根重达250千克的纯金金条，大约有一台台式打印机大小。根据2023年12月5日的金价，其价值约为1 580万美元。

身穿滑稽马道具服跑100米最短用时（女子）

2005年8月18日，在英国米德尔塞克斯郡的哈罗公学，身披道具服的萨曼莎·卡瓦娜和梅丽莎·阿彻（均来自英国）变身一匹四足马，用18.13秒狂奔了100米。

最多人同时坐放屁垫

2005年10月6日，5 983人同时在美国乔治亚州亚特兰大催化大会的现场肆意恶搞，他们坐的垫子能发出类似放屁的声音，参与人数比前纪录多1 600人。

第一部 3D 数字电影

华特迪士尼公司的动画片《四眼天鸡》在全美 85 家影院上映。这部电影运用了"迪士尼数字3D"技术，是以数字 3D 格式发行的首部主流影片，影院则需要技术升级，配备数字投影系统。与传统3D 放映模式一样，观影者需佩戴偏光眼镜。

一年当中发生飓风的次数最多

2005 年，墨西哥、加勒比地区和美国墨西哥湾沿岸各州共遭到 15 次飓风袭击，直接损失达到 1 700 亿美元，致死人数超过 3 400 人。

密西西比河沿岸地区受灾较为严重，而路易斯安那州的新奥尔良市灾情最重。"卡特里娜"飓风引发风暴潮，暴涨的洪水漫过堤坝，仅仅一天就使新奥尔良市 80% 的城区成为泽国。据美国国家飓风中心统计，"卡特里娜"共使 1 836 人丧生。

★ 最贵的电影海报

2005 年 11 月 15 日，英国伦敦的胶片盘海报画廊售出一份弗里兹·朗执导的知名科幻电影《大都会》的原版海报，买家是一位美国收藏家，成交价为 690 000 美元。这张艺术装饰主义风格的海报由海因茨·舒尔茨－纽达姆设计，目前仅有 4 份存世。

★ 最年轻的全英音乐奖得主

2005 年 2 月 9 日，在英国唱片业协会主办的全英音乐奖年度音乐颁奖典礼上，年仅 17 岁 304 天的乔丝·斯通（英国，1987 年 4 月 11 日出生）收获两项大奖：年度最佳女歌手奖和最佳城市艺人奖。

★ 最年轻的签约游戏玩家

被称为"维克多·德莱昂三世"的李尔·鲍伊森（美国，1998 年 5 月 6 日出生）6 岁时就签约加盟职业电竞组织"职业游戏大联盟"。这名天才少年第一次捧起游戏机时只有两岁，玩的游戏是《NBA 2K》。

★ 首位在印第 500 赛事中领先的女车手

2005 年 5 月 29 日，在第 89 届印第安纳波利斯 500 英里大奖赛上，丹妮卡·帕特里克（美国）创造了赛会历史，她在第 56 圈冲到领先位置。代表拉哈尔·莱特曼车队出场的丹妮卡在比赛中共领先了 19 圈，最终以第四名完赛，并赢得印第 500 系列赛年度最佳新秀奖。

★ 英超联赛年龄最小的得分球员

2005 年 4 月 10 日，在英国默西赛德郡古迪逊公园球场，埃弗顿队在主场以 4：0 的比分击败水晶宫队，年仅 16 岁 270 天的詹姆斯·沃恩（英国，1988 年 7 月 14 日出生）为主队贡献了进球。

★ 男子室内 400 米跑的最快成绩

2005 年 3 月 12 日，在美国阿肯色州费耶特维尔市举行的全美大学体育总会第一级别联赛的男子室内田径锦标赛上，19 岁的克伦·克莱门特（美国，生于特立尼达）代表佛罗里达大学夺得 400 米跑冠军，成绩为 44.57 秒。

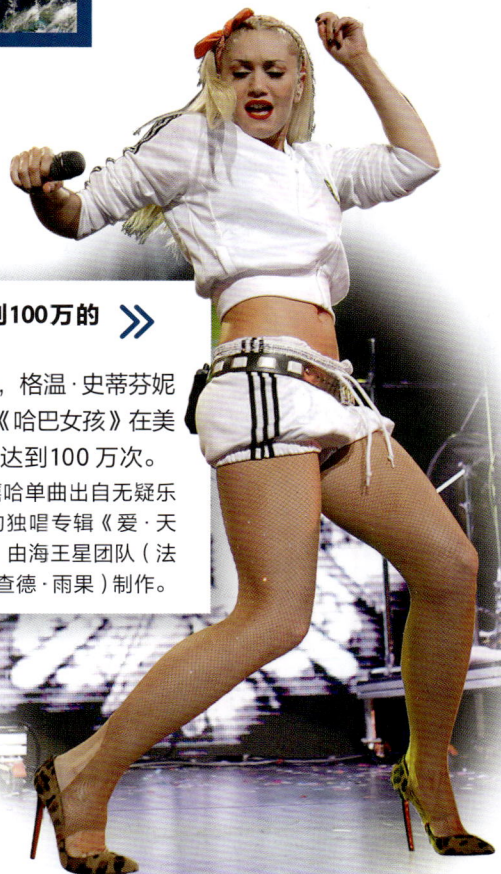

第一首销量达到100万的数字音乐作品

2005 年 10 月，格温·史蒂芬妮（美国）的歌曲《哈巴女孩》在美国的付费下载量达到 100 万次。

这首大火的嘻哈单曲出自无疑乐队主唱史蒂芬妮的独唱专辑《爱·天使·音乐·宝贝》，由海王星团队（法瑞尔·威廉姆斯和查德·雨果）制作。

2015 年：钻石版

2015 年 4 月 18 日，蒂娜·阿克斯（美国）为她的婚礼请来了 168 位伴娘，创造了拥有**最多伴娘**的纪录！

在过去 10 年里，脸书迎来了第十亿名用户，抖音海外版 TikTok 也有了第一名注册用户；在亚马逊创办 20 年之际，杰夫·贝索斯的净资产超过 2 000 亿美元；"好奇号"探测车在火星上发现了水源。

一次性修剪下来的最多羊毛

2015 年 9 月 3 日，在澳大利亚韦斯顿湾，伊恩·埃尔金斯从一只绵羊身上剪下 41.1 千克羊毛。这只羊叫克里斯，由动物福利团体"皇家防止虐待动物协会"（澳大利亚）救助。

最多次的汽车碰撞测试

W. R. 罗斯蒂·海特（美国）自担任事故调查专家以来，经受了 1 000 多次机动车碰撞。这位"碰撞重建师"身上和他的车上都会安装收集碰撞数据的传感器。尽管他最高驾车速度可达 85 千米 / 时，但他目前受过的最严重伤害不过是安全气囊割破的小伤口。

首例颅骨与头皮移植手术

詹姆斯·博伊森（美国）的颅骨顶部因为治疗癌症而导致缺损。2015 年 5 月 22 日，他在美国得克萨斯州休斯敦卫理公会医院接受了一场漫长的局部颅骨和头皮移植手术，共历时 15 个小时。

世界排名第一的最年轻的高尔夫球手

2015 年 2 月 2 日，年仅 17 岁 284 天的高宝璟（新西兰，1997 年 4 月 24 日生于韩国）在女子高尔夫球世界排名中位列第一名。

2012 年 8 月 26 日，高宝璟已经成为**最年轻的女子职业高尔夫球协会（LPGA）巡回赛冠军**，当时她只有 15 岁 124 天。2015 年 9 月 13 日，她在 18 岁 142 天时又在依云锦标赛上获胜，成为**最年轻的女子大满贯赛事冠军**。

冷知识

14 世纪时，呼啦圈曾在英国风靡一时，人们玩得筋疲力尽、不亦乐乎，有人甚至玩出了心脏衰竭！

票房最高的《星球大战》系列电影

电影票房统计网站 The Numbers 的数据显示，《星球大战 7：原力觉醒》（美国，2015 年）凭借 2 064 615 817 美元的全球票房总收入，成为该科幻系列中最赚钱的一部（也是历史上票房第五高的影片）。

同时转最多呼啦圈

2015 年 11 月 25 日，在美国加利福尼亚州洛杉矶市，被称为"神奇女士"的玛拉娃·易卜拉欣（澳大利亚）将 200 个呼啦圈转动了至少 3 周。

最大的……

· **袜子猴**：2015 年 2 月 7 日，在英国萨默塞特郡布里奇沃特镇，乔迪·刘易斯（英国）向全世界展示了她自制的袜子猴。这只袜子猴有 3.19 米高，用 66 双袜子缝制而成，并填充了中空纤维。

· **电视遥控器**：苏拉吉和拉杰什·库马尔·梅赫两兄弟（印度）用来换台的电视遥控器有 4.5 米长。2015 年 9 月 21 日，这个破纪录的大家伙在印度奥里萨邦获得认证。

· **扭扭乐游戏毯**：2015 年 9 月 23 日，为推广新专辑《纠缠》，乡村音乐明星托马斯·瑞德（美国）邀请粉丝在一张 2 521.01 平方米大的毯子上玩扭扭乐游戏。这张游戏毯占去了美国得克萨斯州阿灵顿市的 AT&T 体育馆一半的面积。

最大的小行星

2015 年 3 月 6 日至 2018 年 10 月 31 日，美国航空航天局的"黎明号"探测器围绕谷神星飞行。这颗小行星位于火星和木星轨道间的小行星带内，平均直径 952 千米，根据体积也可以将其归类为矮行星。

> ### 特大号的昆虫、节肢动物和蛛形纲动物

最大的蚂蚁：非洲行军蚁——体长 5 厘米

最大的蜈蚣：秘鲁巨人蜈蚣——体长 26 厘米

最大的水生昆虫（体长）：田鳖——体长 11.5 厘米

最大的蜘蛛：哥利亚巨人食鸟蛛——腿展 28 厘米（参见第 12~13 页）

最长的昆虫：中国巨竹节虫——全长 64 厘米

最大的水生昆虫（翼展）：越中巨齿蛉——翼展 21.6 厘米

最长的甲壳虫（身长）：泰坦大天牛——身长 16.7 厘米

首次飞掠冥王星

2015 年 7 月 14 日，"新视野号"探测器以 49 600 千米/时的速度成功飞掠冥王星，与冥王星表面最近时的距离为 12 472 千米。10 天前，美国航空航天局与探测器失去联系，但在飞掠期间成功恢复了通信。

最高的超级英雄角色扮演服装

钢铁侠的浩克毁灭者套装最早出现在电影《复仇者联盟 2：奥创纪元》（美国，2015 年）中。角色扮演服装设计师托马斯·德佩特里罗（美国）设计了它的放大版。2015 年 10 月，这套道具服在纽约动漫展首次亮相，高度达到惊人的 2.44 米，各连接部位十分灵活。

赢得金球奖次数最多的球员

2015 年，阿根廷前锋利昂内尔·梅西第五次赢得金球奖，奖杯数比克里斯蒂亚诺·罗纳尔多多 2 座，成为足球金球奖最有实力的获得者。在此后的 2019 年、2021 年和 2023 年，梅西又三度赢得金球奖。

在位时间最长的女王

1952 年 2 月 6 日，伊丽莎白二世（英国）在父亲去世后继承王位。截至 2015 年 9 月 9 日下午 5:30，伊丽莎白二世在位时间大约为 23 226 日 16 小时 30 分钟，超过了她的高祖母维多利亚女王。到 2022 年 9 月 8 日辞世那天，她从未间断地稳坐王位 70 年 214 天。

NBA 比赛单节最高个人得分

2015 年 1 月 23 日，在与萨克拉门托国王队的一场比赛中，金州勇士队的克莱·汤普森（美国）在第三节砍下 37 分，全场取得 13 投全中、三分球 9 投全中和罚球 2 投 2 中的完美数据。9 个三分球也打破了 NBA 单节三分球最多的纪录。

勇士队最终以 126:101 获胜。

首次登顶百强单曲榜的最年轻男歌手

2015 年 9 月 19 日，年仅 21 岁 202 天的加拿大流行乐巨星贾斯汀·比伯（1994 年 3 月 1 日出生）凭借第四张录音棚专辑的第一首单曲《你是什么意思？》登顶《公告牌》百强单曲榜。比伯在音乐排行榜上成绩非凡，自 2010 年起创造了 40 多项吉尼斯世界纪录，其中 18 项至本书英文版成书时仍无人超越。

1 小时吹起最多的气球

2015 年 9 月 4 日，在美国科罗拉多州艾伦斯帕克镇，亨特·埃文（美国）用时 60 分钟吹圆了 910 个派对气球，成功克服了长期以来困扰自己的球类恐惧症。他说："我想创造这个纪录，部分原因是想摆脱童年时对气球的恐惧。我此前 15 年都没吹过气球，这是一个克服恐惧的好方法。"

年龄最大的竞技短跑运动员

2015 年 9 月 23 日，105 岁 1 天的宫崎秀吉（被称为"金博尔特"，日本，1910 年 9 月 22 日出生）参加了秋季京都田径大师赛，跑出了 42.22 秒的 100 米比赛成绩。

吃水果狂人

2015 年 1 月 2 日，科学教师迪内什·希夫纳特·乌帕迪亚亚（印度）飞快地吞下 205 颗葡萄，打破了 **3 分钟吃葡萄最多**的纪录。从那以后，他专心挑战吃水果纪录，拿到了**剥开并吃下 3 个橙子时间最短**（1 分 7.94 秒）和**口中塞进葡萄最多**（94 颗）的吉尼斯世界纪录证书。

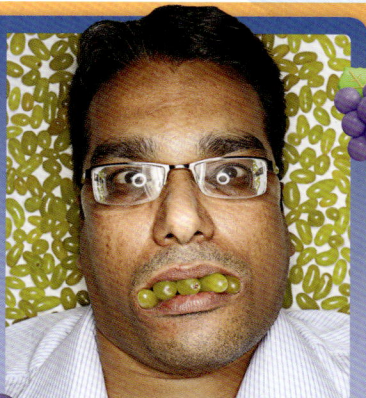

城小排面大

美国伊利诺伊州凯西镇虽然人口只有 2 376 人，但在小镇路边却能发现多个创造纪录的大家伙，比如世界上**最大的信箱**（内部容积 162.63 立方米）。在 2015 年的走访中，我们还发现了**最大的干草叉**（长度 18.65 米）、**最大的摇椅**（高度 17.09 米）和**最大的木屐**（长度 3.5 米）。

2023 吉尼斯世界纪录日：全景展示

2023 年 11 月 16 日是第 19 个吉尼斯世界纪录日。为了获得载入吉尼斯史册的荣耀，来自世界各地的人们以"技能超群，所以挑战"为主题，参加了一系列挑战活动。他们的表现令人赞叹（并且丰富多彩）！每个人的行动都证明了一点：无论你喜爱什么、擅长什么，总有机会创造属于你的世界纪录。

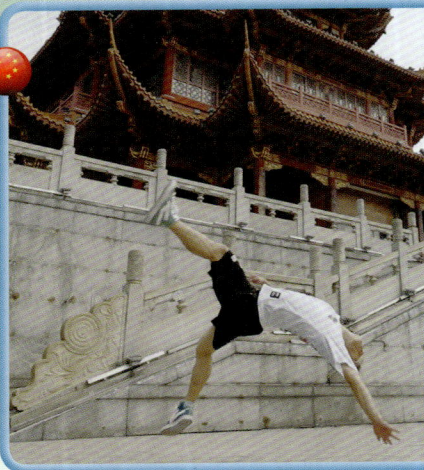

来自中国湖南郴州的周铨是 Tricking 运动的世界冠军。他在家乡的五岭阁前表演了**连续做最多单腿后空翻转体 1 周**——11 次。Tricking 是一项新兴的极限运动，融合了武术、体操和巴西战舞等元素。

在阿联酋阿布扎比，火焰艺术家萨拉·斯帕多尼（意大利）用嘴吹出一项女子世界纪录——5.4 米高的**喷火最高**纪录。萨拉是一名训练有素的艺术体操运动员，创造过**劈叉姿势转动火焰呼啦圈最多**纪录——4 个。在第 112~113 页可见更多的火焰特技纪录。

运动能力超群的克里斯蒂安·罗德里格斯（西班牙）在西班牙托莱多创造了**颠乒乓球跑 1 英里最快**的纪录（左图）——6 分 4.41 秒。他还创造了**运篮球跑 1 英里最快**的纪录——4 分 23.32 秒（右图）。

穆罕默德·拉希德（巴基斯坦）在卡拉奇完成一项挑战，创造了**1 分钟用头敲碎青椰子最多**的纪录——43 个。拉希德是武术黑带运动员，打破过多项纪录，曾用头、手和肘部击碎各类物品，包括铅笔、核桃和瓶盖。

安德烈·奥尔托夫（右）是创造纪录最多的德国人。他在莱西河畔的朗韦德与同伴托比亚斯·维特梅尔合力创造了**1 分钟制作墨西哥卷饼最多（双人组合）**的纪录——17 份。

在日本埼玉县，桥本正一和金子宁宁（均来自日本）完成了**手倒立连续跳交互绳次数最多（双人组合）**纪录——32 次。桥本是金子的交互跳绳教练，也是职业跳绳队"卡普利奥奥雷"的成员。

24

来到英国银石赛道的《吉尼斯世界纪录大全》主编克雷格·格伦迪见证了**皮卡车单侧轮行驶通过最窄障碍**的全过程。保罗·斯威夫特（英国）驾驶 2.7 吨的福特猛禽单侧轮行驶穿过窄缝，宽度只比车高多 88 厘米。真是让人胆战心惊！

2022 年，保罗完成了驾驶电动汽车平行停车间距最小挑战，间距仅有 30 厘米！

在印度金奈，一对年少有为的体操运动员创造了纪录。阿达夫·苏古玛（印度，左）创造了 **1 分钟在平衡板上用颈部旋转呼啦圈周数最多**的纪录——153 周；迈拉·切坦·波法尔创造了 **1 分钟用劈叉姿势在颈部旋转呼啦圈周数最多**的纪录——158 周。

被称为"剑玉太郎"的福岛佑太郎（日本）在日本东京用日本传统民间玩具剑玉创造了 3 项纪录，其中之一是**连续接住木球次数最多**纪录。他使用自己特制的十杯一体剑玉，连续 17 次接住 10 个球。

在美国宾夕法尼亚州匹兹堡市，亨利·卡贝卢斯（美国）成功翻过 3.07 米高的横杆，打破了用弹簧单高跷完成的最高后空翻纪录。2.82 米的前纪录由科特·马克沃尔特（美国）在 2012 年创造，多年来一直没人超越。亨利和其同在 Xpogo 团队的队友迈克尔·梅纳（美国）一同发起挑战。首先上场的迈克尔跳出 2.92 米的成绩，率先打破了科特的纪录。可是新纪录很短命，随后上场的亨利跳得比迈克尔高了 15 厘米。

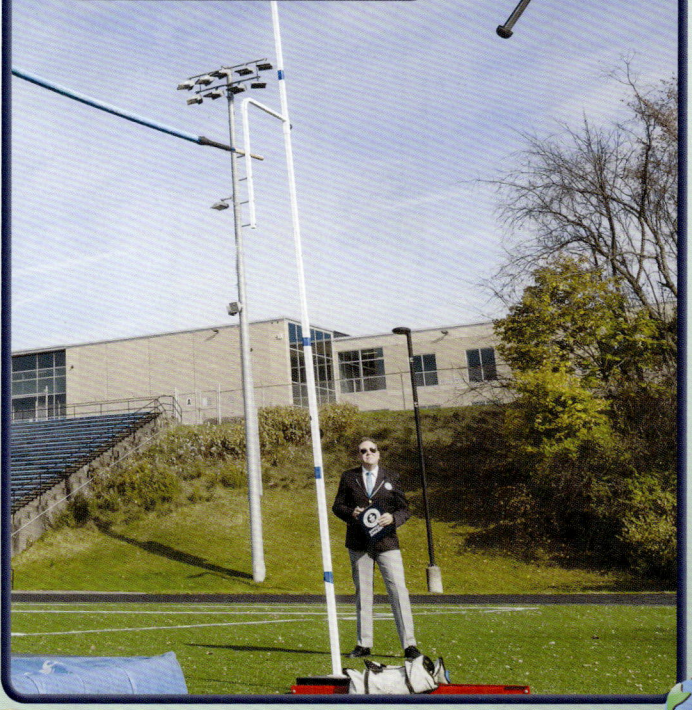

IC⭑N

关键数据

姓名	罗伯特·潘兴·瓦德罗
出生地	美国伊利诺伊州阿尔顿市
绰号	阿尔顿巨人
当前持有的世界纪录	史上最高的人 史上最高的少年 史上双手最大的人 史上双脚最大的人
身高	2.72米
体重	223千克
手长	32.3厘米（从手腕到中指尖）
鞋码	美码 37AA（欧码 75）

罗伯特是5个兄弟姐妹中的老大。这是他18岁时的全家福照，从左至右分别是他、二弟尤金（14岁）、母亲艾迪、三弟小哈罗德（4岁）、小妹贝蒂（12岁）、父亲哈罗德和大妹海伦（15岁）。

1936年，罗伯特签约玲玲马戏团后成了名人。这张照片展示了他和几位珠儒演员一起再现《格列佛游记》的一幕场景。

罗伯特·瓦德罗

哪位最具有偶像特质的纪录保持者最适合成为《吉尼斯世界纪录大全》《偶像》专栏的先导人物呢？无可辩驳的人选当然是罗伯特·潘兴·瓦德罗，他曾经是世界上最高的人。

评选委员会希望找到那些能深刻印象且取得过重大突破的人。在自己选择的领域开创先河或给社会留下深刻印象的纪录保持者作为最能体现吉尼斯世界纪录精神的人。最终，评选委员一致认为罗伯特·瓦德罗是他们的首选。在本年度的《吉尼斯世界纪录大全》中，你会看到许多关于吉尼斯世界纪录偶像的介绍，但没有谁能像这位有史以来最高的人那样一下子就脱颖而出。

1918年2月22日，瓦德罗在美国伊利诺伊州阿尔顿市出生。他出生时体重3.8千克——一体重正常。然而，只用了8年，瓦德罗的身高便超过了180.3厘米的父亲。经诊断，瓦德罗身体飞快长高的原因是脑下垂体长了肿瘤，但由于手术风险过高，瓦德罗并未选择手术治疗，而是继续长高，最终长到2.72米。

1936年，瓦德罗曾短暂参与玲玲马戏团的巡回演出。瓦德罗比较讨厌演出，但他拒绝头戴高帽身着燕尾服，转而以国际鞋业公司促销员的身份开始到各地出差。在前往欧洲（参见第62-63页）那样以国际鞋业公司促销员的身份开始到各地出差。在前往德国的途中，他所佩戴的腿部义装置在脚踝上感染号致局部感染。尽管医生全力治疗，但没能控制住感染扩散，瓦德罗因此在1940年7月15日于睡梦中去世，年仅22岁。

瓦德罗在面对逆境时展现出的坚韧与自尊深深打动了知悉其事迹的一代又一代人。记录这位偶像人物照片也成了一份永远纪念这位伟人的宝贵遗产。

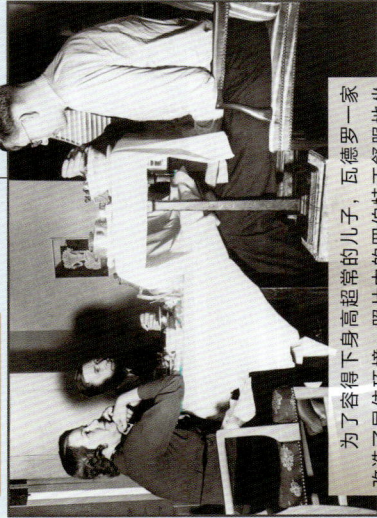

为了容得下身高超常的儿子，瓦德罗一家改造了居住环境。照片中的罗伯特正舒服地坐在特制的椅子上和家人共进晚餐，面前的边桌也被加长了。

13岁的罗伯特正和一位正常身高的成年男子比较鞋子尺码。作为国际鞋业公司的形象大使，他的公开露面超过800次，累计行程约482 800千米。作为回报，他能穿上免费定制的鞋子。当时每双鞋的成本大约100美元，相当于如今的2 200美元。

根据阿尔顿市的哈德曼服装店的说法，为瓦德罗缝制一套西服需要8.22米的布料。照片中的店员贝尔沃特·汉隆（左）和店长卡尔·哈特曼（右）正高举着新裁剪好的超大号长裤。

年仅10岁的罗伯特身高就已经长到了198.1厘米，比他的父亲（右）还高。这位阿尔顿巨人的生长势头从未停止，1939年便超过了具美国同胞——被称为"巴德"的约翰·罗根（参见第62-63页），成为有史以来最高的人。

登录网站 www.guinnessworldrecords.com/2025，你可以在《偶像》专栏中了解瓦德罗的更多信息。

大王花与毛茉莉、蝴蝶兰都是印度尼西亚的国花。

来自牛津大学植物园的克里斯·索罗古德从2022年开始探寻大王花，并致力于这种神奇植物的保护活动。

最大的花朵

　　劳氏大花草又名大王花，是世界上最大的寄生植物。2020年1月，在印度尼西亚西苏门答腊岛发现的一株大王花花朵的最大直径达到111厘米，是普通自行车轮的两倍。大王花的特异之处不仅在于其超大尺寸，还在于它们能散发出腐肉般的恶臭，因而得名"臭尸百合"。腐肉蝇受到臭味吸引，会钻入花朵内腔（*右下图*），为其传播花粉。由于生存环境退化，大约40种大王花都属于高度濒危物种。

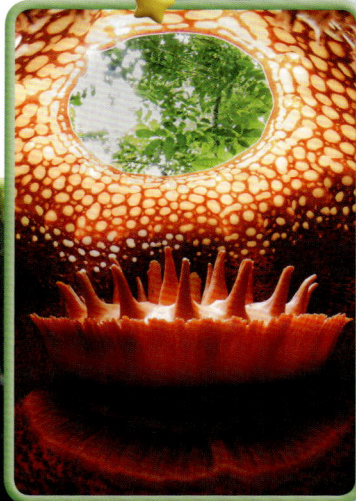

闪回：史上最大的动物

最早的生命形式是约 35 亿年前出现的海洋细菌，其大小仅有几微米，但因为没有其他生物可与之匹敌，它们仍然是当时体型最大的生物。这些微小生物的进化过程极其缓慢且稳定，最终演化成令人难以置信的庞然大物。这里重点介绍一些不同时代最具代表性的大型生物（既有陆生的，也有水生的），最后介绍现今存活的**最大动物**。

纽氏呼气虫（4.28 亿年前）
　　这种微型千足虫只有 1 厘米长，但却是**最早的陆生动物**，自然成为当时体型最大的陆生野兽。

帆背巨齿龙（3.08 亿—2.52 亿年前）
　　这种肉食性四足动物是二叠纪—三叠纪灭绝事件之前最大的陆地动物，以身长 4.5 米的帆背巨齿龙为代表。尽管它们长得像爬行动物，但实际上是哺乳动物的前身。

里奥哈龙（2.28 亿—2.085 亿年前）
　　这是一种草食性蜥脚类恐龙，身长 6.6~10 米，重 1 吨，是三叠纪的最大恐龙之一。到了侏罗纪，其后代已经进化成雷龙和梁龙等巨型蜥脚类恐龙，后来又出现了庞大的泰坦龙（见最右）。

远古蜈蚣虫（3.45 亿—2.95 亿年前）
　　不是所有的千足虫都像纽氏呼气虫那样微小。远古蜈蚣虫有 2.6 米长，体重比家猫重 10 倍，是**有史以来最大的节肢动物**。

普氏锯齿螈（2.99 亿—2.72 亿年前）
　　这种动物生活在二叠纪早期，长得既像鳄又像鱼，属于离片椎目。它们能长到 9 米长，是**有史以来最大的两栖动物**，是现存同类的 5 倍大（见第 41 页）。

提塔利克鱼（3.75 亿年前）
　　在最早由水中向陆地过渡的脊椎动物中，这一物种是**最早的陆行鱼**，身长可达 2.75 米。

本莫拉海神盔虾（4.8 亿年前）
　　这种放射齿目节肢动物体长 2 米，是奥陶纪早期第二大动物的两倍大，是**最早的巨型滤食性动物**。

剪齿鲨（3.13 亿—3.07 亿年前）
　　这种长 6.7 米的鲨鱼因其锯齿状的牙齿而得名，是石炭纪海洋中的顶级掠食者。

维氏阿尔伯塔泳龙（8 350 万—7 060 万年前）
　　虽然不是最庞大的蛇颈龙，但这种白垩纪海洋爬行动物确实有一个超乎寻常的特征。它的脖子长 7 米，有 76 块椎骨，是**有史以来脖子最长的动物**（根据颈骨计数）。人类的颈椎骨只有 7 块。

三叠纪鱼龙（2.37亿—2.02亿年前）
　　这种掠食性动物外形近似海豚，一些个体的身长可能要超过保龄球道，是**有史以来最大的海洋爬行动物**。2024 年 4 月，其中的一个种被命名为塞文河巨鱼龙，根据颚骨估算的体长为 25~26 米。

狄更逊水母（5.58 亿年前）
　　这些身长 1.4 米的浅水软体动物是**最古老的动物宏观化石**（不用显微镜就能肉眼看到的生物）。

莱茵耶克尔鲎（4.6亿—2.55亿年前）
　　这种泥盆纪时期的海蝎（板足鲎类）是有史以来最大的节肢动物之一，能长到 2.5 米——接近远古蜈蚣虫的大小（上图）。

棘龙（9 900 万—9 350 万年前）

忘掉霸王龙吧。更早的棘龙才是**最大的食肉恐龙**，它从口鼻到尾端长达 17 米，比霸王龙长 4 米，重达 9.9 吨——相当于 18 头当今**最大的陆地食肉动物**北极熊的体重之和。

帝鳄（1.1 亿年前）

它们是现在最大咸水鳄（见第 39 页）的祖先，但体型要比后者大一倍，长约 12 米。普鲁斯鳄（属于史前凯门鳄）长度与帝鳄差不多，也有机会成为有史以来**最大的鳄形动物**。

泰坦龙（1.4 亿—6 600 万年前）

尽管**最大恐龙**的归属还没有达成共识，但所有专家都认为一定是蜥脚类恐龙。以阿根廷龙、巨体龙和巴塔哥巨龙等泰坦龙为代表的蜥脚类爬行动物才是在地球上横行的**最高、最长和最重的陆生动物**。

这些庞然大物会长到 30~40 米长，体重达 50~75 吨，相当于 4~6 辆双层巴士。任何其他陆地动物都不太可能比这些蜥脚类动物大。

2023 年，一项新的研究认为，某些超级蜥脚类恐龙的体型可能与蓝鲸不相上下！

巨齿鲨（2 300 万—360 万年前）

巨齿鲨身长 18~20 米，大约是最大的大白鲨的 3 倍（见第 36 页），既是有史以来**最大的鲨鱼**，也可能是有史以来**最大的鱼类**。

蓝鲸（150 万年前至今）

没有任何现存的动物能在身型上与蓝鲸相比。成年蓝鲸平均体长 25 米，重 160 吨。当今**最大的陆地动物**非洲象也才 5.5 吨重。

1909 年实测的一头雌鲸有 33.57 米长，比一个篮球场还长，是有史以来最大的蓝鲸。虽然没有体重数据，但 1947 年发现的一头雌鲸体长 27.6 米，其体重为 190 吨。这种超大型鲸类一直被认为是有**史以来地球上最大的动物**。不过，最近发现了一些已经灭绝的竞争对手。

秘鲁巨鲸（4 000 万—3 800 万年前）

这种早期鲸类动物出现在 2023 年 8 月的报道中，引起了巨大轰动，因为它被认为是**有史以来最重的动物**，体重在 85~340 吨之间。长期以来，蓝鲸是地球上公认的最重动物，虽然秘鲁巨鲸比普通蓝鲸要短几米，但其骨骼密度却比蓝鲸大得多。然而，一部分人对这么大的体重估值持怀疑态度。

哺乳动物

最高的动物

长颈鹿比其他所有动物都高，从蹄子到角尖（骨状角）可达 6~8 米。它们生活在非洲撒哈拉以南的大草原和林地，自 20 世纪 80 年代以来，它们的数量下降了 30%，主要原因是栖息地丧失和非法狩猎。

最早的哺乳动物

目前已知最古老的哺乳动物是巴西齿兽，它生活在 2.2542 亿年前的晚三叠世，栖息地是现在的巴西。根据对其牙齿化石、头骨和骨骼样本的鉴定，科学家认为这是一种类似鼩鼱的小型生物，身高 12~20 厘米，可能以昆虫为食。2022 年 9 月 5 日，《解剖学杂志》正式刊载了这一发现。

哺乳动物中最大的目

在 6 500 种左右已知的哺乳动物中，啮齿动物约有 2 552 种，占 39%。其中，834 种（13%）属于鼠科（真大鼠和小鼠），是哺乳动物中最大的科。

舌头最长的陆地哺乳动物

中南美洲的大食蚁兽的舌头可达 61 厘米长——约为其全身长度的三分之一，可伸入蚂蚁和白蚁的巢穴中。它们的舌头上布满黏性极强的唾液和钩状（乳头状）突起。一只食蚁兽一天能吃掉 3 万只昆虫！

头部转动幅度最大的哺乳动物

眼镜猴是一种生活在东南亚的树栖灵长类动物，其颈部可旋转近 180°。就体型而言，菲律宾眼镜猴（如图）是哺乳动物中眼睛最大的。它的眼球径径 16 毫米，相当于人类长着葡萄柚大小的眼睛。

只有一种动物的颈部比眼镜猴的灵活（在第 34 页找一找）。

质量最小的哺乳动物

生活在地中海地区和南亚的伊特鲁里亚鼩鼱是质量最小的哺乳动物。这种拇指大小的啮齿动物平均质量仅为 1.8 克，是老鼠体重的二十分之一。

生存于海拔最高处的哺乳动物

2020 年 2 月，人们在智利和阿根廷交界处海拔 6 739 米的尤耶亚科山山顶上发现了一只叶耳鼠。这一记录于 2022 年 4 月 5 日刊登在《哺乳动物学杂志》上。

潜水最深的哺乳动物

2013 年，在美国加利福尼亚州，一头柯氏喙鲸创下哺乳动物下潜的最大深度纪录——2 992 米。这一深度约为人类自由潜水最大深度的 12 倍。

飞行速度最快的哺乳动物

2009 年，在美国得克萨斯州，安装有无线电发射器的巴西无尾蝙蝠以 44.5 米 / 秒的地速进行了短时间的飞行。这意味着这种蝙蝠可与水平飞行速度最快的鸟类一较高下。得克萨斯州是世界上最大的蝙蝠聚居地。据估计，有 1 500 万只无尾蝙蝠经常聚集在圣安东尼奥市附近的布兰肯洞穴中。

该州还曾创下最大的哺乳动物聚居地纪录。1901 年，美国动物学家和生态学家 C.H. 梅里亚姆在得克萨斯州西部发现了一个占地 65 000 平方千米的草原土拨鼠"小镇"，几乎相当于爱尔兰的面积。据估算，这里居住着超过 4 亿只黑尾草原土拨鼠。

最快的鳍足类动物

加利福尼亚海狮能够短暂爆发式地以 40 千米 / 时的速度在水中穿行——比急速奔驰的马还快。然而，最快的海洋哺乳动物的头衔属于虎鲸，又名杀人鲸。1958 年 10 月 12 日记录到一只雄性虎鲸的速度纪录为 55.5 千米 / 时。

身长最短的哺乳动物

恰如其名，大黄蜂蝙蝠身长仅 3 厘米，重约 2 克，原产于泰国和缅甸的洞穴中。

最大的陆生哺乳动物

生活在非洲撒哈拉以南的成年雄性非洲象平均体重达 5.5 吨，肩高达 3.7 米。

最大的哺乳动物

蓝鲸是有史以来最大的哺乳动物（见第 30~31 页），一头普通蓝鲸身长可达 25 米，重 160 吨。

最大的野生猫科动物

狮子被称为"丛林之王"，但这个头衔实际上应该属于它的亚洲对手——东北虎（或西伯利亚虎）。严格来说，这两种大型猫科动物都不生活在丛林里。这种体型最大的老虎生活在俄罗斯东部、中国东北部和朝鲜的山林中，从鼻子到尾巴尖可长达 3.3 米，重达 300 千克——大约相当于 70 只家猫的重量！

为了适应寒冷的气候，这种生活在北方的老虎长有浓密的皮毛、鬃毛以及厚厚的脂肪层。

最小的野生猫科动物

生活在印度南部和斯里兰卡的锈斑豹猫的体型是猫科动物的另一极端。它从头到尾只有 50 厘米长，成年猫的体重是普通宠物猫的三分之一。非洲南部的黑足猫与其不相上下。

寿命最长的哺乳动物
据估算，有几头弓头鲸已年逾 100 岁，其中一头甚至有 211 岁！

速度最慢的哺乳动物
三趾树懒钟情于慢节奏的生活，它们在地面上的最快速度是 2.4 米 / 分（0.144 千米 / 时）。

速度最快的陆地哺乳动物
在短距离内，猎豹是哺乳动物中的短跑冠军。1965 年记录的速度为 28.7 米 / 秒（103.32 千米 / 时）。

鸟类

最早的鸟类

鸟类学家普遍认为：今天所有的鸟类（从雄鹰到不起眼的家雀）都是兽脚亚目恐龙的后代。但究竟何时发生了进化分裂极具争议性。

德国索恩霍芬附近的侏罗纪沉积物中出土了一只乌鸦大小的"始祖鸟"遗骸，距今有 1.53 亿年，被公认为最早的鸟类。但在美国得克萨斯州 2.2 亿年前的岩石中发现的"原鸟"要比始祖鸟的历史更久远。然而，许多古生物学家对于它的遗骸是否能代表真正的鸟类心中存疑，甚至认为它可能是多只动物的遗骸。

史上体型最大的鸟

马达加斯加的巨象鸟体高 3 米，重达 860 千克，是最大的象鸟，其重量是当今最大的鸟非洲鸵鸟（见第 35 页）的 5 倍多。这些巨型生物大约在 1 000 年前灭绝。

鸟类中最大的目

到目前为止，鸟类中的雀形目（枝头鸟或类似麻雀的鸟类）有 6 533 种，占所有鸟类的 58% 左右。

雀形目中包括最大的鸟科：原产于美洲的暴君捕蝇鸟（霸鹟科）有 450 种（占所有鸟类的 4%）。

栖息地最高的鸟

黄嘴山鸦是一种红腿乌鸦（鸦科），通常生活在海拔 6 500 米的喜马拉雅山地区，登山客曾见到这种鸟在海拔 8 235 米的垃圾中觅食。

1973 年 11 月 29 日，一只黑白兀鹫在科特迪瓦上空与一架在 11 300 米高空飞行的飞机相撞，成为飞得最高的鸟。

最长的鸟喙

澳大利亚鹈鹕的喙长 47 厘米，接近人类新生儿的体长。

模仿能力最强的鸟

湿地苇莺能够模仿 80 多种其他鸟类的鸣叫声。

头部转动幅度最大的动物

没有哪一种动物的头颈能在灵活度上超过猫头鹰。有些种的猫头鹰的头左右都可以转 270°！这种能力源自较多的颈椎（14 块，而人类只有 7 块），颈动脉的粗细、结构和位置也发挥着特殊作用，猫头鹰脑部的血液供应不会受到扭头的影响。

最大的鸽类

新几内亚的维多利亚凤冠鸠从喙到尾尖全长可超过 80 厘米，重 3.5 千克，比普通鸽子重 10 倍左右。维多利亚凤冠鸠及其 3 个近亲种的共同特点是头顶生有蕾丝边状的羽冠。

潜水深度最大的鸟

体高达 1.3 米的帝企鹅是当今最大的企鹅。它们的潜水能力超强，捕鱼时能下潜到 564 米深的水下。它们单次水下停留时间可超过 32 分钟，是潜水时间最长的鸟类。

最长寿的野生鸟

截至 2024 年，一只名为"智慧"的黑背信天翁大约活了 71 岁。1956 年它在太平洋的中途岛环礁被戴上脚环时至少有 5 岁。它后来回到岛上繁殖，一生中产蛋约 40 枚，养育了约 30 只雏鸟。

鸣叫声最大的鸟

白风铃鸟栖息在南美洲北部。有人记录到雄性成鸟在求偶期间的叫声能达到 125.4 分贝。

飞得最快的鸟

在理想条件下，游隼在俯冲时能达到 320 千米 / 时的极限速度。

体型最小的鸟

古巴的吸蜜蜂鸟全长只有 57 毫米，而喙和尾巴要占体长的一半，体重大约为 1.6 克。

刀嘴蜂鸟的喙太长了，不得不另寻他法来梳理羽毛：用脚解决！

鸟种类最多的国家

根据国际鸟盟 2023 年 10 月的数据，栖息在哥伦比亚的鸟有 1 866 种，约占全球 11 188 种鸟的 16.7%。生活在这里的鸟主要包括巨嘴鸟（如厚嘴巨嘴鸟，*上图*）、蜂鸟（*左图*）、咬鹃、唐纳雀、猫头鹰、蚁鸟、秃鹫（*下图*）、灶巢鸟、苍鹭和啄木鸟。它的两个邻国也有种类丰富的鸟类：秘鲁有 1 860 种；巴西有 1 816 种。毫不奇怪，整个南美洲**大陆拥有最多种类的鸟——3 557 种**。

最长的鸟喙（相较于体型）

刀嘴蜂鸟生活在安第斯山脉云雾缭绕的森林里，是唯一一种喙长超过体长的鸟类！它的喙长可达 12 厘米，大约是一支圆珠笔的长度。拥有这么长的喙，它就能吸食到西番莲等管状花朵中的花蜜了。

最重的猛禽

安第斯兀鹰在 500 种猛禽中独占鳌头。成年雄性个体重 9~12 千克，翼展超过 3 米，翅膀比家用熨衣板还长。这种兀鹰能借助山间的热气流滑翔到很远的地方觅食腐肉，它们的食物包括鹿、美洲驼或羊等动物的尸体。

最长寿的鸟

美国伊利诺伊州的布鲁克菲尔德动物园有一只名为"小甜饼"的米切氏凤头鹦鹉，它在 2016 年 8 月 27 日死去时的年龄为 82 岁 89 天。

最大的翼展

漂泊信天翁是现存鸟类中翅膀最长的一种。1965 年，测得一只雄性个体的双翅尖端的最大翼展达到 3.63 米。

体型最大的鸟

非洲鸵鸟能长到 2.74 米高，是现今最高的鸟。鸵鸟还有 0.9 米长的脖颈和 5 厘米宽的大眼睛，同样持有鸟类的两项世界纪录。

鱼类

最小的海马

100%

萨托米豆丁海马完全长大后，从吻到尾尖的平均长度仅为 13.8 毫米，小到可以放在指甲上。海马是**最慢的鱼类**。体型较小的海马（如萨托米豆丁海马）的速度不超过 0.016 千米 / 时，即每秒约移动 4 毫米。

最大的海马是大洋洲附近水域的大腹海马，可长到 35 厘米长。

最早的鱼

1999 年，在中国云南昆明附近发现了两种距今约 5.3 亿年的鱼化石——耳材村海口鱼和凤姣昆明鱼，比之前所认为的鱼类进化时间提前了大约 5 000 万年。它们是无颌脊索动物。

鱼类最大的目

截至 2023 年 10 月，鲤形目（类似金鱼的鱼类）有 4 825 种，占所有鱼类的 14%。它们几乎都生活在淡水中，包括丁桂鱼、鲮鱼和泥鳅。该目包括**最大的鱼科**——鲤科，有 1 790 种，如鲤鱼和触须白鱼。

毒性最强的鱼

石鱼的背刺多达 15 根，每根背刺有两个囊，内含 5~10 毫克的毒液。河口石鱼的毒液所造成的疼痛是所有已知的鱼类中的最高级别。它生活在中国、东南亚一些国家和澳大利亚周围泥泞的海湾和珊瑚礁中。

最大的鱼类聚居地

2021 年 2 月，一个研究小组在南极洲附近威德尔海南部冰架下的海底发现了南极冰鱼的聚居地。该聚居地至少有 240 平方千米，比华盛顿特区还大，研究人员认为该地有超过 6 000 万个巢穴。每个巢穴都有一条成年鱼和 1 500~2 000 颗卵。估计在这个广大的聚居地中有 1 000 亿颗卵。

放电能力最强的鱼

伏打电鳗是巴西北部河流中的一种电鳗，它能释放 860 伏特的电流，足以把一个人电晕。这种鱼细长的身体上有 3 对专门放电的器官。

喷水最远的鱼

喷水鱼可以从它们管状的嘴里射出一团水，将毫无准备的昆虫、蜘蛛和甲壳类动物等猎物从植物上击落。带状喷水鱼是喷水高手，射程可达 2~3 米。

栖息地最小的脊椎动物

魔鬼洞小鱼是位于美国内华达州阿玛戈萨沙漠的魔鬼洞水坑中特有的鱼类。水坑表面尺寸只有 3.5 米 × 22 米，深度不超过 24 米。

速度最快的鱼

在速度测试中，美国佛罗里达州的一条旗鱼仅用 3 秒就把钓线扯出了 91 米远，相当于 109 千米 / 时的速度。在自然条件下评估鱼的速度更具挑战性。在最近的研究中，蓝鳍金枪鱼勇夺第一。它们的重力加速度达到了 3.27g，而旗鱼重力加速度的最大值为 1.79g。宇航员在火箭发射时承受的重力加速度为 3g。

寿命最短的鱼

大印矶塘鳢活不过 59 天，是**寿命最长的鱼**格陵兰鲨的约两千四百分之一（见第 37 页）。

最大的捕食鱼

大白鲨体长四五米，体重约 520~770 千克。截至 2022 年，已知最大的活体大白鲨是雌性的"深蓝"，估计有 6.1 米长，体重超过 2 吨。2014 年，"深蓝"在墨西哥瓜达卢佩岛首次被拍摄到。

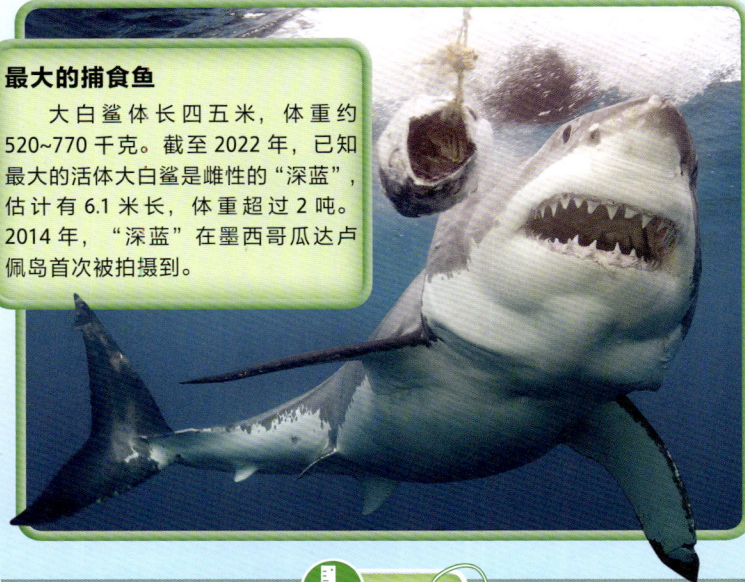

最重的硬骨鱼

翻车鱼平均重约 1 000 千克。2021 年捕获的一条大头翻车鱼重达 2 744 千克。

体型最大的鱼

鲸鲨长 9~12 米。2001 年，在阿拉伯海发现了一头罕见的长 18.8 米的雌性鲸鲨。

最小的鱼

雄性刺头光棒鮟鱇只有 6.2 毫米长，但它会抓住雌性（比它大得多）并终生寄生在雌性身上！

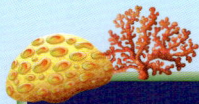

七鳃鳗的嘴就像吸盘。它们的牙齿磨损或碎裂后可以再生。

最大的七鳃鳗

七鳃鳗可以长到 120 厘米长，2.3 千克重。七鳃鳗也被称为吸血鱼，有圆形的嘴巴，里面有一圈一圈的牙齿，它们用这些牙齿咬住更大的水生生物，吮吸它们的血液。这种原始无颌鱼的祖先出现在 5 亿多年前的早寒武纪，是最古老的脊椎动物之一。

在 19 世纪和 20 世纪，七鳃鳗从大西洋通过运河进入北美五大湖。在那里，它们茁壮成长，并对本地鱼类（如鳟鱼，右）构成威胁。但人们齐心协力消灭七鳃鳗，截至 2022 年，湖中的七鳃鳗数量下降了 98%。

最大的淡水鱼

2022 年，在柬埔寨发现了一条巨型淡水黄貂鱼，其体重约 300 千克，从头到尾总长 3.98 米。

生活在海洋最深处的鱼

拟狮子鱼属狮子鱼，生活在太平洋海沟 8 336 米的深处，约为世界最高峰珠穆朗玛峰海拔高度的 94%。

最长寿的鱼

格陵兰鲨的寿命可达 392 岁（也许更长），它也是**最长寿的脊椎动物**。

爬行动物

最早的爬行动物

在加拿大芬迪湾的海边悬崖上发现了 3.15 亿年前石炭纪时期的动物足迹，可清楚地看出这些动物有 5 个足趾和鳞片，表明它们是爬行动物。尽管尚未达成一致，但多数人认为它们是类似蜥蜴的林蜥。

爬行动物中最大的目

截至 2023 年 10 月，共有 12 060 种爬行动物，其中有鳞目为 11 671 种，包括所有的蜥蜴、蛇和蠕虫蜥蜴。

爬行动物中最大的科是游蛇科，共有 249 属、2 105 种，大部分为包括玉米蛇和草蛇在内的无毒蛇。

最重的爬行动物

生活在东南亚和澳大利亚北部的咸水鳄（见第 39 页）体重可达 1 200 千克，比两架三角钢琴还重。

潜水最深的爬行动物

2006 年 12 月 16 日，卫星追踪的一只棱皮龟在大西洋佛得角附近潜到 1 280 米深处——接近人类水肺潜水纪录的 4 倍。

陆地上速度最快的爬行动物

在加利福尼亚大学（美国）一个特设的"蜥蜴跑道"上进行的测试中，一只哥斯达黎加刺尾鬣蜥的速度达到了 34.9 千米/时。

毒性最强的陆生蛇

内陆太攀蛇的毒液只要 1 毫克（大约一粒芝麻的三分之一重）就能杀死一个人。这种蛇原产于澳大利亚昆士兰州，主要以大鼠为食，它们利用毒性极强的毒液迅速杀死老鼠，以免自己受伤。目前还没有人类被其毒死的记录。

进化最快的爬行动物

斑点楔齿蜥是新西兰特有的爬行动物。它的名字在毛利语中意为"背上的山峰"。这种动物每 100 万年进行大约 1.37 次微小的基因进化。虽然这听起来不多，但相比之下，其他生物的平均数仅为 0.2 次。

100%

牙齿最多的陆生动物

常见的马达加斯加叶尾壁虎有 317 颗牙齿。这种蜥蜴以无脊椎动物（尤其是蜗牛）为食。当受到威胁时，它会张大嘴巴发出求救信号。上图是与之有亲缘关系的角叶尾壁虎的头骨（包括细小的牙齿）。

最小的龟

斑点珍龟的壳只有 6 厘米长。这种珍龟经常出没在南非小径，因此被称为"小路奔跑者"。因体型小巧，它们可以躲在岩石的裂缝里躲避捕食者。

最重的蛇

南美洲热带地区和特立尼达岛上的雌性绿色水蟒体重可超过 300 千克，特别是在怀孕期间或吃完凯门鳄这类大餐后！2024 年 2 月，一项基因研究显示，这种巨型蟒蛇有两种：南方绿色水蟒和北方绿色水蟒。两者的长度有时都超过 7 米。（参考下面最长的爬行动物。）

最大的可水上行走的爬行动物

印尼斑帆蜥从吻部到尾端可长达 1.07 米。它生活在苏拉威西岛，常见于红树林沼泽中。印尼斑帆蜥可以在水面上短距离冲刺，这要归功于它可以在水面上"抓住"空气的扁平细长的脚趾以及可以保持平衡的长尾巴。

最长的爬行动物

东南亚的网纹蟒体长通常超过 6.25 米。1912 年发现的一条网纹蟒长达 10 米。

速度最快的海龟

棱皮龟是最大的海龟，它们能以 10~15 千米/时的速度在水中游走。与其他所有海龟不同的是，它们没有龟甲。

卡修斯在野外可能是一个凶猛的捕食者，但在美拉尼西亚海洋公园，它表现出了温柔的一面。一只名叫吉娜（*右图圈圈处*）的小鳄鱼进入到它的领地，被它照顾了 15 年。卡修斯成了吉娜的代理爸爸。

最大的圈养鳄鱼

咸水鳄卡修斯从吻部到尾尖长达 5.48 米，是目前居住在美拉尼西亚海洋公园的 16 只野生动物中最大的一只。这个公园是乔治·克雷格在澳大利亚绿岛建立的野生动物栖息地，是那些留在野外会伤害人类的鳄鱼的居所。1987 年，卡修斯在袭击了船只引擎后被带到保护区，尽管它失去了一条腿，鼻子和尾巴也受了伤，但这只重达 1 吨的食肉动物仍然是一个"快乐、健康的男孩"。

据估计，卡修斯已经 110 多岁了，所以它可能是在第一次世界大战爆发之前出生的！

最大的蜥蜴

印度尼西亚一些岛屿上的雄性科莫多巨蜥的体重可达 166 千克。平均来说，它们和奔驰 Smart 轿车一样长。

最小的爬行动物

马达加斯加的侏儒枯叶变色龙从头到尾只有 21.9 毫米长，小到可以放在火柴棍儿上！

最长寿的陆地动物

圣赫勒拿岛上一只名叫乔纳森的塞舌尔象龟约出生于 1832 年，截至 2024 年，它至少有 192 岁了。

两栖动物

最早的两栖动物

根据在波兰扎切夫米的一个采石场发现的化石痕迹可知，从鱼类到四足动物的进化至少发生在 3.93 亿年前。至于第一个真正的两栖动物是什么时候出现的，依据不同的标准，争议非常大。

最有力的证据是一块兽脚亚目动物的化石，它可以追溯到早石炭纪（约 3.36 亿年前），这块化石是由化石收藏家斯坦伍德在 20 世纪 80 年代从英国苏格兰西洛锡安的东柯克顿石灰岩中挖掘出来的。

两栖动物中最大的目

截至 2023 年 10 月，无尾目约有 7 647 种

最大的蟾蜍

甘蔗蟾蜍（美洲巨蟾蜍）体长 15~25 厘米，重约 650 克。然而，2023 年 1 月，澳大利亚昆士兰州康威国家公园的一名护林员偶然发现了蟾蜍"齐拉"（右图）。它是一只重达 2.7 千克的雌性蟾蜍，重量相当于一只宠物兔。

甘蔗蟾蜍也是**繁殖能力最强的两栖动物**，一次可产 35 000 颗卵（下图），有时一年繁殖两次！

100%

动物（包括青蛙和蟾蜍），约占所有已知两栖动物的 88%。

两栖动物中最大的科是无尾目中的雨蛙科，共有 51 属，1 050 种（包括树蛙）。雨蛙科中有一些古怪至极的异象蛙类，比如南美的奇异多指节蟾的蝌蚪的体型要比成年个体大 10 厘米，但经过变态后却减少了 60% 以上。这是**从蝌蚪到蛙体型缩减的最大幅度**。

拥有最多两栖动物的国家

截至 2023 年 10 月，在巴西境内发现有 1 222 种两栖动物，约占世界上已知 8 688 种两栖动物的 14%。

栖息地海拔最高的两栖动物

有 3 种无尾目动物（大理石纹池蛙、安第斯蟾蜍和大理石纹四眼蛙）生活在秘鲁维尔卡诺塔山脉海拔 5 400 米处冰川冰融化后形成的池塘中。

最长的妊娠期

在瑞士阿尔卑斯山海拔较高的地区（大于 2 500 米），阿尔卑斯蝾螈妊娠期长达 4~5 年，是人类的 5~6 倍。这可能是动物界最长的妊娠期。

最耐寒的两栖动物

与生俱来的"防冻体质"使西伯利亚蝾螈及其近种三趾蝾螈能够在东北亚永久冻土中承受低至 -35℃（甚至更低）的低温。

与其相对，**最耐热的两栖动物**是日本溪树蛙，其蝌蚪可以在 46.1℃ 的温泉中生存。

毒性最强的蝾螈

发现于北美西部溪流和湿地的太平洋蝾螈（渍螈属）含有强大的神经毒素——河鲀毒素（TTX，不足 1 毫克就足以毒死一个普通成年男子）。一只粗皮渍螈（上图）可携带多达 14 毫克的河鲀毒素。

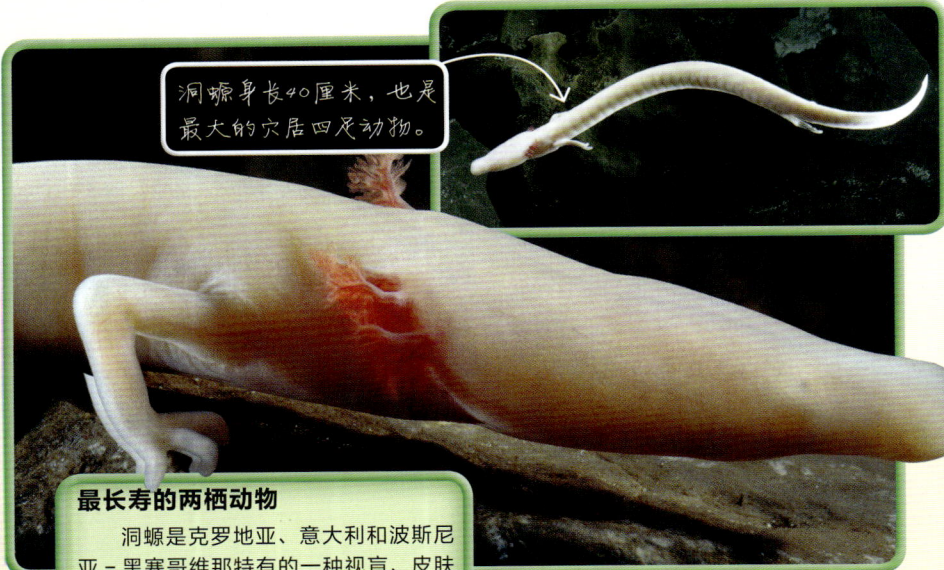

洞螈身长 40 厘米，也是最大的穴居四足动物。

最长寿的两栖动物

洞螈是克罗地亚、意大利和波斯尼亚-黑塞哥维那特有的一种视盲、皮肤无色素的蝾螈，它们终生栖息在地下水形成的暗洞内。在动物园或半野生环境下的洞螈可以存活 70 年。但据生态生理学家严·乌杜隆估计，洞螈的可能最长寿命为 102 年，几乎是其他两栖动物的两倍。

最大的基因组

墨西哥钝口螈的基因构成包含 320 亿个碱基对，比人类基因组数量的 10 倍还多。

最快的动物舌头

一只巨型棕榈蝾螈可以用时 7 毫秒完全伸出舌头——比眨眼快 50 倍！

亲爱的吉尼斯……

我儿子2岁6个月大，他能模仿蛙叫。他闭上嘴，就能发出类似青蛙的叫声。我们对此都很惊讶。我们也试着学蛙叫，但做不到。在一次家庭聚会上，他又向大家展示蛙叫。我们都觉得他很厉害，这匹千里马需要一个独具慧眼的伯乐。

华莱士飞蛙伸展开长长的四肢，其巨大的蹼足实际上变成了4片可调节的"降落伞"。

每只脚趾末端的超大趾垫有助于其安全着陆，也可以粘在垂直的表面上。

滑翔距离最远的两栖动物

蛙生来就没有翅膀，但这并不能阻止一些蛙类"飞行"。最熟练的两栖飞行员是华莱士飞蛙。它们跳跃穿梭于东南亚热带雨林的树木之间，水平飞行距离可超过15米。滑翔蛙大约有380种，它们利用超大的蹼足和皮膜形成空气浮力，从而维持飞行。"滑翔"须为45°或更小的下降角；大于45°的下降角是"跳伞"。

雄性守护蝌蚪，雌性大约每周回来一次，产下未受精的卵作为食物。真香！

首次发现的"一夫一妻制"两栖动物

大多数两栖动物只是为了繁殖而短暂相遇，通常并不会结成终身伴侣。然而，在2010年发表的一份报告中，秘鲁的模仿毒蛙颠覆了人们对两栖动物的这种刻板印象。雌雄模仿毒蛙终身相伴，也共同承担作为父母的责任。这种亲密的关系显然增加了它们后代的生存概率。

最大的两栖动物
中国大鲵的身长可达1.75米，相当于一个成年人的身高。中国大鲵是高度濒危物种。

最小的两栖动物
雄性巴西跳蚤蛙从鼻尖到肛门的平均长度为7.1毫米（参见第57页），也是最小的脊椎动物之一。

无脊椎动物

最小的海星

这只海星最大直径只有 9 毫米。这只微小的棘皮动物是 1975 年在南澳大利亚的岩石水潭中发现的。

100%

最早的无脊椎动物

古杯类动物是一种类似于空心角珊瑚的原始珊瑚礁海绵动物，其化石遗骸可以追溯到大约 5.25 亿年前的早寒武纪。许多有可能属于软体动物和有壳动物的遗迹化石可以追溯到 5.6 亿年前，甚至更早。

最大的类群

鞘翅目包括大约 400 000 种甲虫和象鼻虫，其中歌利亚大角花金龟（*左图*）的成虫重达 40~50 克，是最大的甲虫之一。这一类群约占现存动物物种的五分之一。

最重的昆虫

尽管有几种大型甲虫可能拥有"最重昆虫"的头衔，但已经证实的最重昆虫是一只 71 克重的巨型沙螽，它是一种生活在新西兰的蚱蜢状昆虫。**最重的昆虫幼虫**是亚克提恩大兜虫的幼虫，其中一只重 228 克，和一只老鼠差不多重！

速度最快的

- 陆地无脊椎动物：风蝎（又名骆驼蜘蛛），能以 4.4 米／秒（16 千米／时）的速度进行短暂冲刺。这些沙漠蛛形纲动物生活在北非和中东。
- 蜘蛛：摩洛哥后翻蜘蛛，移动速度为 1.7 米／秒（6.12 千米／时）。它在沙丘上滚来滚去，就像马戏团翻筋斗的杂技演员。
- 昆虫：澳大利亚虎甲虫，奔跑速度可达 2.5 米／秒（9 千米／时）。

体型最长的昆虫

2017 年 8 月，一只中国巨竹节虫（*见第22 页*）在腿部完全伸展的情况下总长达 64 厘米。这只巨型竹节虫是中国四川成都华希昆虫博物馆培育的。

腿最多的动物

一只 95 毫米长的澳大利亚千足虫有 1 306 条腿（653 对），它是在 2020 年澳大利亚西部一个 60 米深的钻井中发现的。

最贪吃的动物

北美洲的多音天蚕幼虫在出生后的 56 天里会吃掉相当于其出生时体重 8.6 万倍的树叶。这相当于一个人类婴儿在头两个月吃了 247 吨食物！

毒性最强的头足类动物

蓝环章鱼和大蓝圈章鱼身上都有一种致命的神经毒素液体——河鲀毒素。它咬一口就会分泌 0.87 毫克的毒素，这个剂量对人类而言是致命的。幸运的是，这种生物没有攻击性，它们更喜欢通过皮肤上的发光图案来警告捕食者。

最大的飞蛾

东亚南部的乌桕大蚕蛾（*下图*）的翼展达 30 厘米。这种昆虫因为没有嘴，所以寿命很短，大约只能存活 4 天。
最重的飞蛾是澳大利亚的巨型木蛾，重 31.2 克，和一个标准灯泡差不多重。

叫声最响亮的昆虫

非洲蝉的叫声在 50 厘米处高达 106.7 分贝，几乎和电锯声一样大！

飞行最快的昆虫

澳大利亚蜻蜓在飞行时的短距离冲刺速度能达到 58 千米/时，比一匹飞奔的马的速度还快。

最大的无脊椎动物

大王乌贼可以长到近 13 米长；大王酸浆鱿重达 495 千克。

最大的陆生甲壳类动物

椰子蟹的重量可达 4.1 千克，两个钳子（螯）之间的距离可达 1 米，宽得足以占据两个剧院座位。这种以腐肉和腐烂水果为食的巨大甲壳类动物常用巨大的钳子敲开椰子，因此也被称为强盗蟹。它们原产于印度洋—太平洋的热带岛屿和环礁，因其美味可口，几乎被捕杀殆尽。虽然椰子蟹的幼蟹在海里孵化，但还是会回到陆地生活，它们早已失去了在水下生存的能力。

椰子蟹的钳子力大惊人，足以夹断金属高尔夫球杆！

最小的螃蟹

寄生豌豆蟹全长只有 6.3 毫米。它们生活在双壳类软体动物（如贻贝和牡蛎）的外套腔中，以宿主鳃中积聚的食物为食。雌豌豆蟹的大小是雄豌豆蟹的 2 倍。

最小的无脊椎动物

碘泡虫属于黏体动物亚门，是一种与水母有亲缘关系的微小寄生虫。成年碘泡虫只有 8.5 微米长。

潜水最深的头足类动物

小飞象章鱼因其像耳朵一样的鳍片而得名，曾被观测到在爪哇海沟 6 957 米深处觅食。

史上最长寿的动物

2006 年，人们在冰岛海域发现了一只圆蛤，据估计它已经活了 507 岁。它被称作"明"，是以中国的朝代明朝命名的。

全景展示：动物健将

袖珍马跳跃的最大高度

2020 年 5 月 2 日，矮种马"西风林暴风宝藏"在法国巴尔日蒙成功越过 117 厘米高的横杆。因其肩高只有 85 厘米，这匹迷你矮马的跳跃成绩更加令人赞叹。赛莉娅·利蒙（法国）饲养的这匹"西风"是三届场地障碍赛冠军。由于 2020 年的障碍赛因疫情取消，塞莉娅才决定挑战跳高纪录。

鹦鹉踩滑板车行进 5 米的最短用时

2022 年 2 月 15 日，柴顿葵花头凤头鹦鹉"奇科"用 14.58 秒便滑行了 5 米，将自己 5 天前创造的纪录缩短了 3 秒。奇科的主人、驯鸟师卡洛扬·亚瓦舍夫（保加利亚）在现场对它表示祝贺。这只多才多艺的鹦鹉还会骑迷你自行车，也能在小篮筐上表演扣篮。

猫跳跃的最远距离

2024 年 2 月 20 日，在主人梅丽莎·阿勒斯（美国）的鼓励下，宠物"人造卫星"轻松越过两个平台间 2.3 米的距离。驯兽师梅丽莎参加过《美国达人秀》和《世界宠物运动会》等电视节目。她和"人造卫星"表演的跳远特技是"下水道"马戏团巡演时的保留节目。

梅丽莎的宠物鼠"帕西"也是"下水道"马戏团的明星。同日也打破纪录，创造了 **30 秒老鼠跳圈次数最多**的纪录——12 次，比前纪录多了 4 次。

猫狗同乘滑板车行进 10 米的最短用时

2023 年 2 月 4 日，孟加拉猫"生鱼片"和波士顿梗犬"棒棒糖"蹬着滑板车前进了 10 米，共用时 13.55 秒。训练员梅丽莎·米利特（加拿大）说："这个技巧实际上是它们自己设计的。生鱼片先跳上滑板车，棒棒糖跳上车后开始推着它前进。我们都看呆了！"

2020 年 9 月 19 日，这对活力四射的猫狗组合曾创下 4.37 秒 **滑行 5 米**最快的纪录。

狗踩滑板腿下过人的最多次数

2024 年 2 月 27 日，在主人浅野聪美（日本）的鼓励下，可卡犬"科达"踩着滑板从一列 40 人的腿间穿行而过，前纪录是 7 年前创造的，人数是 7 人。浅野聪美在科达两岁的时候给了它一块滑板，她说科达只用两周就学会了自己玩滑板。

两只狗完成 10 次侧向蛙跳的最短用时

2023 年 8 月 31 日，边境牧羊犬"辛巴"和史宾格犬"邦妮"按照主人奥尔加·琼斯（英国）的指引，在英国伯克郡雷丁镇合力创造了纪录，各自从对方背上跳过 5 次，共用时 16.78 秒。辛巴在一个月内又创造了 3 项犬类的 1 分钟技巧表演纪录：**向回收箱里投放的瓶子数量最多（16 个）、在晾衣绳上挂的衣物数量最多（17 只袜子）、向瓶子里投放的硬币数量最多（13 枚）**。右下图是两只机灵的狗和主人奥尔加在展示 4 张吉尼斯世界纪录证书。

这对动物界明星组合与奥尔加一起到热门电视节目《英国达人秀》试镜。

吉尼斯访谈录

你为什么要训练爱犬做一些高难度技巧？

对我来说，技巧训练是一种人狗之间的交流方式，也是加深理解的手段。狗理解的词汇和命令越多，人狗之间的共有词汇量就越大，相互交流的效果也就越好。

你们创造了 4 项纪录，哪一项最具挑战性？

最难的可能是**在晾衣绳上挂的衣物数量最多**纪录。但对我来说，想办法让辛巴跑得更快更准也很有趣。我本来希望这能鼓励它们学会晾晒自己的衣服。我发现训练狗狗比训练小孩子更容易！

在《英国达人秀》上表演感觉如何？

这是一次很棒的经历。邦妮在曼彻斯特劳里剧院的大舞台上弹奏钢琴和尤克里里的时候，也是我的高光时刻。观众们都很喜欢它，我们表演结束时，很多人起立为它鼓掌，其中包括西蒙·考威尔（节目的主创和评委之一）。

你在教狗狗复杂技巧方面有什么建议？

最主要的是将技巧分解成简单步骤，要循序渐进，而不能试图一次性教完整个动作。要分成多少步取决于狗狗的悟性、之前的训练效果和技巧本身的难易度。

另一个要点是学会"倾听"。狗狗特别擅长给出反馈，我们需要学会读懂反馈信息并给出反应。

*没有特别注明的纪录项目均来自意大利米兰的电视节目《纪录秀》

宠物宝贝

历史最悠久的动物福利团体

英国皇家防止虐待动物协会（RSPCA）成立于 1824 年 6 月 16 日，总部位于英国伦敦，当时并没有皇家名号。1840 年，协会赞助人维多利亚女王将"皇家"封号授予该协会。成立 200 年来，协会致力于推动相关立法，在将虐待动物者绳之以法，宠物、家畜和野生动物救助和康复以及福利保障等方面功不可没。上图为 1940 年和 2024 年协会工作人员与获救犬只的两张照片。

最高的阉牛

2023 年 12 月 17 日认证，6 岁的荷斯坦阉牛"罗密欧"肩高 1.94 米。罗密欧获救时还是一头小牛犊，目前与米斯蒂·摩尔（美国）一起生活在美国俄勒冈州克雷斯韦尔的"欢迎回家动物保护区"。

最贵的奶牛

2023 年 7 月 1 日，在巴西圣保罗州阿兰杜，一头名为玛拉（也被称为"维亚蒂纳－19 号试管牛玛拉地产"）的纯种内洛尔奶牛以 2 100 万巴西雷亚尔（约 438 万美元）的价格售出。内洛尔牛耐热性强，可以完美适应热带气候，因此十分珍贵。

最快的牧鸭犬

2024 年 2 月 5 日，马泰奥·卡博尼（意大利）训练的边境牧羊犬"格伦"在意大利米兰的《纪录秀》节目中表现老到，指挥 5 只鸭子顺利通过由斜坡、桥梁和隧道等障碍组成的赛道，只用 2 分 55.55 秒便完成了任务。

出席电影首映式的最多犬只

2023 年 9 月 24 日，219 只犬随同其主人莅临美国加利福尼亚州洛杉矶市的格里菲斯公园，一同观看《汪汪队立大功大电影 2：超能大冒险》（加拿大，2023）。该活动由美国派拉蒙影业公司组织，电视主持人凯文·弗雷泽主持。影片中明星犬（包括蔡斯和马歇尔，图右）的到场为活动增添了犬界风采。这场精彩的首映式也意在推动动物领养。

1 分钟表演技巧最多的动物

- 奶牛：10 个，4 岁夏洛莱牛"古思特"和主人梅根·赖曼（美国），2023 年 3 月 4 日于美国内布拉斯加州海斯普林斯。
- 马：13 个，迷你马"玫瑰"和主人诺琳·卡塞塔里（澳大利亚），2023 年 5 月 6 日于澳大利亚新南威尔士州索姆斯比。
- 猪：15 个，侏儒猪"庞哥"和主人爱丽丝·布朗（意大利），2023 年 4 月 15 日于意大利丰迪。2024 年 1 月 25 日，庞哥和爱丽丝在《纪录秀》上又"拱"下一项纪录：**一头猪将 10 只袜子从脚上转移到洗衣机的最短用时**——1 分 55 秒。

最长寿的母鸡

保持该项纪录的"花生"不幸于 2023 年的圣诞节亡故，享年 21 岁 238 天，吉尼斯得知后深感遗憾。我们向美国密歇根州的玛西·达尔文表示慰问，是她将花生一手养大。现在欢迎此项纪录的新申请。

家猫发出的最响呼噜声

2023 年 8 月 30 日，在英国剑桥郡亨廷顿，从 1 米外测得"贝拉"发出的呼噜声有 54.59 分贝。它的主人妮可·斯宾克（英国）说"贝拉打呼噜的时候，我只好把电视音量开大！"

鹦鹉 3 分钟识别的物品数量最多

2023 年 12 月 18 日，在美国佛罗里达州圣彼得堡，非洲灰鹦鹉"阿波罗"叫出了 12 件物品的名称，包括木块（上图）、石头和袜子。这只聪明的鹦鹉由道尔顿和维多利亚·梅森（均来自美国）训练。这只网络明星特别喜欢吃开心果，仅 YouTube 粉丝就超过 100 万。

史上展开幅度最大的山羊角

2021 年 10 月 16 日认证，瑞士纳特尔斯一只叫"阿尔比诺"的辛普朗山羊生有一对傲人的大角，其尖端相距 1.46 米。阿尔比诺生活在罗兰·费歇尔（瑞士）的农场里，因为超大号双角而成为羊群的领袖，在当地颇有名气（拍照时要戴上漂亮的花冠和铃铛）。不幸的是，阿尔比诺于 2022 年 4 月 17 日去世，现在吉尼斯正在寻找活着的纪录保持者。

史上最长的牦牛角

2018 年 12 月 23 日认证，美国明尼苏达州韦尔奇市的一头原产于西藏的牦牛"耶利哥"虽然身形很瘦，但其螺旋状的双角总长度达到 3.23 米。它的双角不断生长，越来越重，因此逐渐向前弯曲下垂。它的主人休·史密斯和梅洛迪·史密斯夫妇（均来自美国）只得用胶带把它的角尖缠上，以免摩擦到它的胸部。耶利哥于 2019 年 12 月自然死亡。

为庆贺耶利哥获得吉尼斯世界纪录头衔，史密斯夫妇从中国西藏（牦牛原产地）请来喇嘛祝福这一喜事。

史上展开幅度最大的阉牛角

得克萨斯长角牛最突出的特征就是超长的大角。2019 年 5 月 8 日认证，美国阿拉巴马州古德沃特的一头德州长角牛"潘乔比亚"的双角尖端间距达到 3.23 米，超过三角钢琴宽度的两倍。潘乔比亚的主人是蒲柏一家人（美国）。

仙人掌

最大的仙人掌花朵

蛇鞭柱属仙人掌（又名月光仙人掌）在夜间开花，花朵直径可达 30 厘米——比本书的一页纸还要大！这种仙人掌的花期很短，但香气浓郁，借助飞蛾完成授粉，偶尔也靠蝙蝠授粉，是中美洲、南美洲北部和加勒比群岛上的常见仙人掌品种。

移动能力最强的仙人掌

俗称"伏地魔"的新绿柱属仙人掌能在沙漠爬行，一年的移动距离远达 60 厘米。这种匍匐生长的仙人掌是墨西哥马格达莱纳平原的特有物种。形如毛毛虫的植株一端在慢慢枯萎的同时，会促进另一端的萌生，从而实现在沙质土壤上的"移动"。

最古老的仙人掌化石

化石记录中很少出现仙人掌科植物的遗迹，所以很难确定它们的起源。人们从现代北美沙漠和灌木林地的狐尾大林鼠粪便遗迹中复原出仙人掌属植物果实的种子和棘刺化石，通过放射性碳测定，其历史可追溯到 30 800 年前。

仙人掌科中最大的属

截至 2023 年 8 月，在正式认定的 1 600 种仙人掌科植物中，有 140 种被确认为乳突球属，也称枕形仙人掌。在墨西哥能见到大约 99% 的乳突球属仙人掌。墨西哥是仙人掌种类最多的国家，有超过 850 种仙人掌。

最长的仙人掌棘刺

据记载，纸刺属（左图示例）、仙人球属和壶花柱属仙人掌的尖刺都能长到 30 厘米，相当于标准编织针的长度！仙人掌的刺状突起有很多重要功能，比如遮阴、震慑捕食者和一定程度的伪装。

分布最广的仙人掌

槲寄生仙人掌是一种丛林仙人掌，人们普遍认为其原产地是美洲，但是目前已遍布大部分赤道和南部非洲的热带森林，远至斯里兰卡境内也有生长，其分布的经度范围跨越了近 196°。有迹象表明，这种附生植物（生长在其他植物上的植物）很可能已经在更东边的地方落脚，比如印度尼西亚的爪哇岛。

生长在最北方的仙人掌

脆节仙人掌极为耐寒，生长在北纬 56.28° 的加拿大阿尔伯塔省和不列颠哥伦比亚省的和平河谷，比俄罗斯的莫斯科更靠近北极。

生长在最南方的仙人掌很可能是狼爪玉属仙人掌。2018 年 6 月的《仙人掌世界》杂志首次介绍了这种生长在巴塔哥尼亚地区的多浆肉质亚灌木。它是阿根廷圣克鲁斯省的特有植物，其分布范围至少延伸到南纬 50.86°。

最大的桶形仙人掌

圆桶掌得名于其独特的条肋状突起和圆桶般的外形，在美国西南部和墨西哥随处可见。奇瓦瓦沙漠里的糖果桶仙人掌（又被称为"巨型圆桶掌"）能长到 2.5 米高，直径达 1 米。这种植物被当地人称为 biznaga，自古以来就被人类收割食用，其肉质髓经过烹煮，可制成墨西哥的传统蜜饯 acitrón。

入侵能力最强的仙人掌

从澳大利亚到意大利，已经有 22 个国家引进了原产于墨西哥的梨果仙人掌（下图为西西里岛的景象）。这种仙人掌俗称"印第安无花果"，在干旱和半干旱地区均能茁壮生长，在墨西哥以外的地区根本没有天敌，通常用作景观植物或隔离植物。

最高的仙人掌

武伦柱（或称"大象仙人掌"）一般会长到 10 米以上。1995 年 4 月，徒步旅行者在墨西哥的下加利福尼亚州发现了一株 19.2 米高的柱形仙人掌，高度与华盛顿的白宫差不多。

树形仙人掌（*右图*）是原产于美国南部的大象仙人掌的近亲，也能长到 10 米以上。这两种仙人掌中的巨无霸都能生长 300 年左右，被公认为**最长寿的仙人掌**，所以块头最大的仙人掌往往也是年龄最大的。

武伦柱根部的菌类能从裸岩中摄取养分，所以能在没有土壤的环境生长！

像索诺兰沙漠这样的林木稀疏之地，精灵猫头鹰（学名姬鸮）喜欢利用啄木鸟在高大的树形仙人掌上啄出的洞筑巢安家。这种猫头鹰是**最小的猫头鹰**，体长 12~14 厘米，体重与一颗杏子差不多。

100%

最小的仙人掌

形似纽扣的松露玉完全成熟后也很小巧，直径只有 10 毫米，其拉丁学名 Blossfeldia liliputana 源自 1726 年的小说《格列佛游记》中虚构出来的小人国 Lilliput。这种无刺仙人掌生长在阿根廷北部和玻利维亚南部的安第斯山区，通常栖身在瀑布周围的潮湿地带，这正是它的奇特之处。松露玉是单型植物，即松露玉属中唯一有记载的物种。

49

真菌

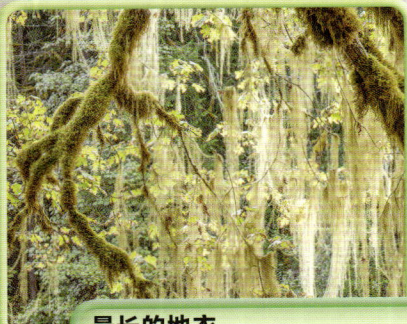

最长的地衣

地衣是一种共生的复合体生物，至少由一种真菌、一种光合生物（蓝藻）和一种复杂微生物形成，其中有一种俗称"老君须"的长松萝，可以长到 10 米长。它们通常垂挂在北半球针叶林的树冠上。

挽救最多生命的真菌

自从人类提取出青霉素以来，这种抗生素彻底改变了治疗细菌感染的方法，挽救了近 2 亿人的生命。1928 年 9 月 28 日，英国科学家亚历山大·弗莱明从青霉菌（指状青霉是生长在腐烂水果上的霉菌）中成功分离出青霉素。

最重的真菌

美国俄勒冈州的马勒国家森林公园生长的奥氏蜜环菌大约有 6 800 ~ 31 750 吨重。奥氏蜜环菌又被称为"巨型真菌"，菌株占地 9.6 平方千米——几乎是纽约市中央公园面积的 3 倍，因而也是最大的真菌。

加速最快的微生物

牛粪上常见的粪盘菌会将孢子集聚成球状，并输送到长柄顶端的孢子囊里。孢子囊在渗透压作用下不断蓄积压力，一旦压力达到临界值，或者长柄受到扰动，就会将孢子弹射到空中，其加速度高达 180 万米／平方秒，大约是火箭发射时承受重力的 60 000 倍！

毒性最强的真菌

真菌中毒致死案例的 90% 由"死亡帽"造成，而且目前没有解药。这种剧毒菌所含的主要毒素为 α- 鹅膏蕈碱，首先会破坏肝脏细胞，侵入肾脏后再随血液往复循环，对人体产生进一步损害。更危险的是，这种真菌很容易被误认为几种与之外形相似的无毒食用菌。

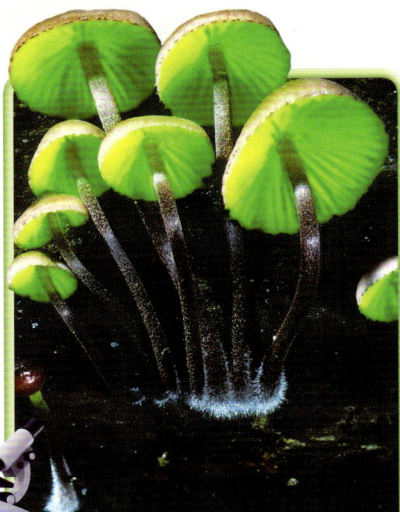

种数最多的发光真菌

目前已知的能够自己发光（生物发光）的真菌有 81 种，其中 84% 为小菇属真菌，又被称为帽菇。主流观点认为：这种真菌的发光目的是吸引昆虫来帮助它们传播孢子。

吉尼斯访谈录

本期人物：朱利安娜·弗西，真菌基金会创始人

你为什么要成立这个基金会？
为了给喜欢研究真菌的所有人提供一个合法平台。主要目的是保护真菌和它们的栖息环境，还要保护离不开真菌的人类。

为什么你认为真菌在历史上一直受到忽视？
因为直到 1969 年才出现分类学上的真菌界。只有显微镜技术发展起来之后，人们才能确定真菌与动、植物的区别。

你对目前真菌的哪些潜在应用最感兴趣？
真菌有可能取代塑料包装，这是令人激动的前景。真菌还可以取代动物皮革。

你觉得哪个领域的真菌研究最为紧迫？
目前真菌学的一个关键课题是了解地下真菌群落。通过这方面的研究，我们将能够更好地了解全世界地下真菌多样性的热点地区，并施行相应的保护政策。众多迹象表明，真菌在应对气候变化方面发挥着关键作用。

请你向读者概括一下研究真菌的意义。
尽管死亡、腐烂和分解看起来标志着生命的终结，但通过真菌，终点实际上也是生命的起点。

僵尸虫草正是游戏《最后生还者》和同名电视剧中流行病大暴发背景的灵感来源。

被真菌"僵尸化"的最大动物

2004 年，在厄瓜多尔的雨林中发现了一只完全被冬虫夏草菌感染的 20 厘米长的绿椒竹节虫。

许多冬虫夏草菌会操纵宿主昆虫的行为。实际上，为了达到繁殖目的，它们会将昆虫变成僵尸。

2023 年 6 月 19 日，洛希特·YT.、奇姆内·C. 马里耶与一支博物学研究团队在印度西高止山脉发现了一只拉奥中型金背蛙，其体侧生出了一颗小菇属真菌的子实体。这只金背蛙貌似没有受到影响，但身上的真菌成为**第一颗活体动物组织上生出的蘑菇**。

真菌中最大的一个门

真菌界分为 7 个门（最高的生物分类群），子囊菌门是其中最大的门，已命名的物种超过 64 000 个。因为它们的孢子生长在一个叫作子囊的袋状结构中，该门真菌便被称为子囊菌或囊菌。

尽管有着相似的生物学特征，子囊菌的大小、颜色和形态却千差万别，既有羊肚菌、制作面包的酵母菌、杯状真菌（*橘黄刺杯菌，如图*），也有所谓的死人指（*多型炭角菌，上方小图*）。子囊菌门还包括世界上**最昂贵的真菌**（见下文）。

最昂贵的真菌

冬虫夏草（又名虫草）产自喜马拉雅山地区，每磅（约 450 克）售价高达 6.3 万美元。与其他寄生真菌一样（参见第 50 页），冬虫夏草通过感染其宿主昆虫来繁殖孢子。虫草产量稀少，采集难度很大，又是名贵中药材，所以其价格高得令人瞠目。

最昂贵的食用菌

白松露原产于意大利的部分地区和克罗地亚的伊斯特拉半岛，一般每千克能卖到 6 985 美元。价格因菌子大小及当季丰收程度而变动。

上图是拍卖价最高的松露。2007 年 12 月 1 日，商人何鸿燊在中国澳门买下一颗 1.3 千克重的松露，成交价高达 33 万美元。

狂野地球

规模最大的史前滑坡

绿湖滑坡事件发生在大约 13 000 年前，新西兰南岛的亨特山脉因此崩塌了 27 立方千米的土石。人们认为这次滑坡由地震引发。

1980 年 5 月 18 日，美国华盛顿州的圣海伦斯火山发生 5.1 级地震，造成约 2.8 立方千米的山石滑落，尽管规模只有绿湖滑坡的十分之一，却是**现代规模最大的滑坡**，随后的火山爆发成为美国最致命的火山灾害，致使 57 人丧生。

最高的海啸

1958 年 7 月 9 日，一场特大地震造成的岩层滑动引发了一次 160 千米/时的惊人浪涌。海啸造成的巨浪的高度几乎与纽约世贸中心一号楼的高度相当，席卷了美国阿拉斯加州的利图亚湾，将峡湾沿岸 524 米高处的树木全部扫平。

现代设备记录到的最猛烈的火山爆发

2022 年 1 月 15 日，南太平洋汤加海域的洪阿哈阿帕伊岛海底火山爆发，释放的能量相当于 1 500 万 ~ 2 亿吨 TNT 当量，其威力上限是**威力最强核爆炸**（1961 年试爆的核弹"沙皇"）的 4 倍。洪阿哈阿帕伊火山爆发是 1883 年喀拉喀托火山爆发以来规模最大的一次，海面以上的一小部分山顶被削低（*插图*）。

汤加的这次火山爆发打破了多项纪录，包括高达 57 千米的**最高火山羽流**，还有足以可以绕地球 6 圈的**最快大气压力波**——峰值速度达到 269 米/秒（968 千米/时）。

第一个经科学认定的陨石坑

巴林杰陨石坑位于美国亚利桑那州，由 5 万年前的一颗铁镍小行星撞击科罗拉多高原形成。人们最初认为这个直径 1 265 米的大坑是火山蒸汽爆发的结果。1906 年，工程师丹尼尔·巴林杰首次提出了陨石成因论。

地球上最活跃的地震区

"环太平洋火山带"是一条长达 40 000 千米的构造带，环绕着太平洋的大部分地区（*插图*）。地球上 90% 的地震和 75% 的火山爆发都与它有关。汤加和日本两国深受其影响。2024 年 1 月 1 日，日本能登半岛发生里氏 7.5 级地震，造成巨大破坏（*右*），多达 200 人丧生。

最大的冰山

截至 2024 年 2 月，代号为 A23A 的移动冰山的实际面积约为 3 900 平方千米，约相当于纽约市的 3 倍。这座冰山于 1986 年从南极洲的费尔奇纳-罗纳冰架上崩解，在威德尔海受阻，徘徊了 30 年，2023 年终于挣脱了束缚。在洋流的作用下，A23A 现在位于南极半岛尖端的水域（*插图*）。那里的大气和表层海水温度较高，冰山将会慢慢融化。

最强烈的地震

1960 年 5 月 22 日，智利发生里氏 9.5 级大地震，造成 2 000 多人死亡。地震引发的海啸最远殃及日本和夏威夷，造成了严重破坏和人员伤亡。

地震最多的国家

2023 年，印度尼西亚发生了 2 212 次震级为 4 级或以上的地震。墨西哥位列第二，发生的地震次数是 1 834 次。

增长最快的山峰

巴基斯坦境内的南迦帕尔巴特峰海拔 8126 米，在亚欧板块和印度洋板块的持续碰撞作用下，每年以 7 毫米的速度增高。

火山爆发形成的最大岛屿

冰岛的面积为 10.3 万平方千米，约 7 000 万年前形成于大西洋中脊的火山活动。亚欧板块和美洲板块在北大西洋海底交汇处被称为大西洋中脊。此处的熔岩涌到地层表面，冷却后便形成了陆地。这一过程一直持续到今天。冰岛目前有 32 座活火山，平均 5 年会喷发一次。2021 年喷发的拉达尔火山（右图）成为地质活动新时代开始的标志，此后的喷发频率明显加快了。随着冰岛下面的构造板块还在稳定漂移分裂，这种趋势还会持续下去。

最大的冰川融水洪水

1996 年 11 月 5 日，冰岛最大的瓦特纳冰盖发生地下湖爆发，融水喷发量的峰值达到 4.5 万立方米／秒，大致相当于 18 个奥运会标准泳池的水量，喷发造成的洪水是有确切记录以来最大的一次。瓦特纳冰盖下方的格里姆火山喷发后形成了一处地下湖。米达尔斯冰盖在 1918 年发生过一次地下喷发，其每秒喷水量可能达到 40 万立方米。

法格拉达尔火山在 2021 年 3 月喷发，此前它已经休眠了 6 000 年。

2023 年 12 月 18 日，冰岛松德努克火山口附近发生过一次喷发。左图为科学家们在火山裂隙旁工作的场景。火山喷发后，冰岛气象局记录到近 320 次地震，喷发形成的熔岩槽高达 100 米，从 42 千米外的首都雷克雅未克都能看得到。从裂缝中喷出的熔岩多达 200 立方米／秒（右图），附近格林达维克渔村的居民被迫疏散。

极端天气

100%

最重的冰雹

冰雹有时会凝聚成上图所示的大冰块。2010 年 7 月 23 日，这块重 0.88 千克、宽 20.3 厘米的大冰雹降落在美国南达科他州维维安，成为美国境内降下的**最大的冰雹**。根据世界气象组织（WMO）的数据，1986 年 4 月 14 日，孟加拉国高帕加尼地区落下一颗 1.02 千克的冰雹。

最大的雪花

有报告称，1887 年 1 月 27 日夜间，在美国蒙大拿州米苏拉附近的克拉克福克河谷地带降下的一片雪花（雪晶簇）有 38 厘米宽、20 厘米厚。

2003 年 12 月 30 日，肯尼斯·利布雷希特在加拿大安大略省的科克伦发现了**最大的雪晶**，其尖端之间的距离为 10 毫米。

单一年份命名的最多风暴

为便于大众传播，一旦热带风暴的持续风速达到 63 千米/时或更高，就会被命名。2020 年，全球被命名的热带风暴共有 104 个；其中 30 个出现在大西洋，也创下了**单一年份大西洋热带风暴被命名数量最多的纪录**。

单位时间最大降雨量

- **1 小时**：304.8 毫米，1947 年 6 月 22 日，美国密苏里州霍尔特。
- **24 小时**：1 825 毫米，1966 年 1 月 7—8 日，法属留尼汪岛弗克-弗克。

地球上的最高温度

1913 年 7 月 10 日，在美国加利福尼亚州死亡谷的格陵兰牧场（现在的熔炉溪）测得的气温为 56.7℃。2012 年 9 月 13 日，以兰德尔·科文尼（右图）为首的 WMO 专家团队取消了之前的气温纪录，正式将上述气温确认为最新纪录。

1983 年 7 月 21 日，在南极洲沃斯托克科考站，研究人员记录到 -89.2℃ 的气温极值，成为地球上最低气温纪录。

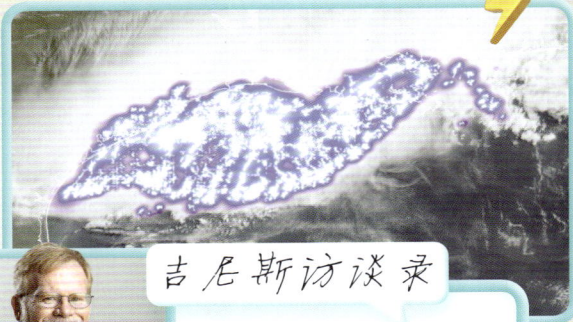

致死人数最多的……

- **雷击（直接致死）**：1975 年 12 月 23 日，21 人在罗得西亚东部（现津巴布韦）的马尼卡部落托管地因雷击丧生。
- **雷击（间接致死）**：1994 年 11 月 2 日，埃及德罗卡上空一道雷电引燃了铁路上 3 节装有汽油制品的油罐车，洪水冲塌路基，将燃烧着的油料冲进城镇，造成 469 人死亡。
- **雹暴**：1888 年 4 月 30 日，印度北方邦莫拉达巴德附近的一场雹灾造成 246 人死亡。

吉尼斯访谈录

本期人物：WMO 专家兰德尔·科文尼，他是吉尼斯世界纪录公司的气象顾问，2024 年出版了《判断极端天气》一书。

在你参与的众多天气纪录中，哪一项最有震撼力？

这种提法很贴切，最让我"震惊"的是那些雷电方面的极端天气纪录！2020 年，美国南部爆发的**最长闪电**（上图）长达 768 千米，相当于英国伦敦至德国汉堡的距离，而**持续时间最长的闪电**则闪耀了 17.1 秒。

为什么有的气候纪录认证时间很长？

我们要确保观测过程的程序正确，设备工作正常。这种精细调查真的很费时。

气候变化似乎正在导致越发多见的极端天气，你对此有多担心？

的确如此，我相当担心。我们都知道，好多因素都会引发气候变化，每个因素的作用范围也都有时间特性。例如，火山爆发导致的气候变化会持续 1~4 年，地球的轨道波动造成的气候变化则会带来数千年的影响，人为（受人类影响）的气候变化会持续数十年。所有这些因素都会影响到天气和气候，我们未来几十年的命运确实令人担忧。

我们为何会对天气如此着迷？

因为天气影响着我们每一个人，而且天天如此。我们的生活目标和生活方式都与天气息息相关。我们都特别喜欢谈论也愿意了解极端天气方面的信息。

持续时间最长的彩虹

2017 年 11 月 30 日，几名大气科学家在中国台湾省阳明山山顶观测到一道彩虹，它从上午 6 点 57 分持续到下午 3 点 55 分，共 8 小时 58 分。当时的疏云、微风和季风带来的水汽共同造就了彩虹生成的理想条件。

记录在案的最暖月份

根据哥白尼气候变化服务局的数据，2023 年 7 月的全球地表平均气温为 16.95℃，比 1991—2020 年的同期均值高出 0.72℃。气温上升引起野火频发，全球多地在这波热浪中山火肆虐，希腊的罗德岛（如图）野火导致 1.9 万人被疏散。

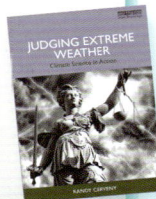

持续时间最长的热带风暴

虽然还没有得到 WMO 的正式认定，但热带气旋"弗雷迪"的持续时间可能要超过其他任何一场同类型风暴。弗雷迪于 2023 年 2 月 6 日生成，生命周期约为 33 天。它从澳大利亚西北海岸出发，横扫南印度洋，最后在莫桑比克克利马内城附近登陆。插图中的卫星图片为 2023 年 2 月 24 日移动到莫桑比克上空的弗雷迪。这场风暴过后留下满目疮痍，引发的洪水冲毁了马拉维的道路（*主图*），还摧毁了马达加斯加和莫桑比克赞比西亚省的多处社区（*下方小图*）。

目前持有时间最长纪录的是飓风 / 台风"约翰"，在 1994 年 8 月 11 日至 9 月 11 日期间穿越东太平洋海域，历时 31 天。

弗雷迪可能还创下了气旋能量指数（ACE）的最高纪录，但这一纪录还有待调查。

热带气旋弗雷迪形成于澳大利亚西北沿岸，首先在马达加斯加登陆，随后两次袭击莫桑比克。下图圆点的不同颜色表示热带气旋持续风速的估算值。弗雷迪发展到最高的五级热带气旋，其最大风速约为 270 千米 / 时。尽管横行距离超过 11 000 千米，但远远比不上 1994 年的飓风 / 台风"约翰"，后者移动了 13 280 千米，目前仍然持有**移动距离最长的热带气旋**纪录。

图例
萨菲尔-辛普森飓风风力等级
- 🔵 热带低气压：≤62 千米/时
- 🔵 热带风暴：63～118 千米/时
- ⚪ 一级：119～153 千米/时
- 🟡 二级：154～177 千米/时
- 🟠 三级：178～208 千米/时
- 🔴 四级：209～251 千米/时
- 🟣 五级：≥252 千米/时
- 🟡 起始点　🔴 终止点 / ➡ 移动方向

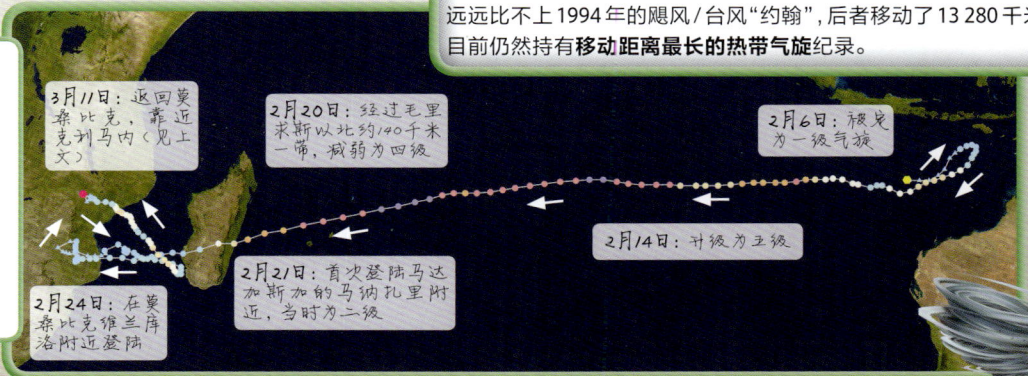

3月11日：返回莫桑比克，靠近克利马内（见上文）

2月20日：经过毛里求斯以北约190千米一带，减弱为四级

2月6日：被归为一级气旋

2月21日：首次登陆马达加斯加的马纳扎里附近，为时为二级

2月24日：在莫桑比克维兰库洛附近登陆

2月14日：升级为五级

纪录集萃

100%

最早的蝙蝠骨架

根据生物学期刊 *PLOS ONE* 2023 年 4 月 12 日收录的文献，研究人员在美国怀俄明州的绿河地层的化石湖矿床中发掘出两副小型远古蝙蝠的骨骼化石，这种蝙蝠被定名为冈氏伊神蝙，其生活年代可追溯到始新世早期（大约 5 200 万年前）。

最长的动物低温隐生周期

从西伯利亚东北部科雷马河附近的永久冻土中采集到的一些科雷马全凹线虫的冰冻虫体样本在实验室里竟然复活了。这种之前鲜为人知的线虫在隐生状态下存活了 46 000 年。

毒性最强的蜘蛛

巴西流浪蛛和澳大利亚漏斗网蛛都是公认的最毒蜘蛛，无论被哪一种咬上一口都可能致命。雄性悉尼漏斗网蛛最为常见。上图是记录在案的最大个体标本"大力神"，展开后的肢端最大间距为 7.9 厘米。2024 年初发现的这只毒王蜘蛛被赠给一家抗毒血清研制机构，用于救治被毒蜘蛛咬伤的人。

最密集的精灵怪圈

南部非洲和澳大利亚草原上会出现这种异常均匀的裸露斑块，人们将其成因归结为自然生长模式、昆虫群落以及有毒土壤等的共同作用，但确切起源迄今仍然是个谜。精灵怪圈分布最密集的地方是西澳州纽曼镇附近的皮尔巴拉地区。2016 年，主持空间分析研究项目的斯蒂芬·格津博士指出，此地的精灵怪圈每公顷多达 78 处。

最完整的上龙头骨

2022 年，在英国多塞特郡的一处悬崖上出土了一件非常完整的侏罗纪海洋爬行动物头骨化石。业余化石收集者菲尔·雅各布斯在海滩上发现这种恐龙鼻尖后，它才得以重见天日。当地的古生物学家史蒂夫·埃奇斯博士（右）正在进行清理和修复。头骨全长不足 2 米，但完整率接近 95%，保留着 130 颗牙齿，其生存年代可追溯到约 1.5 亿年前。

这块头骨化石现在在多塞特郡基默里奇的埃奇斯收藏博物馆展出，这里距出土地点很近。

最古老的化石森林

研究英国萨默塞特郡汉曼砂岩地层的科学家偶然发现了约 3.9 亿年前的古森林遗迹。这些泥盆纪中期的枝蕨纲植物（与蕨类有亲缘关系的灭绝植物）的化石中有树干，也有掉落的枝条。2024 年 2 月 23 日，《地质学会杂志》登载了这一发现。

最长的恐龙脖颈

根据 2023 年发表的一项研究的结论，中加马门溪龙的脖子长约 15.1 米，约为**现存脖子最长的动物**雄性长颈鹿脖子长度的 6 倍。这种草食性恐龙生活在 1.62 亿年前的侏罗纪晚期，1987 年，该种恐龙的遗骸首次在中国新疆维吾尔自治区出土。

第一份被复原的灭绝动物的核糖核酸（RNA）

与DNA（脱氧核糖核酸）类似的 RNA 存在于所有活细胞之中，是大多数生物进程中必不可少的物质。2023 年 9 月，瑞典的一个研究团队披露，他们从一只 132 年前的袋狼标本中提取到了 RNA。袋狼又名塔斯马尼亚虎，是一种很像狼的肉食性有袋动物。1936 年，最后一头已知的活体袋狼在澳大利亚塔斯马尼亚的霍巴特动物园去世。

最大的粪便嵌塞（相较于体型）

2018 年 7 月 21 日，有人在美国佛罗里达州的可可海滩发现了一条雌性北方卷尾蜥，其肠道内的一块粪便重达 22 克。这个半消化的团状物可能是油脂食物和沙子的混合物，其重量占了蜥蜴体重的 78.5%，是活体动物体内有案可查的最大粪便与体重比例。

滑翔距离最远的昆虫

根据 2023 年的一项研究，兰花螳螂若虫滑翔时的平均水平距离为 6.09 米，最远可达 14.7 米。兰花螳螂是人们观察到的第一种能滑翔的无翼节肢动物。在空中下落时，它们通过调整花状腿瓣的方向产生升力。

级别最高的企鹅

2023 年 8 月 21 日，王企鹅"尼尔斯·奥拉夫三世爵士"在英国爱丁堡动物园获得擢升，成为挪威国王卫队少将和布维岛男爵。1972 年，挪威国王卫队在参观动物园时收养了一只王企鹅作为吉祥物，以两名卫兵的名字为它命名，并授予它荣誉下士军衔。后来的两只吉祥物企鹅也得名"奥拉夫"。多年来，这几只气度凛然的鸟卫士一直在稳步晋升。

最小的蛙类

2024 年 2 月，7.7 毫米长的阿马乌童蛙惜败于体型更小的一种青蛙，失去了自 2012 年以来一直保持的最小蛙类纪录。根据《动物文献书目》的报道，雄性巴西跳蚤蛙从鼻尖到肛门的平均长度为 7.1 毫米，有些个体甚至只有 6.5 毫米，是**世界上最小的两栖动物和最小的四足动物**，也是最小的脊椎动物之一。

最罕见的卵生哺乳动物

人们对于阿滕伯勒长喙针鼹的认知极为有限。1961 年，在印度尼西亚巴布亚岛上发现的一具死亡标本是几十年来的唯一认知来源。然而，英国牛津大学的科学家们在 2023 年 11 月发布了一段用相机拍摄的视频，画面中有一只成年针鼹正在巴布亚偏远的独眼巨人山脉觅食。该物种的种群数量仍是未知数。

一生中观察到的鸟类种数最多

2024 年 2 月 9 日，彼得·凯斯特纳（美国）在菲律宾棉兰老岛观察到一只橙簇花蜜鸟，达到观鸟 10 000 种的里程碑。见多识广的退休外交官凯斯特纳已专注观鸟 64 年，使用世界鸟类学家联合会的《世界鸟类名录》作为自己的观鸟指南。他观鸟的高光时刻是他在哥伦比亚记录到蚁鸫新种，并以自己的名字将其命名为"凯氏昆迪蚁鸫"。

单株兰花开出的最多花朵（单茎）

2023 年 3 月 30 日，加拿大安大略省滑铁卢市，凯文·英格利施种植的一株蝴蝶兰开了 131 朵花。单茎兰花会长出一根直立茎，两侧交替生有叶片。蝴蝶兰属的花卉统称为蝴蝶兰，也包括那些兰花螳螂（*上图*）仿生的品种。

最高的毒藤

2023 年 3 月 12 日，罗伯特·费德罗克（加拿大）在加拿大安大略省巴黎镇发现了一株 20.75 米高的毒藤。这种攀缘植物原产于北美洲和亚洲的林地，其叶子对皮肤有刺激性。

最长寿的动物（圈养）

- **大猩猩：** 自 1959 年 5 月以来，雌性西非低地大猩猩"法图"一直生活在德国柏林动物园。入园时约为两岁的法图在 2023 年度过了 66 岁生日（动物园将 4 月 13 日定为它的生日）。
- **树懒：** 截至 2023 年，雄性二趾树懒"扬"的年龄至少有 53 岁。从 1986 年 4 月 30 日开始，它一直生活在德国克雷菲尔德动物园。野生二趾树懒的寿命一般约为 20 年。
- **袋熊：** 截至 2024 年 1 月 31 日，塔斯马尼亚袋熊"韦恩"的保守年龄为 34 岁 86 天。该纪录在日本大阪池田市的五月山动物园得到认证。

最长寿的圈养红猩猩

苏门答腊红毛猩猩"贝拉"大概在 1961 年生于野外，1964 年被人捕获，到 2024 年估计是 63 岁的老寿星了。自 1964 年 4 月 15 日以来，贝拉一直生活在德国汉堡的哈根贝克动物园。这种原产于东南亚的类人猿在野外的寿命一般为 35 ~ 40 年。

IC⭐N

GUINNESS WORLD RECORDS

宙斯

在所有大型犬中，大丹犬体型巨大，名气也最大。其中有一些大丹犬特别高大。请看一看宙斯（右）吧，这是吉尼斯世界纪录认证过的**史上最高的狗**。

宙斯的父母都是正常体型的大丹犬，所以宙斯一家根本没有想到它能长成如今的"温顺巨兽"。"它喜欢坐在我们的腿上，这是它最喜欢待的地方。"丹尼丝·多拉格这样向吉尼斯介绍她的爱犬。宙斯体形高大，人们都喜欢它坐在床边。

照顾如此巨大的狗当然极具挑战性。宙斯体形如此大，既要满足宙斯的超大食欲，还要听从兽医的建议，保证它身材匀称。力争达到二者的平衡。

图中与宙斯并排而立的是有史以来最高的雄犬，肩高98.15厘米的"摩根"，其主人是加拿大的戴夫和凯茜·佩恩夫妇。摩根比一般的雄性大丹犬高10厘米左右，每天的运动时间大约为80分钟，常规项目是追逐松鼠。

不幸的是，宙斯和摩根在2014年的一个月内相继离世。但直到今天，它们的地位仍然比肩《吉尼斯世界纪录大全》收录的其他偶像。

关键数据

名字	宙斯
生命周期	2008年11月26日—2014年9月3日
品种	大丹犬
目前持有的世界纪录	⭐ **史上最高的狗** 肩高111.8厘米
后腿站立高度	223厘米
最喜欢的食物	煮熟的鸡肉（拌上干酪和肉罐头）

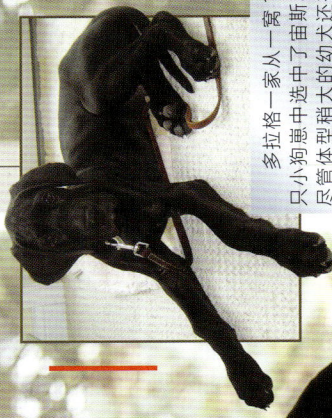

多拉格一家从一窝15只小狗患中选中了宙斯。尽管体型相大的幼犬还有几只，但他们看中了宙斯的毛色。"丹尼丝告诉我们，"而它身上的白毛刚好最少。"

这是凯文又与宙斯在家多歇根州奥齐戈县拍的照片。后眼能看出宙斯的宙齐起来能超过7英尺，小孩子们就把立这只巨大类认成一匹黑马。

这是多拉格一家与体型超大的创纪录宠物合照。从左到右：尼古拉斯、丹尼丝、凯文和米兰达。

请访问网站 www.guinnessworldrecords.com/2025，你可以在《偶像/影像》专栏中了解大狗宙斯的更多内容。

宙斯的体重有81千克，相当于30条"布布"（下文2004年纪录）这样的吉娃娃犬。

2022 宙斯：这只大丹犬也叫宙斯，是目前在世的最高的狗，肩高104.6厘米。旁边是其主人布列塔尼·戴维斯。

2016 弗雷迪：大丹犬弗雷迪为克莱尔·斯通曼所养，肩高103.5厘米，却曾是同一窝13只幼崽中最小的，太不可思议啦！

历史上的巨犬

2014 丽兹：一度也是最高的雌犬，肩高96.4厘米，与主人格雷格·萨普尔生活在美国佛罗里达州。

2012 贝拉：曾获得世界上最高雄犬的纪录，肩高94.93厘米，4次获得服从测验赛冠军。

2004 吉布森（和布布）：在2007年的"吉尼斯世界纪录日"上，肩高107厘米的大丹犬吉布森遇见了当时最矮的狗——10.16厘米高的布布。

"宙斯能和身边所有的人和犬友好相处，"丹尼丝说。下图与宙斯同框的是丹尼丝父母养的拉布拉多犬"奥克斯"和黑色的博美犬"熊熊"。

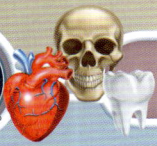

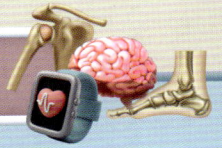

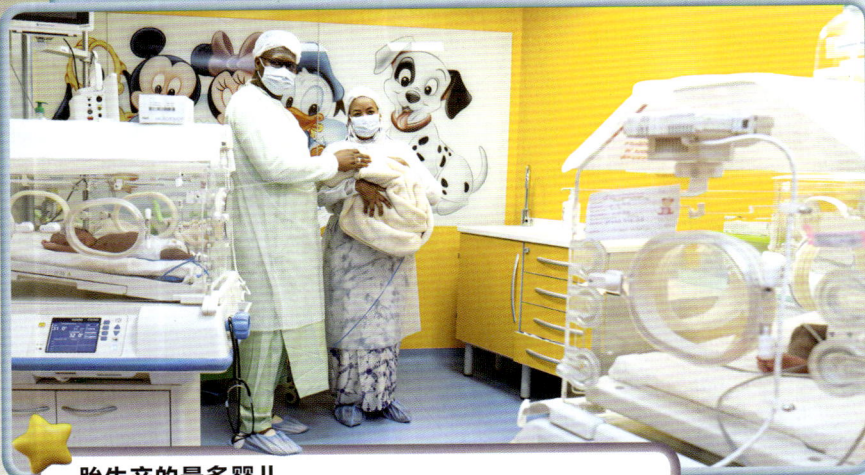

一胎生产的最多婴儿

2021 年 5 月 4 日，哈利玛·西塞在摩洛哥卡萨布兰卡的艾因博尔哈医院生下 5 女 4 男。她和丈夫阿卜杜勒·卡德尔·阿尔比（均来自马里）成为骄傲的九胞胎父母。9 名婴儿经剖宫产提早降世，出生时胎龄只有 30 周。他们在摩洛哥度过了生命中最初的 19 个月，然后才回到了马里的家中。2023 年 5 月，全家人以孩子们最喜爱的电视节目《奇迹少女》为主题，为九胞胎们庆祝了两岁生日。孩子们的名字分别是艾达玛、巴赫、艾尔哈吉、法图玛、哈瓦、卡迪迪娅、穆罕默德六世、奥马尔和欧姆乌。

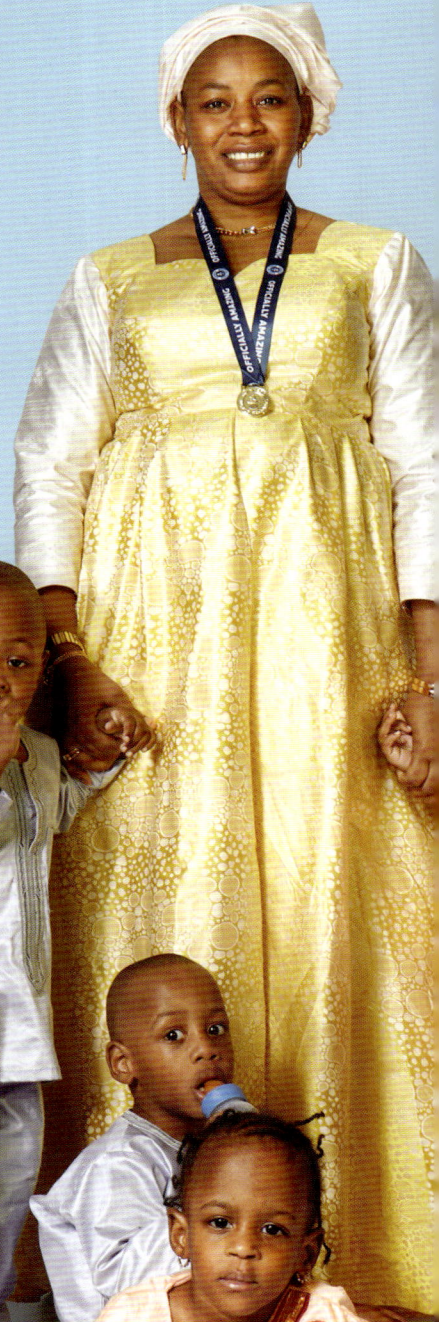

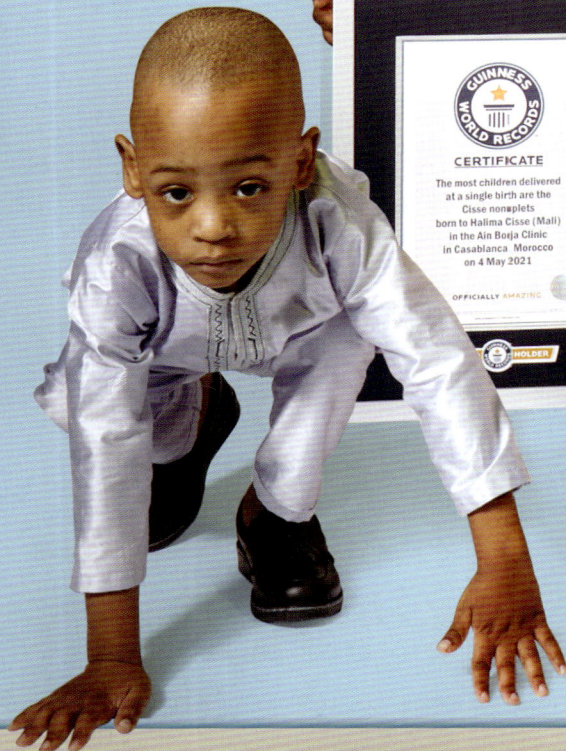

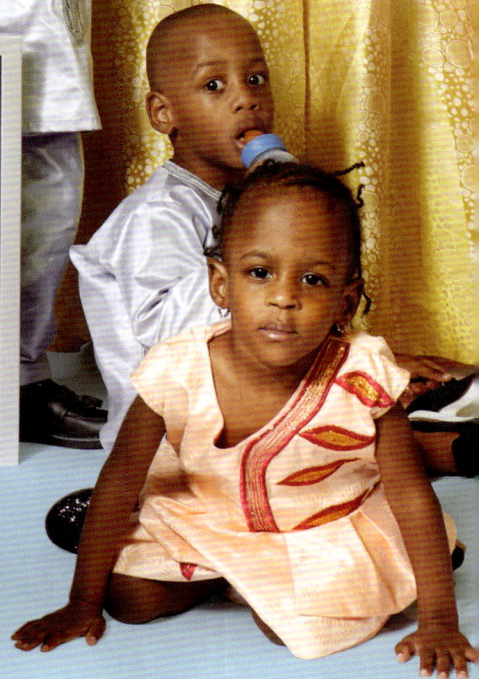

在怀孕的大部分时间里，哈利玛一直认为自己腹中"只"怀了7个宝宝！

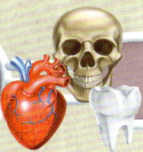

闪回：最高的人

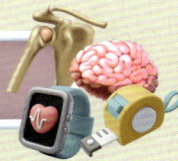

很少有纪录能像**最高的人**这个称号一样经常引起争议。即使是吉尼斯世界纪录也无法完全排除有些人为了商业目的故意夸大身高的情况（我们在1955年的第一本《吉尼斯世界纪录大全》里曾做过这样的说明）。为了使纪录可信，我们在此按时间顺序介绍14位男性和2位女性，他们自1900年以来无可争议地获得过这一头衔，其中包括获得吉尼斯世界纪录官方认证的**史上最高的人**（参见第26～27页）。

约翰·罗根（绰号"豆芽儿"，美国）｜成年后无法站立；身高是通过体位计算出来的。
1867—1905
267厘米
1900—1905

菲奥多尔·马赫诺夫（白俄罗斯）｜在巡回表演生涯中，曾以"特型演员费奥多·马赫诺"作为宣传卖点。
1878—1912
239厘米
1905—1912

弗雷德里克·肯普斯特（英国）
1889—1918
237厘米
1912—1918

伯纳德·科因（美国）
1897—1921
254厘米
1918—1921

阿尔伯特·克莱默（荷兰）｜在马戏团表演生涯中，经常使用艺名"扬·范·阿尔伯特"。
1897—1976
237.5厘米
1921—1933

罗伯特·瓦德罗（美国）
1918—1940
272厘米
1933—1940

韦伊诺·米伦（芬兰）｜也是个子最高的士兵；是持有"最高的人"头衔时间最长的人。
1909—1963
251厘米
1940—1959

约翰·卡罗尔（美国）｜由于脊柱弯曲，实际站立身高为243.8厘米。
1932—1969
263.5厘米
1959—1969

出生年份和去世年份　　　身高　　　持有世界最高的人称号的年份

吉尼斯世界纪录认证官（右下）身高175厘米，这是英国男性的平均身高。

仍然是有史以来最高的女性，并且还是唯一一位身高超过8英尺的女性。

20世纪70年代初以马戏团演员的身份为人所知，自称身高265厘米，但1982年之前没测量过。

1982年首次报道身高为251厘米，后经测量，其身高与桑迪·艾伦相同。

从1982年到2008年去世前，她都是世界上在世的最高女性。

吉尼斯世界纪录官方首次测量的站立身高为246.5厘米，此处也显示的是2011年的身高。

唐纳德·科勒（美国）
1925—1981
248.9厘米
1969—1981

曾金莲（中国）
1964—1982
246.3厘米
1981—1982

加布里埃尔·埃斯特瓦奥·蒙吉尼（莫桑比克）
1944—1990
245.7厘米
1982—1990

穆罕默德·阿拉姆·查纳（巴基斯坦）
1953—1998
231.7厘米
1990—1998

桑迪·艾伦（美国）
1955—2008
231.7厘米
1990—1998

垃杜瓦尼·沙尔比布（突尼斯）
1968—
235.9厘米
1998—2005

鲍喜顺（中国）
1951—
236厘米
2005—2009

苏尔坦·科森（土耳其）
1982—
251厘米
2009至今

人类奇观

高矮悬殊

自从 1955 年第一次出版《吉尼斯世界纪录大全》以来，我们对人类的身高极限一直持有浓厚的兴趣（第一部《吉尼斯世界纪录大全》便设计了"人类奇观"章节，专门介绍世界上的"巨人"）。在随后的 70 年里，我们追踪记录了最高人士和最矮人士的身高数据，而且非常幸运地结识他们，并实测他们的身高。下面向你介绍其中的 6 位。

这几位纪录保持者都享有吉尼斯世界纪录持有者的偶像地位。一之所以授予他们的这一荣誉，是因为他们的身高纪录具有独特性，二是因为他们所体现了超凡的意志品质和人格力量。

◊ 最高的女子

截至 2021 年 5 月 23 日，鲁梅伊莎·盖尔吉的身高为 215.16 厘米。鲁梅伊莎也来自土耳其。她患有罕见的韦弗综合征，导致其身体过快生长。尽管疾病常来诸多不便，但她依旧喜欢旅行，也喜欢结识新朋友。2023 年，她参与录制了吉尼斯制作的纪录片《鲁梅伊莎：昂首阔步》（左图）。她在片中环游了世界，并结识了其他几位非凡的世界纪录保持者。

◊ 最高的男子

2011 年，苏尔坦·科森（土耳其）成为 20 多年来吉尼斯测量过的首位身高超过 8 英尺（2.43 米）的人。以前是农民的苏尔坦是最高的男子，身高为 251 厘米。他还拥有**最大的**双手——从手腕到中指指尖长 28.5 厘米。

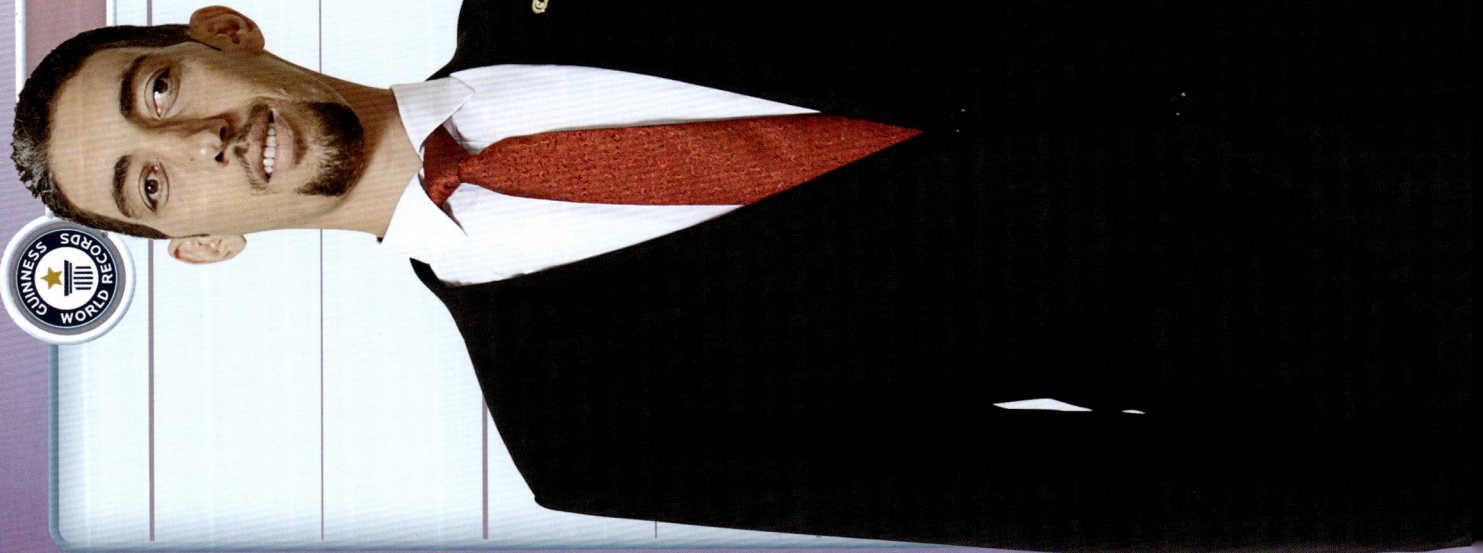

▶ 史上最矮的男子

2012年2月26日，钱吉·唐吉（尼泊尔）在尼泊尔加德满都莱恰乌尔测得身高为54.6厘米。在世界纪录得到确认后，他平生第一次出国旅行，游历了澳大利亚、日本和意大利，并与苏尔坦·科森一起在伦敦拍摄了一组令人难忘款拍摄的照片。不幸的是唐吉于2015年9月离世。

▶ 有行动能力的最矮女子

乔蒂·阿姆吉（印度）最近一次在印度那格浦尔测得的身高为62.8厘米。2014年，她是世界上最矮的女演员，曾在美国FX有线电视网出品的电视剧《美国恐怖故事》中首次饰演常驻角色小宝贝小玛·普蒂。

▶ 无行动能力的最矮女子

2023年9月13日，身高仅72厘米的怀尔德·奥莫伊特（美国）在自己的身份中增添了一项新的吉尼斯世界纪录头衔。她参加了纽约时装周的《梦想T台秀》，成为世界上最矮的职业模特，这也表明时尚界更加具有包容性。

▶ 有行动能力的最矮男子

2022年12月13日，21岁的伊朗人阿夫辛·哈吉·扎德在阿联酋迪拜测得身高为65.24厘米，被吉尼斯认证为史上第四矮的男子。他说："我的梦想是能帮助我的父母。这一次得到全世界的承认，可以帮助我实现梦想。"

长寿之星

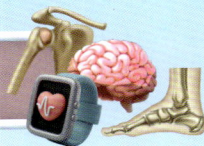

最年长的游戏博主（男子）

2023 年 12 月 25 日，88 岁 15 天的"游戏爷爷"杨炳林（中国，生于 1935 年 12 月 10 日）在中国四川省泸州市向世界展示他的游戏成就，并获得认证。杨炳林是哔哩哔哩平台上很活跃的内容创作者，经常在自己的主页发布视频。他拥有 27.3 万粉丝。

史上最年长的职业钢琴师

2023 年 7 月 1 日，科莱特·梅兹（法国，1914 年 6 月 16 日—2023 年 11 月 19 日）正式发布最新的古典音乐 CD《钢琴 109 岁》，以 109 岁 15 天的年龄成为**发行专辑最年长的音乐人**。2004 年，90 岁的梅兹推出个人首张专辑，《钢琴 109 岁》则是其传奇人生中的第七张也是最后一张专辑。2023 年 4 月，她在社交媒体上接受了有关这张专辑的专访，轰动一时。

最年长的……

大屠杀幸存双胞胎

截至 2023 年 10 月 10 日，彼得·索莫吉和托马斯·西蒙（匈牙利，生于 1933 年 4 月 14 日）已经 90 岁 179 天。1944 年 7 月 9 日，这对双胞胎被送进波兰奥斯威辛 - 比克瑙集中营，直到 1945 年 1 月集中营被解放才获救。兄弟二人现在分别住在加拿大和美国。

出生在南斯拉夫的安妮塔·阿贝尔（生于 1924 年 2 月 4 日）到 2024 年时已年满 100 岁，是纳粹大屠杀中幸存的最年长双胞胎姐妹之一。她的妹妹斯蒂芬妮于 2019 年去世，享年 96 岁。

三胞胎（男子）

2023 年 11 月 2 日，三胞胎拉里·A. 布朗、朗·B. 布朗和吉恩·C. 布朗（均来自美国，生于 1930 年 12 月 1 日）在美国密苏里州雷莫尔市获得纪录认证，当时的年纪为 92 岁 336 天。*更多的长寿兄弟姐妹，请参阅第 72 页。*

跳伞者

2022 年 5 月 29 日，103 岁 259 天的鲁特·林娜·英格加德·拉尔森（瑞典，生于 1918 年 9 月 12 日）在瑞典东约特兰省穆塔拉市上空从飞机上一跃而下。鲁特很晚才接触跳伞，在 90 岁生日时第一次跳滑翔伞。

最年长的室内花样跳伞者是 102 岁 171 天的伊瓦尔·克里斯托弗森（挪威，生于 1921 年 1 月 8 日）。2023 年 6 月 28 日，他在挪威维斯特兰郡沃斯城完成挑战。

机翼行走者

2023 年 6 月 20 日，95 岁 138 天的约翰·西蒙兹（英国，生于 1928 年 2 月 2 日）在英格兰格洛斯特郡赛伦塞特镇上空完成机翼行走。无畏的"僚机约翰"表演特技的目的是给当地一家临终关怀医院筹资。

竞技摩托车赛车手

2023 年 2 月 5 日，在新西兰奥克兰市举行的第 43 届普基科赫经典摩托车节上，97 岁 344 天的莱斯利·哈里斯（新西兰，生于 1925 年 2 月 26 日）骑着自己的 175cc BSA "矮脚鸡"与儿子和孙女同场竞技。

牙医

2024 年 3 月 12 日，日本的渡边悦郎（生于 1924 年 10 月 31 日）在日本山梨县南都留市获得认证，实际年龄为 99 岁 133 天。他当时仍在给患者做牙科检查。

火车司机

2024 年 2 月 20 日，81 岁 233 天的海伦·安特努奇（美国，生于 1942 年 7 月 2 日）仍在美国马萨诸塞州波士顿市交通部门工作。

最年长的滑水者（女子）

2023 年 8 月 8 日，92 岁 99 天的德万·雅各布森·扬（美国，生于 1931 年 5 月 1 日）在美国爱达荷州的熊湖上滑水 1 千米。1961 年，29 岁的德万开始玩滑水，后来每年夏天都滑，从未中断，现在仍和曾孙们一起滑水。"当你年纪大了，不要害怕去尝试新运动，"德万建议说，"你的潜力超乎你的想象。"

沙包球运动比拼的是尽量让"沙袋"长时间不落地。

最年长的竞技沙包球运动员

时年 75 岁 331 天的肯·莫勒（美国，生于 1947 年 7 月 14 日）参加了在美国宾夕法尼亚州伊利市举行的 2023 年美国沙包球公开赛。6 月 10 日，他亮相中级花式常规赛，并获得第一名！这位沙包球冠军老将的目标是一直比赛到 80 岁。

史上前十位最长寿老人

姓名	年龄
让娜·卡尔芒 （法国，1875年2月21日—1997年8月4日）	122岁164天
田中力子 （日本，1903年1月2日—2022年4月19日）	119岁107天
莎拉·劳丝 （美国，1880年9月24日—1999年12月30日）	119岁97天
露西尔·朗东 （法国，1904年2月11日—2023年1月17日）	118岁340天
玛丽-露易丝·梅拉纽尔 （加拿大，1880年8月29日—1998年4月16日）	117岁230天
维奥莱特·布朗 （牙买加，1900年3月10日—2017年9月15日）	117岁189天
艾玛·莫拉诺 （意大利，1899年11月29日—2017年4月15日）	117岁137天
都千代 （日本，1901年5月2日—2018年7月22日）	117岁81天
达斐亚·韦尔福德 （美国，1875年9月9日—1992年11月14日）	117岁66天
玛丽亚·布拉尼亚斯·莫雷拉 （西班牙，1907年3月4日出生于美国）	117岁51天

*所有年龄数据均得到老人学研究组织确认，截至2024年4月24日。

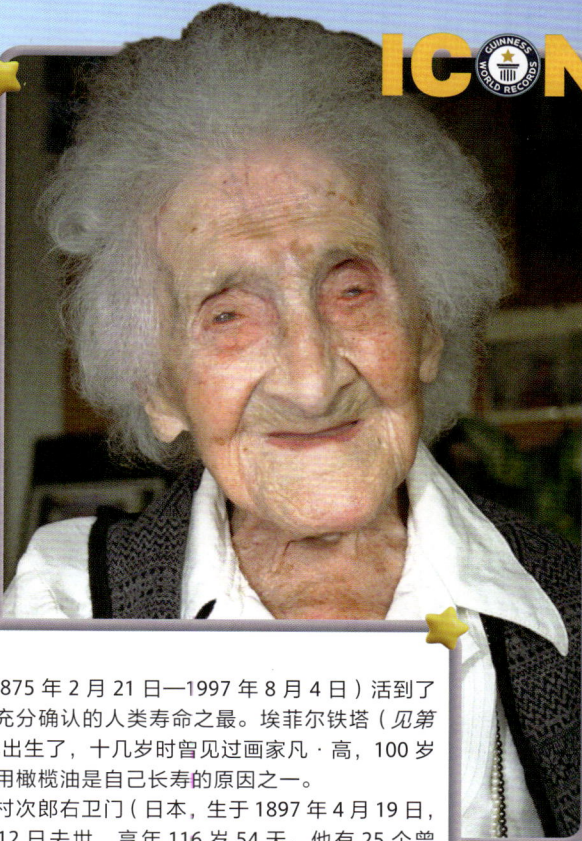

史上最长寿的人

让娜·卡尔芒（法国，1875年2月21日—1997年8月4日）活到了122岁164天，目前是经过充分确认的人类寿命之最。埃菲尔铁塔（见第149页）建成前14年让娜就出生了，十几岁时曾见过画家凡·高，100岁前坚持骑自行车。她认为食用橄榄油是自己长寿的原因之一。

史上最长寿的男子是木村次郎右卫门（日本，生于1897年4月19日，上图左），于2013年6月12日去世，享年116岁54天。他有25个曾孙和15个玄孙。

> 玛丽亚认为长寿包含许多因素，比如平和积极的人生观，还有"远离那些有毒的人"。

前十位在世最长寿老人

姓名	年龄
玛丽亚·布拉尼亚斯·莫雷拉 （西班牙，1907年3月4日出生于美国）	117岁51天
糸冈富子（日本，生于1908年5月23日）	115岁337天
伊纳·卡纳巴罗·卢卡斯 （巴西，生于1908年6月8日）	115年321天
伊丽莎白·弗朗西斯 （美国，生于1909年7月25日）	114岁274天
埃塞尔·卡特勒姆 （英国，生于1909年8月21日）	114岁247天
冈木林（日本，生于1909年9月2日）	114岁235天
松本正（日本，生于1909年11月29日）	114岁147天
夏洛特·克雷奇曼 （德国，生于1909年12月3日）	114岁143天
冈泽伊奈（日本，生于1910年3月10日）	114岁45天
白石久子（日本，生于1910年5月19日）	113岁341天

*所有年龄数据均得到老人学研究组织确认，截至2024年4月24日。

在世的最长寿老人

截至2024年4月24日，在美国出生的玛丽亚·布拉尼亚斯·莫雷拉（西班牙，生于1907年3月4日）已经117岁51天高龄了。2023年1月，她成为全球最长寿老人。玛丽亚在同一家养老院生活了23年，身体非常健康，能回忆起113年前4岁时发生的事情！她竟然还在X平台上有自己的账号，简介上写着："我老了，很老，但不是傻瓜。"

编撰本书期间，委内瑞拉的胡安·比森特·佩雷斯·莫拉（生于1909年5月27日，插图）于2024年4月2日辞世，吉尼斯获悉后深感悲痛。享年114岁311天的胡安是有史以来第四长寿的男性。现在，**在世最长寿男子**世界纪录归于一位英国老寿星（见右文）。

在世最长寿男子

截至2024年4月24日，约翰·廷尼斯伍德（英国，生于1912年8月26日）已经11岁242天的高龄。这位"二战"老兵住在英国默西赛德郡南港的一家养老院。约翰说自己长寿是"纯属运气"。他每周五都要吃炸鱼和薯条，是利物浦足球俱乐部的铁杆球迷，而他出生时俱乐部才成立20年。约翰送给年轻人的建议是："尽你所能！"

夫妻同心

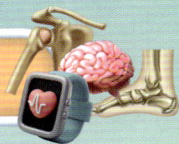

身高最矮的夫妻

最矮的已婚夫妇是巴西的保罗·加布里埃尔·达席尔瓦·巴罗斯和卡图西亚·利·星野。2016 年 11 月 3 日，在巴西圣保罗伊塔佩瓦测得二人身高总和为 181.41 厘米。

已婚夫妻的最大身高差（女方高）

美国的拉里·麦克唐纳和杰西卡·伯恩斯·麦克唐纳是身高差最大的已婚夫妇（女方高），夫妻相差了 86.36 厘米。2023 年 12 月 5 日，该纪录在美国西弗吉尼亚州南查尔斯顿获得认证。他们结婚 15 年，育有 4 个子女。

夫妻跑马拉松赛跑的最短用时（总用时）

2022 年 3 月 6 日，在日本东京举行的 2022 年东京马拉松赛上，山麻绪和铃木健吾（均来自日本）成为跑马拉松赛跑最快的夫妻档运动员，二人完赛成绩合计为 4 小时 26 分 30 秒。

第一对同时登顶珠峰的夫妻

来自斯洛文尼亚的安德烈和玛利亚·什特雷姆费尔是第一对同时征服珠穆朗玛峰的夫妻。1990 年 10 月 7 日，他们经南坡登上世界最高峰。

已婚者的最大身高差（男方高）

1990 年 4 月 14 日，身高 188.5 厘米的法比安·普雷图（法国，生于 1968 年 6 月 15 日）在法国小镇塞西内特－帕里塞迎娶了身高 94 厘米的娜塔莉·卢修斯（法国），二人的身高相差 94.5 厘米。

夫妻同跑马拉松赛跑完赛次数最多

根据 2016 年 5 月 26 日的核实结果，大卫·梅杰和琳达·梅杰是跑马拉松最多的夫妻，二人一共参加了 1050 次马拉松赛跑。

夫妻 1 年内同跑马拉松赛跑完赛次数最多

2015 年 4 月 4 日至 2016 年 4 月 3 日，韩国釜山的徐光洙和申英玉在一年内同场跑完的马拉松赛跑次数最多，达到 144 次。

同跑马拉松赛跑的最年长夫妻（年龄总和）

2019 年 11 月 17 日，在日本兵库县神户市举行的神户马拉松比赛中，86 岁 289 天的内田正次（日本）和 83 岁 106 天的内田良子（日本）同时参赛，成为同跑马拉松赛跑的最年长夫妻，二人年龄相加达到 170 岁 30 天。

一同潜水的最年长夫妻（年龄总和）

2017 年 7 月 4 日，在开曼群岛的开曼布拉克岛，菲利普·汉普顿（美国，生于 1931 年 7 月 1 日）和格雷斯·汉普顿（本姓汉布林，美国，生于 1931 年 8 月 12 日）一同进行了水肺潜水，这对老夫妻年龄合计为 171 岁 329 天。

30 秒男女混合打碎的混凝土砖块数量最多

2023 年 2 月 17 日，来自英国的克里斯·皮特曼和丽莎·皮特曼在意大利米兰的《纪录秀》节目现场打破一项纪录——30 秒内击碎了 224 块混凝土砖。2022 年 2 月 24 日，皮特曼夫妇同样在米兰的《纪录秀》节目中创造了**男女混合组队 1 分钟击碎松木板数量最多纪录——316 块**。

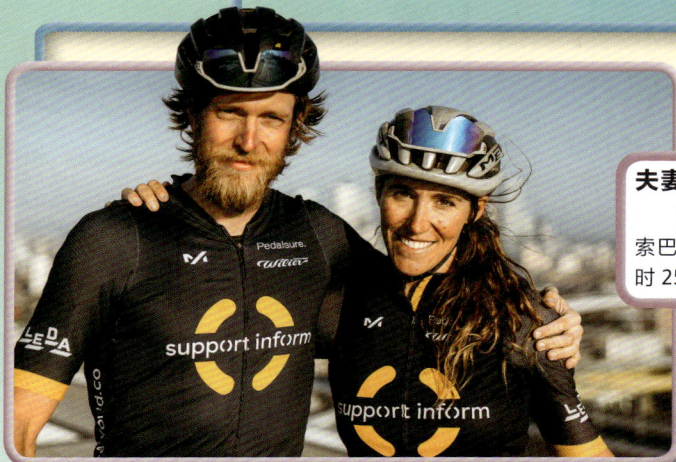

夫妻骑自行车环游世界的最短用时

2021 年 9 月 25 日至 2022 年 4 月 16 日，卡罗琳·索巴鲁（法国）和大卫·弗格森（英国）用 204 天 17 小时 25 分钟骑自行车环游了世界，起止点都在英国伦敦。

一同到访北极的最年长夫妻

到达北极的最年长夫妻是海因茨·费舍尔（生于 1929 年 3 月 10 日）和琳达·G. 伯德特（生于 1931 年 11 月 29 日）（均来自美国），二人在 2008 年 4 月 12 日滑雪抵达北极点，当时丈夫 79 岁，妻子 76 岁。

最年长的夫妻（年龄总和）

根据 2020 年 10 月 21 日在厄瓜多尔基多取得的认证结果，最高龄的夫妻是厄瓜多尔的瓦尔德拉米娜·麦克洛维亚·金特罗斯·雷耶斯（1915 年 10 月 16 日出生）和胡里奥·塞萨尔·莫拉·塔皮亚（1910 年 3 月 10 日出生），二人的年龄总和为 215 岁 231 天。

有史以来最高的夫妻

安娜·海宁·斯旺（加拿大，1846 年 8 月 6 日—1888 年 8 月 5 日）的身高据传为 241.3 厘米。1871 年 6 月 17 日，她嫁给了身高 236.22 厘米的马丁·范·布伦·贝茨（1837 年 11 月 9 日—1919 年 1 月 19 日），夫妻身高合计达到 477.52 厘米。

划船横渡大洋的最年轻夫妻（平均年龄）

在 1981 年 3 月 18 日至 6 月 10 日期间，美国夫妻柯蒂斯·萨维尔（1946 年 8 月 22 日生）和凯瑟琳·萨维尔（本姓麦纳利，1956 年 3 月 22 日生）划着"神剑号"从摩洛哥出发，由东向西抵达加勒比的安提瓜，全程历时 89 天，二人启程时的年龄分别为 34 岁 208 天和 24 岁 361 天，创造了夫妻划船横渡大西洋平均年龄最小纪录——29 岁 284 天。

身高最高的在世夫妻

2013 年 11 月 14 日，中国的孙明明和妻子徐艳在北京测量了各自的身高：孙明明 236.17 厘米，徐艳 187.3 厘米，夫妻身高合计为 423.47 厘米，成为最高的已婚夫妇。二人于 2013 年 8 月 4 日在北京结婚。

毛发

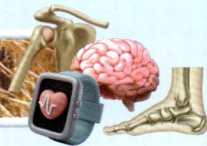

女子脸上最长的胡须

2023 年 2 月 8 日，艾琳·霍尼卡特（美国）在美国密歇根州卡罗市测得胡须长度为 30 厘米。艾琳患有多囊卵巢综合征，主要症状之一就是毛发过度生长。

2022 年 10 月 15 日，萨尔万·辛格（加拿大）在加拿大不列颠哥伦比亚省萨里市被认证为**男子**纪录保持者。

最宽的假发

2022 年 11 月 12 日，艺术家丹妮·雷诺兹（澳大利亚）在澳大利亚南澳州阿德莱德市展示了一顶宽 2.58 米的假发，使用一顶骑行头盔和若干条游泳浮水棒作为支撑骨架，色泽和纹理则借鉴了丹妮自己的头发。

最长的手工假发

2023 年 7 月 7 日，海伦·威廉姆斯（尼日利亚）在尼日利亚拉各斯市阿布勒埃格巴区编制了一款 351.28 米长的假发，长度超过 3 个足球场的长度之和。海伦从事假发制作已经 8 年，日常的专职工作就是为了创造世界纪录而进行的有效训练。这款假发的制作过程共耗时 11 天，使用了 1 000 束头发、6 250 个发夹、35 管胶水和 12 罐发胶。

胡须上固定最多的拐杖糖

2023 年 12 月 9 日，在美国爱达荷州默里迪恩市，乔尔·斯特拉瑟（美国）在自己的胡须上挂了 187 颗拐杖糖。乔尔保持着多项胡须装饰纪录，包括**最多的烧烤扦子**（600 根）、**美须挂件**（710 个）、**清烟斗通条**（1 150 根）和**棉签**（2 470 根）等。

单次捐赠最多的头发

2021 年 8 月 26 日，扎哈布·卡迈勒·汗（美国）将自己 1.55 米长的秀发捐给了美国弗吉尼亚州麦克莱恩市的慈善团体"脱发儿童"。扎哈布的一头茂密秀发已经留了 17 年。

福岛康代（日本）保持着 83 厘米的**男子**纪录，2023 年 4 月 17 日在日本东京文京区获得认证。

最高的发型

2022 年 9 月 16 日，达尼·希斯瓦尼（叙利亚）在阿联酋迪拜给模特做了一款 2.9 米高的圣诞树形状的发型。为了烘托节日气氛，希斯瓦尼最后在头发上点缀了装饰彩球。

最高的莫西干发型

2021 年 4 月 16 日，约瑟夫·格里萨莫尔（美国）在美国明尼苏达州帕克拉皮兹市展示了自己头上 1.29 米高的莫西干发型。两年前，他创造了 1.08 米的**世界最高莫西干发型**纪录。半罐强力定型发胶是这款反重力发型成功的关键。

最大的爆炸头

2022 年 9 月 11 日，根据在美国路易斯安那州冈萨雷斯市的测量结果，艾文·杜加斯（美国）的爆炸头高达 26 厘米，周长 1.65 米。艾文志在鼓励每个人欣然接受自己天生的秀发。

美国胡须锦标赛

2023 年 11 月 3 日，在美国佛罗里达州代托纳比奇市，诸多"美髯公"一起创造了 3 项纪录。共有 86 名参赛者组成了 59.51 米的**最长髯链**（下图）。

• **最长髭链**（右图）：6.19 米，由 27 名参赛者连接而成。

• **最长的局部胡须链**（限定为络腮胡以外的样式，比如山羊胡、连鬓胡、凯撒胡或火枪手式）：13 米，由 24 名参赛者合力结成。

阿莉娅
洗一次头发需要
4 个小时，用掉近 2.2
升的洗发水和
护发素！

最长的头发

2024 年 2 月 25 日，吉尼斯在意大利米兰认证，阿莉娅·纳西罗娃（乌克兰）宛若瀑布的秀发有 2.57 米长。不出所料，长发公主是阿莉娅小时候最喜欢的童话人物之一，而她的头发已经有 20 年左右没有剪过了。但傲人的秀发也有缺点，不单是分量重（比她家里的猫还重），而且吹干头发要耗费一整天的时间。从好的方面来看，诸多公司都愿意与吉尼斯世界纪录保持者合作，所以她会收到海量的洗护产品赞助。

最长头发的纪录不会经常易手，或者"易头"。但在过去一年里，该纪录却两度被打破。前纪录保持者是印度的斯米塔·斯里瓦斯塔瓦，她的头发长度为 2.36 米，2023 年 8 月 20 日在印度北方邦普拉亚格拉杰市获得认证。斯米塔喜爱 20 世纪 80 年代的印度电影，当时的许多女演员都喜欢留长发。印度的民族文化也是她留长发的原因之一，她说："传统的女神们都留有长发，剪掉长发不吉利。"随后，阿莉娅·纳西罗娃改写了长发纪录。

GUINNESS
WORLD RECORDS

CERTIFICATE

The longest hair on a living
person (female)
is 257.33 cm (8 ft 5.3 in)
and was achieved by
Aliia Nasyrova (Ukraine)
in Milan, Italy
on 25 February 2024

OFFICIALLY AMAZING

RECORD HOLDER

阿莉娅的
长发人气超高，
在 YouTube 上拥有近
170 万粉丝，在 Instagram
上的粉丝也有
21.9 万。

71

极致兄弟姐妹

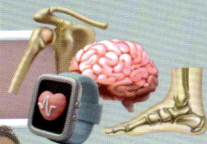

相同日期出生的最多家庭成员

根据 2019 年的认证，巴基斯坦拉尔卡纳的曼吉一家有 9 人都在 8 月 1 日过生日。不同年份出生的 9 位家庭成员分别是父亲阿米尔（1968 年）、母亲库黛贾（1973 年）和他们的 7 个子女：辛杜（1992 年）、双胞胎姐妹萨苏伊和萨普娜（1998 年）、埃米尔（2001 年）、安巴尔（2002 年），以及双胞胎兄弟安玛尔和阿马尔（2003 年）。他们也创造了**相同日期出生的兄弟姐妹最多**的纪录。

第一对不同年代出生的双胞胎

2019 年 12 月 31 日夜间 11 时 37 分，乔斯琳·格雷斯·吉伦·特洛在美国印第安纳州的阿森斯圣文森特·卡梅尔医院出生。她的弟弟杰克逊·德维恩·米尔斯·特洛在 30 分钟后降生，时间已经到了 2020 年 1 月 1 日 0 时 07 分，刚好跨进新的十年。

第一对不同国家出生的双胞胎是英国的海蒂·罗伯茨和凯瑟琳·罗伯茨。海蒂在 1976 年 9 月 23 日上午 9 时 05 分在威尔士波尔医院出生。由于并发症，母亲被转到英格兰的皇家什鲁斯伯里医院救治，随后凯瑟琳在上午 10 时 45 分出生。

最早产的……

▶ **双胞胎**：2022 年 3 月 4 日，阿迪亚·莱利恩和阿德里亚·卢卡·纳达拉贾（均来自加拿大）提前 126 天出生。

▶ **三胞胎**：2021 年 2 月 14 日，胎龄 159

天的鲁比 - 罗斯、佩顿 - 简和波尔沙 - 梅·霍普金斯（均来自英国）降生，比预产期早了 121 天。

分别时间最长的双胞胎

2014 年 5 月 1 日，阔别 77 年 289 天的伊丽莎白·安·哈梅尔（娘家姓兰姆，美国）和安·帕特里夏·亨特（娘家姓威尔逊，英国）终于团聚。1936 年 2 月 28 日，未婚母亲爱丽丝·兰姆在英国汉普郡的奥尔德肖特生下她们，不久后姐妹俩分别被人领养后再未谋面。2024 年 2 月，有报道称另一对双胞胎的分别时间可能更长：

手术分离的最年长连颅双胞胎

2022 年 6 月 8—9 日，连体双胞胎阿图尔·利马和贝尔纳多·利马（巴西，2018 年 8 月 29 日出生）在 3 岁 284 天时经过手术成功分离。他们出生时头部相连，脑也粘连在一起。头颅相连的连体双胞胎极为罕见，概率只有 2% ～ 6%。两兄弟在里约热内卢的圣保罗尼迈耶国家脑科研究所接受了系列手术，小儿神经外科医生诺尔·乌尔·奥瓦塞·吉拉尼教授（*左图，身边为双胞胎的父母阿德里尔和安东尼奥*）和加布里埃尔·穆法雷吉医生带领近 100 名医务人员奋战了 27 个多小时。

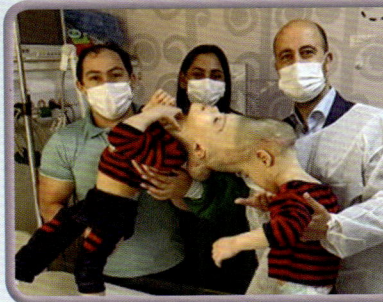

90 岁的毛里利亚·查韦斯和安德里亚·洛佩兹（均来自美国）在阔别 81 年后，于 2023 年 12 月重逢。在本书付梓之时，吉尼斯世界纪录编辑正在核实这一案例。

史上最年长的连体双胞胎

2020 年 7 月 4 日，罗尼·加利昂和多尼·加利昂（美国，1951 年 10 月 25 日出生）因心力衰竭去世，享年 68 岁 253 天。

罗丽·珠恩和乔治（原名多丽）·沙佩尔（均来自美国，1961 年 9 月 18 日出生）是**史上最年长的出生时为女婴的连体双胞胎**。这对颅部相连的双胞胎已于 2024 年 4 月 7 日去世，享年 62 岁 202 天。2007 年，多丽宣布自己是变性人，改名乔治。

最年长的四胞胎

截至 2023 年 10 月 10 日，安、欧内斯特、保罗和迈克尔·迈尔斯（英国，1935 年 11 月 28 日出生）为 87 岁 316 天高龄。当时赫赫有名的"圣尼茨镇四胞胎"由欧内斯特·哈里森医生负责接生，出生比预产期早了 7 周。由于最初几个月需要特殊护理，哈里森医生把早产儿都接到自己家中，在护士的协助下进行全天候的精心护理。在最早存活的四胞胎当中，他们受到全球媒体的关注，也受到广告商的青睐，比如出现在"英国奶牛与门"牛奶的广告中。

最长寿的异卵龙凤胎

根据 2023 年 7 月 30 日的认证，埃尔西·帕金森和乔治·布拉德利（英国，1927 年 4 月 9 日出生）已是 96 岁 112 天的老寿星。二人在英国兰开夏郡威顿的家中出生。乔治经营过农场，埃尔西做过幼儿教师。

异卵双胞胎姐妹的最大身高差

2023 年 2 月 23 日，根据在日本冈山县的认证结果，菊地淑惠比妹妹菊地教惠高 75 厘米。菊地教惠患有罕见的遗传疾病——先天性脊柱骨骺发育不良症。在姐妹俩被选为 2020 年东京奥运会火炬手后，曾经性格内向的菊地教惠变得自信起来。另外，她读到有关**史上最矮男子**——身高 54.6 厘米的尼泊尔人钱德拉·巴哈杜尔·唐吉的事迹后受到启发，主动提交了吉尼斯世界纪录申请。

同卵双胞胎姐妹的最大身高差

根据 2018 年在美国得克萨斯州汤博尔的认证结果，时年 20 岁的西耶娜·贝纳尔（昵称"辛尼"，132 厘米）和双胞胎姐妹塞拉（170 厘米）身高竟相差 38 厘米。身材矮小的辛尼患有一种罕见的原始侏儒症（目前尚未被正式分类）。

两姐妹住在寺院，父亲是那里的住持。菊地教惠喜欢在寺院帮忙。

73

人体奇观

▶ 最长的双腿（女子）

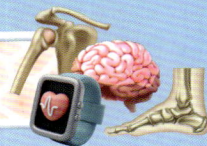

根据 2020 年 2 月 21 日的实测结果，来自美国得克萨斯州锡达帕克的马西·柯林的左腿长 135.2 厘米，右腿长 134.3 厘米。身高 205.7 厘米的马西说："我希望高个子女性能够认识到身高是一种恩赐。你不应该为自己个子高而感到羞耻——你真的应该欣然接受！"

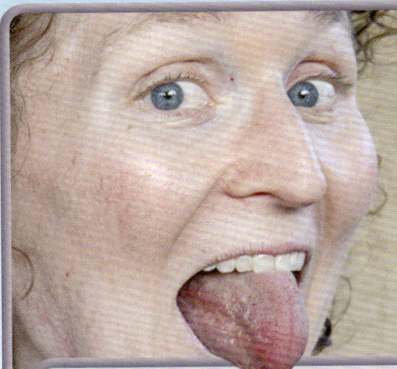

▶ 周长最长的舌头

布雷顿·麦卡洛（美国，右图）拥有一种罕见的能力：他能给舌头"充气"，使其周长膨胀到 16 厘米，比高尔夫球还大。这一超大的舌头于 2023 年 5 月 23 日在美国西弗吉尼亚州格拉夫斯市接受了测量。

女子纪录是 13.25 厘米，由珍妮·杜万德（美国）保持。她和儿子在阅读《吉尼斯世界纪录大全 2023》时发现了前纪录，因此她决定申请该项纪录。她的纪录于 2023 年 5 月 17 日在美国俄勒冈州波特兰市获得认证。

亲爱的吉尼斯……

经过多年练习，我可以用腋股吹奏出美国国歌《星条旗》的第一节曲调。对于放屁艺人来说，这首歌曲极具挑战性。放出高音需要很强的控制力，前几天还要吃特浓饮食。我已经建能在棒球联赛赛季揭幕战上为本地的棒球队表演。希望你们能派认证官过来。

最大的肾结石

2023 年 6 月 1 日，在斯里兰卡的科伦坡，医生从卡尼斯特·库昂赫（斯里兰卡）体内取出了一颗 13.37 厘米长的肾结石。这颗结石也是世界上**最重的肾结石**（重达 800 克），相当于五颗台球的重量。肾结石很常见，每 10 人中就有 1 人患有肾结石。这些坚硬的沉积物由盐分和矿物质在肾脏集聚而成，大小通常介于沙粒到豌豆之间。

史上最长的鼻子

据历史记载，18 世纪在英国巡回演出的马戏团杂耍演员托马斯·韦德森拥有 19 厘米长的大鼻子。获得认证的纪录保持者梅赫梅特·奥兹约雷克（鼻子 8.80 厘米长）已经去世，因此该项纪录出现空缺。有大鼻子的人可以登录 guinnessworldrecords.com 进行申请。

史上最细的腰

1929—1939 年，艾瑟尔·格兰杰（英国）将自己的腰围从原来的 56 厘米缩短到 33 厘米。格兰杰是身体改造的先锋，使用紧身胸衣逐渐勒紧腰围。法国女演员珀莱尔（本名艾米丽·玛丽·布肖，1874—1939）也声称自己达到了 33 厘米的"蜂腰"。

凯茜·荣格（美国）持有**在世者的细腰**纪录，她束腰后的腰围为 38.1 厘米。

史上最大的双手（女子）

曾金莲（中国）的双手长度惊人，从手腕到指尖长达 25.4 厘米。**男子纪录**参见第 26 页。曾金莲还曾是**史上最高的女性**，参见第 63 页。

● 最宽的嘴巴（女子）

萨曼莎·拉姆斯代尔（美国）的嘴巴宽 10.33 厘米，足以塞进一盒大份的麦当劳薯条。2022 年 11 月 29 日，在美国康涅狄克州诺沃克市测得她的大嘴数据。

萨曼莎还持有**张嘴幅度最大（女子）**的纪录。根据 2021 年 7 月 15 日的认证，她张开嘴时上、下门牙的最大距离能到达到 6.52 厘米。

● 最老的乳牙

依据 2023 年 3 月 14 日的认证结果，来自美国田纳西州查塔努加市的伦纳德·默里（1932 年 9 月 3 日生）虽然已经 90 岁 192 天，但仍长着一颗健康的乳牙。

● 最凸出的眼球

根据 2022 年 1 月 10 日从巴西圣保罗得到的数据，"巴西老叔奇科"（本名西德尼·德·卡瓦略·梅斯基塔，巴西）的双眼能鼓出眼窝 18.2 毫米。

女子纪录为 12 毫米，自 2007 年 11 月 2 日以来一直由金·古德曼（美国）保持。在学会如何正确控制眼球之前，金的眼睛甚至会在打哈欠时迸出来！

100%

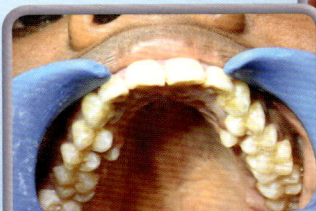

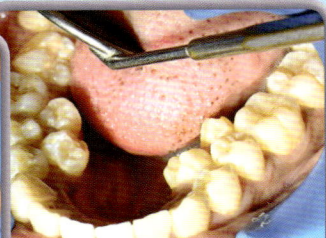

▶ 最多的牙齿（女子）

卡尔帕娜·巴兰（印度，上图）一共生有 38 颗牙齿，比普通成年人多 6 颗。这些额外的牙齿在她的嘴里也自成一排。2023 年 6 月 24 日，该纪录在印度泰米尔纳德邦坦贾武尔获得认证。

多牙症的总数纪录为 41 颗，由埃瓦诺·梅隆（加拿大）保持，2021 年 11 月 11 日在加拿大魁北克省蒙特利尔获得纪录认证。

青少年的最大双脚和最大双手

　　说到无人能及的四肢，小埃里克·基尔伯恩（美国）确实是独一无二。他的双脚均长为34.3厘米，而从手腕到中指指尖的手部均长为23.2厘米。这两项测量数据均于2023年6月22日在美国密歇根州弗林特市得到证实。

　　这名身高202.28厘米的学生多年来一直忍受着鞋子不合脚带来的不适感。但在2023年3月，应其家人和朋友卡拉·帕特森（右下）的网上求助，美国公司安德玛为埃里克定制了运动鞋和铆钉球靴，他终于可以舒服地玩橄榄球了。首次试穿时，埃里克把穿上新装备的感觉形容为"在云端漫步"。彪马公司还为这位破纪录少年定制了篮球鞋。

严格来说，埃里克的鞋子为美码23码，但彪马和安德玛更喜欢将其称为"埃里克·基尔伯恩码"。

健美达人

最早的健美比赛

1901 年 9 月 14 日，英国伦敦的皇家阿尔伯特音乐厅举行了一场"伟大比赛"。选手们身着豹皮遮羞布和紧身裤，在评委面前摆姿势，展示自己的身材。《福尔摩斯》的作者柯南道尔和著名壮汉、公认的现代健美之父尤金·山道（德国，*左图*）也是其中的评委。进场参赛的大约有 15 000 人，其他许多人则无缘进场。冠军获得者为田径兼职业足球运动员威廉·穆雷，奖品是一座山道本人的金像和 1 050 英镑现金（相当于 2024 年的 10.7 万英镑）。

最高的健美比赛奖金

每年在美国举行的奥林匹亚先生大赛始于 1965 年，成为奥林匹亚先生被认为是职业男子健美比赛的最高荣誉。2023 年的比赛于 11 月 2—5 日举行，男子公开赛的冠军奖金为 40 万美元。德里克·伦斯福德（美国）夺得桂冠。他曾在 2021 年获得"212"级别冠军，成为奥林匹亚先生大赛的首位双级别冠军。

获得奥林匹亚先生大赛冠军的最多次数

有两个人连续赢得 8 次公开赛冠军：1984—1991 年的李·哈尼（美国）和 1998—2005 年的罗尼·科尔曼（美国）。科尔曼还在 2001 年赢得了阿诺德精英赛冠军，成为首位在同一年获得两项冠军的健美运动员。

获得奥林匹亚小姐大赛冠军的最多次数

2004—2014 年，艾瑞斯·凯尔（美国）赢得了 10 次国际健美联合会蓝丝带女子组冠军。艾瑞斯是一名全美大学生篮球运动员，全家搬到加利福尼亚州奥兰治县后开始接触健美运动，随后成为健美界的霸主。她还在阿诺德体育节上 7 次获得国际健美小姐比赛冠军。

获得轮椅奥林匹亚先生大赛冠军的最多次数

在 2018—2022 年间，哈罗德·凯利（美国）夺得了该赛事前 5 届的冠军。哈罗德是一名职业健美运动员，但 2007 年的车祸导致其腰部以下肢体瘫痪。完成医疗康复后，他重回自己热爱的健美运动，开始采用适合个人状况的全新训练方案。

最矮的男子竞技健美运动员

印度举重运动员普拉蒂克·莫希特的身高只有 102 厘米。他天生身材矮小，短胳膊短腿，医生担心他可能无法走路。可是普拉蒂克在 18 岁时开始练习举重，并参加了 40 多场健美赛事。

2023 年 7 月 30 日，普拉蒂克在印度马哈拉施特拉邦的拉伊加德创造了 **1 分钟完成俯卧撑次数最多（男子）** 的纪录：84 个。

最矮的奥林匹亚先生大赛参赛者

1993 年，身高 147 厘米弗拉维奥·巴卡尼尼（意大利）参加了在美国佐治亚州亚特兰大市举行的比赛，最后在 22 名竞争者中排名第十三位。

最高的男子职业健美运动员

奥利维尔·里希特斯（荷兰）在 2021 年 4 月 27 日测得身高为 218.3 厘米。这位荷兰巨人也是演员，曾出演《夺宝奇兵：命运转盘》（美国，2023 年）。

目前确认的**女子**纪录保持者是玛丽亚·沃特尔（荷兰），截至 2021 年 1 月 15 日，她的身高为 182.7 厘米。

最年轻的奥林匹亚先生

1970 年 10 月 23 日，阿诺德·施瓦辛格（美国，1947 年 7 月 30 日出生于奥地利）第一次赢得奥林匹亚先生大赛冠军，当时只有 23 岁 65 天。此后他又 7 次获得冠军，包括在 1980 年重出江湖时的再度夺冠。他在健美纪录片《铁金刚》（1977 年，美国）中露出明星潜质，凭借《终结者》（1984 年，英／美）等电影成为好莱坞巨星。

2024 年 3 月，棱角分明的阿诺德被永久塑造成最大的动作片角色人偶（参见第 206 页）。

史上最年长的女子健美运动员

2011 年 8 月 20 日，75 岁 349 天的伊迪丝·威尔玛·康纳（美国，1935 年 9 月 5 日—2020 年 11 月 28 日）参加了阿姆布鲁斯特职业健身勇士精英赛。这位曾祖母辈的老人在 60 多岁时开始健身，65 岁生日时参加大师赛，并赢得第一个个人冠军。

90 多岁的吉姆依然肌肉发达，少年时的绰号居然叫"瘦骨嶙峋"！

最年长的健美运动员

2022 年 10 月 9 日，时年 90 岁 38 天的吉姆·阿灵顿（美国，生于 1932 年 9 月 1 日）参加了国际健身和健美联合会（IFBB）职业联赛的一场比赛，地点在美国内华达州里诺市。这位曾祖父辈的老人每周要在健身房训练 3 次，每次两小时。他爱吃以橄榄油和蘑菇为主的健康饮食。

1947 年，15 岁的吉姆因为身体不好开始练习举重。"我想成为一个超级英雄。"他说。他第一次参加健身比赛就获得第二名（*左图*），之后又参加 60 多场比赛。2013 年，他在美国加利福尼亚州大名鼎鼎的"肌肉海滩"赢得冠军。

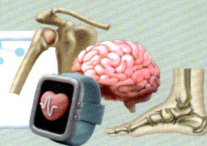

首例成功的人类眼球移植手术

2023 年 5 月，因高压电事故受伤的亚伦·詹姆斯（美国）在美国纽约经历了 21 小时的手术，被植入了一只新眼睛。尽管视力尚未恢复，但医生能观察到被移植眼球的视网膜已经有了血液流动。

存活时间最长的心脏移植患者

根据 2023 年 9 月 14 日得到的认证，时年 57 岁的贝尔特·扬森（荷兰）已经与别人捐赠给他的心脏共存了 39 年 100 天。1984 年 6 月 6 日，扬森在英国伦敦的哈尔菲尔德医院接受了移植手术。

最年长的时装模特

截至 2023 年 12 月 6 日，签约经纪公司 Models 1 的达芙妮·塞尔夫（英国，1928 年 7 月 1 日生）已是 95 岁 158 天的高龄模特了。在长达 70 多年的职业生涯中，她曾为杜嘉班纳等品牌做模特，登上过 *Vogue* 杂志。马里奥·特斯蒂诺和大卫·贝利等知名摄影师都曾为她拍过照。

最年长的肾移植受体

2023 年 6 月 11 日，沃尔特·陶罗（印度，1935 年 9 月 22 日出生）在加拿大安大略省多伦多市的圣迈克尔医院接受了肾脏移植手术。他当时的年龄为 87 岁 262 天。虽然高龄手术风险很大，但沃尔特坚决表示他再也不想过每天都需要透析的日子了。

最年长的七胞胎

1997 年 11 月 19 日，肯尼思、亚历克西斯、纳塔莉、凯尔西、内森、布兰登和乔尔在美国艾奥瓦州得梅因市降生，父母是肯尼·麦考伊和波比·麦考伊。

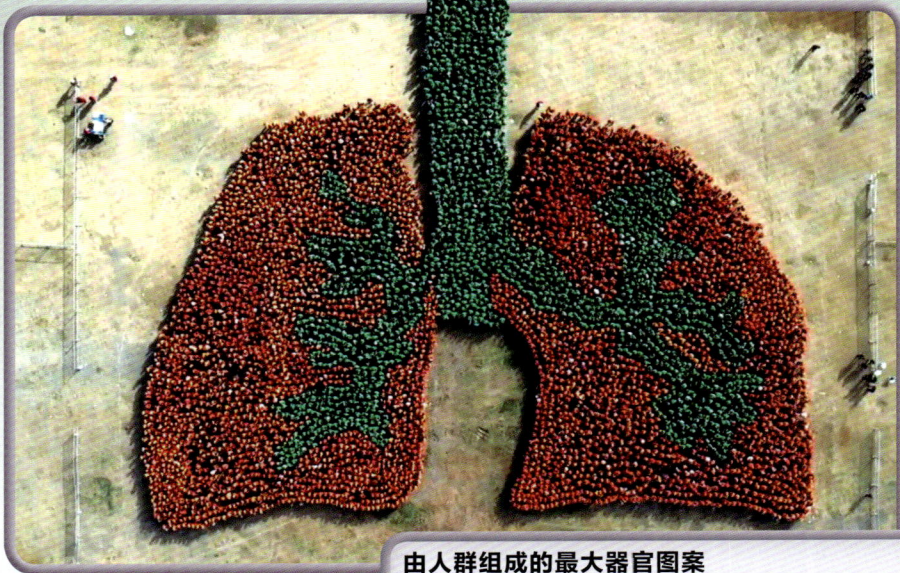

由人群组成的最大器官图案

2024 年 3 月 16 日，穿着或红或绿服装的 5 596 人在菲律宾马尼拉市排列出一幅巨大的肺器官的图案。菲律宾卫生部在 3 月 24 日世界防治结核病日前夕组织了这次活动，意在宣传齐心合力消灭结核病的意义。

最多的全血捐献

根据在加拿大艾伯塔省雷德迪尔的认证结果，截至 2023 年 11 月 11 日，约瑟芬·米哈鲁克（加拿大）已经献血 208 次。自从 1987 年 3 月 25 日首次献血以来，她的献血总量已经超过了 99 升。

▶ 最响的打嗝声

2021 年 7 月 29 日，内维尔·夏普（澳大利亚）在澳大利亚北领地达尔文市发出的打嗝声达到了 112.4 分贝。比 1 米外的电锯声还要响亮。

女性打嗝最响的纪录由金伯利·温特（美国）创造。2023 年 4 月 28 日，她在美国马里兰州罗克维尔市打出的嗝声为 107.3 分贝。为了一鸣惊人，她吃过早餐，还喝了咖啡和啤酒。

收藏量最大的人类牙齿石膏模

在 30 年的牙医生涯中，罗斯梅拉·阿帕雷西达·马奎斯（巴西）积攒了 3 659 件病人牙齿的石膏复制品。2023 年 10 月 8 日，马奎斯存放在巴西圣保罗州桑托斯办公室工作间里的藏品数量得到了认证。

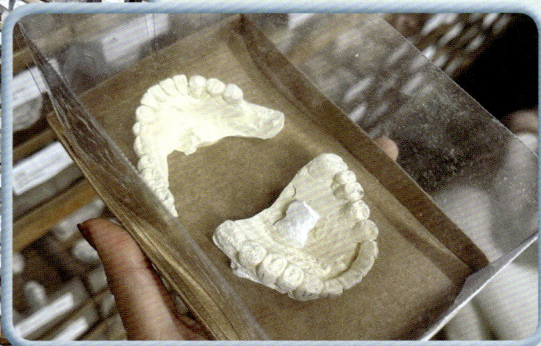

13 位在世兄弟姐妹合计年龄最大

截至 2023 年 2 月 25 日，比尔斯家族的 13 位兄弟姐妹（均来自荷兰）的年龄相加达到了 1 106 岁 105 天。他们分别是瑞克（1928 年 2 月 26 日生）、尼克（1928 年 2 月 26 日生）、格瑞（1930 年 4 月 5 日生）、阿里（1931 年 7 月 24 日生）、瑞特（1932 年 12 月 5 日生）、特吕斯（1935 年 8 月 25 日生）、沃特（1938 年 1 月 3 日生）、谢姆（1940 年 8 月 5 日生）、科尔（1942 年 3 月 30 日生）、哈姆（1944 年 1 月 18 日生）、威尔（1945 年 11 月 7 日生）、内尔（1947 年 9 月 2 日生）和约斯（1949 年 7 月 27 日生）。为了使每个人都能了解彼此的生活状况，这个家族出了一份《比尔斯新闻报》。右图为 1953 年他们与父母约翰内斯·比尔斯和阿尔特耶·穆伊的全家福，照片中的其他两位兄姊现已离世。

▶ 最响的鼻哨音

2022 年 6 月 3 日，露露·洛特斯（加拿大）在加拿大安大略省密西沙加市用鼻子发出了 44.1 分贝的哨音。她能控制喉部肌肉发出高音，嘴巴紧闭，用鼻孔发出哨音。露露的一个儿子也有同样的能力。"如果有一天他打破我的纪录，那真是太奇妙啦。"露露说。

12 小时内结婚的最多夫妻

2023 年 5 月 26 日，印度拉贾斯坦邦巴兰市举行了一场盛大的集体婚礼，2 143 对新人喜结连理，主持仪式的是一家非营利性组织。现场同时举办了印度教婚礼仪式和穆斯林婚礼仪式，活动吸引了 100 多万人参加。

长在胳膊上的最长毛发

• **女性**：18.4 厘米，梅西·戴维斯－萨瑟兰（美国），2023 年 12 月 5 日在美国加利福尼亚州特雷西市测量。

• **男性**：21.7 厘米，大卫·里德（美国），2017 年 8 月 26 日在美国加利福尼亚州洛杉矶市测量。

脚部旋转的最大角度（男子）

2024 年 1 月 21 日，雷纳托·巴伊马·盖亚（巴西）在巴西圣若泽杜斯坎普斯展示了右脚从正常位置扭转 210.66°的技能。

在世 5 位兄弟姐妹合计年龄最大

法国图特一家的兄弟姐妹保莱特（1921 年 2 月 3 日生）、吉妮特（1923 年 7 月 30 日生）、米雷耶（1924 年 12 月 20 日生）、克里斯蒂娜（1926 年 6 月 3 日生）和菲利普（1927 年 10 月 17 日生）的年龄总和为 495 岁 352 天。该纪录于 2023 年 12 月 18 日获得认证。

最矮的乐队

根据 2023 年 2 月 4 日的认证，MINIKISS 乐队（美国）的成员阿图罗·奈特、扎克·莫里斯、安德鲁·雅各布斯和莱夫·曼森的平均身高只有 138.55 厘米。他们组建乐队是为了向美国摇滚传奇乐队 KISS 致敬。2010 年的第 44 届超级碗比赛期间播放的一则"胡椒博士"饮品广告就是他们与 KISS 合作完成的作品。

GUINNESS WORLD RECORDS

最上图：20世纪90年代，戴安娜和她的4个孩子。上图：拉蒂莎，年仅16岁母亲便离世。导致母亲戴安娜决心余生不再剪指甲。"每当我想起我已的指甲，我就会想起我的守护天使，她是我的守护天使。"

戴安娜·阿姆斯特朗

每项世界纪录背后都有一个故事——这个故事往往很私密，为什么？但很少有纪录保持者能像指甲最长的人一样有扣人心弦的故事。

当前持有有史以来双手指甲最头衔的人是住在美国密苏里州达利斯市的戴安娜·阿姆斯特朗。一场家庭悲剧使这位沉默寡言的已做外婆的女士再也不剪指甲了。这种心理适应方式令她25年后在吉尼斯世界纪录中有了一席之地。

在戴安娜的指甲还是正常长度时，她喜欢让16岁的女儿拉蒂莎为她修剪指甲。然而，在1997年的一个晚上，那时候，拉蒂莎突发哮喘，于睡梦中离世。从那时起，戴安娜便发誓再也不剪指甲了，她要把指甲留起来，作为对女儿永恒的纪念。

她说："一想到要剪掉它们，我就会感到不寒而栗，好像我又重新经历了那种悲痛。所以，我把它们留了下来，就像是把她留在我身边一样。"

2022年3月，当吉尼斯世界纪录团队第一次见到戴安娜时，她的10个手指甲的总长度已经长到1306.58厘米了。她说："我一开始留指甲并不是为了被写进书里，现在，既然我已经被收录了，那我要写这本书告诉人们：不要加评论，因为你不知道我经历了什么。"

戴安娜每边帮忙应对生活中比较有挑战性的困难，比如穿衣服和拉拉链。不过令人惊讶的是，这位坚定的奶奶直到最近才开始开车。"我开不了车，但不得不把手伸出窗外。"

你可以在《偶像》专栏中了解更多有关戴安娜的内容。

www.guinnessworldrecords.com/2025

戴安娜与女儿拉尼娅（最上图）和外孙女达菲妮丝（上图）。在拉蒂莎去世后的10年里，戴安娜一直与她把指甲症作抗争，并没有告诉家人她不修剪指甲的原因。当被问及此事时，她会告诉家人少管闲事。拉尼娅说："她告诉我们事情背后的故事之后，我对这件事的看法发生了变化。如果这是她挽留拉蒂莎的方式，那我能理解。"

尽管指甲长度惊人，但当迪尼斯世界纪录第一次联系她时，戴安娜还是感到很惊讶。她说："我以为那是个玩笑，因为我会遭到批评或嘲笑，她拒绝了这一纪录的认证，但后来她逐渐对自己的独特之处无比倾心。"我觉得我的指甲很漂亮。对别人来说，它们可能不漂亮，但对我来说，它们很漂亮。"

戴安娜的每个指甲大约需要4～5个小时才能涂好。所以她每隔几年才涂一次，整个美甲过程要用15～20瓶指甲油，还需要用木工工具来继续指甲。

戴安娜找到了一些新颖的方法来完成日常事务，比如用脚把东西捡起来，用长长的烧烤用具来进食，以及用一支长铅笔打字。她也学会了适应。

收藏量最大的 Squishmallow 毛绒玩具

截至 2023 年 12 月 17 日，萨布丽娜·道斯曼（美国）已经收集了 1 523 个可爱的口袋妖毛绒玩具。2018 年情人节前夕，她第一次看到 Squishmallow 玩偶便一见倾心。只要能找到心仪的特定款，萨布丽娜不惜驱车数小时到店外等候，不过超稀有的小牛康纳和克里夫仍然与她无缘。她最钟爱的藏品是小狗萨姆，因为那是她儿时宠物的回忆。萨布丽娜说："Squishmallow 最让我喜欢的一点是它们能给我安慰，帮我缓解焦虑。"萨布丽娜从小就开始收集玩具，比如贝兹娃娃和网娃等。

乔纳森·凯利创立 Squishmallow 品牌，他的灵感源自日本卡哇伊风格的可爱玩具。

萨布丽娜家里有两个专用的"Squish 房间"，里面堆满了各种毛绒玩具。

闪回：三阶魔方速解纪录

"鲁比克方块"诞生于 1974 年。自问世以来，复原魔方的时间一直在不断缩短，现在已经缩短到几秒，甚至几毫秒。1982 年举行了首届官方魔方速解赛事，到目前为止，复原魔方的最短时间纪录已缩短到原来的七分之一。

匈牙利发明人厄尔诺·鲁比克花了整整一个月的时间才解开了自己的谜题。而如今，魔方玩家们记录下来的非官方还原时间均在 3 秒以下！有报道称帕特里克·庞塞在 2019 年仅用时 2.99 秒即解开魔方——见下文第 6 条；另一位玩家在 2023 年 6 月的成绩为 2.47 秒！

不过，只有正规比赛所记录的成绩才有意义。我们在这里通过直观手段呈现官方魔方速解成绩的历史演进，用一个标准三阶魔方表示 1 秒（最快的 2C 项成绩用小色块代表小数）。玩家的表现会受到多重因素的影响，比如人手的生理限度和魔方的制造公差，而计算机生成的随机乱局可能出现难易度差异，运气好的玩家会占便宜。即使如此，官方纪录中真的会有突破 3 秒大关的玩家吗？

图示
1 个魔方 =1 秒

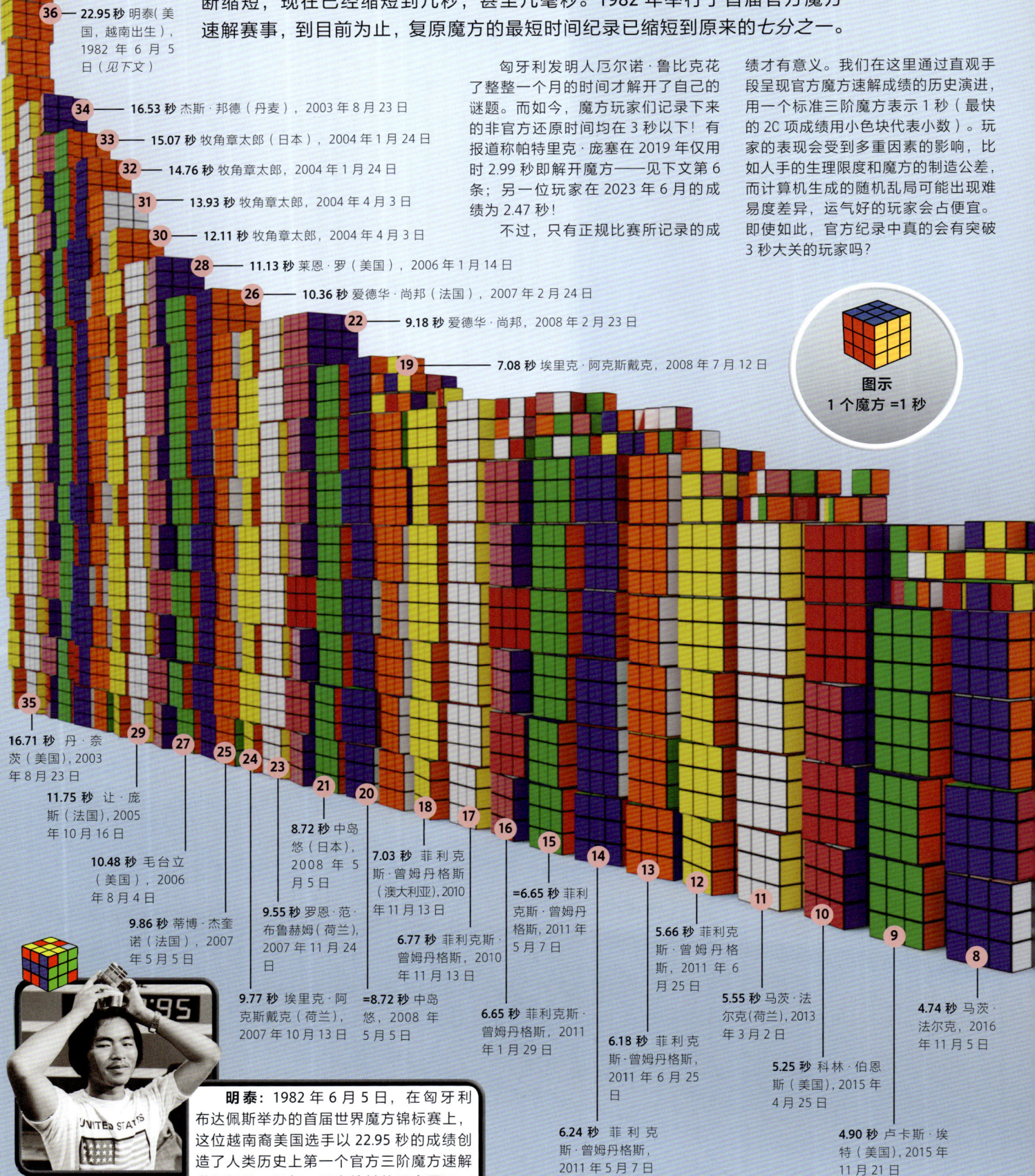

36 — 22.95 秒 明泰（美国，越南出生），1982 年 6 月 5 日（见下文）

34 — 16.53 秒 杰斯·邦德（丹麦），2003 年 8 月 23 日

33 — 15.07 秒 牧角章太郎（日本），2004 年 1 月 24 日

32 — 14.76 秒 牧角章太郎，2004 年 1 月 24 日

31 — 13.93 秒 牧角章太郎，2004 年 4 月 3 日

30 — 12.11 秒 牧角章太郎，2004 年 4 月 3 日

28 — 11.13 秒 莱恩·罗（美国），2006 年 1 月 14 日

26 — 10.36 秒 爱德华·尚邦（法国），2007 年 2 月 24 日

22 — 9.18 秒 爱德华·尚邦，2008 年 2 月 23 日

19 — 7.08 秒 埃里克·阿克斯戴克，2008 年 7 月 12 日

35
16.71 秒 丹·奈茨（美国），2003 年 8 月 23 日

29
11.75 秒 让·庞斯（法国），2005 年 10 月 16 日

27
10.48 秒 毛台立（美国），2006 年 8 月 4 日

25
9.86 秒 蒂博·杰奎诺（法国），2007 年 5 月 5 日

24
9.77 秒 埃里克·阿克斯戴克（荷兰），2007 年 10 月 13 日

23
9.55 秒 罗恩·范·布鲁赫姆（荷兰），2007 年 11 月 24 日

21
8.72 秒 中岛悠（日本），2008 年 5 月 5 日

20
=8.72 秒 中岛悠，2008 年 5 月 5 日

18
7.03 秒 菲利克斯·曾姆丹格斯（澳大利亚），2010 年 11 月 13 日

17
6.77 秒 菲利克斯·曾姆丹格斯，2010 年 11 月 13 日

16
=6.65 秒 菲利克斯·曾姆丹格斯，2011 年 5 月 7 日

15
6.65 秒 菲利克斯·曾姆丹格斯，2011 年 1 月 29 日

6.24 秒 菲利克斯·曾姆丹格斯，2011 年 5 月 7 日

14
6.18 秒 菲利克斯·曾姆丹格斯，2011 年 6 月 25 日

13
5.66 秒 菲利克斯·曾姆丹格斯，2011 年 6 月 25 日

12
5.55 秒 马茨·法尔克（荷兰），2013 年 3 月 2 日

11
5.25 秒 科林·伯恩斯（美国），2015 年 4 月 25 日

10
4.90 秒 卢卡斯·埃特（美国），2015 年 11 月 21 日

9

8
4.74 秒 马茨·法尔克，2016 年 11 月 5 日

明泰： 1982 年 6 月 5 日，在匈牙利布达佩斯举办的首届世界魔方锦标赛上，这位越南裔美国选手以 22.95 秒的成绩创造了人类历史上第一个官方三阶魔方速解世界纪录。同年，明泰给其他玩家写了一本指南，书名为《制胜方案》。

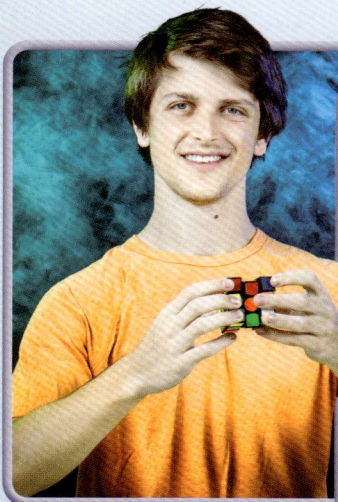

世界魔方协会（WCA）世锦赛获胜场次最多的选手

WCA 负责管理魔方竞赛活动。有两位玩家曾两度赢得 WCA 世界魔方锦标赛冠军，分别是菲利克斯·曾姆丹格斯（澳大利亚，2013 年和 2015 年，*左图*）和马克斯·帕克（美国，2017 年和 2023 年，*右图*）。曾姆丹格斯是一位速解魔方的传奇人物，曾 10 次创造三阶魔方单次最快世界纪录。他还多次保持过三阶魔方的最短均时纪录，但该项纪录现已归属中国的王艺衡（*下图*）。

帕克刚 10 岁的时候，就拿到了第二个魔方比赛冠军，两名大学生成了他的手下败将。

ICON

▶ 复原三阶魔方的平均最短用时

2023 年 6 月 20 日，在新加坡举行的 Mofunland Cruise Open 2023 总决赛中，9 岁的王艺衡（中国）凭借过人的指上功夫创造了佳绩，将三阶魔方速解的平均用时改写为 4.48 秒。他在 5 次试解中的成绩分别为 4.72 秒、4.72 秒、3.99 秒、3.95 秒和 5.99 秒，根据 WCA 规则，剔除最快和最慢成绩后，其余 3 个成绩的平均值为最终成绩。

▶ 复原三阶魔方的最短用时（单次）

在美国加利福尼亚州举行的"2023 年长滩骄傲"活动上，速解魔方界的巨星马克斯·帕克（美国）仅用 3.13 秒就复原了三阶魔方。这位官方的魔方大使还持有**四阶**、**五阶**和**七阶**魔方的**单次最快**和**均时最短**的世界纪录（*参见第 99 页*）。

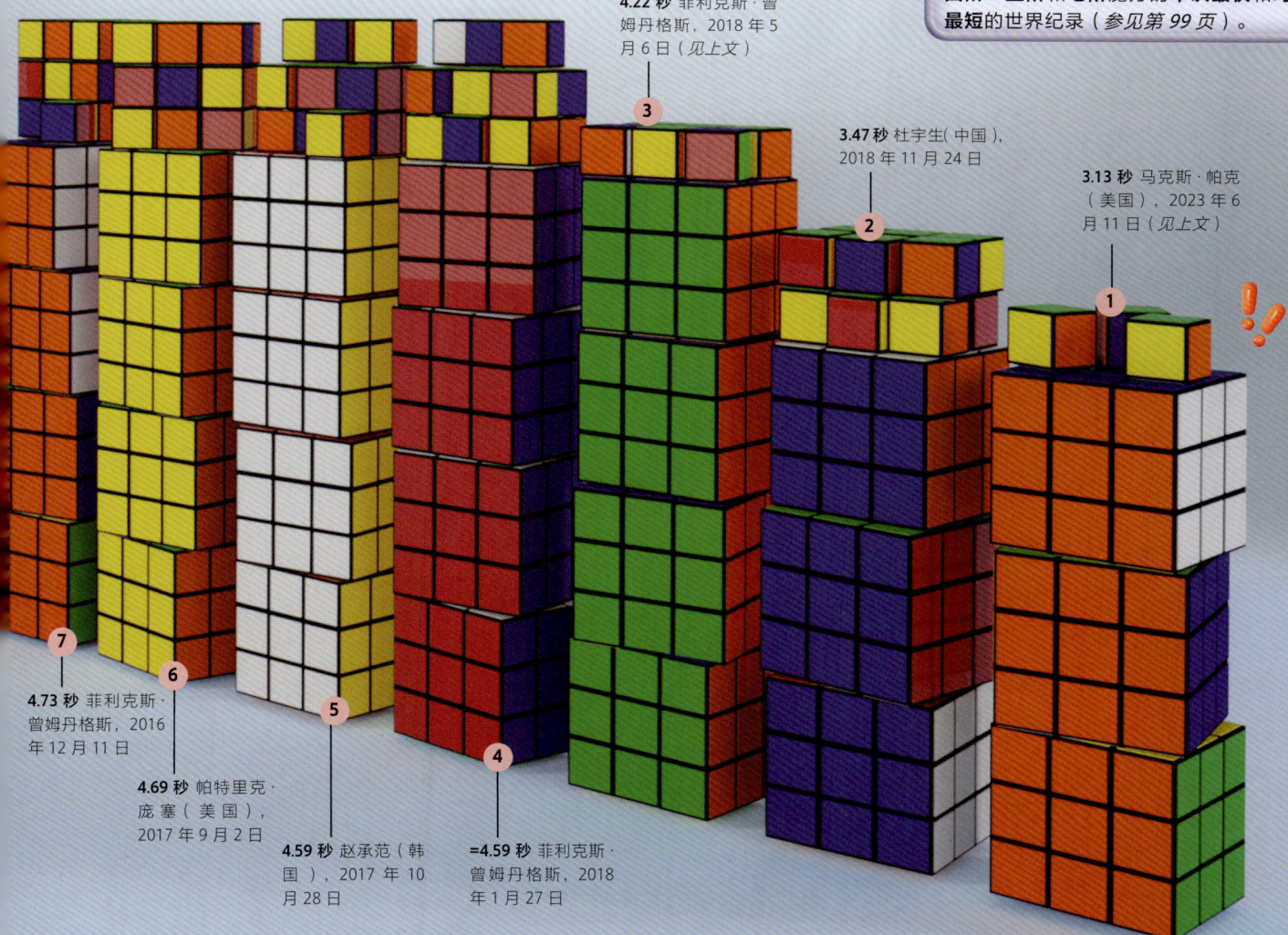

4.22 秒 菲利克斯·曾姆丹格斯，2018 年 5 月 6 日（见上文）

3

3.47 秒 杜宇生（中国），2018 年 11 月 24 日

2

3.13 秒 马克斯·帕克（美国），2023 年 6 月 11 日（见上文）

1

7

4.73 秒 菲利克斯·曾姆丹格斯，2016 年 12 月 11 日

6

4.69 秒 帕特里克·庞塞（美国），2017 年 9 月 2 日

5

4.59 秒 赵承范（韩国），2017 年 10 月 28 日

4

=4.59 秒 菲利克斯·曾姆丹格斯，2018 年 1 月 27 日

风筝

最古老的风筝

1985 年，在荷兰莱顿市的一处住房的修缮过程中，人们发现了一个刻有"RB and TB 1773"字样的法式梨形风筝，其历史至少可以追溯到 250 年前，即 1773 年。尽管年代久远，但人们认为这个风筝仍然可以放飞。它目前被新西兰的彼得·林恩收藏（见第 87 页）。

被放飞的最大树叶风筝

历史上最早飞上天的风筝可能就是用植物叶片编织成的风筝，至今仍有人在印度尼西亚制作这种风筝。风筝社区基金会（印度尼西亚）耗时两周制成了一个长 5 米、宽 4.3 米、总面积达 10.75 平方米的树叶风筝，并于 2016 年 10 月 7 日在雅加达花园城展出。

最早的风筝

长期以来，学者们一直认为风筝是中国在公元前 5 世纪发明的。包括思想家墨子（约公元前 470 年一公元前 376 年）和建筑工匠鲁班在内的一批人最早制作出所谓的"飞鸟"。"飞鸟"最初由木料制成，后来改为由更轻的竹子和丝帛制成。

另一派则声称最早的风筝出现在印度尼西亚的穆纳岛，在那里发现的中石器时代的洞穴壁画（约公元前 9500一约公元前 9000 年）中就有人放风筝的描绘。尽管数百年来，风筝在印度尼西亚和太平洋岛屿文化中有着重要地位（包括用作捕鱼工具），但这一起源理论仍存争议。

首辆风筝动力汽车

1826 年，英国发明家乔治·波科克发明了用风筝牵引的小马车"魅力号"，并申请到最早的"无马马车"专利，它在短时间内可提速至 40 千米／时。这一创新设计引起了人们的关注，但未能普及应用为日常交通工具。

最大的风筝博物馆

中国山东省潍坊市的世界风筝博物馆占地 8 100 平方米，共有 12 个展厅，全面展示了风筝制作及放飞的工艺和文化。馆内陈列的展品大约有 1 300 件，包括来自世界各地 1 000 多个独特的风筝。

潍坊市的风筝文化有着悠久而辉煌的历史。据约约 2 500 年前，该地区就出现了最早的风筝。潍坊市每年还会主办国际风筝节，截至 2023 年已举办了 40 届（下图）。

风筝放飞的最大高度

2014 年 9 月 23 日，在澳大利亚新南威尔士州一处偏远的牧场，罗伯特·摩尔（澳大利亚）在他人协助下，将一个 12.3 平方米的 DT Delta 风筝放飞至 4 879.54 米的高空。

1919 年 8 月 1 日，普鲁士气象研究所的一个团队在德国林登贝格市用 8 个改造过的箱形风筝连接成 Schirmdrachen 风筝，创下了串式风筝放飞的最大高度——9 740 米。这种多体风筝设计能将单体重量更均衡地分布在线上，整体稳定性得以增强，因此能飞得更高。

风筝放飞的最快速度

1989 年 9 月 22 日，皮特·迪贾科莫（美国）在美国马里兰州大洋城放飞了一个改装版的 Flexifoil Super 10 风筝，飞行速度达 193 千米／时。

单人同时放飞最多的风筝

2006 年 11 月 7 日，风筝设计师马庆华（中国）在山东省潍坊市创造了一次放飞 43 个风筝的世界纪录。中国的电视台录播了这一壮举。

单线放飞最多风筝（团队）的纪录是 15 585 个，由日本爱知县丰桥市的立稻见初级中学的学生们于 1998 年 11 月 14 日创造。

造型各异的风筝在潍坊风筝节上争奇斗艳。风筝形状有巨龙和海洋生物等，甚至还有空间站！

放飞的最大风筝

2018 年，科威特的阿尔－法尔西风筝表演队委托新西兰的彼得·林恩风筝公司（上图）制作了巨型风筝"希望"，并在阿卜杜勒拉赫曼·阿尔－法尔西的指挥下，在法国贝克尔国际风筝节上首次公开放飞（下图）。该风筝尺寸为 43.6 米 × 27.77 米，展开面积达 1 210 平方米，不过充气升空时体积会缩小约 7%。

2019 年 2 月，彼得·林恩在科威特举行的法尔西国际风筝节上放飞了 3 个巨型风筝，从左至右分别是"希望"、鱼鳍状的"珍珠"和前纪录保持者——一面 950 平方米的科威特国旗风筝。

这个名为 MegaBite 的巨型风筝同样出自彼得·林恩及其团队之手。它长 64 米，升空面积达 680 平方米，在 1997 年被认定为**被放飞的最大风筝**。

"希望"以生态保护为主题，上面涂了用 9 种语言书写的"关爱地球"。

吉尼斯访谈录

本期访谈对象：**彼得·林恩——杰出的风筝制作大师和风筝冲浪运动开拓者。**

放风筝为何如此引人遐想？

部分原因在于风筝的色彩和动感，以及挑战地心引力的方式。地球上的任何物体稍有机会就会下坠，但风筝却能飞起来！

你的第一个风筝是什么时候做的？

三四岁吧，当然是在我母亲的帮助下。她非常支持我做风筝，允许我在厨房里用面粉和水调配糨糊，不会介意我把厨房弄得乱七八糟。我父亲经营一家细木工制造企业，这是获取风筝骨架的绝佳来源。

你还放风筝吗？

一直在放！我仍在设计新样式，目前主攻单层蒙皮和单线的风筝。

你是从什么时候开始做大型风筝的？

我在 20 世纪 90 年代做成了 MegaBite（上图）。从那时起，我们慢慢把风筝越做越大，确保每一个新式大风筝都能成为焦点。

制作巨型风筝遇到过哪些挑战？

即使重量与面积之比保持不变，大风筝的动态也不同于小家伙。风筝的尺寸直接影响其稳定性。迪尼玛线绳和防撕裂尼龙布等合成材料有助于把风筝做得更大。

做大风筝有没有极限呢？

我认为风筝展开的面积在 5 000 平方米之内不会有什么严重问题，不过，在达到 1 250 平方米时，作用于织物拼接面对角线的应力开始成为需要注意的问题。

货币

面积最小的纸币

1917 年，在第一次世界大战期间，罗马尼亚政府发行了一系列紧急纸钞来取代硬币。最小的是一张 10 巴尼纸币，其印刷尺寸仅为 27.5 毫米×38 毫米。

100%

最早的纸币

在中国宋朝（960—1279 年），四川商人印制了名为"交子"的本票，上面有防伪密码和标记。

现存最古老的纸币是大约 1375 年发行的"大明通行宝钞"。当时的地方政府无限制印刷纸币，导致因供应过剩而迅速贬值 99%。当货币崩溃时，成捆的无用纸币被储存起来，这也意味着它们在今天的收藏品中相当常见。

面积最大的法定纸币

2017 年，马来西亚中央银行发行了一张面积为 814 平方厘米的纸币，以纪念 1957 年《马来亚联邦独立法案》颁布 60 周年。该纸币面值 600 马来西亚林吉特（约合 127 美元），上面印有自 1957 年以来该国的 15 位领导人。

最贵的错版纸币

"德尔蒙特纸币"是一张面值为 20 美元的纸币，于 2021 年 1 月 22 日在遗产拍卖行（美国）以 396 000 美元的价格成交。该钞票在两次印刷步骤之间贴上了一张德尔蒙特食品公司的水果贴纸，从而获得了这个独特的名字。专家认为，该贴纸很可能是一名无聊的员工故意贴上去的。

最大规模的伪钞行动

第二次世界大战期间，德意志第三帝国发起了"伯恩哈德行动"，计划用大量伪钞摧毁英国经济。该行动涉及 900 多万张假英镑，面额多为 5、10、20 和 50 英镑的纸钞，总额达 1.3 亿英镑。战争结束后，这些设备和剩余纸钞被沉入奥地利的托普利兹湖。

弗兰克·布拉萨（美国）在 2008—2010 年间伪造了约 2.5 亿元美钞，这是最大规模的个人制作伪钞活动。在加拿大魁北克省的一个农场里，布拉萨利用一家非法印刷厂印制了 1 250 万张 20 美元的假钞，并以原面值的 30% 出售。

拍卖会上售出的最贵硬币

2021 年 6 月 8 日，这枚 1933 年发行的双鹰金币在美国纽约市苏富比拍卖行以 18 872 250 美元成交。这是美国铸造的最后一枚流通金币。此后，富兰克林·德拉诺·罗斯福总统在美国取消了金本位制（美元跟黄金价值脱钩），并下令销毁所有金币复制品。

100%

有史以来面值最高的纸币

匈牙利的百万兆帕戈纸币于 1946 年 6 月 3 日首次印制，当时该国正面临财政危机。在第二次世界大战期间，匈牙利被占领军掠夺了 40% 的资产，还被迫支付了 3 亿美元的战争赔款。所有这些都加剧了恶性通货膨胀。

1946 年 7 月，匈牙利创造了有史以来最高通货膨胀率纪录，消费者物价指数的通货膨胀率高达 41 900 000 000 000%。日通货膨胀率高达 207%，以至于日用品价格每 15 小时翻一番。

百万兆帕戈纸币在当年的 7 月 31 日被废止。当年晚些时候，匈牙利发行了新币"福林"，并规定 1 福林可兑换 4×10^{29}（4 后面跟 29 个零）帕戈。随后匈牙利施行的重大税收政策和银行改革稳住了经济。

最大的仿制币

"大镍币"是一枚 1951 年发行的加拿大 5 分硬币的复制品，直径 9.1 米、厚 0.6 米。它是加拿大安大略省萨德伯里市"动态地球"馆科学设施的主景，于 1964 年 7 月 27 日向公众亮相。选择这枚硬币作为主景设施是因为 1951 年是分离出镍并将其界定为化学元素的 200 周年，镍矿的开采极大地促进了该市的发展。

最古老的硬币

最早的铸币记录可追溯到公元前 620 年左右，是在吕底亚（位于现土耳其西部的一个古国）国王巨吉斯（或称作库卡什）的统治下发行的。

这些钱币由一种金和银的天然合金制成。吕底亚位于欧亚贸易路线上，这是其钱币发展的一个关键因素。

100%

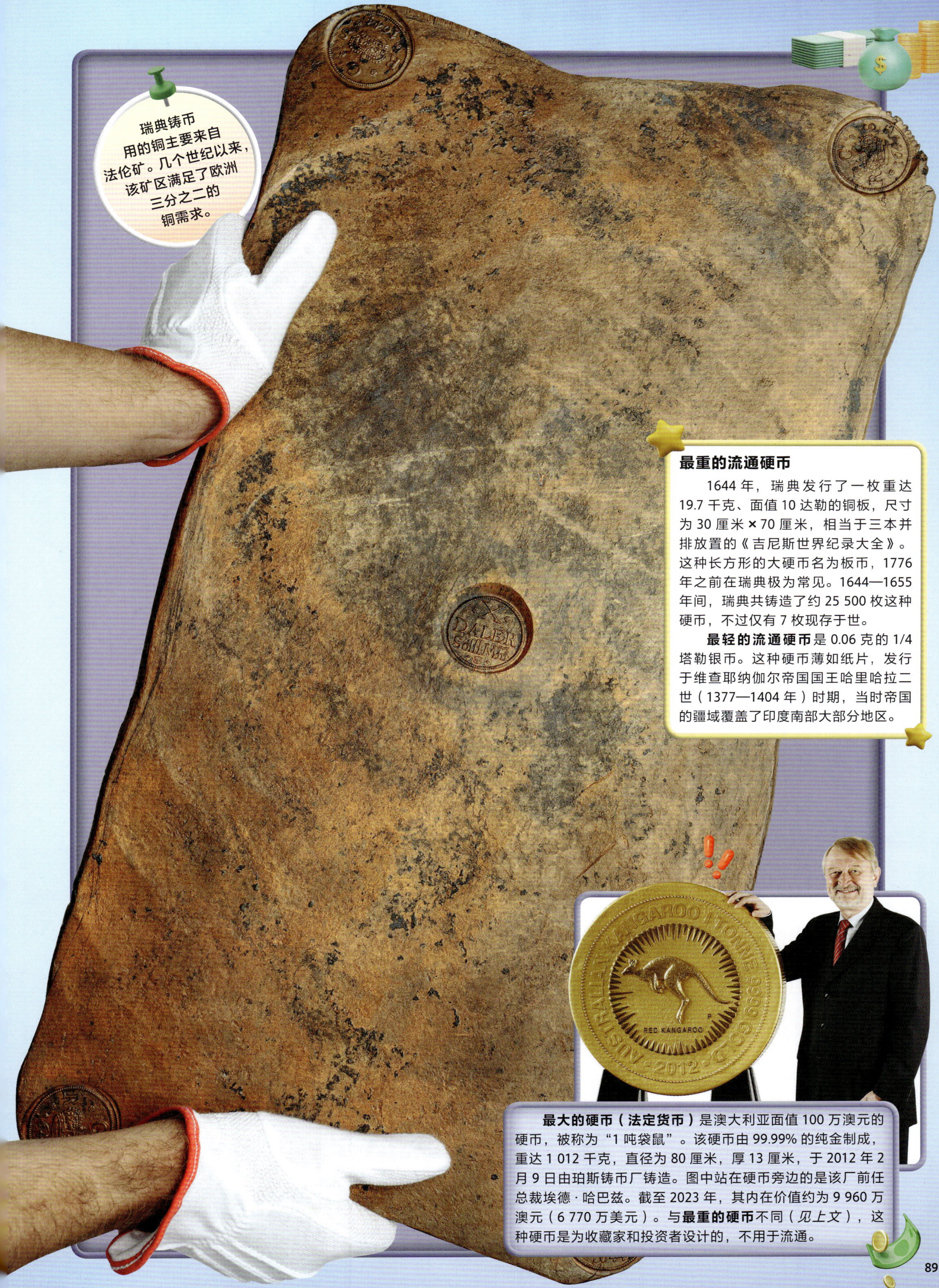

瑞典铸币
用的铜主要来自
法伦矿。几个世纪以来，
该矿区满足了欧洲
三分之二的
铜需求。

最重的流通硬币

1644 年，瑞典发行了一枚重达 19.7 千克、面值 10 达勒的铜板，尺寸为 30 厘米 × 70 厘米，相当于三本并排放置的《吉尼斯世界纪录大全》。这种长方形的大硬币名为板币，1776 年之前在瑞典极为常见。1644—1655 年间，瑞典共铸造了约 25 500 枚这种硬币，不过仅有 7 枚现存于世。

最轻的流通硬币是 0.06 克的 1/4 塔勒银币。这种硬币薄如纸片，发行于维查耶纳伽尔帝国国王哈里哈拉二世（1377—1404 年）时期，当时帝国的疆域覆盖了印度南部大部分地区。

最大的硬币（法定货币）是澳大利亚面值 100 万澳元的硬币，被称为"1 吨袋鼠"。该硬币由 99.99% 的纯金制成，重达 1 012 千克，直径为 80 厘米，厚 13 厘米，于 2012 年 2 月 9 日由珀斯铸币厂铸造。图中站在硬币旁边的是该厂任总裁埃德·哈巴兹。截至 2023 年，其内在价值约为 9 960 万澳元（6 770 万美元）。与**最重的硬币**不同（*见上文*），这种硬币是为收藏家和投资者设计的，不用于流通。

全景展示：积木大师

最大的游戏主题乐高套装

乐高套装《强大的库霸王》由 2 807 块积木组成，原型是《超级马里奥兄弟》游戏中的邪恶库霸国王。这款乐高库霸王于 2022 年 10 月 1 日发布，身高超过 32 厘米，大嘴能够张合，还装有火球发射器，两侧各配一支燃烧的火炬，其中一支内藏一块 POW 积木。

最大的乐高积木扑克牌

2023 年 9 月 5 日，费思·豪（加拿大）拼出一张 3.69 米 × 2.59 米的乐高红心皇后扑克牌。21 岁的费思希望成为一名专业乐高艺术家。她在加拿大新不伦瑞克省弗雷德里克顿市的图书馆花了 9 天时间，使用了近 50 000 块乐高积木才拼成这张超大扑克牌。

库珀曾经创下拼装乐高世界地图用时最短纪录，使用的是最大的 2D 乐高套装：共有 11 695 块积木。

用乐高积木拼装"泰坦尼克号"的最短时间

2022 年 5 月 22 日，在美国弗吉尼亚州斯普林菲尔德市，15 岁的塞巴斯蒂安·霍沃思（美国）用 8 小时 42 分 12 秒拼装出这艘命运多舛的远洋邮轮模型，比之前的纪录快了 2 小时。2021 年发售的乐高版"泰坦尼克号"是当时最大的 3D 乐高套装，共有 9 090 块积木，全长 1.35 米，它后来被埃菲尔铁塔套装超越（见左图）。

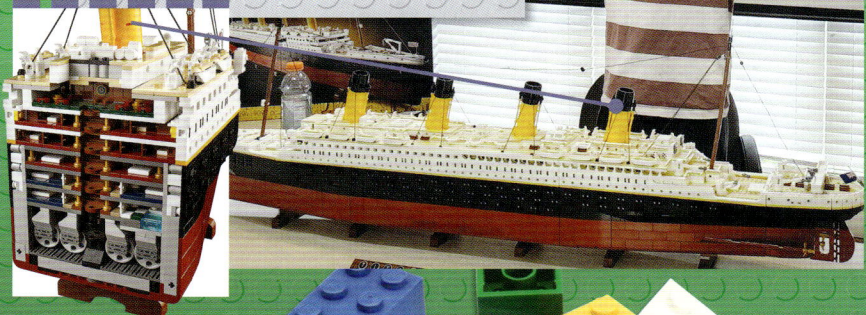

搭建乐高埃菲尔铁塔的最短用时

这套巴黎著名地标模型共有 10 001 块积木，是目前最大的 3D 乐高套装。2023 年 4 月 29 日，库珀·赖特（美国）用 9 小时 14 分 35 秒拼装完了这座 1.49 米高的乐高埃菲尔铁塔——与他本人身高相当！库珀现在想用最短时间完成由 9 036 块积木组成的斗兽场乐高套装。

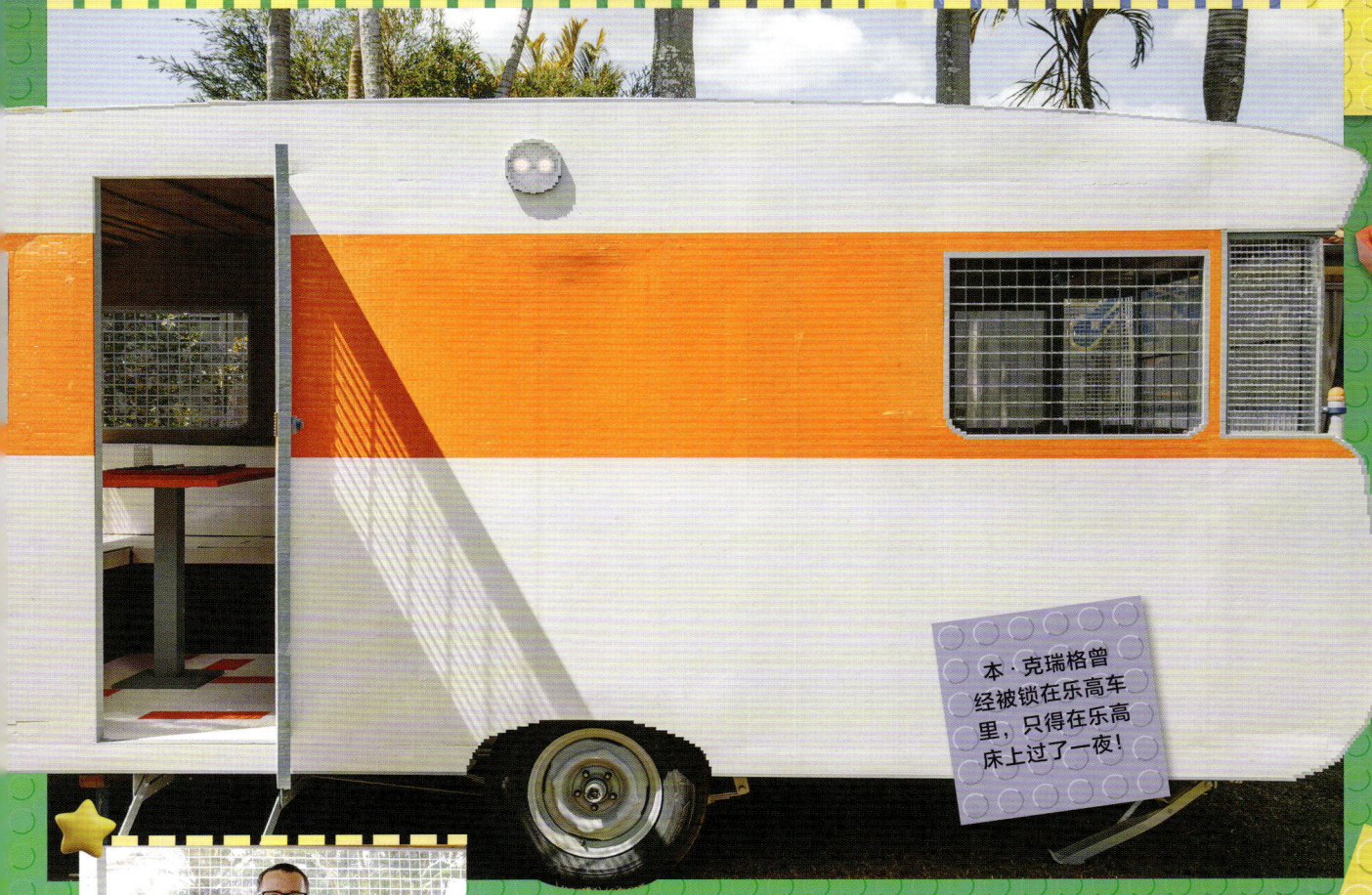

本·克瑞格曾经被锁在乐高车里，只得在乐高床上过了一夜！

最大的乐高积木拖挂房车

终生热爱乐高玩具的澳大利亚艺术家本·克瑞格（*上图*）找到了全新的表达方式。自诩为"乐高建造师"的克瑞格创作过比例各异的模型，比如飞机场和灯塔。他在 2018 年玩出了新水平，用 288 630 块乐高积木拼装出与实车一样大小的 1973 年款"皇家子爵"豪华房车，前后共耗时 5 周。这辆能移动的"家"里设施齐全，有炉灶台（*下图*）、冰箱、水槽（能流自来水！）和装满餐具的橱柜，甚至还有一瓶澳洲人必备的维吉麦酱。该项目得到了昆士兰房车协会、房车营地 Top Parks（现更名为 G'day Parks）和约翰·科克伦广告公司（均来自澳大利亚）的共同支持。

最大的乐高积木卡车

2023 年 5 月，成功复制多辆汽车的克瑞格更上一层楼。他耗时两个月，在澳大利亚布里斯班拼装成这辆比例为 1:1 的麦克卡车，它全长 7.03 米，高 3.54 米，使用了约 100 万块乐高积木。

厨艺大比拼

2016 年，乔尔·卢布松（法国，1945—2018）成为迄今为止获得米其林星最多的个人——31 颗。

最贵的炸薯条

点一份"法式苹果精华奶油薯条"将花掉你 200 美元。纽约市"机缘巧合 3 号店"推出的这道美食配以黑松露和莫奈酱，并撒上 23 克拉金粉作为点缀。该餐厅创意总监乔·卡尔德隆制作了多道创纪录的奢华菜品。

最古老的印刷食谱

《论正确的快乐与良好的健康》于 1474 年首次出版。这本健康生活指南由巴托罗米奥·普拉蒂纳（意大利）编纂，食谱中收录了"红鹰嘴豆浓汤"和"杏仁什锦馅海枣蛋挞"等美食配方。

首个烹饪类电视节目

1937 年 1 月 21 日，长度为 15 分钟的《大厨出场》首次在英国播出，由法国厨师马塞尔·布列斯汀演示如何制作煎蛋饼。英国广播公司做了现场直播。在 5 集系列节目中，布列斯汀制作了 5 道美食。

米其林星级餐厅最多的国家

法国仍是高级美食的代表，有 630 家餐厅被列入餐饮业最知名的参考书《米其林指南（2023 版）》上。日本拥有世界第二多的米其林星级餐厅——414 家，仅东京就有 200 家，是米其林星级餐厅最多的城市。

授予米其林星数量最多的在世主厨

阿兰·杜卡斯（法国）的餐厅已获得21颗米其林星。截至2023年，他已经在30家高级餐厅担任后厨主管，其中包括摩纳哥的三星级餐厅"路易十五"。

安妮-索菲·碧克（法国，上图左下）持有10颗米其林星的女子纪录，她在法国瓦朗斯开办的三星级餐厅"碧克之家"也在其列。

24 小时光顾最多的米其林星级餐厅

2023 年 5 月 25—26 日，美食家约书亚·菲克森（美国）在美国纽约一路逛吃，22 家顶级餐厅留下了他的身影。菲克森只能在每家餐厅停留 15 分钟（包括走路时间），而且必须从单点菜单上点餐。他在 5 月 25 日晚造访了 16 家餐厅，养精蓄锐后又去 6 家享用了午餐。那么他最爱吃的是什么呢？是烤章鱼配大虾和 Le Pavillon 餐厅的伊比利亚猪肉。

最大的惠灵顿牛排

2023 年 5 月 11 日，TikTok 名厨尼克·迪乔瓦尼（美国，插图左，参见第 111 页）与戈登·拉姆齐（英国，插图右）合作，制作了一块 25.76 千克的超大酥皮牛排。其制作方法是将 5 条牛里脊用肉胶黏合在一起，放入低温慢煮机烹饪 10 小时，然后经喷灯烘烤而成。

尼克的特大号美食

最大的……	纪录数据	日期
棒棒糖蛋糕*	44.24 千克	2021 年 11 月 23 日
炸鸡块*	20.96 千克	2022 年 5 月 25 日
甜甜圈蛋糕*	102.50 千克	2023 年 4 月 3 日
幸运签语饼†	1.47 千克	2022 年 11 月 12 日
寿司卷（宽度）*	2.16 米	2022 年 10 月 7 日

*助理为林恩·戴维斯（日本）；†助理为罗杰叔叔（马来西亚）

TikTok 粉丝最多的大厨

截至 2024 年 1 月 17 日，CZN 布拉克（土耳其，原名布拉克·厄兹德米尔）拥有 7 460 万粉丝，在 TikTok 总榜上排名第八。布拉克擅长烹饪的安纳托利亚美食令人垂涎欲滴，首次在朋友的视频亮相后迅速蹿红，成为名厨。

拉塔·通东（印度）：87小时45分钟；印度maumbai市，2019年9月3—7日

希尔达·巴奇（尼日利亚）：93小时11分钟；尼日利亚拉各斯市，2023年5月11—15日

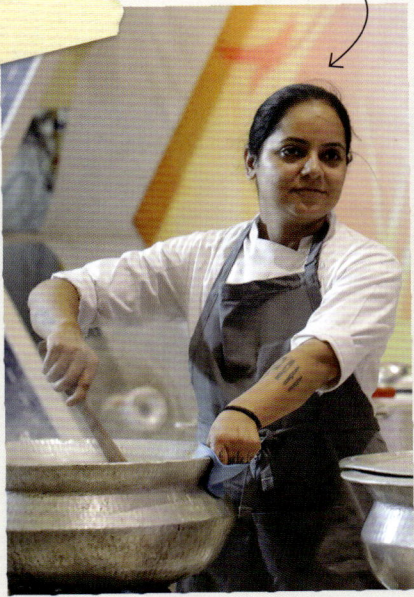

罗布·斯窝克（荷兰）：36小时58分钟；荷兰小镇尼马勒森，2012年9月29—30日

自2010年以来，世界各地的16位大厨曾有过挑战耐力烹饪的吉尼斯世界纪录（以上列举3例）。2023年5月，希尔达·巴奇（中国）打破纪录的壮举在尼日利亚引起轰动，她的同胞因此也有信心尝试创造马拉松纪录。

历时最久的烹饪马拉松

2023年9月28日，艾伦·黄舍尔（爱尔兰）开始了艰苦的挑战，共历时119小时57分16秒才完成任务。为了将爱尔兰美食推广到日本，黄舍尔在岛根县松江市开了一家"巨人炖菜馆"。5天内，艾伦接连烹制了汤品、炖菜和其他盖尔人特色菜，经他削皮的土豆就差不多有300千克。他克服疲劳甚至幻觉，在10月3日完成了最后一道菜。他总共做了3360道菜。

更神奇的是，与这场烹饪马拉松相隔一天完成的**历时最久烘焙马拉松纪录**（见插图）同样由艾伦创造：47小时21分21秒。他用3天时间（9月25—27日）制作了487条冻打面包。

奶酪

最大的奶酪雕塑

美国的莎拉·考夫曼号称"奶酪女士"。她能把一大块威斯康星切达干酪雕刻成煎火鸡的鳕鱼大厨形象。2018 年 11 月，埃里克·阿奎斯塔佩西委托莎拉为自家在路易斯安那州卡温顿的熟食店专门制作了这件奶酪大作，全重 1 415.6 千克，相当于 5 条普通短吻鳄体重之和。奶酪制作大师凯瑞·亨宁负责提供雕塑材料。莎拉是"奶酪圈的米开朗基罗"，她从 1981 年开始使用奶酪雕刻，作品从吉他到奶牛应有尽有。

莎拉的奶酪雕塑作品到底有多少，连她本人也数不清。"肯定超过 4 000 件了。"她说。

最古老的奶酪

奶酪是乳蛋白凝固后的产物，一般为固态或半固态，通常要经过后期的熟化处理增加风味。在古埃及的一座古墓遗址中发现了历史最久远的固态奶酪，其历史可追溯到公元前 13 世纪，墓主人塔米斯相当于当时的孟菲斯市长。人们在一个破碎的陶罐中发现了一种接近白色的固化团块物质。化学家从这个 3 200 年前的物质中提取了几毫克作为样本，用质谱法确定它是一种由牛奶与绵羊奶或山羊奶混合制成的固态乳制品。

亲爱的吉尼斯……

我想申请一项新的世界纪录，成为刮奶酪最快的人。我的朋友和家人都见识过我刮奶酪的速度。可以进行视频直播，挑战过程一定能娱乐大众。我希望贵公司能认可这一项新纪录。敬候佳音。

来自英国　　　　

最大的牛乳奶酪

1995 年 9 月 7 日，乳品企业安格普（加拿大）在魁北克省的格兰比为客户洛布劳斯超市制作了一块重 26.09 吨的切达干酪，重量相当于 17 辆家用轿车，使用将近 245 吨的原料奶——5 000 头奶牛被不停歇地挤一整天，才能产出这么多鲜奶。

2010 年 12 月 29 日，约安尼斯·斯塔索里斯有限公司（希腊）在希腊哈尔基季基州耶里索斯制成一块 939 千克的佩特罗托奶酪，成为世界上最大的山羊奶干酪。

2012 年 7 月 13 日，哈拉耶布·卡蒂洛公司（埃及）在开罗制成一块普通浴巾大小的奶酪片，虽然厚度为 15 厘米，但称重结果却有 135.5 千克，成为世界上最大的奶酪片。

气味最浓的奶酪

英国克兰菲尔德大学在 2004 年 11 月进行了一项研究，通过 19 位评判员的嗅闻结果，结合一台能探测逸出气体分子的"电子鼻"给出的数据，在 15 种奶酪当中认定老布洛涅奶酪的味道最为刺鼻。这种柔软的法式奶酪用牛奶制成，成熟期为 9 周。

最贵的三明治

2014 年 10 月 29 日，美国纽约市的"机缘巧合 3 号店"开始售卖 214 美元一份的"极品烤奶酪三明治"。波多利卡马背乳酪是其众多奢华材料中极为稀有的一种。

2023 年 10 月 21 日，YouTube 博主伊克索杜斯·乔杜里和伊吉·乔杜里（均来自美国）在美国威斯康星州密尔沃基市制作出一个长 3.32 米、重 189 千克、面积超过一张特大号床的三明治。它相当于约 900 份常规三明治的总重量，是世界上最大的烤奶酪三明治。

最大的奶酪刮片器

2015 年 3 月 7 日，人们在挪威滑雪胜地克维特菲尔竖起了一件 7.79 米高的超大号奶酪刮片器，用来纪念奶酪刮片器的发明人索尔·比约克隆德（1889—1975）。这件作品的设计者为克里斯汀·冈斯塔德，由古德布兰兹达尔工业公司（挪威）制造。该公司一直在依照比约克隆德的原始设计制造奶酪刮片器。

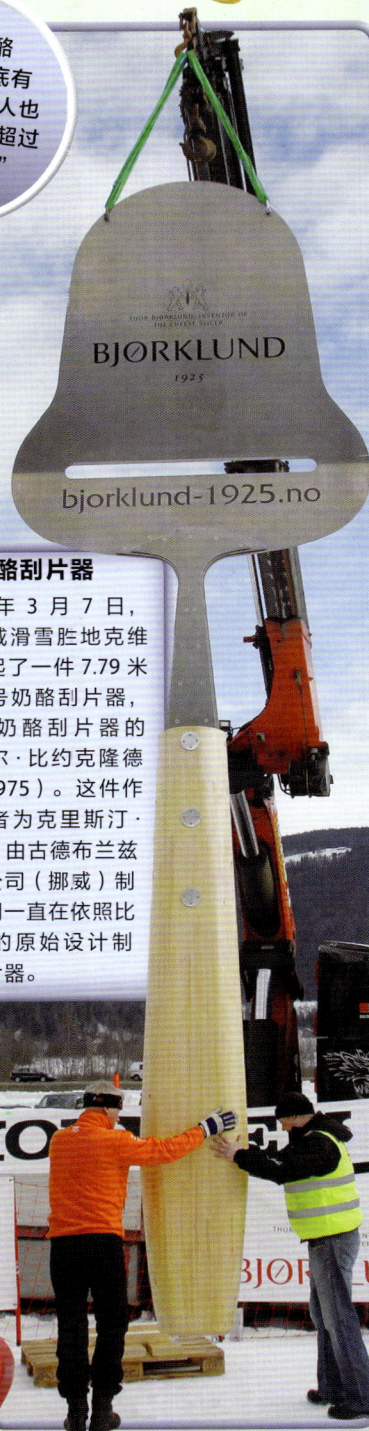

搭配奶酪种类最多的比萨饼

如果有一项配料最多的美食纪录，那一定是这块奶酪最丰富的比萨饼。2023 年 10 月 8 日，法比安·蒙特拉尼科、索菲娅·艾塔·里查-卢娜、弗洛里安·昂内和贝努瓦·布鲁埃尔（均来自法国）将 1 001 种来自世界各地的不同奶酪码到一块比萨饼上。该项纪录诞生于法国里昂的德利斯比萨店。纪录的要求是每种奶酪至少要用 2 克，饼坯最大直径为 30.5 厘米。

20 世纪 80 年代以来，奶酪供应商一直是当地备受赞誉的斯马特牧场。

举办时间最长的滚奶酪追逐赛

英国格洛斯特郡布罗克沃斯一直在举办一项传统赛事，参赛者沿着库珀山 180 米的陡坡追逐一块双层格洛斯特奶酪。如果要追溯历史，至少在 1826 年的书面文献中可以找到这项活动的记载。历史学家则认为，其历史还可以再上溯几百年，甚至可能源于古罗马时期的异教生育仪式。

有记载以来，**奶酪追逐赛胜绩最高的男子**是克里斯·安德森（英国，*上图*），他在 2022 赛季以跑得最快的身份获胜，成为 23 冠王之后宣布不再参赛。

获得**女子组比赛冠军最多的**是伊尔丝·考普勒（英国，1941—1944 年间）和弗洛伦斯·厄尔利（英国，*上左图*；2008 年、2016 年、2018 年、2019 年），均为 4 场胜利。弗洛伦斯在其最后一场比赛中扭伤脚踝，之后宣布永久退出。

《格洛斯特郡库珀山滚奶酪大赛》，作者：查尔斯·马奇·基尔（1869—1957）。比赛分为男子组、女子组和儿童组，这幅 1948 年的画作描绘了儿童组的比赛场面。所有组别的目标都一样：参赛者要追上并拿到从 1:2 坡度山坡上滚下的 8 磅（3.6 千克）奶酪。如果没有人追上奶酪，则第一个冲到坡底的人获胜。

硬核爱好

反向投篮的最远距离

2024 年 1 月 11 日，在美国路易斯安那州门罗市，约书亚·沃克（美国）从 26.21 米处背对篮筐将球投进！约书亚当天创造了 5 项特技投篮吉尼斯世界纪录。除此之外，他还完成了最远的蒙眼勾手投篮进球——18.28 米，以及最远的篮板后投篮进球——17.22 米。

30 秒完成最多次的双摇交叉跳绳

2023 年 8 月 18 日，在尼日利亚阿库雷市，邓辛·杜贝姆（图中）30 秒完成了 78 次双摇交叉跳绳。邓辛是尼日利亚 3 位才华横溢的青少年跳绳运动员之一，其他两位分别是本加·伊舍基尔（左），创造了 **1 分钟单腿双摇跳绳次数最多的纪录（144 次）**；菲利普·所罗门（右），创造了 **30 秒单腿交叉跳绳次数最多的纪录（69 次）**。

1 分钟跳绳的最多次数

2023 年 4 月 30 日，脚下生风的少年周琦（中国）在浙江宁波用时 60 秒单摇跳绳 374 次，打破了三村大辅自 2013 年以来保持的 348 次原纪录。

拍篮球跑马拉松的最短用时（女子）

2023 年 10 月 15 日，小学教师玛丽亚·巴比诺（加拿大）运球跑完了 TCS 多伦多海滨马拉松赛，成绩为 3 小时 57 分 40 秒。这是玛丽亚首次尝试马拉松赛跑，此前只训练了 7 周。

1 小时攀岩完成的最大垂直高度

2022 年 10 月 8 日，在美国内华达州的红岩峡谷，贾斯汀·瓦利（美国）在崖壁上攀爬了 390 米，其中包括 100 次 1.65 米段和 225 次 1 米段的往复攀爬。同一天，贾斯汀还创造了 **3 分钟攀爬 37.95 米**的纪录。

连续飞杆腾跃的最多次数（男子）

2023 年 2 月 21 日，《忍者勇士》节目冠军乔尔·马特里（瑞士）连续完成 27 次飞杆腾跃。他要静止悬挂在距离地面 2.4 米的金属横杆上，然后凭自身力量使自己和横杠在相距 1.2 米的平台上完成腾跃。

30 秒完成摆浪引体的最多次数（II2 级）

2023 年 12 月 8 日，在美国加利福尼亚州都柏林市，美国体操运动员切尔西·沃纳在单杠上完成了 10 次全身外展动作。患有唐氏综合征的切尔西获得了 3 项智障组 30 秒吉尼斯世界纪录，包括**后软翻最多——14 个**和**后手翻最多——16 个**。2024 年 1 月 31 日，她又用 30 秒完成了**最多的引体向上——11 个**。切尔西是双料世界冠军，曾登上《少女时尚》和《眼花缭乱》杂志封面。

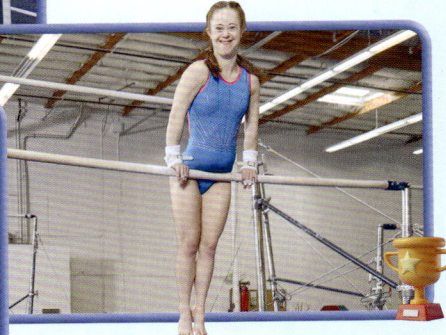

1 分钟旋转立式桨板 360° 的最多周数

2023 年 9 月 3 日，在意大利巴里市的一个游泳池里，文森佐·马诺比安科（意大利）将脚下的立式桨板旋转了约 20 周。文森佐是一名国家级立式桨板运动员，曾参加过国际皮划艇联合会举办的立式桨板世锦赛。

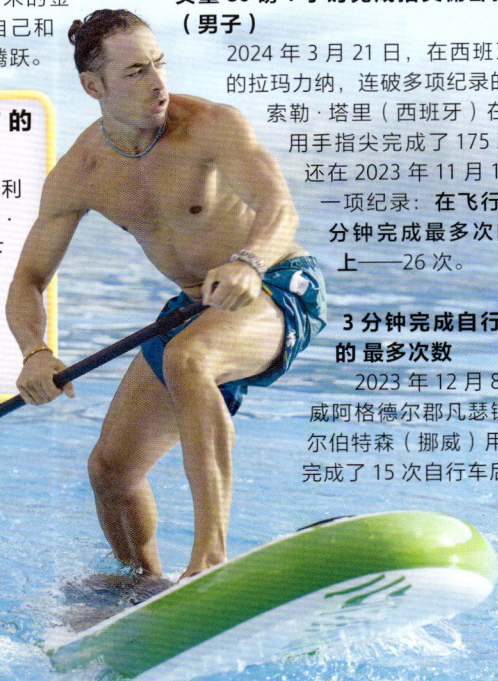

负重 80 磅 1 小时完成指尖俯卧撑的最多次数（男子）

2024 年 3 月 21 日，在西班牙阿利坎特市的拉玛尔纳，连破多项纪录的亚历杭德罗·索勒·塔里（西班牙）在 60 分钟内仅用手指尖完成了 175 次俯卧撑。他还在 2023 年 11 月 19 日创下了另一项纪录：**在飞行的直升机下 1 分钟完成最多次的 L 型引体向上——26 次**。

3 分钟完成自行车后空翻的最多次数

2023 年 12 月 8 日，在挪威阿格德尔郡凡瑟镇，本·吉尔伯特森（挪威）用时 180 秒完成了 15 次自行车后空翻。

1 分钟完成全伸展冲拳的最多次数（女子）

2023 年 8 月 5 日，在伊朗德黑兰市，阿特菲·萨法伊（伊朗）1 分钟击打拳击垫 385 次，平均每秒出拳 6 次以上。

2023 年 12 月 8 日，业余拳击手伊恩·克罗夫特（英国）在英国卡迪根市创造了**戴拳击手套全伸展冲拳次数最多纪录——298 次**。与他一同挑战纪录的是其双胞胎兄弟加朗。

1 分钟完成内转 540° 滑板特技的最多次数

2024 年 5 月 22 日，川上爱玛（日本）在日本兵库县神户市的 U 型池场地内 13 次完成转体一周半并接单手背后抓板，打破了 3 个月前自己创造的 8 次的纪录。爱玛从 5 岁起就开始练习滑板。2022 年，爱玛完成转体两周半（900°），跳跃的过程被人拍成视频后走红网络。这一高难度动作在 1999 年由滑板传奇托尼·霍克首次挑战成功。翻到 187 页可见更多追随托尼·霍克足迹的少年天才。

吉尼斯访谈录

谁在滑板方面给你的启发最大？为什么？

托尼·霍克、肖恩·怀特、古伊·库里（见第 243 页）和皮尔·吕克·加尼翁。他们都能做出高难度动作，并且创造过许多世界纪录。我也想把滑板玩出他们那样的成就。

听说托尼·霍克在 Instagram 上关注你了，感觉如何？

爸爸告诉我时，我都惊呆了！托尼·霍克是我仰视的人物，他能分享我的视频，我激动得说不出话来，因为我知道他一定看到过我玩滑板。

赢得 2023 年 WINGRAM 杯冠军，感觉如何？

这是我第一次参加垂直滑板比赛，没想到会赢。我知道圭·库里会参赛，所以增加了 900° 转体动作，这样就能在他面前表演了。我很高兴（我成功了）。

谈一谈参加《纪录秀》节目的经历吧。

我以前从未出过国，所以一切对我来说都很有趣。我虽然在镜头前有些紧张，但大家都很亲切。我还结识了一些玩滑板的新朋友。

你在训练中遇到过哪些挑战？

我在垂直坡道上连续做 540° 转体时，遇到的最大挑战并不是能转多少圈，而是怎样避免转迷糊了！

你多长时间玩一次滑板？

每周练习四五次，每次三四个小时。

你还有什么其他爱好？

我喜欢在网上看滑板视频和说唱对决，有时会和弟弟来一场说唱对决。

5 岁的爱玛刚刚玩了 6 个月滑板，就报名参加了首场比赛。

烧脑大比拼

完成 200 块拼图的最短用时（II 级）

2023 年 6 月 20 日，努拉·哈桑·艾达鲁斯（阿联酋）在阿联酋阿布扎比市用 2 小时 16 分完成拼图游戏，创造了全新的智障组吉尼斯世界纪录。她从 2011 年就开始练习九宫格拼图，并在此次挑战中得到了阿联酋扎耶德民众志坚高级组织的支持。

拼图世锦赛上最年长的参赛者

2022 年 6 月 24 日，安东尼娅·玛丽亚·加西亚·德·索里亚（西班牙，生于 1930 年 1 月 26 日）在西班牙巴利亚多利德市与全球顶尖拼图高手同台竞技，时年 92 岁 149 天。安东尼娅还与胡安·安东尼奥·阿瓦雷斯·奥索里奥一起参加了双人组比赛，挑战目标是用 1 小时 30 分完成一幅 500 块的篮中小狗拼图。两人在规定时间内拼出了 401 块，最终在 87 对选手中位列第 73 名。

美国填字游戏锦标赛（ACPT）的最多夺冠次数

ACPT 创办于 1978 年，是美国规模最大、举办时间最长的填字游戏比赛。2023 年 4 月 2 日，丹·费耶（美国）在美国康涅狄格州斯坦福德的万豪酒店战胜了 774 名对手，第九次获得冠军。本届比赛的参赛人数也创造了纪录。

《泰晤士报》杯填字游戏锦标赛夺冠次数最多纪录是 12 次，由马克·古德利夫（英国）分别于 1999 年、2008—2017 年以及 2019 年创造。同时，他还两次获得了该报举办的世界数独锦标赛冠军。

世界数独锦标赛的最多夺冠次数

自 2006 年起，世界智力谜题联合会（WPF）每年都会举办全球数字谜题锦标赛。森西康太（日本）在 2014 年、2015 年、2017 年和 2018 年 4 次赢得冠军。

破解 4×4 华容道的最短用时

2023 年 1 月 26 日，华容道拼图大师林凯毅（马来西亚）在马来西亚北海镇仅用 5.18 秒就解出了这款经典的滑块拼图。同时，他还创造了下列多项华容道破解时间纪录：
- 4×4，单手：8.27 秒
- 4×5，5.20 秒
- 4×5，蒙眼：6.35 秒
- 4×5，单手：9.24 秒
- 4×5，双脚：14.20 秒

心算 50 个五位数之和的最短用时

2024 年 2 月 29 日，在意大利米兰的《纪录秀》节目现场，心算选手亚利安·舒克拉（印度）仅用 25.19 秒就算出 50 个五位数字相加后的结果为 2 676 355。

1 分钟记住最长的二进制数列

2023 年 6 月 20 日，在巴基斯坦信德省卡拉奇市，穆斯塔法·阿拉姆（巴基斯坦）仅用 60 秒就记住了 342 位的二进制数列，平均每秒记住 5 个数字。

记住三位闪现数字的最多组数

2023 年 3 月 28 日，在巴基斯坦卡拉奇市，赛义德·纳比尔·哈桑·里兹维（巴基斯坦）回忆出了 40 组随机生成的 3 位数，而每组数字仅看一秒。赛义德经常参加智力竞赛，并获得了 2019 年英国少年脑力大赛冠军。

1 分钟用学名识别的动物数量最多

2023 年 1 月 7 日，在印度泰米尔纳德邦金奈市，苏达斯纳·西瓦库玛（印度）用时 60 秒识别出了 48 种动物的拉丁学名。

心算 10 个句子中字母数量的最短用时

2023 年 10 月 4 日，穆罕默德·萨亚希恩（约旦）仅用 35.5 秒就算出了 10 个随机阿拉伯语句中共包含 267 个字符。这位参加过《阿拉伯达人秀》的奇人号称"字母之父"。

规模最大的拼写比赛

2023 年 6 月 18 日，巴士拉教育与科学协会和巴士拉国际学校在伊拉克巴士拉市联合组织了一场超大型拼写比赛，共有 2 000 名学生参与。

来一场智力大挑战吧！

用这些图片集来挑战你的智力。你能否像下列速答高手一样成功呢？答案见第 254 页。

识别各国国旗的最短用时

2023 年 8 月 5 日，旗帜专家亚当·赛义德（巴林）在巴林麦纳麦市仅用 2 分 55 秒就辨认出了全部 197 面国旗。你认识这三面国旗吗？

1 分钟识别《星球大战》角色的数量最多

2021 年 1 月 10 日，阿达夫·拉贾普拉布（印度）在印度泰米尔纳德邦认出了 34 位科幻巨星。你能说出这些角色的名字吗？

通过俱乐部徽章 1 分钟识别出足球队的数量最多

2023 年 10 月 3 日，在巴西南里奥格兰德州埃斯特尤市，亚历山大·迈科诺（巴西）认出了 95 个著名足球俱乐部的徽章。你知道这些是哪三家俱乐部的标识吗？

跳伞解魔方的最短用时

2023 年 4 月 22 日，山姆·希尔拉基（澳大利亚）在澳大利亚西澳州的朱里恩湾以约 200 千米 / 时的速度进行高空跳伞，同时用 28.25 秒从容复原了一个魔方。17 岁的山姆取得了跳伞证照，也是竞技魔方运动员，当天通过 5 次尝试便打破了此前 30.14 秒的纪录。

跑马拉松赛跑同时解开魔方的最多次数

2022 年 10 月 15 日，在日本千叶县柏市举办的一场校园马拉松中，须贺庆（日本）用 4 小时 34 分 23 秒跑完全程，其间 420 次成功复原手中的魔方，平均每一百米完成一次，超过原纪录 166 次。他说，这一惊人成绩是 10 年训练的成果。

亲爱的吉尼斯……

我叫████████████，今年12岁。我准备挑战"手腕骨折状态下解魔方最快"的世界纪录。我选择这个项目的原因是我手腕受伤，但仍渴望打破纪录。我很乐于体验挑战的乐趣。由于骨折部位将要痊愈，希望贵公司能尽快审核批准。非常感谢。

水下解开魔方的最多次数

2021 年 4 月 18 日，新加坡运动员达里尔·谭宏安屏住呼吸一口气 15 次还原了金字塔魔方。这是他当天创下的 4 项水下速解魔方纪录之一，此外 3 项纪录分别是：**复原二阶魔方次数最多（26 次）、复原三阶魔方次数最多（16 次）和单手复原三阶魔方次数最多（8 次）**。为了准备本次挑战，他进行了两个月的呼吸训练。

转呼啦圈同时单手解开魔方的最多次数

2021 年 2 月 20 日，在加拿大不列颠哥伦比亚省维多利亚市，约西亚·普莱特（加拿大）用左手还原魔方 531 次，比原纪录多了 501 次。约西亚还持有 1 015 次的**双手解魔方纪录**，比前纪录多 815 次。

魔方速解官方纪录榜

魔方类型		时间	保持者	日期
三阶魔方	单次	3.13秒	马克斯·帕克（美国，*见第85页*）	2023年6月11日
	平均	4.48秒	王艺衡（中国，见第85页）	2023年6月20日
二阶魔方	单次	0.43秒	特奥多·扎德尔（波兰）	2023年11月5日
	平均	0.92秒	赞恩·卡纳尼（美国）	2024年3月9日
四阶魔方	单次	16.79秒	马克斯·帕克	2022年4月3日
	平均	19.38秒	马克斯·帕克	2023年3月19日
五阶魔方	单次	32.52秒	马克斯·帕克	2023年12月16日
	平均	35.94秒	马克斯·帕克	2023年12月16日
六阶魔方	单次	59.74秒	马克斯·帕克	2022年7月31日
	平均	1分6.46秒	南晟赫（韩国）	2024年2月4日
七阶魔方	单次	1分35.68秒	马克斯·帕克	2022年9月24日
	平均	1分41.78秒	马克斯·帕克	2024年1月27日
魔表	单次	2.54秒	尼尔·古尔（印度）	2024年1月6日
五魔方	单次	23.18秒	莱安德罗·马丁·洛佩兹（阿根廷）	2024年4月13日
金字塔魔方	单次	0.73秒	西蒙·凯勒姆（美国）	2023年12月21日
扇形魔方	单次	3.41秒	赖恩·皮拉特（美国）	2024年3月2日

*所有纪录均得到世界魔方协会确认，数据截至2024年4月16日，准确无误。

全景展示：万圣夜

装扮成吸血鬼的最多人数

为纪念布拉姆·斯托克的经典哥特式小说《德古拉》（1897 年）问世 125 周年，2022 年 5 月 26 日，英格兰遗产委员会（英国）在惠特比修道院召集了 1 369 名粉丝，让他们装扮成书中亡灵伯爵的样子。这座海滨小镇位于英国北约克郡，那里的教堂和墓地会让人浮想联翩，也给 1890 年到此一游的斯托克留下了深刻的印象。下表列举了食尸鬼聚会的更多纪录。

女巫、鬼魅和幽灵

最多的……	人数	组织者/年份
卡特里娜	865	瓜纳华托青年研究所（墨西哥），2016年
幽灵	1 024	菲舍尔及其粉丝团（日本），2023年
女巫	1 607	金色女巫（西班牙），2013年
骷髅	2 018	小丑假面舞会（英国，右图），2011年
僵尸	15 458	僵尸逐店闹饮活动（美国），2014年

最大的扫帚

2006 年 9 月 12 日，创意团队 Kreteam 2006（荷兰）在荷兰泽兰省圣安纳兰市制作了一把 32.65 米长的扫帚，上面还骑着女巫。这把扫帚比 3 辆美国校车还要长。

最大的通灵板

2016 年 10 月 28 日，在布莱尔·墨菲（美国）的监督下，美国宾夕法尼亚州温德伯市的格兰德米德威大酒店楼顶变成了一块 121 平方米的巨型心灵沟通装置。这家酒店的前身是煤矿城镇里的小客栈，"闹鬼"事件久已有之，包括女鬼夜游、鬼娃现身等。

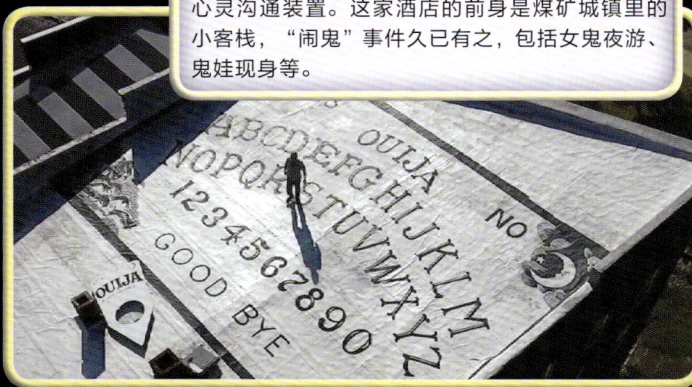

《小鬼精灵》纪念品收藏的最大规模

2023 年 10 月 25 日，吉尼斯在美国得克萨斯州圣安东尼奥市核实了凡妮莎·伊里诺（美国）收藏的 1 153 件与《小鬼精灵》相关的物品。她希望该项纪录不仅可以弘扬卡斯珀所体现的积极和包容，而且还能够激发其他人的热情。

最高的卡特里娜骷髅头

亡灵节是墨西哥纪念逝去亲人的节日，按照传统，要在万圣节之后的几天里举行纪念活动。2023 年 11 月 2 日，墨西哥哈利斯科州巴亚尔塔港市展出了一尊高 28.15 米的女子骷髅雕塑，将亡灵节庆祝活动推向了高潮。20 世纪初，艺术家何塞·瓜达卢佩·波萨达最先构思出"卡特里娜"这一优雅沉着的人物形象，用来提醒世人：无论阶级或社会地位如何，每个人都要面对死亡。

票房最高的恐怖片

《小丑回魂》（美国，2017 年）改编自斯蒂芬·金 1986 年的同名小说，讲述了来自异世界的变形小丑潘尼怀斯如何利用人类内心恐惧残害儿童的故事。据 The Numbers 网站统计，截至 2024 年 2 月 27 日，该片的全球票房收入达到 701 012 746 美元。**票房最高的恐怖电影系列**则是《招魂宇宙》（美国），最新的一部是《修女 2》（2023 年）。截至 2024 年 2 月 27 日，已发行的 8 部系列影片已经狂赚了 2 250 924 388 美元。

2022

2020

打破过纪录的"独行侠"和"虎王"都由迈克·普道夫（美国）雕成。

2023

最重的南瓜灯

2023 年 11 月 9 日，经验丰富的埃里克·琼斯（美国）将一个重 1 246.9 千克的大南瓜雕刻成了超大号的南瓜灯（左侧插图，右边的是埃里克）。就在一个月前，该南瓜被鉴定为世界上**最重的南瓜**（见第 110 页）。琼斯的灵感来自退伍军人节，作品主题为几名军人和一只军犬形象。这只南瓜灯的周长为 642.6 厘米，也是**周长最长的南瓜灯**。创下前纪录的两个超大南瓜灯（主图的"独行侠"和上插图的"虎王"）以更为传统的万圣节动物为题材，而种出这 3 个巨无霸南瓜的人都是特拉维斯·金格（美国，见左图）。

最大的南瓜拼图

纳尔逊一家（英国）每年都以独特方式迎接万圣节。在英国汉普郡南安普敦市附近的桑尼菲尔德农场里，他们会把不同品种的南瓜铺排成一幅诡异的艺术品。2023 年 10 月 18 日，纳尔逊全家完成了面积为 193.35 平方米的拼图，以向蒂姆·伯顿的动画片《圣诞夜惊魂》（美国，1993 年）致敬。该片上映距今已过了 30 年。

全景展示：收藏品

《阿凡达：最后的气宗》

2023 年 2 月 13 日，吉尼斯在美国俄克拉何马州奥瓦索市认证，杰西卡·凯里（美国）拥有与这部尼克乐恩动画片相关的 2 026 件物品，包括毛绒玩具、服装和集换卡。她说："一走进办公室，我就能从这些物品中汲取灵感，这是一种非常美妙的感觉，能激励我努力创作自己的艺术和故事。"

蜡笔小新

截至 2022 年 5 月 12 日，日本 TikTok 用户野野原小夜音（又名"铃木小夜花"）已收集了 2 854 件与畅销漫画《蜡笔小新》相关的物品。她从 13 岁开始就喜欢《蜡笔小新》，最喜欢的藏品是 2020 年为纪念该系列漫画 30 周年而设计的一套徽章。

发夹

2023 年 8 月 3 日，吉尼斯在印度德里市认证，9 岁的艾丽娜·古普塔（印度）已收集 1 124 个发夹。她从 4 岁就开始了自己的收藏之旅。艾丽娜说："看到它们在我的衣橱里，感觉我的一个梦想实现了。我还会继续收集更多更独特的发夹！"

足球球衣

截至 2023 年 3 月 17 日，圣地亚哥-汉克·格雷罗（墨西哥）已经收藏了 1 077 件足球球衣，这些球衣都存放在墨西哥城。他的收藏始于父亲给他买的几件 2018 年世界杯国家队球衣。他最珍视的一件藏品是一件签有足球传奇人物贝利名字的球衣。

最大收藏量

铅笔
69 255 支，
阿伦·巴索尔米，美国艾奥瓦州科尔法克斯市

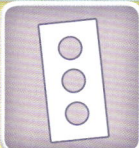

房屋砖块
8 882 块，
克莱姆·莱因克迈尔，美国俄克拉何马州塔尔萨市

手机
3 456 部，
安德烈·比尔比·阿根蒂斯，罗马尼亚克卢日市

圣诞饰品
3 10˝件，
凯伦·托普，挪威东福尔郡

基督诞生场景模型
2 324 套，
迈克尔·扎斯，美国艾奥瓦州华盛顿县

吉尼斯世界纪录

经认证，截至 2024 年 2 月 1 日，马丁·托维（英国）拥有 3 089 件与吉尼斯世界纪录相关的物品，包括玩具、游戏、衍生出版物、新奇物品和宣传材料等。马丁还创造了**收藏《吉尼斯世界纪录大全》最多**的纪录，共有 816 种独特版本。他最引以为豪的是 1960 年版，书中有吉尼斯世界纪录公司当时的联合编辑——诺里斯·麦克沃特的手写更正内容。

与兔子相关的物品

坎迪丝·弗拉泽和史蒂夫·卢班斯基（均来自美国）已收集 40 550 件与兔子相关的物品，均陈列在美国加利福尼亚州阿尔塔迪纳镇的兔子博物馆。这对夫妇早在 1999 年就创造了收藏 8 437 件藏品的纪录，他们很高兴能在 2023 年刷新这一纪录，因为 2023 年恰逢中国农历兔年。

1993 年，史蒂夫送给坎迪丝一只兔子毛绒玩具作为情人节礼物。自那以后，这对夫妇就喜欢上了"小兔子"。

用袜子制作的猴子玩偶	拼图	斧头	品客薯片筒	飞镖翼片
2 098 只，阿琳·奥肯，美国伊利诺伊州	2 022 套，约翰·沃尔扎克（美国），美国印第安纳州卡梅尔市	1 023 把，卡德里·普雷卡伊，科索沃佩奇市	629 个，萨拉克里布·莫利纳（绰号"萨尼"，美国，菲律宾出生），美国伊利诺伊州	501 个，帕特里克·霍普金斯，英国埃塞克斯郡滨海克拉克顿

不可思议

足尖行走的最远距离

2023 年 9 月 23 日，在保加利亚索非亚市的国家体育学院，舞蹈教师约安娜·切科娃（保加利亚）穿着芭蕾舞鞋，仅用 21 分多钟便用足尖行走了 400 米。

最年长的翼装飞行者

2023 年 9 月 6 日，在挪威西福尔郡的亚尔斯贝格机场上空，62 岁 55 天的维达尔·西埃（挪威，生于 1961 年 7 月 13 日）从 3 810 米高度跳出飞机舱外，借助翼装飞行了 2 分多钟，降至 1 219 米时顺利打开了降落伞。

肩膀上旋转燃烧木桩的最长时间

2023 年 12 月 13 日，杂技硬汉巴图尔加·巴托克（蒙古国）在意大利蒙扎市的《纪录秀》节目现场，肩扛一根熊熊燃烧的木梁旋转了 1 分 19.11 秒。

当天，巴图尔加还以 38.27 秒的成绩打破了自己创造的牙齿衔着燃烧木桩旋转时间最长的纪录。

坐轮椅 12 小时下楼梯的最多级数

2023 年 9 月 24 日，哈吉·多库（意大利）在德国法兰克福的三处地标建筑——德意志银行总部、城西塔和 63 层高的商品交易会大厦——分别完成了 10 次、4 次和 1 次坐轮椅下楼梯挑战，共计下行了 12 000 级台阶，比自己之前的纪录多了 500 级。

掷斧头的最远距离

2023 年 6 月 10 日，在意大利戈里齐亚省格拉迪斯卡-伊松佐镇，西蒙·弗雷迪（意大利）将手中的斧头投至 40.1 米开外，而且正中直径 91 厘米的标靶，比之前的纪录远了 13 米左右。他使用的飞斧仿制的是中世纪早期法兰克人使用的一种武器。

1 分钟空翻穿过空中吊环的最多次数（女子）

2023 年 2 月 8 日，墨西哥的亚梅尔·罗德里格斯在美国内华达州拉斯维加斯市表演了神技。她用时 60 秒以空翻方式 47 次穿过吊起的圆环。亚梅尔通过 YouTube 上的教程初步掌握了一些表演技艺，后来进入加拿大知名的魁北克杂技学校学习。

全身触冰的最长时间

2023 年 7 月 29 日，冰泳爱好者克日什托夫·加霍夫斯基（波兰，右图，参见第 134 页）在波兰小镇伊诺弗罗茨瓦夫将全身（头部除外）浸没在冰块中长达 3 小时 11 分 27 秒。不过，2023 年 11 月 4 日，其同胞卢卡斯·斯普纳尔在波兰塔尔诺布热格县以 4 小时 2 分钟的成绩打破了该纪录。

▶ 女子冰桶挑战纪录为 3 小时 6 分 45 秒，由波兰的竞技冰泳运动员卡塔日娜·雅库博夫斯卡（上图）于 2023 年 12 月 30 日在波兰城镇缅济兹德罗耶创造。

1 分钟吃最多的卡罗莱纳死神辣椒

2023 年 8 月 13 日，在美国俄勒冈州的波特兰辣酱博览会上，弗雷迪·卢比奥（美国）吞下 122 克超级辣的卡罗莱纳死神辣椒。普克特辣椒公司（美国）的库里培育出的"辣椒 X"已经取代卡罗莱纳死神辣椒，成为现在世界上最辣的辣椒，其平均辣度值高达 2 693 000 史高维尔辣度单位（SHU），而常见的塔巴斯哥辣酱的辣度值约为 400SHU。

人体承受的最大重量

2023 年 7 月 15 日，塞尔维亚科索沃的穆里·布亚尔在家乡武契特尔恩挑战极限，用自己的胸膛托起了 1 531 千克的水泥袋，这相当于托起一辆迷你库珀汽车的重量。

▶ 摩托车载人飞越的最远距离

2023 年 7 月 16 日，在澳大利亚新南威尔士州皮克顿市，爱冒险的杰克·本内特和梅尔·埃弗特（均来自澳大利亚）驾驶本田 CRF450 摩托车飞越了 37.1 米，将之前保持近 23 年的纪录提高了 7 米多。这对夫妻都是电影特技演员。

30 秒头上转炮弹的最多周数

2023 年 12 月 6 日，丹尼尔·泰普利茨基（英国）在英国伯明翰市将一对铝制炮弹在头顶上转了 26 周。这种链条相连的金属球就是过去的加农炮弹丸，单颗重约 20 千克。还不到 20 岁的丹尼尔从 7 岁就开始训练，随后到父母的精英杂技学院进行表演，10 岁时成为英国唯一的儿童"杂耍大力士"。他说："我非常想让自己做得最好，还有什么能比创造世界纪录更好呢？"

丹尼尔是第四代杂技演员。他父亲曾是莫斯科国家大马戏团的大力士杂耍演员。

全景展示：稀奇古怪的世锦赛

举办时间最久的年度沼泽足球锦标赛

2000 年，芬兰小镇许林萨尔米举办了首届沼泽足球世锦赛。这项泥地足球赛源于越野滑雪队的夏训活动。对阵双方出场球员各有 6 名，在 30 米 × 60 米的泥潭场地进行比赛。

世界扮鬼脸锦标赛夺冠的最多次数

每年在英国坎布里亚郡的埃格雷蒙特螃蟹博览会上都会举行变脸比赛。这项赛事至今已有 150 多年的历史。2023 年，汤米·马丁森（英国）成功夺得个人的第 18 个**男子**冠军。他认为自己获胜是因为自己骨子里就是"狼"，因而变脸时得心应手。

女子纪录则由鬼脸传奇人物安妮·伍兹（英国，1947—2015；*插图*）保持，她在 1977—2014 年间 28 次获得冠军。

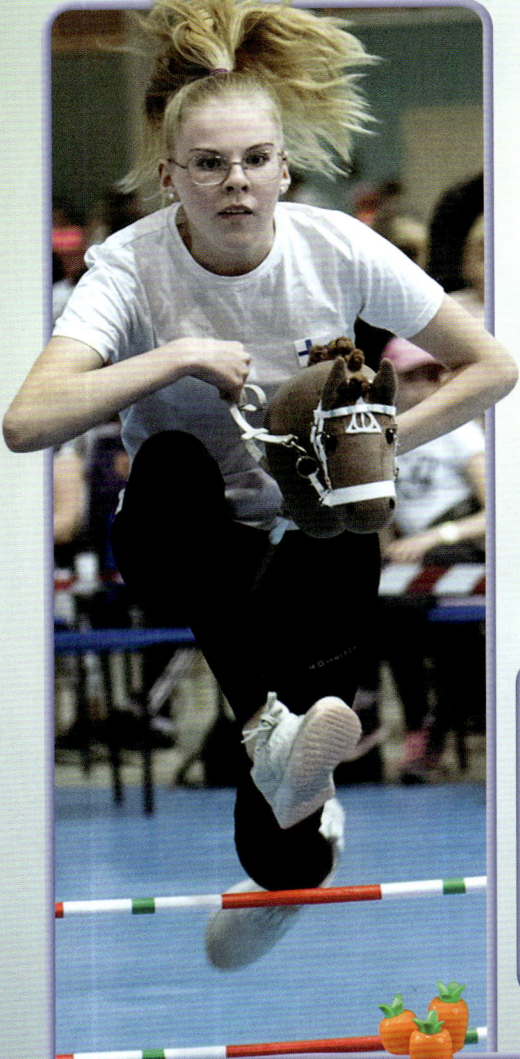

举办时间最久的国际象棋拳击锦标赛

这是一项混合类体育竞赛，参赛者要交替比拼拳击和下棋。2003 年 11 月 14 日，世界国际象棋拳击组织（WCBO）举办了首届锦标赛。该项运动的创始人"小丑王"伊普·鲁宾（荷兰，1974—2020）击败"大律师"让－路易·文斯特拉，夺得赛事首冠。

世界肉汁摔跤锦标赛获胜场次最多

英国兰开夏郡斯塔克斯泰兹的 Rose'n'Bowl 酒吧门外每年都会举办一项汁水四溅的体育赛事，乔尔·希克斯（英国，*右图*）已经 6 次获得**男子**冠军。艾玛·斯莱特和"奥秀福克斯"罗克西·阿夫扎尔（*下图*，均来自英国）各两次获得冠军，共同持有**女子**夺冠纪录。该比赛要求参赛者在肉汁池中摔跤 2 分钟，根据选手的打扮、娱乐效果和摔跤能力获得相应分数。

规模最大的骑竹马锦标赛

2022 年 6 月 18 日，芬兰竹马协会在塞伊奈约基体育场组织的比赛吸引来 2 000 名参赛者到场蹦蹦跳跳。2019 年 6 月 15 日，玛丽·卡尔凯宁（芬兰）在比赛中创造了 1.41 米的**骑竹马跳跃最高**的纪录。

这项比赛禁止使用爬泳之类的常规泳姿，"狗爬式"自然成为许多参赛者的首选。

举办时间最久的沼泽潜泳世锦赛

自 1985 年以来，无所畏惧的人们每年来到威尔士小镇拉努蒂德韦尔斯郊区的威恩里德泥炭沼泽，参加在那里举办的沼泽潜泳挑战赛。参赛者必须佩戴呼吸管、脚蹼和面罩，用浮潜方式在注满水的沼泽沟壑里游完两段 60 码（55 米）的赛程。选手们也可以穿着奇装异服参赛。2023 年，有人甚至套上粉色硬纸箱，装扮成芭比娃娃（*下图中间*）跃入泥沼。2009 年有 200 人参赛，是迄今为止**参赛人数最多**的纪录。

两条注满水的泥沟都有55米长，约1米深。

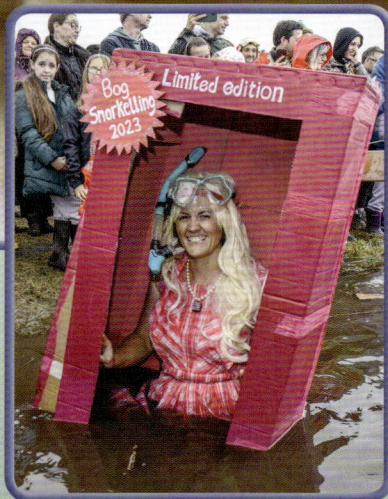

沼泽潜泳世锦赛完赛的最短时间

2023 年 8 月 27 日，尼尔·鲁特（英国）以 1 分 12.35 秒的成绩夺得冠军，打破了自己在 2018 年创造的完赛时间纪录，同时刷新了自己**夺冠次数最多**的纪录（五连冠）。尼尔表示，多雨的夏季营造了"完美的沼泽比赛条件"。

2014 年 8 月 24 日，柯斯蒂·约翰逊（英国）创造了 1 分 22.56 秒的**女子纪录**。

控球大师

头顶足球同时攀登梯子的最多级数

2023 年 8 月 10 日，托尼耶·所罗门（尼日利亚）在尼日利亚耶纳戈阿市展示了高超的攀爬能力，他头顶足球在广播信号塔的梯子上攀爬了 150 级，仅用 12 分钟多的时间就向上爬了 76 米。托尼耶来自楚奎布卡花式足球学校，这里培养出多名打破世界纪录的花式足球明星。

1 小时双脚交替颠球的最多次数

两名年龄悬殊的中国花式足球运动员在 2023 年先后两次打破该项吉尼斯世界纪录。2 月 26 日，来自广东省深圳市的 10 岁少年唐锦帆（*上图*）用 60 分钟完成了 8 147 次双脚交替颠球。不过这项纪录只保持了 14 周。6 月 4 日，60 岁的退休教师周道华（*插图*）在江苏省徐州市用时 1 小时连续颠球 8 407 次。

颠球跑 100 米的最短用时

2009 年 8 月 9 日，在美国纽约市皇后区的约克学院操场上，亚伯拉罕·穆尼奥斯（墨西哥）仅用 17.53 秒便完成了颠球百米跑。这位"控球之王"还持有颠球跑 1 英里（8 分 17.28 秒）和颠球跑马拉松赛跑（5 小时 41 分 52 秒）的世界纪录。

1 小时用头颠球倒退行走的最远距离

2022 年 6 月 11 日，在波兰霍茹夫市的田径跑道上，花式足球职业运动员达里乌斯·科沃杰伊奇克（波兰）在头部颠球的同时后退了 2.4 千米。他要通过此举倡导健康的生活方式。

控制足球的最长时间（女子）

2023 年 7 月 2 日，33 岁的花式足球运动员兼模特拉奎尔·塔提希·贝内蒂（巴西）在巴西圣保罗市保持足球不落地长达 10 小时 22 分 8 秒。6 岁时，拉奎尔在电视上目睹克劳迪娅·马尔蒂尼创下 7 小时 5 分 25 秒的前世界纪录，从而受到了启发。

获得男子花式足球世界冠军头衔的最多次数

据世界花式足球协会统计，俄尔恩德·法格利（挪威）是 10 届世界冠军得主。2016 年，他在 19 岁时首次夺冠，并于 2023 年 11 月在肯尼亚内罗毕第十次赢得世界冠军头衔，之后便退出该项运动。俄尔恩德还拥有多项花式足球吉尼斯世界纪录头衔，包括 **1 分钟单脚绕球次数最多**（92 次）和 **1 分钟侧头停球次数最多**（131 次）。

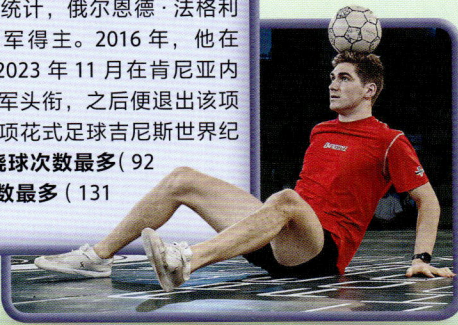

获得女子花式足球世界冠军头衔的最多次数

梅洛迪·唐切特（法国）和阿古什卡·姆尼奇（波兰）都是 6 届世界冠军得主。梅洛迪曾 4 次获得红牛街赛花式足球赛冠军，还赢得过一次"超级球"世界公开赛冠军和一次世界巡回赛冠军。阿古什卡则四获"超级球"世界公开赛冠军和一次红牛街赛冠军，并在肯尼亚的内罗毕夺得 2023 年世界花式足球锦标赛冠军。

双脚控球的最长时间（男子）

2022 年 12 月 2 日，赛义德·莫米万德（伊朗）在伊朗帕兰德市连续颠球整整 12 个小时，比之前的纪录多了近 2 小时。

1 分钟在跑步机上双脚颠球的最多次数（女子）

2023 年 3 月 13 日，莫哈德塞·古达西亚（伊朗）在伊朗德黑兰市一边在跑步机上跑步，一边用时 60 秒连续颠球 178 次，比花式足球传奇劳拉·比昂科创造的原纪录多了 8 次。莫哈德塞曾是伊朗 U19 女足运动员。

1 分钟完成手臂间滚球动作的最多次数

2023 年 7 月 14 日，在孟加拉国吉大港，科诺克·卡尔马克（孟加拉国）用时 60 秒让足球在双臂间环绕滚动了 147 次。科诺克的表弟安塔尔也参与了挑战，完成了 **30 秒过前额手臂间滚球次数最多**的纪录——52 次。

30 秒完成颈部接球的最多次数

2023 年 8 月 9 日，丹尼尔·阿里（巴基斯坦）与阿马尔·阿尔库德希里（也门）在阿联酋迪拜市合作表演了一项特技：仅用颈部来回传、接足球 27 次。**1 分钟用颈部传接球次数最多**的纪录是 52 次，由俄尔恩德·法格利（*左图*）和布林贾尔·法格利（均来自挪威）兄弟创造。2022 年 11 月 12 日，二人在挪威斯塔万格市创造了该纪录。

跳绳同时双脚交替连续颠球的最多次数

2023 年 8 月 14 日，易炳晟（中国）在北京连续颠球 125 次。2020 年，年仅 8 岁的易炳晟开始练习，凭借在抖音上的跳绳与花式足球混合表演一举成名。

▶ 最年轻的花式足球世界冠军

2023 年 8 月 11 日，伊莎贝尔·威尔金斯（英国，生于 2007 年 8 月 29 日）在捷克布拉格市举行的花式足球"超级球"世界公开赛上一举夺冠，年仅 15 岁 347 天。她在决赛中击败了前世界冠军凯特琳·施雷弗。伊莎贝尔在疫情期间开始学习花式足球，每天放学后都要练习几个小时，冬天就在自家的车库里训练。

2024 年 1 月 8 日，吉尼斯团队来到伊莎贝尔家中，见证了她创造的 4 项纪录：**30 秒跨球次数最多（47 次）、1 分钟脚弓卸球次数最多（女子）（46 次）、1 分钟半贝克式绕球次数最多和 30 秒阿巴斯式绕球次数最多（18 次）**。

两岁时，这位未来的花式足球冠军就与足球形影不离！

211 名花式足球运动员参加了 2023 年"超级球"世界公开赛。他们在布拉格市的古托夫卡公园展开激烈对决，争取凭借各自的绝活打动评委。在半决赛中，15 岁的伊莎贝尔战胜了世界上最成功的花式足球运动员之一阿古什卡·姆尼奇。

109

全景展示：高超技艺

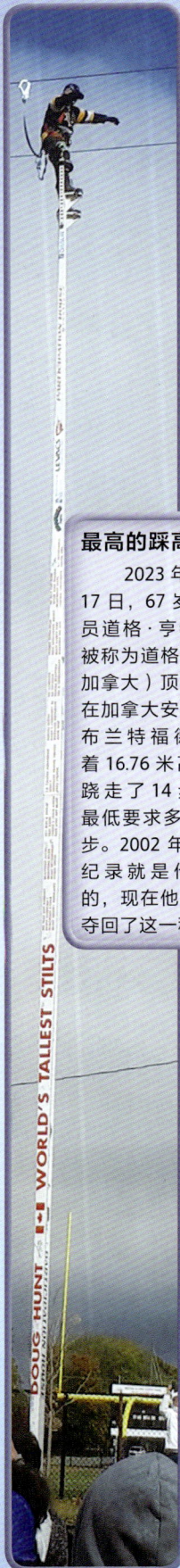

周长最大的南瓜

2023 年是巨型蔬菜纪录大丰收的一年。10 月 9 日，在美国加利福尼亚州半月湾市举行的世界南瓜称重锦标赛上，特拉维斯·金格（美国）展示了一个从茎到花长达 6.42 米的南瓜，重量达到了 1 246.9 千克，也是**最重的南瓜**。称重结束后，它被雕刻成了一个创纪录的南瓜灯（见第 101 页）。

加雷思·格里芬（英国）种出了**最重的洋葱**，其重量达到了 8.97 千克，并于 2023 年 9 月 15 日在英国北约克郡的哈罗盖特秋季花卉展上展出。

最高的踩高跷

2023 年 10 月 17 日，67 岁的演员道格·亨特（又被称为道格大帝，加拿大）顶着强风在加拿大安大略省布兰特福德市踩着 16.76 米高的高跷走了 14 步，比最低要求多走了 4 步。2002 年前的纪录就是他创造的，现在他又重新夺回了这一称号。

骑独轮车杂耍物体的数量最多

2023 年 5 月 7 日，英国剑桥市塞尔文学院的詹姆斯·科森斯（英国）骑独轮车抛接 7 个球并持续了 10 秒钟，追平了贾斯伯·摩恩斯（比利时）在 2022 年 4 月 30 日创造的纪录。詹姆斯是剑桥大学的一名学生，他自己开发了一款软件程序来分析其杂耍模式，并改进其杂耍技艺。

最大的纸牌建筑

经 2023 年 1 月 23 日的认证，15 岁的印度少年阿纳夫·达加加用耗时 6 周，用约 143 000 张扑克牌再现了其家乡加尔各答市的 4 座标志性建筑：作家大厦、沙希德尖塔、盐湖体育场和圣保罗大教堂，总面积达 62 平方米。纪录一经官方认证，阿纳夫便激动地在其心血之作上翻滚庆祝。

杂耍 3 支燃烧火炬的最长时间

2023 年 7 月 14 日，在美国佛罗里达州圣彼得堡市的海滩上，海洋专业的学生艾登·韦伯斯特（美国）抛接 3 支火炬并持续了 5 分 2.31 秒。这是这名学生当天创造的 3 项纪录之一，此外他还创造了 **1 分钟完成最多单向后空翻纪录**——11 次，以及**静止悬垂姿势 1 分钟完成最多次单手抛接球（两个球）纪录**——162 次。

这款巨型杯装咖啡是为了庆祝尼克与唐恩都乐公司即将合作推出的"尼克大厨"饮料制作的。

强人默丘里奥斯

多项世界纪录保持者罗科·默丘里奥斯（意大利）现在又能和他的儿子们分享另外两项纪录了！2023 年 2 月 10 日，他与克里斯蒂安（左）合作，以 3.78 秒的成绩创造了**翻转 6 个水瓶（两人一组）最快**的纪录。迈克尔（右）于 2023 年 5 月 15 日追平了其父亲保持的**单手抓网球（手掌朝下）最多**的纪录——8 个。

最大的冰拿铁

2024 年 3 月 20 日，名厨尼克·迪乔瓦尼和唐恩都乐公司（均来自美国）在美国马萨诸塞州坎顿市为人们奉上了一杯 1 044.9 升的解渴饮料，配料沿用了唐恩都乐公司自己的拿铁配方。20 个人用了超过 24 小时才制作出这款含有 94.6 升浓咖啡和 378 升牛奶的大号饮料。*在第 92 页可见更多的尼克特大号美食。*

玩火特技

⚠️ 第 112 页和 113 页介绍的挑战内容仅限专业人士，**切勿尝试！**

1 分钟吞灭火把的最多次数（两支）

2023 年 4 月 22 日，日本杂技演员黑罗（本名宫城广邦）在日本新潟用口吞灭 94 支点燃的火把。这是他获得的第二项吉尼斯世界纪录头衔。2022 年 6 月 11 日，他创造了 **30 秒吞灭火把的次数**纪录——57 支，差不多每秒钟吞灭两支。

1 分钟接住火剑的最多次数

2023 年 2 月 27 日，多项世界纪录保持者大卫·拉什（美国）用 60 秒完成了 136 次火剑抛掷。对于手握 100 多项吉尼斯世界纪录的拉什而言，这并不是他首次挑战火焰——2022 年 10 月，拉什获得**口中放入点燃蜡烛数量最多纪录**——150 根。

最快的 4 × 25 米火炬接力赛

2022 年 1 月 29 日，意大利特技演员伊凡·福拉利和马可·拉斯卡里与拉斐尔·安布鲁斯特（德国）和吉尼斯世界纪录老将约瑟夫·托德林（见第 113 页）合作，以 1 分 8.74 秒的成绩完成了 100 米四人火炬接力。按要求每名挑战者必须用自己身上的火焰去点燃下一名队友。

亲爱的吉尼斯……

你好，我是⬛⬛⬛⬛⬛⬛，代表狂约⬛⬛⬛⬛⬛的⬛⬛⬛⬛⬛⬛节目给你们写信。我们的挑战任务是点燃一位体重 510 磅的先生身后排出的气体。我们想知道有没有阻股喷火距离的世界纪录，可否请认证官前来实地测量一下？

走 20 米钢丝的最短用时

2022 年 2 月的一个寒夜，意大利杂技演员毛里齐奥·扎瓦塔找到了新奇的保暖方法。他全身披着熊熊烈焰，手持平衡杆，仅用 14.34 秒便在紧绷的绳索上快步走完了 20 米。

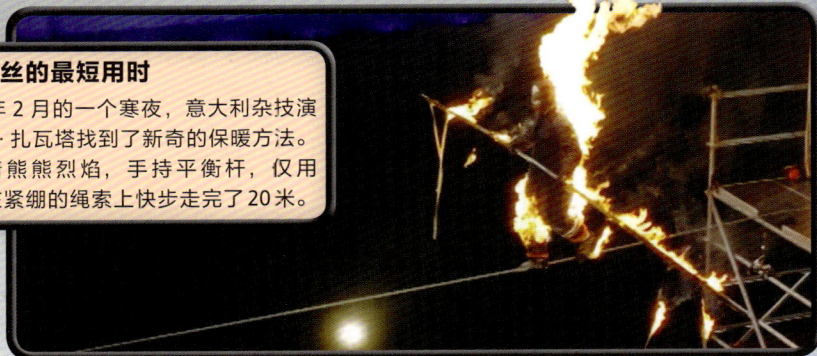

三火球杂耍的最长时间

2021 年 6 月 5 日，在加拿大安大略省基奇纳，迈克尔·弗朗西斯（加拿大）戴着隔热手套连续抛接 3 个浸满油的火球并坚持了 2 分 25.2 秒。手握多项纪录的迈克尔（另见第 181 页）必须精心保护好双手，因为他擅长杂技魔术类挑战，包括**用手指连续翻转硬币次数最多**的纪录（353 次）。

全身着火蹦极的最大高度

2012 年 9 月 14 日，在法国诺曼底，喜爱冒险的尤尼·罗克（法国）将全身燃起大火，然后从 65.09 米高的苏勒夫尔高架桥上一跃而下，在蹦极绳索弹力达到极限时，罗克坠入冰冷河水，火焰随之熄灭。

喷射最高的火焰

这项纪录由安东尼奥·莱斯蒂沃（美国）保持了十多年。2011 年 1 月，在美国内华达州拉斯维加斯市的一个仓库里，从他口中喷出的石蜡火焰直冲 8.05 米高的天花板。

全身着火不吸氧奔跑的最远距离

2022 年 9 月 10 日，烈焰包裹之下的消防员乔纳森·韦罗（法国）狂奔了 272.2 米。该项纪录诞生于法国欧布尔丹的一个运动场。跑道两边的助手要随时向韦罗身上喷洒可燃物，以免挑战过程中火焰熄灭！

第一位身上着火冲浪的人

有陌生人在 Instagram 评论区向职业冲浪运动员杰米·奥布莱恩（美国）发起浴火冲浪挑战。他觉得应该很有趣，他在参加了几次特技表演培训课后，便动身前往法属波利尼西亚的塔希提岛。2015 年 7 月 22 日，他以人体火炬形象成功挑战了世界上最凶险的大浪区之一。

驾驶四轮摩托车穿越火隧道的最长距离

2019 年 9 月 14 日，在南非豪登省迈耶顿，勇敢的恩里科·舒曼和安德烈·德·柯克（均来自南非）驾驶四轮摩托车从 36.5 米长的烈火隧道中疾驰而过。舒曼的视线几乎被隧道中的浓烟和火焰完全遮住，驾车时只能靠肌肉记忆控制方向。

火人：约瑟夫·托德林

奥地利职业特技演员约瑟夫·托德林在 2013 年第一次获得与烈火有关的世界纪录，现在，他已经成为纪录最多的玩火狂人。他收获的首个纪录是**不吸氧全身燃烧时间最长**（5 分 41 秒）。他在表演过程中要小心地拂开扑向面部的火苗。这种挑战似乎不够刺激，托德林又成功挑战更危险的**全身着火后被汽车拖行的距离最远**项目，创下了 582 米的恐怖纪录。

托德林近期完成了多项玩火纪录，包括不同版本的真人火炬挑战项目，比如**最快的单车骑行 200 米**纪录（在 2022 年 1 月的《纪录秀》节目现场冒火骑行了 49.5 秒）和**空中滑索距离最远**纪录（2023 年 5 月，这位火人在沙特阿拉伯吉达举行的"黑玫瑰"特技表演节上滑出了惊人的 61.45 米）。

为降低风险，真人火炬项目要使用低燃点燃料、防火服和冷却凝胶。

113

全景展示: 核心力量

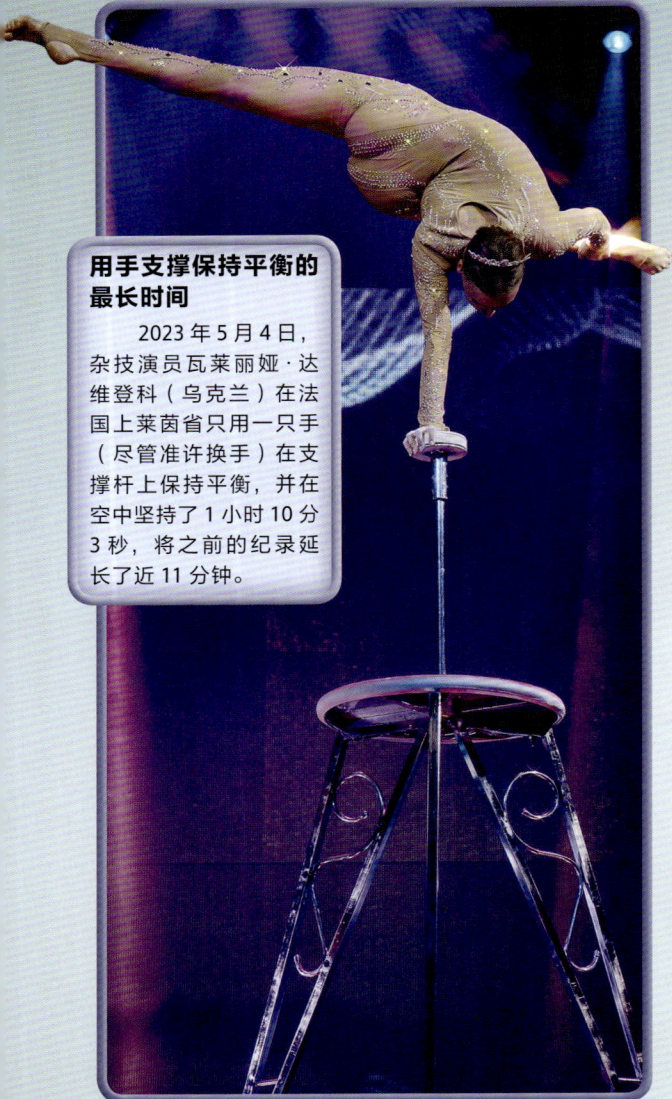

在两辆行驶卡车之间的单杠上连续完成引体向上的最多次数

2023 年 6 月 23 日,一项世界纪录在亚美尼亚塔林市得到改写,格里戈尔·马努基扬(亚美尼亚)在两辆行驶的重型货车之间完成 44 次引体向上。打破纪录的格里戈尔在几周前刚过完 18 岁生日。一年前,这位极限运动员还**悬挂在直升机上 1 分钟完成最多的引体向上——36 个**。

用手支撑保持平衡的最长时间

2023 年 5 月 4 日,杂技演员瓦莱丽娅·达维登科(乌克兰)在法国上莱茵省只用一只手(尽管准许换手)在支撑杆上保持平衡,并在空中坚持了 1 小时 10 分 3 秒,将之前的纪录延长了近 11 分钟。

在水下连续做出的瑜伽体式最多

2020 年 7 月 3 日,印度人卡莫尔·卡洛伊在越南南定市的泳池内做出 21 个瑜伽体式。这位瑜伽爱好者展示了超凡的肺活量和肢体柔韧性,不换气完成了挑战,表演过程持续近 4 分钟,每个体式至少保持了 5 秒钟。

规模最大的桨板瑜伽课

2022 年 9 月 11 日,在德国巴登 - 符腾堡州于伯林根市的博登湖上,305 人体验了一次非常规的瑜伽课。瑜伽节主办人拉斐拉·绍费莱(德国,*图中穿粉衣的直立者*)是这堂课的主讲人。

排在前十位的瑜伽体式最长时间(*无标注的纪录均来自印度*)

1 胎儿式:8 小时 34 分 11 秒,亚什·莫拉迪亚,2022 年 10 月 25 日

2 龟式:7 小时 55 分 45 秒,亚什·莫拉迪亚,2022 年 10 月 23 日

3 树式:7 小时 53 分,亚什·莫拉迪亚,2022 年 10 月 24 日

4 劈叉式:3 小时 10 分 12 秒,斯米塔·库马里,2022 年 12 月 17 日

5 下犬式:1 小时 30 分 38 秒,塞杜拉姆·库马尔·库马尔,2023 年 6 月 25 日

最年轻的瑜伽教练

2022 年 11 月 27 日，7 岁 165 天的普拉安维·古普塔（印度，2015 年 6 月 15 日出生）在阿联酋迪拜取得瑜伽导师资格。她修完了瑜伽联盟批准的 200 小时培训课程。

男子纪录保持者是生活在迪拜的雷扬什·苏拉尼（印度，2011 年 12 月 20 日出生），他在 2021 年 7 月 27 日获得认证时年仅 9 岁 219 天。

维持人体旗帜动作的最长时间（女子）

2021 年 5 月 15 日，中野美树（日本）在日本冲绳县中头郡表演高难动作，在立杆上将身体水平支撑在空中并坚持了 36.80 秒。中野是"冲绳街头极限健身团"的唯一女性成员。

2023 年 4 月 9 日，她又创造了**连续完成吊环双力臂数量最多的女子**纪录——11 个，接着她在 2023 年 8 月 26 日与同胞和木智城一起完成了**连续双人连体俯卧撑数量最多（男女混合）**纪录——34 个。

1 分钟完成坐轮椅引体向上的最多次数

2023 年 11 月 23 日，使用轮椅的阿德南·阿尔穆萨·阿尔费姆利（叙利亚）在西班牙的特内里费完成一项挑战，他用 60 秒完成了 10 个引体向上。

阿尔费姆利不甘心只获得一项吉尼斯世界纪录。次日，他又创造了**坐轮椅负重单臂引体向上的最大重量**纪录：32.6 千克。他的目标是为像他一样生活在战区的残疾儿童筹款。

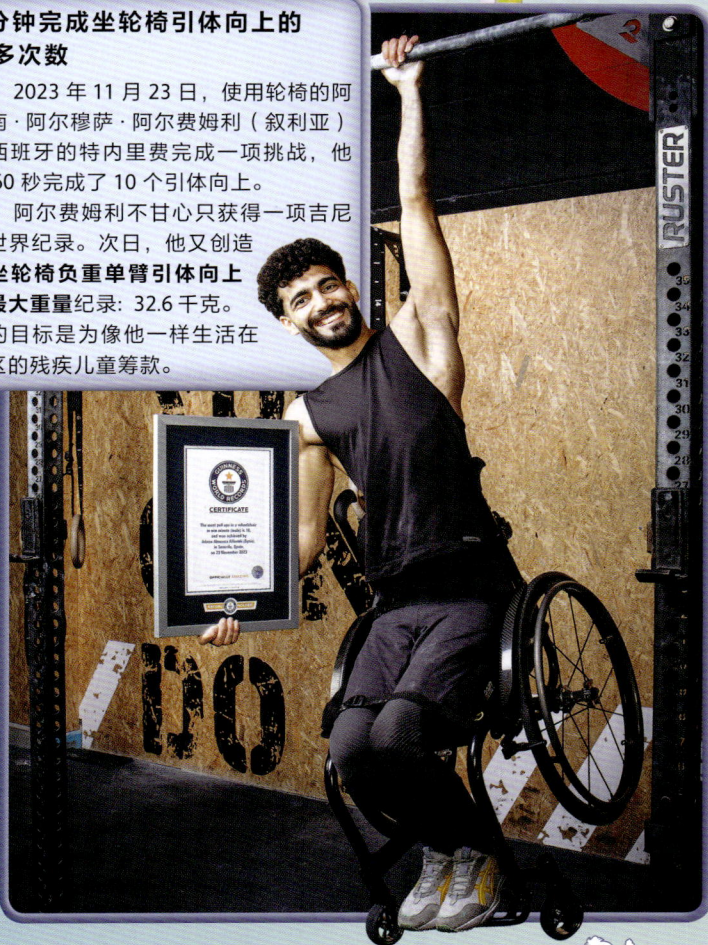

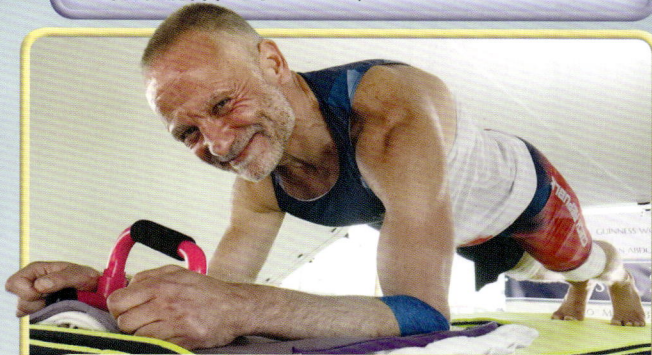

保持平板支撑的最长时间

2023 年 5 月 20 日，约瑟夫·萨莱克（捷克）在捷克皮尔森市保持平板支撑姿势坚持了不可思议的 9 小时 38 分 47 秒。约瑟夫是一名治疗师和个人发展教练。

2019 年 5 月 18 日，达娜·格罗纳克（加拿大）在美国伊利诺伊州内珀维尔市表演了一次 4 小时 19 分 55 秒的平板支撑，创造了**女子**纪录。达娜的儿子在《吉尼斯世界纪录大全》中看到了该项挑战的信息，便建议她尝试一下。

| 6 | | 美人鱼式：1 小时 15 分 5 秒，鲁巴·加内桑，2023 年 1 月 1 日 | 7 | | 轮式：55 分 16 秒，亚什·莫拉迪亚，2022 年 6 月 21 日 | 8 | | 鹰式：33 分 12 秒，莫妮卡·库马瓦特，2021 年 12 月 13 日 | 9 | | 孔雀式：30 分 53 秒，亚什·莫拉迪亚，2022 年 6 月 21 日 | 10 | | 后仰抱膝式：30 分 3 秒，斯蒂芬妮·米林格（奥地利），2022 年 7 月 14 日 |

纸艺

最大的衍纸花卉展

衍纸工艺需要对轻薄纸条进行卷、捏、拼贴等加工，一般先制成形状复杂的构件，然后再组合成更大的工艺品。衍纸工艺得名于处理纸张用过的羽毛，15世纪普遍应用在宗教艺术领域。布里德·麦肯公司（爱尔兰）热心钻研衍纸工艺，找到了打破世界纪录的新途径。2019 年 6 月 30 日，该公司在爱尔兰戈尔韦郡戈特市展出了 14 072 朵纸花（*上图示例*）。此后，布里德公司再次创造**一次展出最多衍纸天使**（3 239 个，2019 年 11 月 14 日；*左图*）和**一次展出最多衍纸雪绒花**（1 736 朵，2021 年 12 月 23 日）两项世界纪录。

最大的衍纸玩偶展

2022 年 9 月 18 日，脸书群"玩偶制作爱好者"的 39 名成员在印度泰米尔纳德邦首府金奈展出了 3 441 件纸制小雕像，比之前的纸玩偶数量纪录多了 1 200 件。

最大的折纸犀牛

折纸艺术家刘通（中国）将纸艺推向了全新高度。他创造的首个纪录是一头长 7.83 米、高 4 米的纸犀牛。这头重达 100 千克的纸犀牛花费了刘通及其团队 3 个多小时。2017 年 4 月 19 日，纸犀牛被陈列在中国河南省郑州市的一家购物中心。

到了当年的 12 月 19 日，刘通又完成了 3 只超大号折纸巨兽：4.64 米高的**和平鸽**、5.15 米长的**白鲸**和 3.7 米长的**美洲豹**。

最大的折纸蜗牛

2023 年 3 月 11 日，折纸艺人裴浩正（中国）与其团队在中国江苏省南京市展出了一只长 4.1 米、高 1.3 米的斐波那契蜗牛。它由一张 9.2 米长、重约 50 千克的金箔纸折叠而成。此前在 2022 年 9 月 9 日，裴浩正还创造了**用一张纸折出最多纸花**的纪录——100 朵。

折叠 1 000 只纸鹤的最短用时

2021 年 6 月 22 日，为了给英国卫生工作者筹资，来自英国埃塞克斯郡科尔切斯特城的伊夫林·奇雅林用 9 小时 31 分 13 秒折了 1 000 只传统纸鹤。丹顶鹤象征和平、忠诚和福运，日本民间传说认为鹤能活到 1 000 年，所以千纸鹤有着特别意义。

最大的心形折纸展

2023 年 4 月 11 日，在柬埔寨暹粒市的吴哥窟（世界上**最大的宗教建筑**），柬埔寨青年联合会与 10 000 名志愿者合力用 3 917 805 件心形折纸布置出一片五彩斑斓的爱心海。他们用此举表达对柬埔寨主办的第 32 届东南亚运动会和第 12 届东盟残疾人运动会的支持。

最大的折纸天鹅

2023 年 6 月 23 日，在美国纽约市举办的美国折纸大会上，保罗·弗拉斯科和瑞安·董（均来自美国）将一张 5.5 米 × 5.5 米的方形纸折成一只 4.69 米长的大天鹅。

不过，这并不是弗拉斯科第一次挑战超级纸艺作品。2020 年 8 月 9 日，他与折纸设计师什里坎特·艾耶尔（美国）用两天，完成了世界上最大的折纸龙，作品长 3.87 米，高 1.99 米。

最大的心形折纸

2022 年 1 月 29 日，为了庆祝阿联酋建国 50 周年，阿尔夏·沙赫里亚里（伊朗）和阿姆拉·穆罕默德（菲律宾）在阿联酋迪拜折出一件高 4.01 米的心形折纸。

动物折纸：动物折纸数量前十名

1		2		3		4		5	
	纸鹤：2 331 631 只，GP43 有限公司（中国），2022 年 7 月 31 日		**鸽子**：33 206 只，新通翼小学（日本），2021 年 11 月 3 日		**蝴蝶**：29 416 只，胡安－皮埃尔·德·阿布雷乌（南非），2019 年 12 月 5 日		**马**：22 500 匹，拥抱希望基金会（美国），2022 年 7 月 26 日		**长颈鹿**：18 490 只，美泉宫动物园（奥地利），2015 年 5 月 6 日

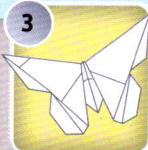

这幅衍纸版凡·高作品所用的纸条从头到尾连起来长达58千米！

最大的衍纸马赛克作品（画像类）

2022 年 4 月 8 日，贺卡制造商 Quilling Card（越南）在越南胡志明市推出了一幅衍纸版《星夜》（凡·高作品），面积达到了 26.73 平方米。为了庆祝公司成立 10 周年，员工们辛勤工作 3 399 小时，消耗了近 12 千克胶水和 191 948 张彩纸，最终的成品是油画原作的 39 倍大。这件衍纸作品可以灵活拆装，便于到世界各地展出。

公司当天还召集 300 名工匠（上图）制作常规的衍纸生日贺卡，创造了另一项世界纪录——同时制作衍纸作品的最多人数。

6 鱼：18 303 条，日本宫城县，2021 年 2 月 25 日

7 天鹅：10 593 只，贾米拉·纳瓦格瓦拉（印度），2023 年 1 月 15 日

8 鲸鱼：9 210 只，成隣小学（日本），2023 年 6 月 10 日

9 蝙蝠：6 239 只，康纳草原历史博物馆（美国），2015 年 11 月 3 日

10 兔子：3 988 只，株式会社村田制作所（日本），2023 年 4 月 4 日

纪录集萃

24 小时用手臂编织毛毯的数量最多

2024 年 4 月 5 日，在英国德比郡埃尔弗莱顿市，丹·索尔（英国）用手臂做棒针编织了 19 条毛毯。这次活动为一家心理健康慈善机构和临终关怀医院筹集到 2 300 英镑善款。丹·索尔在 2021 年底学会了这门手艺，从那时起，他在 TikTok 上的"文身针织者"系列视频为他赢得 30 多万粉丝。

最长的踩高跷队伍

2024 年 1 月 21 日，印度阿萨姆邦的卡比昂隆县举行了传统的 Kang Dong Dang 活动，721 人踩着竹高跷排成了一条 2.4 千米长的队伍。该活动是第 50 届卡比青年节的组成部分，由卡比昂隆自治委员会（印度）负责监督。

骑自行车实地到访伦敦版大富翁棋盘上所有地点的最短用时

2023 年 8 月 20 日，巴克莱·布拉姆（英国）骑车从老肯特路出发，仅用 1 小时 12 分 43 秒便游遍伦敦版大富翁游戏上所有现实场景，最终在伊斯灵顿的天使区结束行程。

完成《吉尼斯世界纪录大全》主题"睿偲"全景拼图的最短用时（团队）

2023 年 9 月 24 日，在西班牙巴利亚多利德市举行的世界拼图锦标赛上，8 名决赛选手仅用 1 小时 24 分 4 秒便完成了这幅 2 000 块的拼图。该作品由艺术家罗德·亨特设计，融合了 2021、2022 和 2023 年的《吉尼斯世界纪录大全》的封面内容。

最大的足球鞋

2022 年 10 月 1 日，穆罕默德·D（印度）在卡塔尔多哈展示了一只长 5.35 米、高 2.05 米、宽 1.70 米的巨型球鞋。这是当年国际足联世界杯大赛前夕预热活动中艺术设计比赛的作品。

最长的滑水板

朱利安胡里安·马西亚斯·利扎奥拉（墨西哥）和埃里克·朱利安·马西亚斯－塞多纳（美国）制作

最大的摇头娃娃

美国折扣连锁店"奥利"为了庆祝成立 40 周年，在美国宾夕法尼亚州哈里斯堡市的旗舰店外竖起一座巨型人像。经过 2022 年 9 月 28 日的认证，其实际高度为 5.04 米。这个耗时 4 个月才完成的特大号玩具原型是奥利的吉祥物，这一形象寄托着人们对公司联合创始人奥利弗·E. 罗森伯格的敬意。

了一副长 6.07 米的木质滑水板。2023 年 3 月 18 日，该项纪录在墨西哥兰乔阿达罗湖获得认证。

最长的安神串珠

2023 年 5 月 17 日，在塞浦路斯尼科西亚区斯特罗沃洛斯市的实测结果显示，安杰洛斯·伊奥西夫（塞浦路斯）耗时 4 年，用陶土和果蔬籽手工制作了一串 317.9 米长的念珠。

1 分钟吃下最多的芥末酱

2024 年 2 月 29 日，在意大利米兰的《纪录秀》节目现场，铃木孝征（日本）吞下了 391 克刺鼻的芥末酱。

2023 年 4 月 29 日，在加拿大安大略省米西索加市，阿莱弗·巴兰坦（加拿大）创造了 1 分钟吃最多蜂蜜的纪录——238 克。

最长的拔河绳

2024 年 3 月 1 日，在英国卡马森郡的斯芬西丹海滩上，

穿跃同一呼啦圈的最多人数

2023 年 8 月 16 日，Hoops Désolé 马戏团的 4 位表演者相继从呼啦圈中穿跃过：第一人从呼啦圈中穿跃过后顺势向后抛出呼啦圈，后面三人相继从中穿跃过。团队中的泰迪·纳丁·奥古斯丁·特里奥特、雅各布·格雷戈尔（从左至右）来自加拿大魁北克，圣地亚哥·埃斯维萨来自阿根廷。他们在 2017 年组成了自称为"疯狂马戏团"的团队。

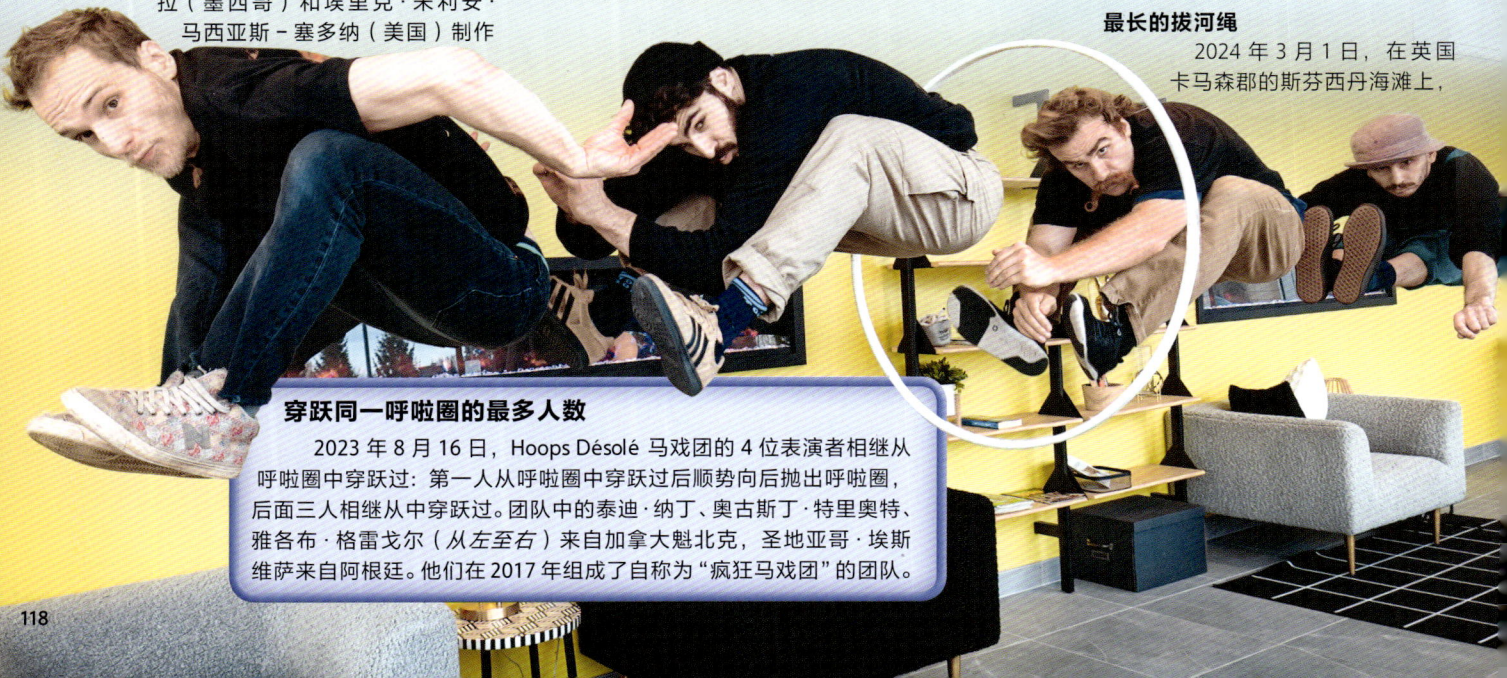

最大的电动牙刷

2023 年 11 月 22 日，根据在英国南约克郡谢尔菲尔德市的认证结果，YouTube 博主露丝·阿莫斯和肖恩·布朗（均来自英国）研发了一款 2 米长的电动牙刷。8 岁的订阅者乔治在他们的频道"小孩子发明"提出了这一建议，二人因此有了挑战的念头。

用巧克力制作的最大气球动物造型

2024 年 1 月 18 日，阿莫里·吉雄（法国）在美国内华达州拉斯维加斯市自家厨房里完成一件丝滑的巧克力作品——一只 1.60 米高、1.62 米宽的粉色气球大狗。厨师阿莫里擅长面点和巧克力制作，在 TikTok 上拥有 2 400 多万粉丝。

两队人展开了一场 1 分 15 秒的拔河比拼，所用绳索长达 516.85 米。该赛事由卡马森郡学院、彭布雷乡村公园以及威尔士青少年俱乐部（均来自英国）组织，共有 100 人参加。

集体拥抱的最长时间

2019 年 5 月 4—5 日，斯蒂芬·拉蒂根、布莱恩·考利、尼基·卡尼和罗伯特·图米（均来自爱尔兰）在爱尔兰梅奥郡卡斯尔巴尔市相拥了 30 小时 1 分钟，目的是筹集慈善资金。

问答主持马拉松的最长时间

2023 年 4 月 1—2 日，在罗马尼亚勒图马雷市，索尔特·科瓦奇（罗马尼亚）连续主持了 34 小时 35 分 45 秒的智力问答赛，其间向两支队伍共提出了 2 000 个问题。索尔特是资深问答比赛主持人，也是特兰西瓦尼亚智力锦标赛的主持人。

最多的……
汽车大炮翻滚

2022 年 12 月 1 日，在澳大利亚新南威尔士州悉尼市，美国特技演员洛根·霍拉迪驾驶一辆吉普大切诺基汽车完成了 8 圈半翻滚。环球影业和北方 87 号制片公司（均来自美国）在《特技狂人》（2024 年）拍摄期间联合组织了此次特技表演。

身体上平衡勺子

2023 年 11 月 17 日，在伊朗卡拉季市，阿

博法兹·萨博·莫赫塔里（伊朗）在规定的 5 秒钟内用身体托住了 88 把不锈钢勺子，比自己在 2012 年创造的纪录多了 3 把。

匹克球表演赛人数

2023 年 11 月 5 日，在美国得克萨斯州法默布兰奇市举行的一场匹克球表演赛共有 264 人参与，为期一周的 2023 年美国匹克球全国锦标赛也就此拉开了序幕。这项迅速崛起的运动融合了网球、乒乓球和羽毛球的特点。

弹簧单高跷连跳次数

2023 年 9 月 9 日，詹姆斯·鲁迈利奥蒂斯（美国）用 11 小时 38 分钟在俗称"跳跳鼠"的弹簧单高跷上连续蹦跳了 115 170 次。这场马拉松式挑战发生在美国马萨诸塞州波士顿市举行的"跳跳鼠大狂欢"活动上，詹姆斯想通过打破记录宣传自己的慈善组织"为英雄跳跃"，筹集到的善款用以资助退伍军人。

在滑板上倒立的最长时间（LA3 级）

2023 年 12 月 9 日，在美国加利福尼亚州洛杉矶市，坎雅·塞瑟尔（美国）用双手在滑板上撑起身体并坚持了 19.65 秒。坎雅因天生没有双腿而被遗弃在泰国，但她秉持着"这就是我，我要勇往直前"的信念，在多个领域取得成功。她不仅是滑板和滑雪天才，也参演过影视作品，还为阿迪达斯和阿贝克隆比 & 费奇等品牌做过模特。

最高的"高达"角色扮演道具

2024 年 2 月 24 日，托马斯·德佩特里洛（美国）在美国罗得岛州推出一款 3.12 米高的 RX-78-2 高达机甲模型。这款载人机器人是 1979 年首映的日本科幻动画片《机动战士高达》中的角色。图中的高达旁边就是协助托马斯制作模型的角色扮演者哈利·佩弗科恩，他扮演了该系列动画中的一个重要角色——反派王牌飞行员夏亚·阿兹纳布尔。

关键数据

姓名	戴夫·沃尔什
出生地	英国东萨克斯郡布莱顿
出生日期	1986年12月13日
当前持有的世界纪录	坐轮椅牵拉汽车重量最大
近期所获大力士头衔	•世界最强壮残疾人（2022） •马努斯·维尔·马努松世界残疾人壮汉大赛最强壮运动员（2023） •英国最强壮残疾人（2023）

戴夫说："以前是站着的大力士，现在是坐在轮椅上的大力士。我始终是壮汉！"

GUINNESS WORLD RECORDS
CERTIFICATE

The heaviest wheelchair vehicle pull is 9,360 kg (20,635 lb) and was achieved by David Walsh (UK) in Gloucester, Gloucestershire, UK, on 28 May 2023

OFFICIALLY AMAZING
RECORD HOLDER

戴夫·沃尔什

戴夫·沃尔什（英国）绰号"坐着的公牛"。他把来之不易的肌肉和钢铁意志作为战胜厄运和挑战的武器，如今又立下创造一项世界纪录的目标，但是有人却认为他永远也无法实现。

2012年，这位励志的运动员开始参加健全人的壮汉赛。然而，在2014年的一次训练中，他的手臂突然麻木，随后被诊断患了多发性硬化症。很快，他的腰部以下完全丧失了行动能力，不得不依靠轮椅生活。戴夫花了两年时间才接受了现实。2016年，他偶然在YouTube上看到了残疾人比赛的视频，从2017年开始以残疾人运动员身份参赛。

从那时起，戴夫连续赢得世界最强残疾壮汉大赛冠军，两次问鼎英国最强残疾人比赛冠军。柜子里的奖杯越来越多。2023年5月28日，戴夫在英国格洛斯特成功将一辆9 360千克（相当于7.5吨的卡车）重的大众甲壳虫汽车拖拽。总重量拖行了17.5米，创下**坐轮椅牵拉汽车重量最大**的吉尼斯世界纪录。通过参加残疾壮汉比赛，戴夫说："重新投身体育运动对我影响巨大，改变了我的人生观。"他已经有了打破自己纪录的打算，大概会尝试25 000千克的卡车。另借钢铁意志加持他的过人力量，这位吉尼斯偶像一定会实现他的目标。

上图摄于2012年，戴夫在英国威尔特郡斯温登的专业肌力与体能健身中心举起第一次举起的大力士道路石头。"从那时起，我便意识到自己的大力士道路应该更上一层楼。"他对吉尼斯工作人员说。2014年，他参加了在英国布里斯托尔举行的特洛伊特最强伊顿强大力比赛（右图）。"这是我参加的第二场'重量级'大赛，时间间隔大概在多发性硬化症确诊结果出来的两局前后。"

不出所料，身体有些酸痛。（实际上，他拉动时的重量已超过实力最接近对手尝试重量的2.5倍。）然而第二天，他就重返了训练场。

戴夫有 3 个孩子。这是他与最小的儿子雷吉（"他总是喊我再多做一次或举起重一点！"）。2023 年，全家人前往佛罗里达州的迪士尼乐园度假（下图）。戴夫把大部分时间用在了训练上，因此"能一起共度美好时光总是特别难得"。

2022 年，在英国西米德兰兹郡伯明翰举行的最强壮残疾人阿诺德经典赛上，戴夫创下了 646 千克的非正式坐姿硬拉纪录。"这是我的举重成绩第一次超过 600 千克。"他说。让他倍感压力的是，前纪录保持者德国的托比亚斯·安托费尔也在现场！

戴夫自豪地展示 2022 年在加拿大渥太华赢得的世界最强壮残疾人大赛冠军奖杯。他的成就分量十足，赢得的"坐着的公牛"绰号当之无愧。

戴夫在 2022 年最强壮残疾人阿诺德经典赛上获胜。赛后他与亚军斯蒂芬·摩尔合影。斯蒂芬的右腿在 2016 年因车祸部分截肢。

访问网站 www.guinnessworldrecords.com/2025，你可以在《偶像》专栏中了解更多关于戴夫的内容。

高海拔 1 英里跑的最短用时（LA4 级）

2022 年 4 月 1 日，安德里亚·兰弗里（意大利）在海拔 5 364 米的尼泊尔珠峰大本营用 9 分 48 秒跑完了 1 英里。这是 LA4 级（吉尼斯世界纪录公司对双膝以下截肢者的分类）运动员创造的最快纪录。

2015 年，29 岁的安德里亚感染脑膜炎，昏迷了 1 个月才苏醒过来，但是失去了 7 根手指和两条腿。不过他毫不气馁，立志重拾自己的最大爱好：登山。安德里亚集资购买了专门的登山假肢，开始挑战越来越高的山峰。

2022 年 5 月 13 日，在珠峰大本营打破纪录 6 周后，安德里亚登上了世界**最高峰**，实现了自己"用三根手指触天"的愿望。

迄今为止，安德里亚已经征服了七大洲最高山峰中的 4 座。

安德里亚在珠峰探险中携带了两套假肢，一套用于徒步旅行（左），另一套用于登山（上图）。

闪回：飞得更高

这里为你呈现的是人类绝对飞行高度纪录的发展史，并讲述人类渴望摆脱地球引力、飞向天空乃至征服宇宙的故事！

人类能长期生活的最高海拔高度大致在 5 000 米左右。在青藏高原和安第斯山脉的这一高度已经发现了古人类的定居地遗址。如今的秘鲁城镇拉林科纳达是**最高的人类永久性定居点**，海拔为 5 100 米。

虽然史前人类一定敢于探索更高的疆域，但他们的探险活动大多没留下什么痕迹。在飞行器（见第 130 页）发明之前，人类到达的最大确切高度为海拔 6 739 米，即阿根廷和智利交界处的尤耶亚科火山顶峰。那里有世界上**最高的考古遗址**，考古队从中发现了一处古印加祭坛，其历史可追溯到公元前 1500 年左右。

一旦飞行成为可能，天空再也不是极限。我们在此直观罗列了 220 年间的人类飞天历程。

1931 年 物理学家奥古斯特·皮卡尔和助手保罗·基普弗（均来自瑞士）乘坐带有加压吊舱的比利时国家科研基金会（FNRS）气球成功飞至 15 781 米的高空。此后，许多类似的气球都是将皮卡尔设计的新型吊舱与不断增大的气囊相结合，最终制造出了 10 万立方米容积的"探索者 2 号"巨型气球。

1951 年 道格拉斯飞机制造公司的试飞员比尔·布里奇曼（美国）驾驶 D-558-2 型"空中火箭"从美国加利福尼亚州爱德华空军基地飞至 24 230 米的高空。这是试验型火箭飞机在莫哈韦沙漠上空打破的多项速度与高度纪录中的第一项。

1923 年 试飞员约瑟夫·萨迪-莱茵科因特（法国）驾驶深度改装的纽波特-德波日公司的 NiD.29 型双翼战斗机飞至 11 145 米的高空，成为**首位打破飞行高度纪录的飞行员**。

1804 年 约瑟夫-路易斯·盖-吕萨克（法国）乘坐一个 160 立方米的氢气球升到巴黎上空 7 016 米的高处。此后一百多年，每次突破高度纪录的飞行挑战都使用与之类似的悬挂敞开式柳条吊篮的气球。

1953 年 马里恩·卡尔（美国）驾驶道格拉斯"空中火箭"：25 370 米

1935 年 阿尔伯特·史蒂文斯与奥维尔·安德森（均来自美国）乘坐"探索者 2 号"：22 066 米

1933 年 高尔基·普罗科菲耶夫、康斯坦丁·古德诺夫和埃利斯特·波恩鲍姆（均来自苏联）乘坐"CCCP-1 号"：19 000 米

1932 年 奥古斯特·皮卡尔和马克斯·科桑（比利时）乘坐 FNRS 气球：16 201 米

1954 年 基特·默里（美国）驾驶贝尔 X-1A：27 566 米

1927 年 霍桑·格雷（美国）：12 874 米

1901 年 亚瑟·伯森与莱茵哈德·苏林（均来自德国）乘坐"普鲁士号"：10 800 米

1956 年 伊文·金切罗（美国）驾驶贝尔 X-2：38 465 米

1862 年 亨利·考克斯威尔与詹姆斯·格莱舍（均来自英国）乘坐"猛犸号"：9 144 米

1838 年 查尔斯·格林与乔治·拉什（均来自英国）乘坐"拿骚号"：8 274 米

"双子星座"任务包括实现航天器与在轨火箭助推器对接，然后飞向更远的深空。

1968 年 弗兰克·博尔曼、吉姆·洛弗尔和威廉·安德斯（均来自美国）乘坐"阿波罗 8 号"执行绕月球背面飞行任务，成为**最早离开近地轨道的人类**，与地球的最远距离为 377 349 千米。

1966 年 9 月 皮特·康拉德与理查德·戈尔登（均来自美国）乘坐"双子星 11 号"：1 368.9 千米

1966 年 7 月 约翰·杨和迈克尔·柯林斯（均来自美国）乘坐"双子星 10 号"：763.4 千米

1961 年 4 月 苏联宇航员尤里·加加林于 4 月 12 日成为进入太空第一人，并在此过程中打破了飞行高度纪录。一枚改进过的 R-7 洲际弹道导弹搭载加加林乘坐的"东方号"太空舱发射升空，并成功进入绕地轨道，其远地点（离地球最远的点）为 327 千米。

1969 年 汤姆·斯塔福德、约翰·杨和尤金·塞尔南（均来自美国）乘坐"阿波罗 10 号"：399 820 千米

1965 年 在执行"上升号"计划的第二次任务期间，宇航员阿列克谢·列昂诺夫在搭档别列亚耶夫（均来自苏联）的配合下，完成了**首次太空行走**。尽管取得历史性成功，但这次任务还是遇到许多技术问题。其助推火箭燃烧时间过长，将航天器送入远地点为 475 千米的轨道，高出原计划约 100 千米。

1964 年 康斯坦丁·费奥克蒂斯托夫、弗拉基米尔·科马罗夫和鲍里斯·叶戈罗夫（均来自苏联）乘坐"上升 1 号"：336 千米

1960 年 罗伯特·怀特（美国）乘坐北美 X-15 火箭：41 605 米

1961 年 3 月 因为升级版的 X-15 安装了功率更大的 XLR99 火箭发动机，乔·沃克（美国）在 3 月 30 日飞至 51 694 米的高空，将前纪录提高了 10 000 多米，但他仅仅享受了两周这份荣耀，尤里·加加林便开创了"太空时代"。X-15 仍持有地球大气中的最快飞行速度纪录——7 270 千米/时（6.7 马赫），由皮特·奈特（美国）在 1967 年创造。

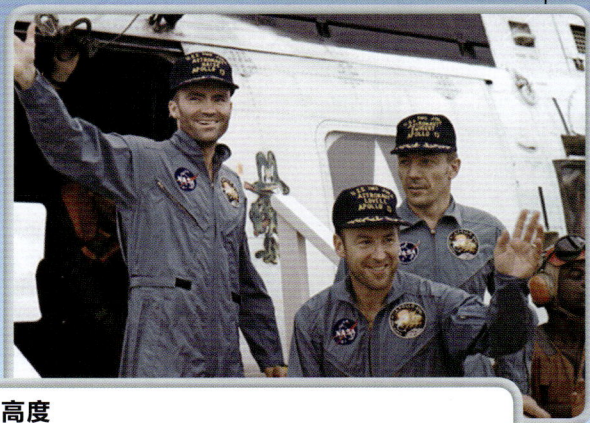

人类到达的最大高度

1970 年 4 月 11 日发射的"阿波罗 13 号"要完成人类第三次登月任务。然而，飞行任务开始两天后，氧气罐爆炸导致飞船几乎无法承载机组成员。宇航员弗雷德·海斯、吉姆·洛弗尔和杰克·斯威格特（从*左至右*，均来自美国）只能操纵飞船沿"自由返回"轨道飞行，在月球背面盘旋时飞行高度超过了以往任何一次任务。处在最远点的"阿波罗 13 号"与地球相隔 400 041 千米。飞船乘员最终克服了重重险阻，于 4 月 17 日安全返回地球，并将最大高度纪录保持了 50 多年。

征服珠穆朗玛峰

首位登顶珠峰的女性

田部井淳子（日本）于 1975 年 5 月 16 日登顶珠峰。她在攀登过程中曾因雪崩而昏迷。

1992 年 7 月 28 日，当田部登上厄尔布鲁士峰时，她成为**第一位攀登世界七大高峰**（七大洲的最高峰）**的女性**。在 2016 年去世之前，她登上了世界上最高的 70 座山峰。

不用辅助氧气登顶珠峰的最多次数

1983 年 5 月 7 日至 1996 年 5 月 23 日期间，安格·里塔·夏尔巴先后 10 次不带氧气瓶登顶珠峰。1987 年 12 月 22 日，他完成**首次不用辅助氧气冬季登顶珠峰**（迄今唯一一次）的壮举。他还在冬季不带氧气瓶登上世界第三高峰——干城章嘉峰。人们普遍认为这座海拔 8 586 米山峰的攀登难度比珠峰更大。

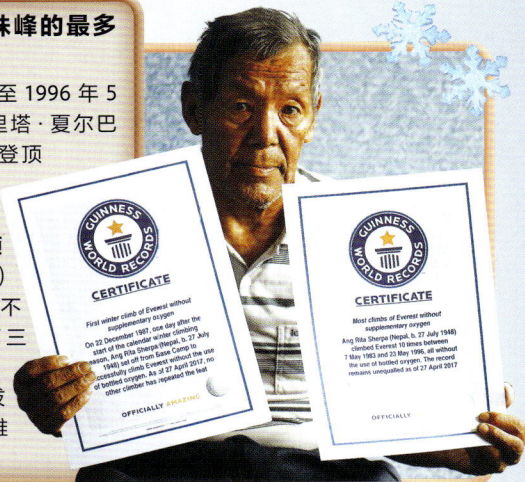

最早的……
冬季登顶

1980 年 2 月 17 日，克里茨托夫·维利斯基和列社克·奇希（均来自波兰）携带瓶装氧气登顶珠峰。冬季攀登的登山者要面临更多挑战——更加凶险的极寒环境、（因为气压更低）含氧量变低的空气以及登山时消耗更快的体力。

单人登顶

1980 年 8 月 20 日，莱因霍尔德·梅斯纳（意大利）完成首次单人登顶珠峰挑战。他用 3 天时间从海拔 6 500 米的大本营到达峰顶。由于没有使用瓶装氧气，这次攀登格外艰难。

自海平面登顶

1990 年 5 月 11 日，蒂姆·

完成登顶的年龄最大的女性

2012 年 5 月 19 日，渡边玉枝（日本，1938 年 11 月 21 日生）成功登顶珠峰，时年 73 岁 180 天，刷新了自己 10 年前创造的女性登顶年龄纪录。

2013 年 5 月 23 日，80 岁 223 天的三浦雄一郎（日本，1932 年 10 月 12 日生）登顶珠峰，成为年龄最大的**男性**登顶者，也是持有综合纪录的年龄最大的人。*

*13 岁的乔丹·罗梅罗在 2010 年成为年龄最小的珠峰登顶者，不过吉尼斯并不支持 16 岁以下的人攀登珠峰。

麦卡特尼－斯内普（澳大利亚）从印度海滨的恒河萨格尔酒店出发，长途跋涉 1 200 千米后到达世界之巅——珠峰。他此次登顶没有请夏尔巴向导，也没有使用氧气瓶。

截肢者登顶

汤姆·惠特克（英国）于 1998 年 5 月 27 日登顶珠峰。1979 年，惠特克因车祸被迫截去右脚。

女子纪录保持者是 2013 年 5 月 21 日登顶的阿鲁里玛·辛哈（印度）。她在一场抢劫案中受伤，左腿于 2011 年截肢。

视障者登顶

2001 年 5 月 25 日，埃里克·魏亨麦尔（美国）登上珠峰顶峰。因患先天性视网膜劈裂症，他在 13 岁时失明。

2008 年 8 月 26 日，埃里克登遍各个大陆的最高点，成为**首位攀登世界七大高峰的盲人**。

单季 3 次登顶

2007 年春季，有 4 名夏尔巴人 3 次完成登顶珠峰，他们每次都是从北坡的前进营地开始挑战。4 人全部在 4 月 30 日完成首攀，6 月 14 日完成了最后一次。其中普尔巴·塔西在 5 月 15 日第二次登顶，宋·多杰和拉克帕·努鲁同时在 5 月 21 日完成第二次登顶，而多杰·索南·嘉措则在 5 月 22 日完成第二次登顶。

首位双膝以上截肢者登顶珠峰

2023 年 5 月 19 日，哈里·布达·马加尔（尼泊尔）登顶珠峰。他接受挑战不仅是为了激励他人，也希望有助于改变公众对残障人士的成见。马加尔以前是廓尔喀军人，2010 年在阿富汗服役时因误踩爆炸物失去双腿。

严格来讲，2006 年 5 月 15 日登顶的马克·英格利斯（新西兰）才是**首位双腿截肢的登顶珠峰的人**。1982 年，由于冻伤，他不得不截掉膝盖以下的双腿。

登顶的最多次数

2023 年 5 月 23 日上午 9 时 20 分，登山向导卡米·里塔·夏尔巴带领 Seven Summit Treks 公司的客户登顶珠峰，这是他第 28 次登上珠穆朗玛峰。他创下的**登顶 8 000 米级高峰次数最多**的纪录，目前为 39 次。高度在 8 000 米以上的山峰共有 14 座。

女子纪录保持者是拉卡帕·夏尔巴，她于 2022 年 5 月 12 日完成第十次登顶。

世界最高峰

海拔 8 848.86 米的珠穆朗玛峰是地球上的最高山峰。其峰顶位于中尼边境世界上最高的喜马拉雅山脉。珠穆朗玛峰在藏语里意为"大地之母"。

无论是字面含义还是象征意义，珠穆朗玛峰一直都是打破纪录的最高峰。事实上，就在人类征服珠峰（*下图*）的两年后，1955 年出版的第一部《吉尼斯世界纪录大全》便将它收录为全书开篇纪录项（*插图*）。对于 70 多年前的这一里程碑事件，我们在此带你沿着登山客最常走的一条路线——东南山脊，体验一次模拟登顶珠峰的过程。

主峰：
8 848.86 米

南峰

东南山脊和南坳

ICON

GUINNESS WORLD RECORDS

THE GUINNESS BOOK OF RECORDS

日内瓦岭：
此处为岩石和冰雪形成的陡峭扶壁。

4 号营地：
7 925 米
越过极具挑战性的黄带和日内瓦岭后，登山客通常要充满氧气瓶后再继续挺进。

3 号营地：
7 470 米
艰苦攀登途中的另一处休息点，但此处发生雪崩的风险较高。

2 号营地：
6 500 米
冰雪覆盖的谷壁会反射阳光，加上高海拔地区的紫外线辐射水平较高，导致气温在 1、2 号营地之间飙升。攀登时还必须警惕又薄又脆的雪桥下面暗藏着的深坑。

1 号营地：
6 065 米
之前爬梯子翻越昆布冰川裂缝让人备受折磨，中途的第一个休息点一定特别受欢迎。

昆布冰川
此处为 600 米的不稳定冰川，遍布很深的裂隙，常常是整个攀登过程中最危险路段。

第一次登顶
1953 年 5 月 29 日上午 11 时 30 分，埃德蒙·珀西瓦尔·希拉（新西兰）成为最早登顶珠穆朗玛峰的人。希拉后来受封为爵士。

大本营：
5 364 米
登山客要在此花两周时间适应环境，然后在冰雪最结实的凌晨 3 点左右出发前往 1 号营地。

reality maps

热气球

飞行时间最长的热气球

1999 年 3 月 1—21 日，布莱恩·琼斯（英国）和伯特兰·皮卡德（瑞士）乘坐"百年灵轨道飞行器 3 号"热气球从瑞士代堡出发，历时 19 天 21 小时 47 分钟，飞行了 40 814 千米后降落在埃及开罗，完成了人类**首次乘热气球不间断环球飞行**壮举。时至今日，他们的空中之旅仍是乘坐热气球飞行距离最远的一次。

首次热气球载人飞行

1783 年 10 月 15 日，科学课教师让－弗朗索瓦·皮拉特尔·德·罗齐尔（法国）在巴黎乘坐一个比空气更轻的气球升到 25 米高的空中，并在空中停留了 4 分钟。他控制高度的办法是在吊舱里生火加热空气。此前一个月的试飞将**首批动物乘客**（一只公鸡、一只山羊和一只鸭子）送到空中并毫发无损地返回地面。

首次跨大西洋热气球飞行

1987 年 7 月 2—3 日，探险家理查德·布兰森（英国）和飞行员佩尔·林德斯特兰德（瑞典）从美国缅因州的苏加洛夫岛飞抵英国北爱尔兰的利马瓦迪。二人驾驶着"维珍大西洋飞行者号"飞行了 31 小时 41 分钟，行程 4 947 千米。

1991 年 1 月 15—17 日，两人又驾驶"维珍大家太平洋飞行者号"从日本飞往加拿大西北领地，全程 10 880 千米，完成了**首次跨太平洋热气球飞行**的壮举。

热气球飞行的最大高度

2005 年 11 月 26 日，67 岁的维杰帕特·辛加尼亚博士（印度）在印度孟买驾驶热气球成功飞至海拔 21 027 米的高空。

浮升气体气球的最大飞行高度纪录保持者是马尔科姆·罗斯和维克多·普拉瑟（均来自美国）。1960 年 5 月 4 日，二人操控氦气球"平流层实验室 5 号"飞到了 34 668 米的高空。

赢得"戈登·贝内特杯"的最多次数

创办于 1906 年的"戈登·贝内特杯"赛事是世界上**历史最悠久的航空竞赛**。比赛期间，参赛者要操纵容积 1 000 立方米的气球升空，飞行距离最远者胜。文森特·勒伊斯（法国）在 1997 年（首秀）至 2017 年期间共 9 次捧杯。

首次无系绳载人飞行

1783 年 11 月 21 日，让－弗朗索瓦·皮拉特尔·德·罗齐尔和达尔朗德侯爵（均来自法国）乘坐热气球在法国巴黎升空。两人从布劳涅森林出发，飞过塞纳河，从巴黎城中心的屋顶掠过，飞行了 25 分钟后降落在巴黎市的东南方。

热气球飞行的最远距离（女子；AX-04 级）

2022 年 11 月 22 日，艾丽西亚·亨普曼－亚当斯（英国）操控着自己的 AX-04 级热气球在加拿大上空飞行了 301.9 千米。她还创造了该级别气球的**最长滞空时间**纪录——7 小时 39 分 30 秒。国际航空联合会（FAI）认定的 AX-04 级热气球的体积相对较小，直径约为 13 米，一米宽的吊舱只能容纳一人。

飞行距离最远的太阳能热气球

2020 年 1 月 25 日，莱蒂西亚·诺埃米·马奎斯（阿根廷）驾驶太阳能热气球"云上帕夏号"飞越了阿根廷的萨利纳斯格兰德斯盐田，飞行距离达 667.85 米。此次以环保为主题的飞行是阿根廷艺术家托马斯·萨拉切诺主导的云上项目中的一部分，旨在开发新一代非化石燃料动力飞行器。这只气球使用了 Skytex 织物，这种黑色亚光材料能高效吸收太阳能。

"云上帕夏号"是小型单人热气球，驾驶员莱蒂西亚·诺埃米·马奎斯并不是站在吊篮中，而是用安全带将自己悬挂在气球下方，操控气球飞离地面升至 272.1 米的空中。

最大规模的热气球升空场面

　　2019 年 10 月 6 日上午，在美国新墨西哥州举办的第 48 届阿尔伯克基国际气球节上，有 524 个色彩斑斓的热气球集体升空。一年一度的盛大节日将世界各地的热气球爱好者吸引到现场，正如主办方所言："造型各异的气球争奇斗艳，气球喷出的火焰为夜幕添彩，仰望空中满眼是灵动的气球，这里一定会让你心醉神迷。"

特技飞行

能做筋斗动作的最重飞机

2018 年 7 月 18 日，在英国汉普郡举行的范堡罗国际航展上，一架洛克希德·马丁公司的 LM-100J 运输机（左）在空中完成了一个筋斗动作。驾驶这架 36.74 吨大飞机的飞行员是韦恩·罗伯茨和副驾驶史蒂夫·诺布洛克（均来自美国）。

完成倒飞的最重飞机是 41.78 吨的波音 367-80。在 1955 年 8 月 7 日的一次公开表演中，绰号"德州佬"的阿尔文·约翰斯顿（美国）在美国华盛顿州西雅图附近的华盛顿湖上空驾驶一架原型客机做出滚筒动作。

直升机第一次完成的连续筋斗动作

1949 年 5 月 9 日，试飞员哈罗德·E.汤普森（美国）驾驶西科斯基公司制造的 S-52 直升机在美国康涅狄格州布里奇波特市上空连续做出筋斗动作。同年早些时候，一名美国海军飞行员驾驶一架皮亚塞茨基直升机在俯冲拉起时偶然倒飞过，但无法确定其飞行轨迹是否为一个完整的圆。

倒飞的最长时间

1991 年 7 月 24 日，乔安·奥斯特鲁德（美国，生于加拿大；1945—2017）驾驶 Ultimate 10-300s 双翼飞机在加拿大温哥华和范布霍夫之间倒飞了 4 小时 38 分 10 秒。她把飞行员座椅固定在车库天花板上进行训练，每次要坚持 20 分钟。

奥斯特鲁德既是特技飞行员，也是阿拉斯加航空公司的首位女性商业飞行员，还保持着**倒飞翻筋斗最多**的纪录。1989 年 7 月 13 日，她在美国俄勒冈州上空驾驶一架"超新星 Hiperbipe"倒飞 2 小时，连续翻了 208 个外筋斗。

表演倒飞特技飞机的最多架数

巴西空军有一支著名的"烟雾"飞行表演队。2006 年 10 月 29 日，在皮拉苏农加的坎波丰特内尔机场的一次表演中，该表演队的飞行员驾驶 12 架 T-27 型"巨嘴鸟"教练机编队倒飞了 30 秒。

世界滑翔机特技飞行锦标赛夺冠的最多次数

1985—2011 年，乔治·马库拉（波兰）在这项国际航空运动联合会举办的顶级赛事中 7 次赢得冠军。波兰队创造了 9 次的赛事**团体冠军次数最多**纪录，马库拉功不可没。

空军特技表演的喷气式飞机的最多架数

1961 年成立的"三色箭"飞行表演队隶属意大利空军，使用 10 架马基公司的 MB-339 喷气式教练机进行表演，其中 9 架以密集编队飞行，另外一架做单机表演。每位飞行员的呼号都用"小马"，其后的数字表示各自在编队中的位置。

同步表演翻筋斗一周飞机的最多架数

1958 年 9 月 4 日，在英国汉普郡的范堡罗航展上，英国皇家空军"黑箭"表演队的 22 架飞机以倒 V 字队形完成了一次筋斗动作。"黑箭"成员选自英国皇家空军第 111 中队，1965 年与其他表演队一起被"红箭"队取代。

红牛特技飞行锦标赛夺冠的最多次数

保罗·博宏（英国；下面插图）分别在 2009 年、2010 年和 2015 年三次赢得空中障碍赛世界冠军。博宏家中出了好几位飞行员，他在 18 岁时就获得了飞行员执照，还驾驶过商用客机。他在 2015 年赢下第三个红牛赛冠军后，宣布退出竞技飞行。自 2003 年大赛开办以来，博宏参加了所有的 65 场比赛，取胜 19 场。

驾驶飞机穿越的最长隧道

2021 年 9 月 4 日，特技飞行员达里奥·科斯塔（意大利）驾驶竞赛用飞机在土耳其的卡塔卡隧道中飞行了 1.73 千米。隧道壁只比飞机翼展宽 4 米，但科斯塔仅用 44 秒便完成了挑战，均速达到 245 千米/时。飞出隧道后，他用一个筋斗动作以示庆祝。

2023 年的里诺航空竞赛是在斯特德机场举行的最后一届。目前正在寻找新场地。

历史最悠久的航空竞赛

自 1964 年以来，全国锦标赛航空竞赛（又称里诺航空竞赛）每年在美国内华达州里诺的斯特德机场举行。赛事由参加过第二次世界大战的飞行员比尔·斯特德创立，各种型号的单座飞机围绕着 12.8 千米长的椭圆形赛道进行高速低空竞技。比赛设有多个级别，包括现代的特技飞机和小型喷气式飞机，而在最负盛名的"无限制"级中，参赛飞机几乎都是深度改装过的参加过第二次世界大战的战斗机。

2009—2023 年，小史蒂文·辛顿（美国）获得**全国航空锦标赛无限制级冠军次数最多的纪录——8 次**；也保持着**活塞发动机飞机飞行速度最快纪录**。2017 年 9 月 2 日，辛顿驾驶改装的 P-51 野马战斗机"伏都号"飞出了 855.59 千米 / 时的均速。

极速穿越

乘坐定期航班环球旅行的最短用时

2022 年 6 月 14 — 15 日，托马斯·雷辛格（捷克）用 41 小时 18 分钟成功完成绕地球一圈的飞行挑战——比原纪录快了 5 个多小时。他的航程只有两段：先从新加坡樟宜机场登上新加坡航空的 SQ22 航班飞往美国新泽西州的纽瓦克自由国际机场，然后搭乘同一航司的 SQ21 返回新加坡。（SQ21 也是目前**飞行时间最长的定期航班**，要连续飞行 18 小时 30 分钟。）

受制于现有技术条件，雷辛格再也无法有效缩短时间，吉尼斯世界纪录公司也要终止这项纪录的申请，不过**最快的定期水陆交通环球行**纪录仍然等待雄心勃勃的各位环球竞速者来刷新。

骑自行车环球旅行的最短用时

2017 年 7 月 2 日至 9 月 18 日，马克·博蒙特（英国）完成了 78 天的环球骑行。他从法国巴黎的凯旋门出发，途经 16 个国家后又回到凯旋门。

他的同胞珍妮·格雷厄姆则持有 124 天 11 小时的**女子**纪录。她从德国柏林出发，在 2018 年 6 月 16 日至 10 月 18 日完成环球骑行挑战。

驾车环球旅行的最短用时

印度夫妻萨鲁·乔杜里（Saloo Choudhury）和妮娜·乔杜里（Neena Choudhury）共同保持着由男女驾车完成的最早和最快速的环游世界纪录。依据 1989 年和 1991 年的适用规则，二人分别在六大洲驾驶汽车旅行，总里程超过了赤道长度（约 40 075 千米）。1989 年 9 月 9 日，他们从印度德里出发，驾驶 1989 年出厂的印度斯坦"伯爵夫人经典"轿车奔波了 69 天 19 小时 5 分钟，于 11 月 17 日返回德里。

环南极洲航行的最短用时

2022 年 2 月 21 日至 5 月 25 日，丽莎·布莱尔（澳大利亚）驾驶 15.2 米长的单体船"气候行动进行时号"完成了环南极洲航行，共用时 92 天 18 小时 21 分 22 秒。她是有史以来第三个完成这一航程的冒险家。起止点均为西澳大利亚州奥尔巴尼。这次 25 920 千米的航行为她赢得了环南极洲航海赛。

徒步纵贯新西兰的最短用时（女子）

2021 年 12 月 18 日至 2022 年 1 月 7 日，艾玛·蒂米斯仅用 20 天 17 小时 15 分 57 秒就从头到尾跑完了自己的国家。她从北岛的雷恩加角出发，一路跑到南岛最南端的布拉夫镇，平均每天行进超过 100 千米。

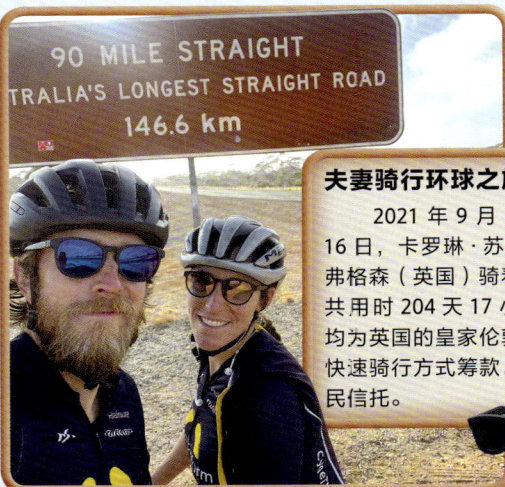

自北向南骑行纵贯印度的最短用时（女子）

普雷蒂·马斯克（印度）持有自北向南骑行纵贯印度的最快纪录——11 天 22 小时 23 分钟。2023 年 2 月 24 日，她成功抵达印度泰米尔纳德邦的最南端。她希望借此提高人们对推动器官捐赠的"重生基金会"的认识。

90 MILE STRAIGHT
TRALIA'S LONGEST STRAIGHT ROAD
146.6 km

夫妻骑行环球之旅的最短用时

2021 年 9 月 25 日至 2022 年 4 月 16 日，卡罗琳·苏贝鲁（法国）和大卫·弗格森（英国）骑着自行车环游了世界，共用时 204 天 17 小时 25 分钟，起止点均为英国的皇家伦敦医院。夫妻二人通过快速骑行方式筹款，以支持巴兹保健和国民信托。

滑板横穿美国的最短用时

2023 年 3 月 24 日至 5 月 19 日，查德·卡鲁索（美国）从美国加利福尼亚州威尼斯海岸出发，一路滑到弗吉尼亚州的弗吉尼亚海滩，全程只用了 57 天 6 小时 56 分钟。为了提高耐力，卡鲁索在挑战纪录之前进行了 6 个月的长途滑板训练。他想以此举提高人们对麻醉品成瘾和心理健康问题的认识。

迷你级帆船横渡大西洋航行的最短用时

2023 年 8 月 3 日下午 6 时 35 分，杰伊·汤普森（美国）驾驶"极速飞鼠号"从纽约启航，克服了恶劣天气和设备故障，于 8 月 21 日凌晨 4 时 26 越过英国康沃尔郡的蜥蜴角，仅用了 17 天 9 小时 51 分 9 秒。此后，汤普森继续航行，最终在法国布雷斯特城堡港结束挑战。这艘迷你级帆船全长 6.5 米，宽 3 米，完全可以单人操作。

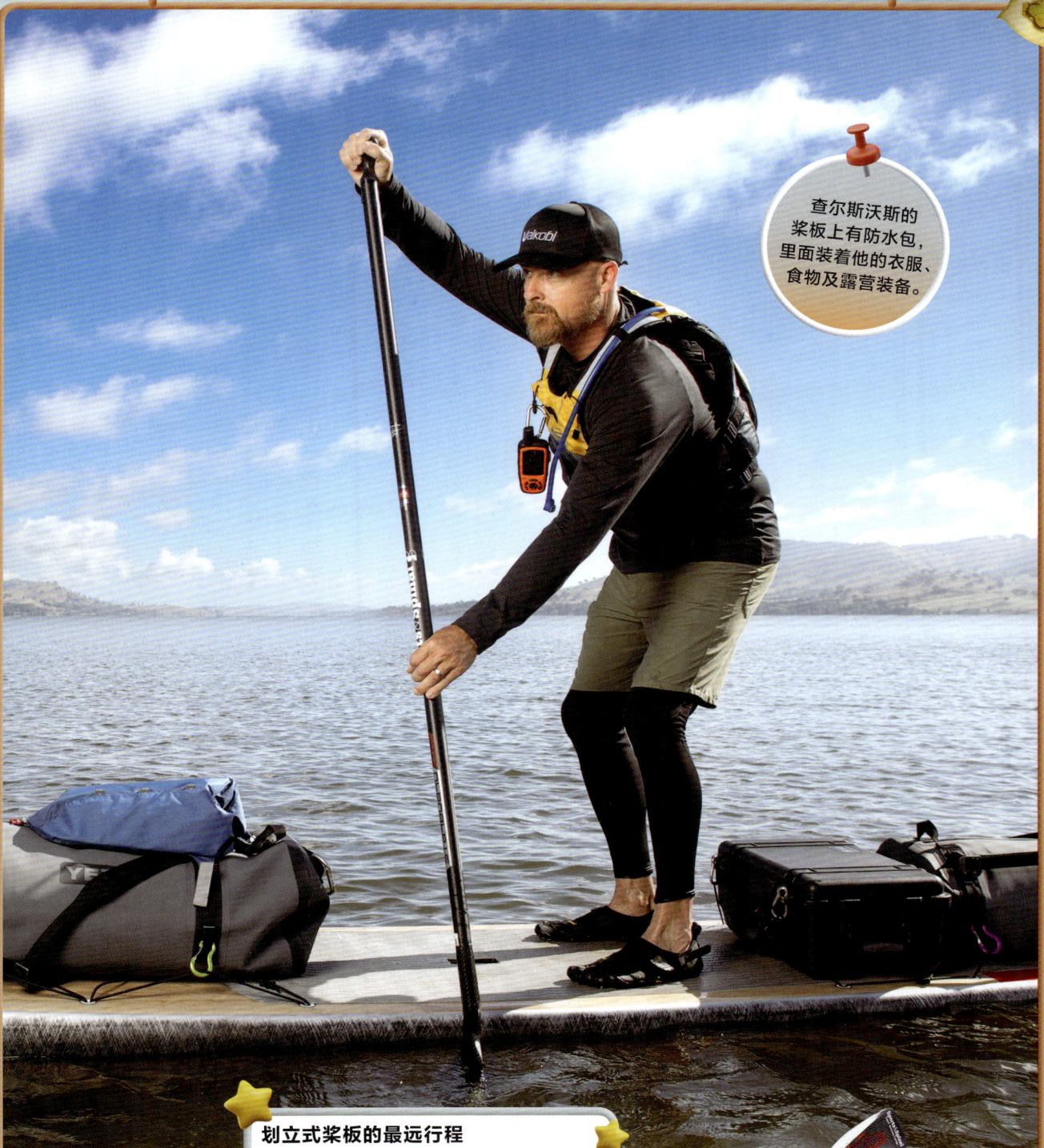

查尔斯沃斯的
桨板上有防水包，
里面装着他的衣服、
食物及露营装备。

划立式桨板的最远行程

2023 年 3 月 4 日至 6 月 11 日，彼得·
查尔斯沃斯（澳大利亚）站在桨板上奋力划
行了 2 677.34 千米。他在没有任何外界支持
的情况下独自一人划完了休姆湖、穆瓦拉湖、
阿尔伯特湖和亚历山德里娜湖，以及澳大利
亚的最长河流墨累河。查尔斯沃斯在 2020
年接受了三重心脏搭桥手术，之后开始了
预期为 18 个月的挑战，希望人们能提高心
脏健康意识。

133

极限游泳

征服"世界七大海峡"的年龄最小的人

普拉巴特·科利（印度，1999 年 7 月 27 日出生）于 2023 年 3 月 1 日完成了公开水域马拉松游泳挑战，当时年龄为 23 岁 217 天。

克罗地亚选手迪娜·莱瓦契奇（1996 年 3 月 14 日出生）持有该项目的女子纪录，她是在她 27 岁生日当天完成的。

冰泳的最长距离

2023 年 4 月 19 日，克日什托夫·加耶夫斯基（波兰，*另见第 104 页*）在波兰锡耶赫纳附近的湖中游了 6 千米，共耗时 1 小时 46 分 16 秒。按照国际冰泳协会的规定，克日什托夫挑战的水域水温要低于 5℃，且仅能身着标准泳衣、泳帽和泳镜。

冰泳 1 英里的最短用时

2023 年 3 月 12 日，在波兰希维托赫洛维采市的一个室外游泳池中，马尔钦·沙尔帕克（波兰）以 19 分 27 秒的成绩完成了 1 英里冰泳挑战。
年龄最大的冰泳 1 英里纪录保持者是杰莉·罗伯茨（英国，1950 年 6 月 26 日出生）。2023 年 12 月 1 日，73 岁 158 天的杰莉冒着严寒，跳入位于英国苏格兰高地的冰冷的莫利希湖。她的纪录是 54 分 43 秒。以上两项纪录均得到国际冰泳协会的认证。

在六大洲完成 10 千米公开水域游泳的最短用时

乔·泽麦迪斯和约翰·泽麦迪斯兄弟（均为美国人）仅用 4 天 23 小时 43 分钟就完成了六大洲长距离游泳之旅。他们于 2023 年 6 月 6 日从哥伦比亚卡塔赫纳出发，于 6 月 11 日抵达终点澳大利亚悉尼。他们在美国和摩洛哥各游一次，在土耳其游了两次——一次在欧洲，另一次在亚洲。

游泳接力横渡北海峡的最短用时（LA 级）

2022 年 6 月 22 日，英国"Bits Missing"团队成员（大卫·伯克、玛丽·克莱洛、安德鲁·史密斯、凯特·桑利和乔恩提·沃内肯）从北爱尔兰接力游到苏格兰，用时 15 小时 8 分 35 秒。这些腿部截肢者是第一支游完这 35 千米路线的残障者团队。

2023 年 9 月 8 日，沃内肯再次挑战北海峡，并创造了**单人 LA2 级**纪录——15 小时 22 分 41 秒。以上两项纪录都得到了爱尔兰长距离游泳协会的认证。

最年长的在马拉维湖游泳的人

帕特·加仑特·沙雷特（美国，1951 年 2 月 2 日出生）于 2023 年 5 月 22 日完成了从恩贡博角到森加湾 23.5 千米距离的游泳。她的成绩得到了马拉松游泳协会的认证。

单蹼游泳的最长距离

2023 年 4 月 15 日，爱沙尼亚人梅尔·利万德在美国佛罗里达州迈阿密附近的比斯坎湾以"人鱼泳姿"游了 50 千米。整整 14 小时 15 分钟，利万德都没有借助双臂力量，而仅用单蹼前进。这位游泳冠军借此呼吁人们停止海洋污染。这也是她第五次在此项目上打破自己的纪录。

在逆流泳池中游泳的最长持续时间

2023 年 12 月 28—30 日，为了纪念一位在 45 岁时因癌去世的好友，马尔滕·范德韦登（荷兰）在荷兰菲赫特连续 45 小时逆流游泳。范德韦登本人在刚过 20 岁时战胜白血病，重返奥运泳坛，并在 2008 年赢得了公开水域游泳项目的金牌。2023 年，他以 32 小时 20 分 50 秒的成绩刷新了他在 2021 年创下的吉尼斯世界纪录。

从兰兹角到约翰奥格罗茨分段游泳的最短用时（女子）

2022 年 7 月 1 日至 10 月 18 日期间，冒险家贾斯敏·哈里森（英国）耗时 109 天 55 分钟完成了沿英国西海岸从英国南端游到北端的壮举。她每天游 12 小时，中途会在辅助艇上休息一次。贾斯敏这 1 040 千米的伟大旅程得到了世界开放水域游泳协会的认证。

卡特琳娜海峡　北海峡　英吉利海峡　津轻海峡

库克海峡

莫洛凯海峡

直布罗陀海峡

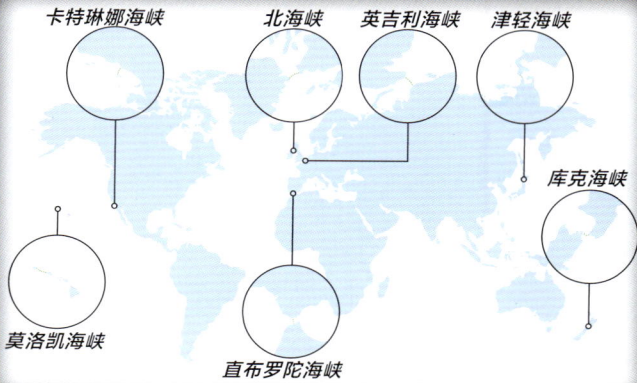

直布罗陀海峡（从西班牙到摩洛哥）

北海峡（从北爱尔兰到苏格兰）

登山界有攀登世界七大高峰的挑战，而泳坛也有横渡世界七大海峡的挑战（O7）。O7是一系列困难重重的开放海峡游泳挑战，斯蒂芬·雷蒙德（爱尔兰）于2012年7月14日**首次成功完成**此项挑战。截至2024年3月20日，全世界也仅有26人完成这一壮举。

完成世界七大海峡游泳的累积最短用时

安迪·唐纳森（英国）以63小时2分9秒的成绩完成了这项艰苦卓绝的公开水域游泳大满贯。他从2022年8月7日横渡英吉利海峡开始，到2023年7月27日横渡日本津轻海峡结束，创下了世界七大海峡游泳历时最短纪录（355天）。安迪此举是希望为澳大利亚的一家心理健康慈善机构——黑狗研究所筹集善款。这家机构与安迪一家渊源深厚，因为安迪本人和家人都有过抑郁史。

在创造纪录期间，也就是2023年3月，安迪还创下了**横渡库克海峡最短用时**纪录（4小时33分50秒）。其后用时15小时51分钟艰难横渡美国夏威夷的莫洛凯海峡后被紧急送往医院。

卡特琳娜海峡（从卡特琳娜岛到加利福尼亚）

征服大洋

用俯卧式桨板横渡英吉利海峡的最短用时

2023 年 10 月 2 日，马克·沃尔顿（爱尔兰，上图）划着桨板从英国出发，3 小时 54 分 50 秒后到达法国的塔尔丹冈。因为中途要搭乘后援船摆渡穿过一条航道，马克只得暂离开水面。

2006 年 7 月 18 日，迈克尔·欧肖内西（美国）创造了**连续横渡用时最短**的纪录，共用时 5 小时 9 分钟。这位来自佛罗里达的冲浪发烧友还曾用手划桨板穿越尼斯湖和爱尔兰海。

驾驶双人双体帆船横渡爱尔兰海的最短用时

2023 年 9 月 26 日，安娜·伯内特和约翰·吉姆森（均来自英国）从北爱尔兰的班戈驾船航行到苏格兰的波特帕特里克村，全程仅用时 1 小时 30 分 41 秒。这对组合是 2020 年东京奥运会帆船项目的银牌得主，并入选英国队角逐 2024 年巴黎奥运会。他们驾驶的双体船为诺卡拉 17 级，挑战纪录是为了推广零排放海洋科技。

第一个……
实现海洋冒险大满贯的人

截至 2019 年，费安·保罗（冰岛）与多名船员配合，划赛艇横渡了所有大洋。2011 年，他开始自东向西横渡大西洋，最后在 2019 年完成横渡南冰洋。这也是**首例划赛艇横渡南冰洋**，保罗当时担任 6 人团队的队长。2019 年 12 月 13 日，他们划着"奥哈那号"从智利的合恩角出发，25 日抵达南极大陆的查尔斯角。

在南冰洋划赛艇的女性

2023 年 1 月 11—17 日，丽莎·法索弗（奥地利）与 4 位勇敢的同伴从乔治王岛划船到达劳尼岛。丽莎成为**首位在极地开放水域划赛艇的女性**。更了不起的是，该团队在这次行程中还创造了另外 8 项吉尼斯世界纪录，包括**在南冰洋划赛艇距离最远**的纪录——407 海里（约 753 千米）。

在中太平洋无后援划皮艇渡海的人

2022 年 6 月 21 日至 9 月 20 日，西里尔·德鲁莫（法国）划着他的"瓦伦丁号"皮艇航行了 2 013 海里（约 3 728 千米）。他从美国加利福尼亚州蒙特雷出发，在夏威夷州希洛结束了自称为"一次壮丽冒险"的行程，共历时 90 天 9 小时。

从澳大利亚大陆划赛艇穿越印度洋到达非洲大陆的人

2023 年 4 月 25 日至 7 月 20 日，罗伯特·巴顿（澳大利亚）独自一人划着公开级赛艇"希望号"，从澳大利亚西澳州卡纳封港划船到达坦桑尼亚坦噶，全程 4 829 海里（约 8 943 千米），用时 85 天 12 小时 9 分钟。

最多的……
越洋划船天数

2005 年 11 月至 2022 年 3 月，工程师厄尔登·埃鲁克（美国，生于土耳其）在公海上不间断划船度过了 1 167 天，有时独自划船，有时与他人合作。

埃鲁克还划着自己的"周游结束号"创下**单人海上划船航行总距离最远**的纪录——26 705 海里（约 49 457 千米）。

划皮艇横渡南大西洋的第一人（自东向西）

2022 年 12 月 18 日至 2023 年 2 月 19 日，理查德·科勒（南非）从南非开普敦划到巴西萨尔瓦多。在没有后援的情况下，科勒独自划着"穿越号"皮艇，用不到 63 天 7 小时的时间完成挑战，总里程达到 3 332 海里（约 6 170 千米）。由于没有地方停靠，他不得不在最后几天游上岸！

单人越洋划船次数

2001—2019 年，伊曼纽尔·库安德尔（法国）7 次独自完成渡海冒险，包括 5 次横渡大西洋、1 次横渡太平洋和 1 次横渡印度洋。

悉尼—霍巴特帆船赛连续完赛次数

林赛·梅（澳大利亚）已连续完成了 50 次悉尼—霍巴特帆船赛，最近一次完赛是在 2023 年 12 月 31 日。参赛者从澳大利亚新南威尔士州出发，航行约 628 海里（约 1 163 千米），抵达塔斯马尼亚州首府霍巴特，途中需穿越凶恶的巴斯海峡。

该赛事总计**完赛次数最多**纪录为 54 次，由托尼·埃利斯（澳大利亚）在 1963—2023 年期间创造。

24 小时开放水域划皮艇行进的最远距离（女子）

2022 年 9 月 12—13 日，在澳大利亚昆士兰州近岸水域，邦妮·汉考克（澳大利亚）划着冲浪皮艇在海上航行了 127 海里（约 235 千米）。在创下该纪录两周前的 8 月 28 日，汉考克刚刚创造了**划皮艇环澳大利亚航行用时最短（女子）**纪录，仅用 254 天 6 小时便回到起点。

最年长的单人划船越洋挑战者

2023 年 12 月 13 日，73 岁 157 天的弗兰克·罗斯维尔（英国，生于 1950 年 7 月 9 日）从西班牙加那利群岛的戈梅拉岛圣塞巴斯蒂安启程，历时 64 天，成功划船横渡大西洋，于 2024 年 2 月 15 日抵达安提瓜的英吉利港，时年 73 岁 221 天。这位奥尔德姆竞技足球俱乐部老板兼主席给他的船取名"永远不老号"，真是恰如其分。

吉尼斯访谈录

你在 2020—2021 年就划船横渡了大西洋，为什么还要尝试第二次呢？

我第一次横渡大西洋为英国阿尔茨海默病研究筹集到 130 多万美元善款。我的挚友菲尔·威格特在 2023 年因早发性阿尔茨海默病去世，那时他才 62 岁。看着菲尔病情恶化，我总想做点儿什么。到了 73 岁，我感觉自己还有力气划船，就想用这种方式提高公众意识，多筹集些资金。

可以分享一些海上的难忘经历吗？

大概行进到中途，我看到一头 8 米长的鲸从船后约 10 米处游过。还有就是在圣诞节那天打开孙辈们亲手制作的贺卡，感觉真是非常非常特别。

为了这次挑战，你是怎样训练的呢？

尽快练起来！无论天气怎样，我每天都要去苏格兰的克莱德湾或北约克郡斯卡布罗与惠特比之间的北海水域划 48 千米。

最近这次越洋之行遇到的最大挑战是什么？

因为要克服赤道无风带和逆向季风，2023—2024 年的这次要比 2020—2021 年的那次更加艰难。可我是老手了，这次用的船也轻了很多，却多用了一周时间。

如果有同龄人想挑战极限冒险纪录，你有什么建议？

只做有百分之百把握的事情才能保证你的绝对安全，绝不要危及其他任何人的生命，也别指望别人来救你。

你将来还要打破更多纪录吗？

我想在 2025 年划船横渡太平洋，那时我就 75 岁了。但家人不太愿意，是完全不赞同让我再尝试了！

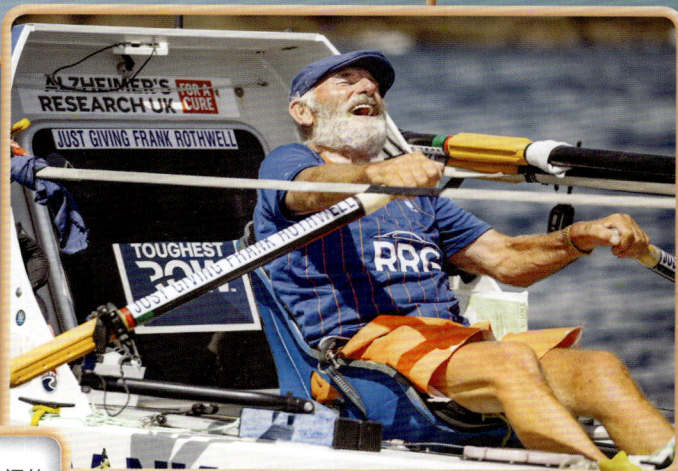

罗斯维尔在大海上惊险不断。他的船翻过 4 次，幸亏有缆绳将他牢牢系在船上。

全景展示：开路先锋

首次登顶酋长岩的截瘫者（女子）

2007 年 10 月 5 日，凯伦·达克用了 4 天时间，成功登上位于美国加利福尼亚州黄石国家公园内的酋长岩。在同伴安迪·柯克帕特里克的引领下，凯伦将自己拉上这块独体巨型花岗岩，相当于做了 4 000 个引体向上动作。她在 21 岁时胸部以下瘫痪，之后却划着皮艇从加拿大成功到达美国阿拉斯加州，又在残奥会上赢得手摇自行车项目金牌，还参加过一次南极大陆的史诗级探险（参见第 140 页）。

1989 年 7 月 26 日，在好友麦克·科贝特的引领下，马克·韦尔曼（美国）完成首次截瘫者登上酋长岩的壮举。

地下最深的热气球飞行

2014 年 9 月 18 日，在克罗地亚奥布罗瓦茨市，勇于开拓的伊万·特里福诺夫（奥地利）乘坐热气球向下飞了 206 米，成功深入马梅特洞穴。下降到洞底再升至地面一共用时 25 分钟。为纪念儒勒·凡尔纳的小说《地心游记》出版 150 周年，特里福诺夫进行了这次特别的地下之旅。

特里福诺夫还曾在 1996 年 4 月 21 日完成了**首次单人乘坐热气球飞越北极点**，又在 2000 年 1 月 8 日完成了**首次单人乘坐热气球飞越南极点**的创举。

首次喷气动力飞行翼空中环飞

2010 年 11 月 5 日，前战斗机飞行员伊夫·罗西（瑞士）创造了历史，他操纵喷气式飞行翼在空中飞了一圈。罗西从热气球上起飞，在瑞士贝尔谢上空 2 400 米高度完成了这一里程碑式的空中飞行。经过几分钟的稳定飞行后，罗西飞出了完美的一整圈飞行轨迹，然后利用降落伞安全落地。

首位深入达尔瓦扎陨石坑的探险者

2013 年 11 月，酷爱探险和追逐风暴的乔治·库鲁尼斯（加拿大）进入号称"地狱之门"的达尔瓦扎陨石坑。这座烈焰熊熊的深坑位于土库曼斯坦达尔瓦扎村的一处天然气田中。乔治穿着铝制隔热防护服，捆扎着凯夫拉尔材料的攀岩索具，下到巨坑底部采集岩石样本。后来发现，尽管环境温度高达 1 000℃，但这些样本中依然有细菌存在。1971 年引燃的达尔瓦扎陨石坑直到 2024 年 3 月仍在燃烧，是燃烧时间最长的甲烷坑洞。

最高的水上滑板定点跳伞

2023 年 11 月 29 日，经过近 10 年的策划，勇敢的布莱恩·格拉布（美国）完成了世界第一极限跳。他在定制无人机的牵引下，脚踏滑水板掠过楼顶的泳池，再从 294 米的池边一跃而下。他说："我想成为把水上滑板和定点跳伞融合在一起的第一人。后来我们找到了这个很棒的地方（阿联酋迪拜的海滩度假酒店），我就在这里完成了平生最酷的一次水上滑板跳跃。"为了准备自由落体环节，身为顶尖水上滑板运动员的格拉布还是花一年时间与职业运动员迈尔斯·戴舍尔一起磨炼定点跳伞技巧，从而使自己能安全降落在下面的街道上。

格拉布脚踏滑水板滑过酒店第 77 层的世界最高**室外无边泳池**，堪称绝世特技。

划皮艇从瀑布下落的最大高度（女子）

2021 年 2 月 18 日，努利亚·纽曼（法国，下图）划皮艇在厄瓜多尔奥雷亚纳省的普库诺河顺流而下，并在唐·威洛瀑布上完成了 31.69 米的瞬间坠落，成为第一位瀑布下落高度超过 100 英尺（约 30.4 米）的女性。

该项目的**男子**纪录为泰勒·布拉德特（美国）创造的 57.6 米。2009 年 4 月 21 日，他在美国华盛顿州的帕卢斯瀑布完成挑战。之后，同样来自美国的诺克斯·哈马克和詹姆斯·清水也完成了帕卢斯瀑布皮艇速降。

首次攀登尼亚加拉大瀑布冰壁

2015 年 1 月 27 日，资深登山客威尔·加德（加拿大）成功攀登上半冰封的马蹄瀑布。马蹄瀑布是尼亚加拉大瀑布的一部分，位于美加两国边境。

加德的搭档萨拉·休尼肯（加拿大）在尼亚加拉大瀑布附近长大。当天晚些时候，她跟随加德成为完成这一壮举的**首位女性**。在攀登过程中，她不得不利用一处空洞为掩护，躲避跌落下来的冰块。

徒步穿越乌尤尼盐沼的最短用时

被称为"佩佩"的瓦尔莫·菲亚蒙奇尼（巴西）用 33 小时 4 分 10 秒徒步穿越了世界上**最大的盐滩**——玻利维亚的乌尤尼盐沼。他从伊卡出发，于 2023 年 5 月 11 日抵达乌尤尼，全程约 170 千米，相当于 4 个马拉松赛的距离。穿越途中要克服严苛环境，白天气温高达 40℃，夜间则骤降至 −10℃。菲亚蒙奇尼为此准备了 3 年时间。挑战期间，有保障团队驾车为其提供补给品。

极地探险

为止，这两种说法都没有得到确切证实。

1986 年 5 月 2 日，安·班克罗夫特（美国）随斯特格国际极地探险队完成挑战，成为**首位到达北极点的女性**。威尔·斯特格（美国）率领的探险队由 8 人组成，利用狗拉雪橇完成了**首次无后援北极点探险**。

首次单人南极点探险

1993 年 1 月 7 日，厄林·卡格（挪威）在无后援的情况下到达南极点。他从伯克纳岛出发，水路、陆路共跋涉了 50 天，总行程达 1 400 千米。

1978 年 4 月 29 日，植村直己（日本）首次完成了**单人北极点**探险。3 月 5 日，他从加拿大埃勒斯米尔岛出发，用狗拉雪橇携带补给，在北极海冰上行进了 770 千米。

无后援滑雪探险格陵兰冰原的最长里程

2008 年 3 月 25 日至 7 月 16 日，亚历克斯·希伯特和乔治·布拉德（均来自英国）滑雪穿越了世界第二大冰原，总里程达 2 211 千米。他们从东海岸的塔西拉克滑到西海岸，横穿世界上的**最大岛屿**，之后又原路返回，共历时 113 天。

最早到达南极点的人

在罗尔德·阿蒙森率领下，由 5 个挪威人组成的一支探险队乘坐狗拉雪橇从鲸湾出发，跋涉 53 天后于 1911 年 12 月 14 日抵达南极点。

1989 年 1 月 17 日，雪莉·梅兹和维多利亚·穆登（绰号"托莉"，均来自美国）成为**最早由陆路到达南极点的女性**。包括她们在内的 11 人探险队使用了滑雪板和摩托雪橇，也携带了补给。而 50 多年前的 1937 年 1 月 30 日，英格丽·克里斯滕森、奥古斯塔·索菲·克里斯滕森、英格贝约·利莫尔·拉克勒和索尔韦格·维德鲁（均来自挪威）踏上了南极大陆，成为**首批登陆南极洲的女性**。

第一个到达北极点的人

该纪录至今仍存在争议。与马特·亨森结伴而行的罗伯特·皮尔里宣称其于 1909 年 4 月 6 日到达北极点，但弗雷德里克·库克（三人均来自美国）却表示他在 1908 年 4 月 21 日就到达了北极点。到目前

距离最长的南极洲坐式滑雪

2022 年 12 月 22 日至 2023 年 1 月 5 日，英国残疾运动员凯伦·达克坐着滑雪板穿越了南极洲，总行程 309.7 千米，滑雪同行的迈克·韦伯斯特和迈克·克里斯蒂见证了她的壮举。三人在穿越途中到达了 79° 经纬交会点。龙尼冰架上的这个点以前在地图上未被标记，他们称其为"可能性之极"。（*有关达克的另一项开创性纪录，参见第 138 页。*）

首次单人无后援穿越南极洲

1997 年 1 月 17 日，布尔格·奥斯兰（挪威）从威德尔海的伯克纳岛出发，借助雪地风筝跋涉 2 999 千米，横穿了龙尼冰架和罗斯冰架，到达麦克默多湾，共历时 63 天。迄今为止，这仍是**最快的单人无后援穿越南极洲**。

单人无后援滑雪到达南极点的最短用时

2023 年 12 月 20 日，文森·科利亚尔（法国）从海格拉斯湾出发，一路滑雪 22 天 6 小时 8 分钟后于 2024 年 1 月 11 日成功到达南极点。他每日平均行进约 51 千米，总行程约 1 130 千米。*同类女子纪录产生于 2023 年 12 月，详见第 144 ~ 145 页。*

南极点滑雪探险的最多次数

2004 年 11 月 4 日至 2013 年 1 月 9 日，汉娜·麦基安德（英国）6 次由海岸线滑雪到达南极点。从 2002 年 11 月到 2023 年 1 月，极地导游德文·麦克迪阿米德（加拿大）完成同样的南极探险纪录。

距离最长的极地徒步超级马拉松

2023 年 12 月 15 日至 2024 年 1 月 14 日，唐娜·厄克哈特（澳大利亚）在南极洲的尤尼昂冰川上跑了 1 402.21 千米，平均每天跑 50 千米。为了应对恶劣条件，厄克哈特在风洞和北极储存公司的冷库（*插图*）中进行训练。她说："我相信运动能带来了不起的变化，我想通过这次挑战提高人们对青年女运动员的关注和支持，给她们创造挑战极限的更多机会。"

距离最长的极地冰泳

智利湾又名发现湾，位于南设得兰群岛的格林威治岛海岸，平均水温 2.23℃。2023 年 2 月 5 日，被称为"冰雪美人鱼"的芭芭拉·埃尔南德斯·韦尔塔（智利）在这里游了 2.5 千米，用时 45 分 30 秒。

2017 年 6 月 22 日，卢卡斯·特卡茨（波兰）在挪威斯瓦尔巴群岛的斯匹次卑尔根海域游了 1.85 千米，创造了该项目的男子纪录。这片海域的平均水温为 4.5℃。

地图标注：龙尼冰架　联合冰川营地　伯克纳岛　海格拉斯湾　蒂尔角滑雪道　菲尔希纳冰架　罗斯冰架　南极站（美国）　特罗尔站（挪威）　麦克默多站（美国）

④ 滑雪到达南极点的年龄最大的人

戴夫·托马斯在旅途中度过了68岁生日。他打开家人提前写好的生日卡，与同行的伙伴艾伦·钱伯斯一起庆祝。二人曾是皇家海军陆战队的队友。

② 单人滑雪到达南极点的年龄最小的女子

在旅程中最艰难的时候，海德维格·赫尔塔克会想起同是挪威极地冒险家的埃尔林·卡格，并从他的建议中获得慰藉。她后来说："他告诉我，无论要去哪里，无论多么艰难，只需要一步一步向前迈进。你要善于把大目标分解成一个个小任务。就是这么简单！"

③ 单人无后援滑雪到达南极点的年龄最大的挑战者

为了准备这次艰难旅程，詹姆斯·巴克斯特在海滩上训练，把汽车轮胎拖行约5千米。他在爱丁堡的自家周边翻山越岭，徒步越野时还背着30千克重的大背包，里面装着成袋的鸟食。

① 单人无后援滑雪到达南极点的年龄最小的挑战者

对皮埃尔·埃丹来说，南极洲变化莫测的天气是极大的挑战。他说："有几个星期，周围始终是白茫茫一片，什么也看不见。刮大风的时候，最低温度会降到-40℃以下。有时雪下得非常大，新雪就像沙子一样松软，走在上面简直就是噩梦。"

年龄最小的和年龄最大的南极探险者

年龄最小的探险者	姓名	年龄	年份
单人全程无后援南极点滑雪探险	女子 安雅·布拉查（德国，1990年6月18日生）	29岁205天	2020年
	男子 埃尔林·卡格（挪威，1963年1月15日生）	29岁358天	1993年
全程无后援南极点滑雪探险	女子 安雅·布拉查	29岁205天	2020年
	男子 埃尔林·卡格	29岁358天	1993年
单人无后援南极点滑雪探险	男子 皮埃尔·埃丹（法国，1997年10月24日生）①	26岁75天	2024年
	女子 安雅·布拉查	29岁205天	2020年
无后援南极点滑雪探险	女子 杰德·哈米斯特（澳大利亚，2001年6月5日生）	16岁219天	2018年
	男子 皮埃尔·埃丹	26岁75天	2024年
单人南极点滑雪探险	女子 海德维格·赫尔塔克（挪威，1994年4月4日生）②	28岁285天	2023年
	男子 刘易斯·克拉克（英国，1997年11月18日生）	16岁61天	2014年
南极点滑雪探险	男子 杰德·哈米斯特	16岁219天	2018年
	女子 杰德·哈米斯特	16岁219天	2018年
全程滑雪穿越南极洲	无论是单人还是团队、有无后援，目前尚无人完成外海岸之间的南极洲全程穿越。		
单人滑雪穿越南极洲	男子 科林·奥布雷迪（美国，1985年3月16日生）	33岁285天	2018年
	女子 费莉西蒂·阿斯顿（英国，1977年10月7日生）	34岁108天	2012年
无后援滑雪穿越南极洲	女子 塞西莉·斯科伏（挪威，1974年8月9日生）	35岁165天	2010年
	男子 瑞恩·沃特斯（美国，1973年8月27日生）	36岁147天	2010年
滑雪穿越南极洲	男子 亚历克斯·布雷泽尔（英国，1990年7月18日生）	26岁187天	2017年
	女子 詹妮·斯蒂芬森（1989年4月29日生）	28岁266天	2018年
无后援全程雪地风筝穿越南极洲	男子 博格·奥斯兰（挪威，1962年5月31日生）	34岁231天	1997年
	女子 —	—	—
无后援雪地风筝穿越南极洲	男子 罗尔夫·裴（挪威，1975年1月9日-2008年8月1日生）	26岁27天	2001年
	女子 —	—	—
雪地风筝穿越南极洲	男子 特奥多·约翰森（挪威，1991年8月14日生）	20岁151天	2012年
	女子 格里尔·胡斯塔德（挪威，1982年8月23日生）	29岁142天	2012年
年龄最大的探险者	**姓名**	**年龄**	**年份**
单人无后援南极点滑雪探险	男子 詹姆斯·巴克斯特（英国，1959年10月11日生）③	64岁100天	2024年
	女子 玛乌戈扎塔·沃伊塔茨卡（波兰，1965年12月12日生）	51岁44天	2017年
单人南极点滑雪探险	男子 戴夫·托马斯（英国，1955年12月10日生）④	68岁40天	2024年
	女子 梅雷特·斯普林·杰特森（挪威，1947年10月8日生）	60岁96天	2008年
无后援南极点滑雪探险	男子 詹姆斯·巴克斯特	64岁100天	2024年
	女子 亚历山德拉·古里耶娃（奥地利，1968年12月30日生）	54岁12天	2023年
南极点滑雪探险	男子 戴夫·托马斯	68岁40天	2024年
	女子 梅雷特·斯普林·杰特森	60岁96天	2008年

所有纪录均由《极地探险分类方案》认证；
† 表示配有向导的探险

- **南极点全程探险**：在外海岸开始或结束
- **南极洲全程穿越**：起止点在正面相对的某一处外海岸
- **无后援**：探险者必须自行携带补给，不能利用任何已有道路、车辙或标记过的路线，也不能有保障车辆

纪录集萃

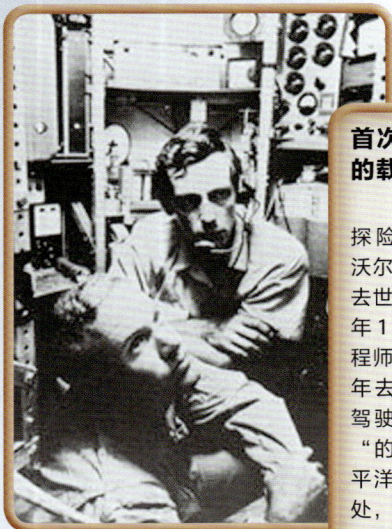

首次进入挑战者深渊的载人潜水器

2023 年 11 月 12 日,探险家、海洋学家唐·沃尔什(美国,左图下)去世,享年 92 岁。1960 年 1 月 23 日,在瑞士工程师雅克·皮卡尔(2008 年去世)的陪同下,他驾驶美国海军深海潜艇"的里雅斯特号"在太平洋下潜到 10 911 米深处,成为最早到达**海洋最深点**挑战者深渊的人。

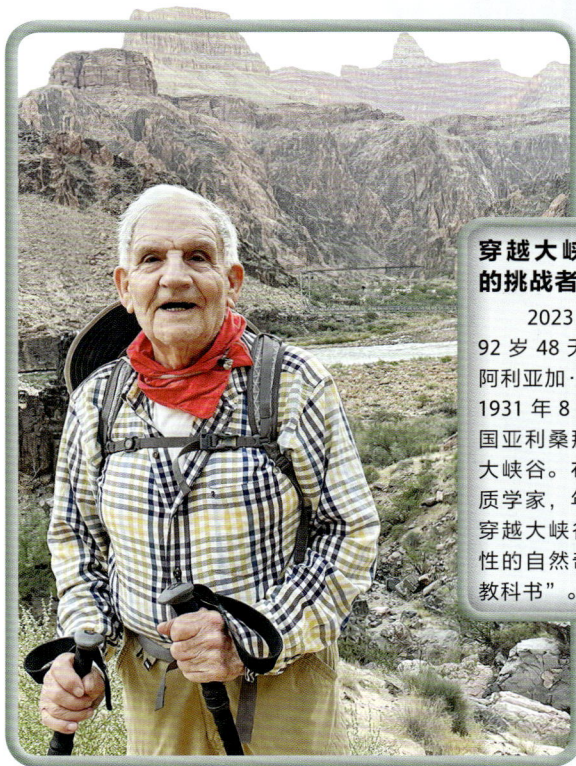

穿越大峡谷的年龄最大的挑战者

2023 年 10 月 15 日,92 岁 48 天的阿尔弗雷多·阿利亚加·布尔迪奥(西班牙,1931 年 8 月 28 日生)在美国亚利桑那州穿越了著名的大峡谷。布尔迪奥是一名地质学家,年轻时曾多次徒步穿越大峡谷。他将这一标志性的自然奇观称为"地质学教科书"。

最早的蹦极

1979 年 4 月 1 日,大卫·柯克(英国,2023 年去世)在身上绑了一根弹力绳,从英国布里斯托 76 米高的克利夫顿吊桥上纵身跃下。柯克是牛津大学危险运动俱乐部的创始人。这次蹦极的灵感来源于南太平洋岛国瓦努阿图悠久的陆上潜水活动。脚踝上缠着树藤的当地男子会从木塔上跳下,据说这样的勇敢举动能确保红薯丰收。

翼装飞行起跳的最高海拔

2023 年 7 月 1 日,在美国田纳西州怀特维尔,亚伦·史密斯(美国)从 13 183.7 米的高空跃下,一路滑翔到地面。他起跳的高度比客机的巡航高度还高出近 2 千米。

雪地赤足跑完半程马拉松距离的最短用时

2024 年 2 月 18 日,在捷克派克波特斯耐兹库,约瑟夫·萨莱克(捷克)只穿短裤跑完了 21 千米,用时 1 小时 50 分 42 秒。跑步地点选在山谷中的开放环道,附近是捷克最高的斯涅日卡山。萨莱克酷爱健身,还持有**平板支撑时间最长**的纪录(参见第 115 页)。

速度最快的火山冲浪

帕里库廷火山是一座圆锥形渣堆火山,位于墨西哥米却肯州的乌鲁阿潘。2021 年 1 月 24 日,蔡斯·柏林格(美国)踏着经过改造的滑雪板,以 45.06 千米 / 时的速度在一处火山灰覆盖的山坡上冲浪。他回忆道:"那里完全没有减速的空间,只有一座陡峭的火山,尽头是一大片岩壁。想要停下,就只能一头撞上去!"

游泳横渡英吉利海峡的最短用时

2023 年 9 月 8 日,德国奥运选手安德烈亚斯·瓦施伯格从英国肯特游到了法国格里内角,全程仅用时 6 小时 45 分 25 秒。2025 年是首次游泳横渡英吉利海峡 150 周年。下表汇总了游泳挑战这条世界知名水道的历史壮举。

英吉利海峡游泳挑战里程碑		
最早的……	姓名	日期
单次横渡*	马修·韦布(英国)	1875年8月24—25日
单次横渡(女子)	格特鲁德·埃德尔(美国)	1926年8月6日
两次横渡	安东尼奥·阿伯通多(阿根廷)	1961年9月20—22日
两次横渡(女子)	辛迪·尼古拉斯(加拿大)	1977年9月7—8日
三次横渡	乔恩·埃里克森(美国)	1981年8月1—12日
三次横渡(女子)	艾莉森·斯特里特(英国)	1990年8月2—3日
纵长距离游泳	刘易斯·普格(英国)	2018年7月12日—8月29日
四次横渡	莎拉·托马斯(美国)	2019年9月15—17日

*1875 年 5 月 28—29 日,保罗·博伊顿(美国)穿着充气服,从格里内角到英国肯特郡的南福兰。拿破仑大军中的士兵乔凡·马利亚·萨拉蒂(意大利)可能从多佛附近囚禁船的船上逃脱,在 1815 年七八月的时候游到布洛涅,但真实性存在争议。

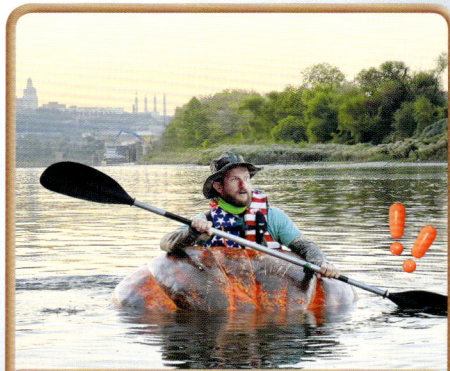

划南瓜船行进的最远距离

2023 年 10 月 8 日,史蒂夫·昆尼(美国)划南瓜船沿密苏里河行进了 63.04 千米,从堪萨斯城到达密苏里州的拿破仑市。他把自己种的南瓜挖空后改造成船。堪萨斯城划艇俱乐部的成员陪同他挑战,按史蒂夫的说法,要确保"愚蠢之举的绝对安全"。

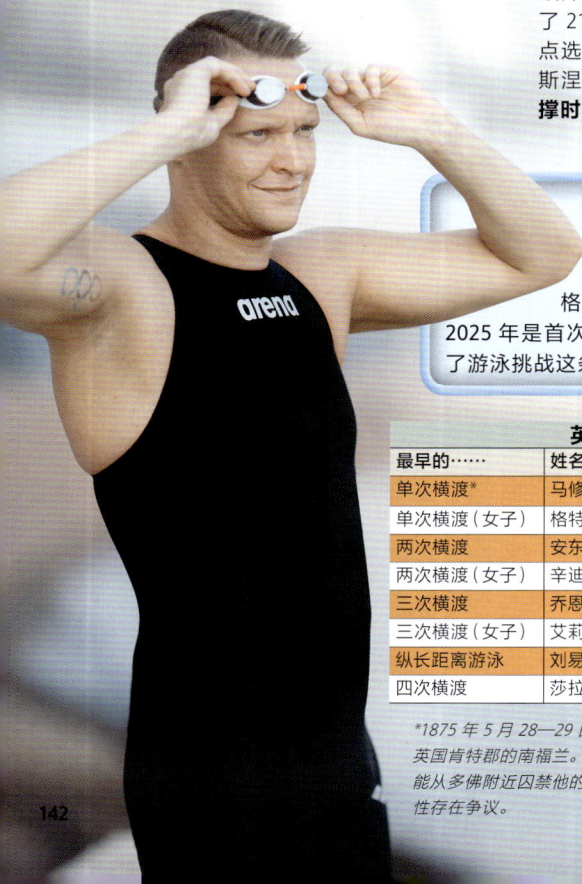

乘双人皮艇划完泰晤士河的最短用时

电视主持人、博物学家史蒂夫·巴克肖尔（插图）和汤姆·麦吉本（均来自英国）从英国第二长河的源头一路划到入海口，用时 20 小时 29 分钟。2023 年 8 月 8 日，二人从格洛斯特郡的莱奇莱德出发，第二天抵达伦敦的泰丁顿水闸。巴克肖尔解释说："为准备挑战，汤姆和我进行了训练，我们会轮流划过每一河段，逐渐熟悉河道的曲折变化，尤其是要在黑暗中应对的特殊水域。但我们还是在夜间迷路过几次，还差点儿划过一处水坝！"

骑摩托车穿越澳大利亚 10 处沙漠的最短用时

2023 年 7 月 25 日至 8 月 7 日，尼古拉斯·阿利（澳大利亚）骑着自己的 2021 款铃木 DR650 摩托车穿越了澳大利亚境内的所有沙漠，共用时 14 天 2 小时 12 分钟，比前纪录快了两周。阿利的挑战从南澳州开始，在北领地结束。

使用电动滑板在单一国家行进的最远距离

2023 年 5 月 27 日，斯蒂法诺·罗特拉（意大利）踩着自制的电动滑板从靠近奥地利边境的布伦纳出发，在 6 月 14 日抵达塔兰托省的阿韦特拉纳，完成了 1 260 千米的纵贯意大利之旅。罗特拉是一名设计师，自己动手给普通滑板加装了发动机和电池。

这次挑战并不是罗特拉第一次借助电动滑板创造纪录。2021 年 8 月 10—25 日，他曾踏着电动滑板穿越了意大利、奥地利、德国、捷克、斯洛伐克和匈牙利，创下乘电动滑板到访最多国家（单程）的世界纪录。

24 小时完成山地自行车速降的最大垂直高度

2023 年 3 月 15—16 日，在新西兰皇后镇的科罗尼特峰，安妮·福特（新西兰）完成了 100 次的山地速降，一天内的下坡总距离达 41 900 米。

单人登上酋长岩的最短用时

2023 年 10 月 10 日，在美国加利福尼亚州的黄石国家公园，尼克·埃曼（美国）仅用 4 小时 39 分钟就登上了这座 916 米高的花岗岩峭壁，将攀岩传奇人物亚历克斯·霍诺德（美国）保持的前纪录缩短了 1 小时。2017 年 6 月 3 日，霍诺德成为单人无保护攀登酋长岩的第一人。

赤足徒步旅行的最远距离

2023 年 7 月 19 日，保罗·杜拉基维奇（波兰）开始了不穿鞋探索伊比利亚半岛之旅。2024 年 1 月 9 日，保罗走到西班牙安达卢西亚的圣何塞，结束了 3 409.7 千米的赤足跋涉。

从罗本岛出发游泳横渡的最多次数

2023 年 8 月 2 日，霍华德·沃灵顿（南非）第 155 次完成从罗本岛到南非开普敦布卢伯格海滩的游泳横渡。在游泳高手眼中，这条 7.5 千米长的线路挑战性十足，该水域不但水温低，还有很多大白鲨出没！

24 小时骑躺式自行车到访最多的国家

2023 年 6 月 24—25 日，穆罕默德·伊莱瓦（埃及）骑着斜靠背自行车游历了 5 个欧洲国家。他从荷兰瓦尔斯出发，途经德国、比利时和卢森堡，最后抵达法国埃夫朗，全程约 240 千米。

登顶 8 000 米以上高峰的最短用时

2023 年 7 月 27 日，克里斯汀·哈里拉（挪威）和丹仁·拉玛·夏尔巴成功登顶 K2 峰，至此完成了登顶全部 14 座高度超过 8 000 米的高峰的挑战，共用时 92 天。前纪录为哈里拉在 2023 年 5 月 3 日刚刚创下的（两次挑战有重复）。他们这次竟提前 278 天就完成了挑战。同年 10 月 7 日，丹仁不幸在希夏邦马峰的一场雪崩中丧生。

划皮艇完成的最大 GPS 航迹图

2023 年 11 月 12 日，在澳大利亚新南威尔士州的悉尼港，克劳迪娅·桑托里（澳大利亚）划着皮艇行进了 10.38 千米，其身后的航路形成完整的草海龙形状（插图）。在疫情期间，生态学家、潜水员桑托里开始通过划皮艇的轨迹在 GPS 追踪器上绘制动物图案，目的之一是宣传澳大利亚特有的草海龙，同时呼吁人们关注这种濒危的野生海洋生物。

ICON

关键数据

全名	普里特·钱迪
出生地	英国德比郡
出生日期	1989年2月7日
当前持有的世界纪录	4项，包括最快抵达南极点的单人无后援滑雪距离最长的单人无后援单程滑雪抵达南极点
所获荣誉	英帝国员佐勋章

普里特与哥哥帕普和妹妹格温都由祖父巴巴吉抚养长大。她认为自己之所以敢于挑战锡克族的传统观念，正是因为祖父的大力支持，她也把祖父视作极地探险的关键动力之一。

2023年2月21日，普里特在温莎城堡接受表彰创极地英国的素壮举纪录。她获得英帝国员佐勋章。她事后说："既然我能取得这样的成就，那么任何人都会有所成就。"

普里特·钱迪

英国陆军上尉、探险家普里特·钱迪。钱迪一生都在追求新挑战，而南极冰雪荒原上的挑战更是极端无比。

从很小的时候起，普里特就试图打破人们对她的任何传统期望。她说："我不仅要突破玻璃天花板，我还想把它砸成碎片。"十几岁时，她曾在捷克的一所网球学校学习，回到英国后开始参加极限马拉松赛跑。之后，她加入英国陆军，以理疗师身份在尼泊尔、肯尼亚和南苏丹服役。普里特一直在寻求机会突破极限。2019年，她下定决心滑雪前往南极点。

她用两年时间为这次探险做准备，包括到那威和格陵兰参加培训课。她于2021年11月21日从大力神湾出发，冒着-50℃的严寒每天滑雪长达13小时。2022年1月3日，成功成为首位单人滑雪抵达南极点的亚裔女性（见下图），实现了自己的目标。每次都创造了新纪录。此后，她两次重返这片冰雪大陆，不断将自己的生理和心理耐受能力推至极限。

普里特要拖着 2 米长的雪橇穿越南极洲，她在训练时用轮胎代替。她以女性的名字将雪橇命名为"辛姆兰"。她在打包时必须严格筛选，确保不携带太多物品（下图），第二次探险留出空间带上了 25 块哈瑞宝糖果墙奖励自己！

2023 年

在第三次探险过程中，普里特创造了单人无后援滑雪抵达南极点用时最短（女子）纪录。11 月 26 日至 12 月 28 日，她在没有补给的情况下，从大力神湾出发，用 31 天 13 小时 19 分钟行进了约 1 130 千米。

2022—2023 年

因为天气恶劣，普里特未能如愿成为单人无后援自海岸带雪穿越南极洲大陆的首位女性挑战者，但她确实完成了距离最长的单人无后援雪橇单程滑雪抵达南极点的挑战之旅——1 484.53 千米。

2021—2022 年

2022 年 1 月 3 日，普里特完成首次极地探险，成为首位单人滑雪抵达南极点的亚裔女性。这次冰原远征耗时 40 天 7 小时 3 分钟，也创下了女性单人滑雪到达南极点的第三快纪录。

"有人对我说："你看起来不像极地探险家。"我就想证明给他看。"

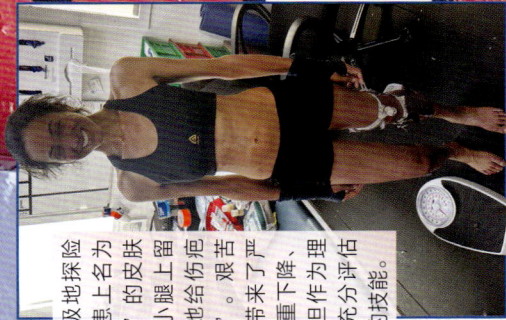

在第二次极地探险期间，普里特患上了"极地脸"的皮肤病，在她的左小腿上留下疤痕，后来她给伤疤取名为"艾尔莎"。艰苦跋涉给普里特带来了严重损伤，比如体重下降、肌肉量减少。但作为理疗师，她具备充分评估自己身体状况的技能。

请访问网站 www.guinnessworldrecords.com/2025，你可以在《偶像》专栏中了解关于普里特的更多内容。

最大的运载火箭

美国太空探索技术公司（SpaceX）的星舰系统全高121米，直径9米，加注推进剂后的起飞质量约为5 000吨。它比"土星5号"月球火箭高10米，重2 000多吨，打破了后者保持了56年的最大火箭世界纪录。

2023年11月18日，星舰完成首次全功率发射。SpaceX按照"硬件丰富"原则进行产品开发，工程师会建造并测试数十个原型星舰。此次试飞也是开发过程的一部分，选用的是第25号原型星舰。星舰第一级的运行实现了预定目标，但在着陆过程中失控，而第二级在自毁前则飞升到150千米的高空，越过太空边界。

星舰的第一级"超重号"高69米，动力来自33台排列成三个同心圆的猛禽发动机，使用液态甲烷和氧气燃料。每台发动机的海平面推力达到2 300千牛（52万磅力），也使SpaceX星舰成为**推力最大的火箭**。按照预定设计，正式投入使用后的星舰能实现150吨的有效载荷，其"宜居"空间也会超过国际空间站的加压容积。

前景中的金属结构是2019年用于竖直着陆的飞船测试原型——"星虫"。

星舰比自由女神像从基座到火炬尖端的全高还要高出约三分之一。

121 米

93 米

147

闪回：最高建筑

人类自从修建出最早的永久定居点以来，就一直在想象力与现实间博弈，不停探索建筑物的高度极限。我们在这里介绍**最高独立建筑**的历史演进——从史前最早的神庙到哥特式教堂的高耸尖塔，再到现代都市的玻璃幕墙式摩天大楼。

1. "D号石阵"（约公元前9600—前8000年）
5.5米
这处圆形建筑坐落于土耳其境内的新石器遗址哥贝克力巨石阵中，其用途尚无定论。两根雕刻过的中心石柱高度大约是成年男性身高的4倍。外墙内有11根较小的雕刻石柱。

2. 耶利哥塔（公元前8000—前4000年）
8.5米
这座石塔大致呈圆形，由石料干砌法建成，位于约旦河谷（今为约旦河西岸地区）的耶利哥古定居点。1956年，考古学家凯瑟琳·凯尼恩发现了这处遗址，将其年代定为石器时代晚期。之后的调查证实了她的断代，但无法确定石塔的建造目的。

3. 乌鲁克白庙（公元前4000—前2670年）
12米
约公元前4000年，古人在伊拉克境内的乌鲁克平原建造了齐格拉特庙塔（平顶的金字塔式神殿）。为纪念美索不达米亚的太阳神安努，人们又增建了一座白庙。因为涂着石膏的墙面能反射阳光，所以从距离很远处就能看到这座神庙。

4. 左塞尔金字塔（公元前2670—前2600年）
62.5米（119皇家肘尺）
这座为法老左塞尔修建的金字塔位于埃及塞加拉古墓群中，最初为水平封顶的地下拱顶陵墓结构，通常由泥砖砌成，但是建筑师伊姆霍特普改用石块代替，增加了结构强度，使得陵墓规模更大。这一设计还表明建筑师完全掌握了工程原理：有倾角的墙壁会产生向内的作用力，可以抵消金字塔庞大质量所产生的向外作用力。

5. 美杜姆金字塔（约公元前2600年）
70米（133皇家肘尺）
人们认为这座金字塔建于法老胡尼和法老斯尼夫鲁统治时期，建造过程中很可能发生了坍塌。金字塔只剩下70米高的石灰石核心结构，风化后还剩65米。遗址位于埃及首都开罗以南约72千米的尼罗河西岸，建在一处岩基高地上。

6/7. 弯曲金字塔和红金字塔（约公元前2600—前2580年）
104.7米（200皇家肘尺）
这两座石灰岩金字塔高度相同，位于埃及的达舒尔墓地，都建成于法老斯尼夫鲁统治时期。先完工的弯曲金字塔存在结构问题，多次更改设计。之后修建的红金字塔借鉴了弯曲金字塔的经验，也可能汲取了美杜姆金字塔局部坍塌的教训。

8. 胡夫大金字塔（约公元前2580—1311年）
146.5米（280皇家肘尺）
在长达3890年的时间里，这座巍峨的陵墓一直是世界上**最高的建筑**，至今也仍是**最高的金字塔**。它所在的吉萨高地俯瞰开罗附近的尼罗河谷。胡夫大金字塔采用三种砖石结构——花岗岩巨石建造墓室，粗切石灰岩块砌主墙，较为光滑的白色石灰岩铺贴表面。

9. 林肯大教堂（1311—1548年）
约152.4米
这座哥特式大教堂位于英国林肯郡，其尖塔高度在147.04米到160米之间。即使按最低值算，它也是近4000年来第一座高度超过胡夫大金字塔的建筑。在石匠大师理查德·斯托的监管下，1240年开始建塔楼，尖塔于1306年左右开工。1311年完工的尖塔在1548年因风暴倒塌。

10. 施特拉尔松德圣玛丽教堂（1548—1647年）
151米
圣玛丽教堂建在德国汉萨同盟港市施特拉尔松德，原本是一座教区教堂，后扩建成能体现地方繁荣的大教堂。在1416—1647年间，教堂顶部曾建有塔楼和尖塔，但1647年因雷击引发的大火将尖塔烧毁。

11. 斯特拉斯堡圣母大教堂北塔（1647—1874年）
142米
这座哥特式大教堂位于法国的斯特拉斯堡，大概建于1200—1439年。圣玛丽教堂的尖塔被烧毁后，圣母大教堂成为当时**最高的建筑**。设计者想参考巴黎圣母院之类的大教堂，在西立面建造双塔，但因资金不足只建成了北塔。高塔的上部和塔尖是石匠大师乌尔里希·冯·恩森根和约翰内斯·霍尔茨的手笔。

12. 汉堡圣尼古拉教堂（1874—1876年）
147.8米
圣尼古拉教堂由英国建筑师乔治·吉尔伯·史考特设计，属于哥特复兴风格，顺应了19世纪下半叶兴建巨型教堂的浪潮。工程师们具有更完备的知识，能把荷载和应力计算得更精确，因此教堂高度也超过了中世纪石匠大师们的成果，而且新的机械设备也极大缩减了工时和成本。

13. 鲁昂大教堂（1876—1880年）
151米
1822年的一场大火之后，这座中世纪建筑的尖塔被改用铸铁材料（当时非常新颖的建材）

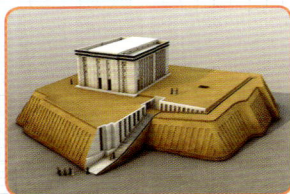

建造，设计者为让－安托万·艾拉沃因。然而，由于经济和政局动荡，该工程用了 50 多年才完工，当地的铁艺大师费迪南德·马鲁为其完善了最后的细节。

14. 科隆大教堂（1880—1885 年）
157.2 米
这座德国的双塔大教堂在 1248 年就已奠基，但工程进展缓慢，宗教改革运动开始后彻底停工。19 世纪 20 年代，人们找回了格哈德·冯·赖尔的原始图纸，工程得以恢复，在开工 632 年后最终封顶。

15. 华盛顿纪念碑（1885—1889 年）
169 米
在华盛顿特区修建美国首任总统纪念碑的计划在 1791 年就已提出，但直到 1845 年才选定设计方案。由于美国南北战争等原因，工程一度停滞，1876 年重新开工。建成后的纪念碑是一座中空方尖碑，内部由铁架支撑，花岗岩外壁由下至上逐渐变薄，顶部仅有几英尺厚。

16. 埃菲尔铁塔（1889—1930 年）
300 米
这座地标建筑专为 1889 年世界博览会建造，至今仍独霸法国巴黎的天际线。风格前卫的设计和崇尚简约而非华丽的装饰风格曾遭到巴黎许多上层人士反对。铁塔原本只是临时建筑，但市民集体请愿要求保留。如果算上广播天线，现在的铁塔有 330 米高，仍是最高的铁质结构物。

17. 克莱斯勒大厦（1930—1931 年）
318.9 米
这座令人惊叹的大厦坐落于美国纽约市，由威廉·凡·阿伦设计，属于装饰艺术风格。外部装饰采用抛光铝

材和不锈钢，钢制的鹰头雕像和拱门分别对应克莱斯勒汽车的引擎盖装饰和轮毂罩。史上第一次出现了最高的大楼（定义为可占用楼层高度要超过一半）与不限种类的最高结构物为一体的建筑。

18. 帝国大厦（1931—1967 年）
443.2 米
这座摩天大楼成为纽约市最显眼的地标之前，建筑师威廉·兰博在最初设计中想把它建成平顶结构，但克莱斯勒大厦在 1930 年突然加了上面的尖顶，投资方约翰·拉斯科布便下令修改设计，必须保证帝国大厦成为最高的大楼。兰博因此增添了观景台和尖塔，其外形似飞艇的系留桅杆。在 1971 年世贸中心落成之前，帝国大厦一直持有高度纪录。

19. 奥斯坦金诺电视塔（1967—1976 年）
537.4 米
这座广播电视塔位于俄罗斯的莫斯科，施工负责人尼古莱·古基京是 Mosproekt-2 设计局的总设计师。该局负责苏联时期莫斯科的公共设施建设。电视塔于 1960 年开始施工，但因地基问题长期拖延。使用预应力钢筋混凝土的主体结构具有很强的柔韧性，其上层部分在大风中摆动幅度达到几米。

20. 加拿大国家电视塔（1976—2010 年）
553.3 米
这座发射塔是多伦多的城市象征，以建造它的加拿大国家铁路公司的名字命名。施工采用了滑模技术，先将混凝土浇筑到模具中，再用液压千斤顶将模具不断抬升，

从而形成无缝且坚固的一体结构。虽然这项技术之前从未应用到如此大体量的建筑上，但现在已成为高层建筑核心构架的标准技术。

21. 哈利法塔（2010 年至今）
828 米
位于阿联酋迪拜的这座综合性摩天大楼于 2004 年开工，外部建筑在 2009 年 10 月 1 日竣工，其开发商为艾马尔地产公司，由 SOM 建筑设计事务所设计。哈利法塔是历史上最高的大楼和最高的建筑物，拥有最多的楼层数（163 层），也有最高的住宅公寓（385 米）。

建成后的克莱斯勒大厦在顶层豪华公寓内配有当时世界上最高的卫生间。

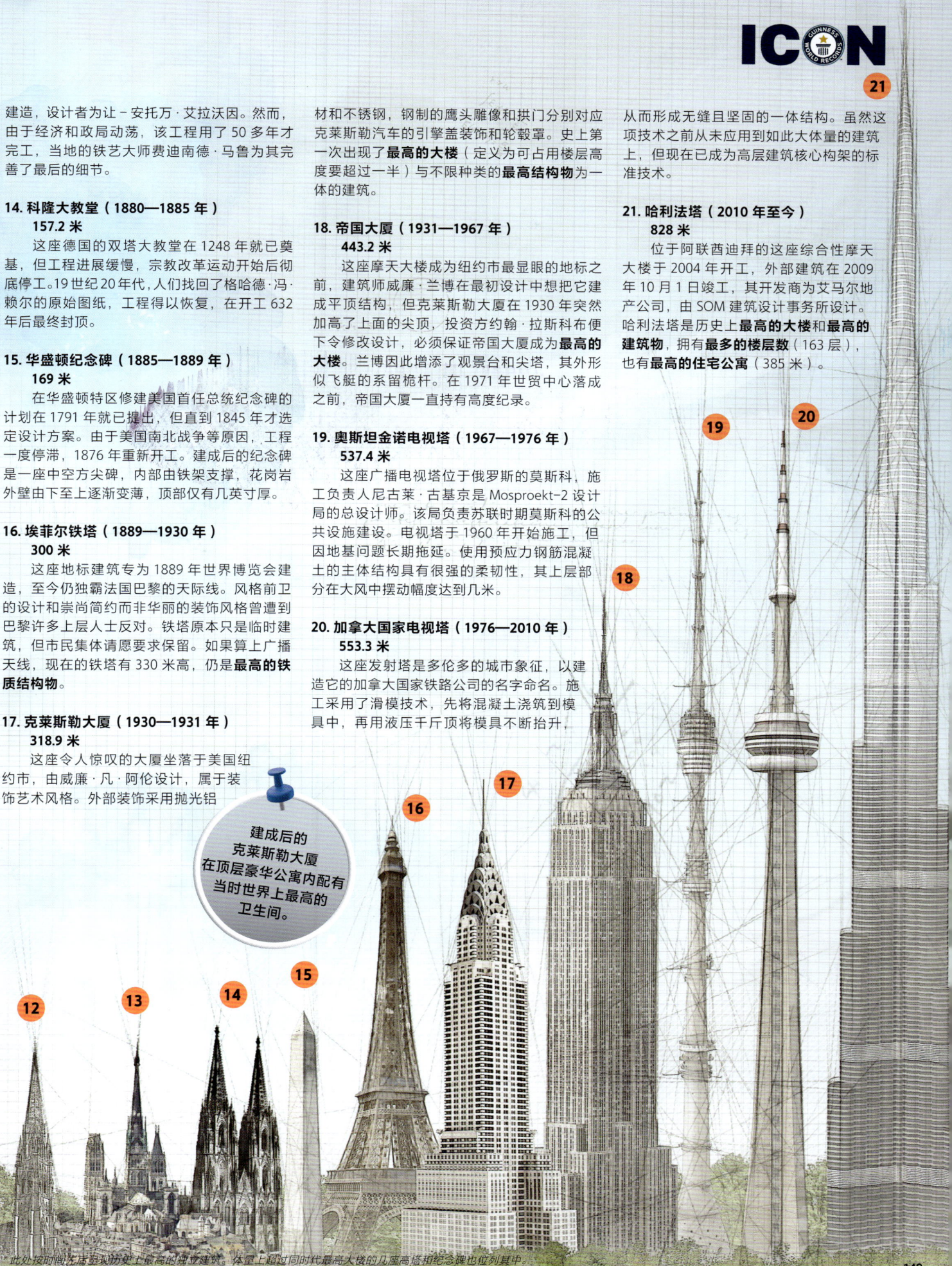

此处按时间先后呈现历史上最高的独立建筑，体量上超过同时代最高大楼的几座高塔和纪念碑也位列其中。

AI 技术

最早的人工神经网络

1958 年 7 月 7 日，弗兰克·罗森布拉特（美国）发明了"感知机"——一台能从过往经验中学习的计算机。接受过图形读取训练后，感知机能够自主识别白色卡片上的黑点位置。它要把每个像素发送到一个所谓的"神经元"上，而"神经元"进行简单测算后将结果数值写入内存。另外一层神经元会检验这些数值，最终给出明确答案。

拍卖价最高的 AI 生成艺术品

2018 年 10 月 25 日，《埃德蒙·贝拉米画像》创造了 432 500 美元的拍卖成交价。这幅肖像画是法国艺术团体 Obvious 通过 AI 生成的作品。他们运用生成对抗性网络分析了 15 000 幅肖像画，画作上的签名处有应用算法的片段。

第一款聊天机器人

1964—1966 年，约瑟夫·维森鲍姆（美国，生于德国）在美国麻省理工学院开发出能模拟人类对话的机器人 ELIZA。用户打字输入想说的内容，ELIZA 会扫描文本中的关键词，按照词语的关联规则给出应答。

ELIZA 模拟的是精神分析师身份，其程序代码虽然只有 200 行左右，提问也很模糊，却让许多研究参与者信服不已，他们都与机器交流过个人的隐忧和心底的秘密。

第一个能识别手写字符的神经网络

将手书文字转换成数字文本是 20 世纪 60 年代的一项重大挑战，当时的 AI 研究人员对此开展了深入探索。到了 20 世纪 80 年代，随着新的"深度学习"神经网络系统的问世，解决这一难题才有了可能。这种新系统在输入和输出两端设计了更多层的神经元。1989 年，杨·勒村（法国）和 AT&T 实验室（美国）的同事设计了一套神经网络，能识别出美国邮政局提供的 2 007 组手写邮政编码中 95% 的字符。

最大的专家系统

虽然神经网络是如今的技术主流，但 AI 的技术路径远不止一条。专家系统也是一种 AI 技术，能模仿人类专家运用复杂逻辑规则进行推理判断。由 Cycorp 公司（美国）负责运维的 Cyc 系统现在是最大的专家系统，能根据 3 000 多万条规则得出结论。

最快的自动驾驶汽车

2022 年 4 月 27 日，一辆达拉 AV-21 赛车在美国佛罗里达州的肯尼迪航天中心进行了测试。它以 309.3 千米/时的往返均速飞驰了 1 000 米。AV-21 完全由车载计算机系统操控，负责编程的是 PoliMOVE 自动驾驶赛车队（意大利）。

美国律师资格考试中的最高 AI 得分

近年来，大型语言模型（LLM）已经成为 AI 技术发展主流。LLM 系统能分析数十亿字符的文本，从而实现自我提升。接受过训练的 LLM 系统特别擅长写作和阅读理解。

当下热门的 ChatGPT 服务的核心 GPT-4 就是一种大型语言模型。2023 年 3 月，参加美国律师资格考试的 GPT-4 得到 298 分（满分 400 分），高于 90% 的人类应试者，理论上具备了法律执业资格。同样在 2023 年 3 月，GPT-4 又创造了 **SAT 考试中的最高 AI 得分**，在美国的大学入学考试中取得 1 410 分（满分 1 600 分）。

第一个即兴说唱对战的机器人

2020 年 2 月，机器人"西蒙"与说唱歌手达什·史密斯展开了一场激情对决。开发者吉尔·温伯格（以色列/美国）设计的神经网络和语音合成软件能使西蒙从达什的歌词中获得灵感，实时生成押韵的回应词句。

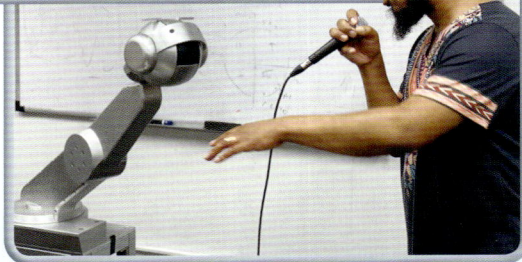

自动驾驶车队的最大累计行驶里程

截至 2023 年 9 月，两家研发自动驾驶汽车的美国公司——克鲁斯（左）和威莫（右）——的车队分别实现了近 800 万千米的行驶总里程。他们的汽车属于"4 级自动驾驶"，车上没有司机，但偶尔需要人完成远程输入。汽车使用相机和 LiDAR（激光探测及测距系统）收集环境数据，并通过深度学习神经网络解析数据。

BOT

团队与擅长语音生成动画技术的 Speech Graphics 公司合作，制造了安的数字化身，它能模拟安以前说话的嗓音。

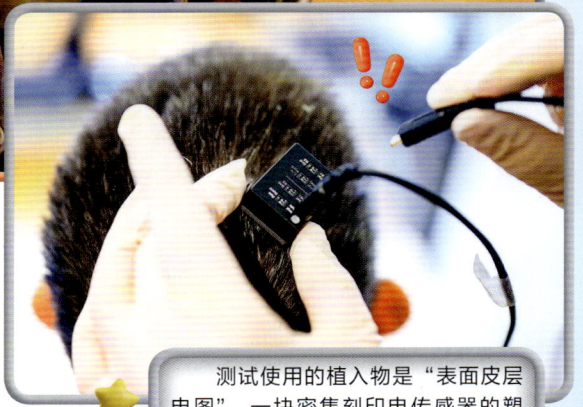

脑机接口实现的最快通信速度

由张复伦（美国）牵头的加州大学洛杉矶分校研究团队开发出新型脑机接口系统。这种依靠 AI 驱动的系统能以每分钟 78 个词的速率将神经信号转换成文本信息。

所谓的"神经假体"能帮助瘫痪病人进行交流，即使无法讲话也能沟通信息。自愿接受脑机系统原型测试的安（上图）在 30 岁时罹患中风，导致其身体机能逐渐丧失。通过脑部植入体和深度学习网络的配合，脑机系统能将想说的话解译为书面语，然后在终端显示出来。在此之前的 18 年里，安只能依靠一套眼动追踪指示系统才能把语言变成文字，新技术有望帮助她在咨询行业开启全新人生。

每当安有意识地阅读成组的字符和词汇，项目使用的神经网络就会实时监测安的脑部活动。通过反复训练，神经网络能掌握人脑活动模式和语言表达意图之间的关联性。

测试使用的植入物是"表面皮层电图"，一块密集刻印电传感器的塑料薄膜。研究团队无须将植入物植入安的脑组织，只要把薄膜覆盖到颅内的脑部表面，便能详细读取神经信号。

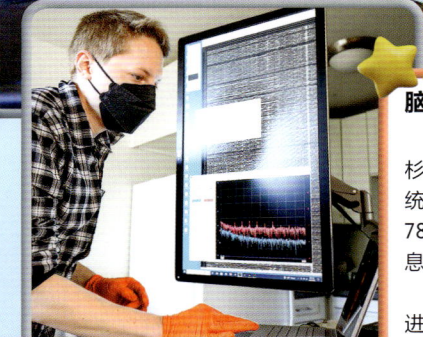

计时器

最早的沙漏

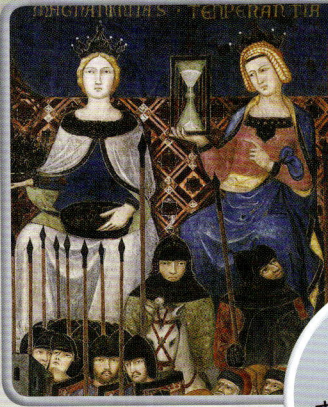

从 11 世纪起，人们就能根据两个容器间细沙的稳定流动来计时。据为数不多的史料记载，中世纪的航海家用这种装置计算航程。1338 年，画家安布罗吉奥·洛伦泽蒂在意大利的锡耶纳创作了壁画《善治寓言、好政府的寓言》，画面中出现了象征"禁酒"的沙漏。

最早出现的计时装置是古代的日晷和水钟，后者的原理与沙漏相似。

按下按钮，才能看到时间显示。

第一款电子表

1972 年 4 月 4 日，"脉冲星时间计算机"手表问世，引起广泛关注。这款手表无疑是高科技奢侈品，有金、银两种材质可选，配有石英晶体电路和 LED 显示屏，标价 2 100 美元，相当于现在的 15 500 美元！在 1973 年的电影《007：生死时速》中，詹姆斯·邦德戴着它闪亮登场。

最早的摆钟

单摆一旦动起来，就会一直按固定频率摆动不停。1656 年，荷兰科学家克里斯蒂安·惠更斯利用单摆的等时性原理设计出一款摆钟，把每日误差缩小到几秒钟，使早期机械类计时器的精度有了大幅提高。

惠更斯认识到这一发明非常实用，于是将设计专利授权给钟表匠萨洛蒙·科斯特（荷兰）。荷兰莱顿市的波尔哈夫国际博物馆里珍藏的一座**最古老摆钟**就出自科斯特之手，其年代可追溯到 1657 年，上面的铭文显示，摆钟制作的确经过了惠更斯的同意。

非真空环境中最精准的摆钟

虽然摆钟已经不再是前沿的计时器，但设计师们的改进热情不减当年。马丁·伯吉斯（英国）设计的"B 型钟"目前持有走时精度的世界纪录（非真空环境下），其设计理念源于钟表大师约翰·哈里森（**见第 153 页**）。2014 年，人们在格林威治皇家天文台进行了实测，它在 100 天内的误差只有 0.125 秒。

最早的石英钟

由于压电效应，石英晶体在电流作用下会产生稳定的脉冲信号。20 世纪 20 年代中期，贝尔实验室的工程师沃伦·马里森和 J.W. 霍顿（均来自美国）设计的电路能获得持续振荡的信号，并将其转化成计时基准值。1927 年 10 月，二人向公众发布了自己的成果。现在几乎所有的电子器件上都会应用这种微小廉价的石英晶体振荡器。

最早的原子钟

1948 年，科学家哈罗德·莱昂斯（美国）在当年的美国国家标准局利用氨分子研制出原子钟。莱昂斯的计时钟尚处于概念验证阶段，并不是很精确，但这一概念经过改进后，现在被用作国际时间的计量标准。

原子钟内的铯原子流经微波束时，其能量态可以得到测量。微波发射器的频率经过上下微调，最后校准到与铯原子的共振频率完全一致，从而使铯原子进入可预测的高能态。振荡频率稳定后便成为计时基准，一秒钟时长就被定义为微波束振荡了 9 192 631 770 次。原子钟要经过 1 亿年才会慢 1 秒。

最大的钟面

沙特阿拉伯麦加的皇家钟塔傲然俯视着圣城的各条街道，从圣城各个角落都能轻松看清楚这座 450 米高的大钟完全相同的四面。华丽的指针在直径 43 米的钟盘上转动（*上图*），钟面比 6 个英国伦敦大本钟的钟面之和还大。

最精准的钟表

光晶格钟是一种原子钟，研发者为科罗拉多大学的叶军（美国，中国出生）。2022 年，这台计时钟已经能精准运行，150 亿年才会产生不到 1 秒的误差。光晶格钟的计时基准来自高频共振的锶原子。在激光晶格包围的真空环境下，锶原子共振频率每秒可达 429 万亿次。

最贵的怀表

2014 年 11 月 11 日，在瑞士日内瓦的苏富比拍卖行，经过激烈竞价，一位匿名买家成功拍下一块小亨利·格雷夫斯定制的超级复杂功能款怀表，成交价为 23 237 000 瑞士法郎（约 2 400 万美元）。这块名表得名于其设计中融入了多重特殊功能（即钟表大师口中的"复杂功能"）。

表冠
用于设定时间和上发条

夜空显示
怀表的背面更是精巧复杂。这块区域的图像会随着季节的不同而变化，（至少在理论上）能显示格雷夫斯在曼哈顿第五大道豪华公寓所仰望到的夜空景致。

月相表盘
能显示每个月的月相变化

秒表
启动 / 停止按钮

嵌入式表盘 1
外表盘可支持秒表工作 12 小时，内表盘能显示报时机构的发条力量大小。

主表面
怀表正面有 5 个指针。除时针和分针，还有一根指针既用于显示闹钟时间，也充当秒表的秒针和双秒针。

日出 / 日落
内置表盘显示黎明和黄昏时间

24 时表面
显示恒星时（根据遥远恒星的运动规律计算得来）

均时差
怀表的一些功能涉及特别复杂的制表细节。这个表盘显示的是平太阳时（如正面表盘所示）与真太阳时或视太阳时（即日晷上显示的数值）之间的差值。

闹钟
启动 / 关闭开关

静音开关
用于关闭多种报时音和闹铃声

> 这块怀表是百达翡丽在 1928 至 1931 年间为美国银行家小亨利·格雷夫斯设计制作的。

外壳
37 毫米厚的黄金材质

日历
此表盘外圈显示日期，主表盘两侧内嵌的指示器显示星期和月份。日历可以根据闰年调整，在 2100 年前都会保持准确。表盘内圈充当主表盘的秒针。

三簧表
按下这个按钮后，怀表用不同音调报出小时和分钟数值

嵌入式表盘 2
外圈表盘为秒表记录分钟，内圈表盘显示主发条力量大小

报时模式
不同声音间循环

内里乾坤

这块怀表为纯机械式，多项复杂功能需要若干精加工的齿轮、弹簧和凸轮协调运行才能实现。先期设计从 1925 年持续到 1928 年，因为当时还没出现计算机或者电子计算器，所以那些复杂的数学演算工作全靠人力在纸面上完成。百达翡丽不得不将这项工作分包给瑞士各地的数十位制表大师，而格雷夫斯为此花费了 15 000 美元，相当于今天的 259 000 美元。

第一台航海天文钟

1730—1735 年，钟表匠约翰·哈里森（英国）发明了航海钟 H1。这是第一台能在海上保持精准的机械计时器。1736 年，这台机器在从伦敦到里斯本的航程中得以验证，在摆钟失灵的情况下，能通过两个相连的平衡杆校准时间。哈里森用自己的余生完善航海钟，最终研制出了类似怀表的 H4，它能在跨海远洋航行时精准计时。

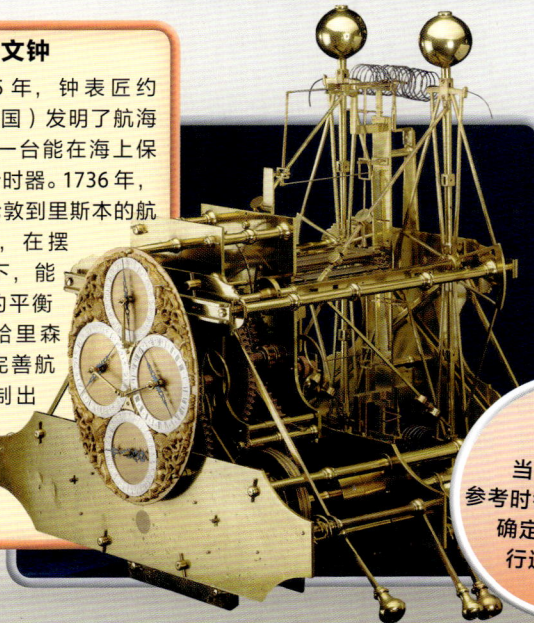

> 通过比较当地太阳时和参考时钟，航海者就能确定向东或向西行进的距离。

最贵的腕表

2019 年 11 月 9 日，在瑞士日内瓦的佳士得拍卖会上，现代版超级复杂功能怀表（*见上文*）以 3 100 万瑞士法郎（约 3 360 万美元）的高价成交。通过翻转，这款"百达翡丽大师弦音"腕表能以两个独立表盘示人，表壳有 1.6 厘米厚，集成了 20 种复杂功能。

天文奇观

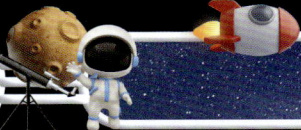

距地球最近的黑洞

位于蛇夫座的黑洞 Gaia BH1 距离地球 1 560 光年。2023 年 1 月,以哈佛大学天文学家卡里姆·艾尔·巴德里为首的团队观测到一颗类似太阳的恒星在围绕一颗质量巨大但不可见的伴星运行,由此发现了这个黑洞。它的质量是太阳的 9.62 倍。

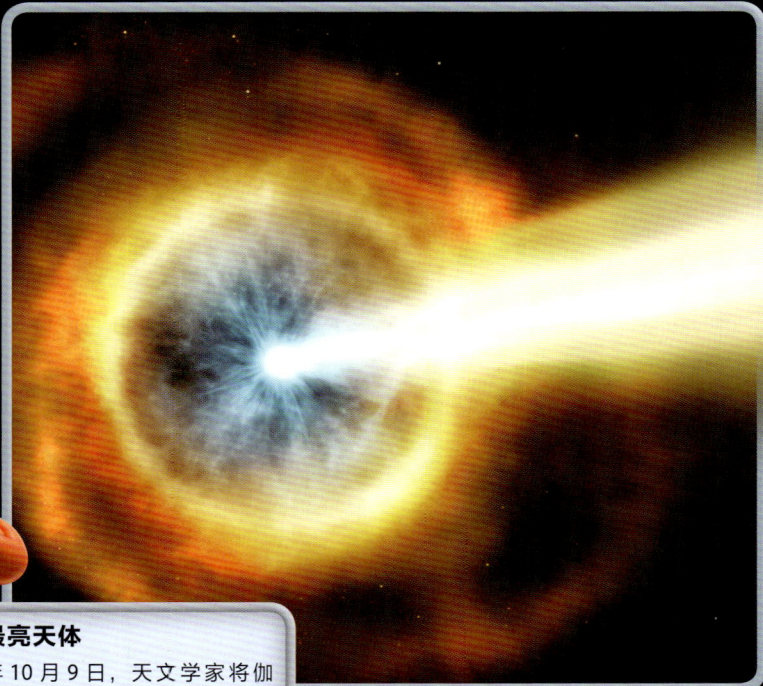

最近的恒星

太阳是距离地球最近的恒星,"只有" 14 960 万千米。**第二近的恒星**是比邻星,距离是日地距离的 25 万多倍。

地球上能看到的最亮恒星

天文学家使用的目视星等体系描述的是天体与织女星的相对亮度(织女星的星等值为 0)。数值越高,天体对地球上的观察者来说就显得越暗。一些格外明亮的天体的目视星等值可能是负数。天狼星 A(或称大犬座 α 星)的目视星等值为 −1.46。

观测到的最亮天体

2022 年 10 月 9 日,天文学家将伽马射线暴 GRB221009A 称为"BOAT"(Brightest Of All Time,意为"史上最亮")。这次太空大爆发的亮度是此前纪录的 70 倍,峰值达到每秒 650 万个伽马射线光子,每个光子携带的能量达到 18 兆电子伏特,相当于大型强子对撞机向粒子赋能量值的两倍。

最大的星系

IC 1101 星系位于 Abell 2029 星系团的中心,主直径为 560 万光年,大约是银河系直径的 50 倍。它输出的光相当于 2 万亿个太阳输出的光。

最遥远的黑洞

詹姆斯·韦伯太空望远镜发现的黑洞 CEERS 1019 距离地球 131 亿光年,这一距离意味着它在大爆炸后 5.7 亿年就形成了,其质量是太阳的 900 万倍,比此前发现的黑洞小很多。

发现系外行星的年龄最小的人

2013 年 2 月 13 日,年仅 15 岁 75 天的汤姆·瓦格(英国,生于 1997 年 11 月 30 日)发现了气态巨行星 WASP-142b。他在基尔大学开始实习仅仅 1 小时,就通过检索 WASP(广角行星搜索)合作项目的天文望远镜数据发现了这颗行星。经过两年的后续观测,瓦格发现的这颗系外行星得到了确认。

业余天文学家发现的超新星的最多数量

在日本山形县山区,业余天文学家板垣公一(日本)在他的私人天文台观测到了 172 颗正在爆炸的恒星,数量超过其他任何个人观测者的成绩。这位天文学家自学成才,用在日本境内架设的由计算机控制的 7 台望远镜扫视天空。2023 年 5 月,他记录了最新发现成果——风车星系中一颗壮观超新星,定名为 SN 2023ixf。

太空之眼

虽然地基天文台仍然在发挥着重要作用,但本页提到的诸多新发现都得益于以下三台太空望远镜。因为在太空中运行,它们能避免光污染和电磁辐射对地面观测的干扰。第一台太空望远镜是美国制造的 OAO-2,于 1968 年发射。

开普勒太空望远镜(2009—2018 年)
设计的目的是持续对恒星进行监测,以搜寻系外行星。它创造了用望远镜发现最多系外行星的纪录——2 778 颗。

盖亚太空望远镜(2013 年至今)
作为**最大天文测量项目**的组成部分,盖亚持续测量 18 亿颗天体的位置、亮度和运动状态。

詹姆斯·韦伯太空望远镜(2021 年至今)
这是**最大的太空望远镜**,主镜口径达 6.5 米,用于观测红外线。

1 m   1 m   1 m

银河系是成熟的多臂螺旋状巨型星系，而 JADES 发现的遥远星系则显得更小、更模糊。此图显示的是天文学家认为的早期星系的可能模样。

已确认的最远星系

2022 年 12 月，天文学家通过研究詹姆斯·韦伯太空望远镜（JWST，*见第 154 页*）传回的数据，宣布发现了一个新星系，并将其命名为 JADES-GS-z13-0（简称 z13），其红移值为 13.2。这表明到达望远镜的光已经传播了 132 亿年，即起源于大爆炸后的 3.25 亿年，这说明 z13 是**最古老的星系**。

由于宇宙在持续膨胀，z13 星系现在距地球约 336 亿光年，即 317 900 801 000 000 000 000 000 千米！

z13 星系是 JWST 高级河外星系深空巡天计划（JADES）发现的结果。该项目将望远镜聚焦在炉灶座星座恒星之间一片大约只有满月十分之一大小的暗黑区域。

这段文字是《吉尼斯世界纪录大全 1955》收录的第一条纪录，当时被称为"银河系外星云"。

第一章
宇宙

宇宙是空间和物质的总和。已知最遥远的天体是银河系外星云，距离我们约有 10 亿光年，或者说约 9 500 000 000 000 000 000 000 千米。我们有理由相信还有更遥远的星云存在，但它们可能正以超越光速（670 455 000 英里 / 时）的速度远离，所以将超出人类的"可观测视野"。

最远的已知天体

实验室奇迹

最长的地幔岩心样本

2023 年 5 月，"乔迪斯·决心号"大洋钻探船上的研究人员从大西洋海床深处钻取了一个 1 268 米长的岩石样本。该岩心含有 1 000 米长的地幔岩。由于地质作用，这部分地幔岩近期在向地表移动。地幔占地球体积的 86%，但通常位于地下深处，不便进行研究。这个样本取自大西洋中脊，那里的地壳非常薄。

最强的 X 射线激光器

直线加速器相干光源 II（LCLS-II）使用超导粒子加速器，把电子推到接近光速，再将其能量转化为极其明亮的 X 射线，并以每秒 100 万次闪光的速度射向目标。它由美国能源部运营，有望应用于多个领域，也使科学家能够研究转瞬即逝的化学反应，对医学和清洁能源技术的进步具有重要意义。

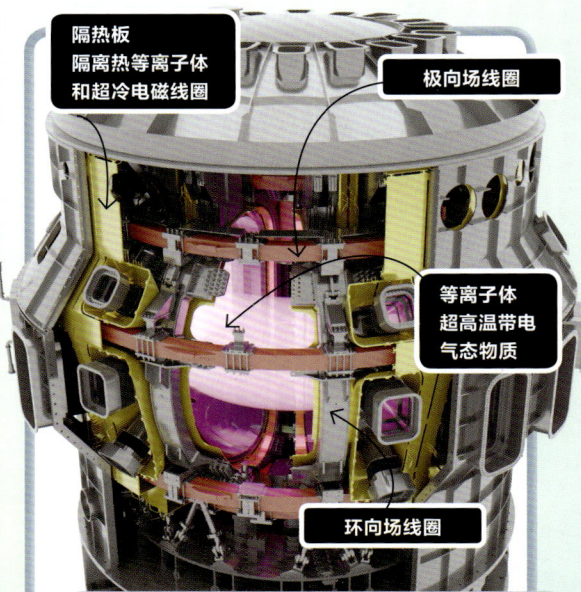

最快的 DNA 测序技术

2021 年 3 月 16 日，尤安·阿什利（美国／英国）和美国斯坦福大学的一个团队使用牛津纳米孔 PromethION-48 测序仪，用时 5 小时 2 分钟对人类基因组完成了测序。测序涉及 DNA 分子中碱基或核苷酸的精确顺序，而碱基或核苷酸是遗传信息的最基本层级。这项技术可以帮助诊断、治疗疾病和遗传缺陷。

最高效的太阳能电池

商用太阳能电池的效率通常可达 20% ～ 25%。2023 年 7 月，亥姆霍兹柏林能源与材料研究中心（德国）开发了一种钙钛矿／晶硅串联太阳能电池，可将 32.5% 的太阳能转化为电能。

2023 年，**最高效的塑料太阳能电池**纪录也得到刷新。中国香港理工大学的团队使用工程聚合物，使塑料太阳能电池的效率达到 19.31%。这种电池格外引人关注，因为它们更加轻便，而且可开发成半透明款式，有望应用于可发电的有色窗户。

量子计算机运行的最多量子比特

2023 年 10 月 24 日，原子计算公司（美国）公布了一台运行 1 180 量子比特的计算机原型。

每个量子比特都是一个在光学晶格中的超冷镱原子（所用技术与**最精确的时钟**相同，*详见第 152 页*）。这台计算机不需要传统二进制的 1 和 0 数字排列组合，而是依靠这些原子的无限变化的量子态来运行。

锂离子电池充电的最低温度

美国维拉斯·波尔能源研究团队在 –100℃ 的低温下成功为锂离子电池充电。这意味着除了常规环境，这种电池还能在真空中使用。2022 年 12 月 21 日，这项测试在美国印第安纳州西拉法叶的普渡大学进行。

卫星数据链路的最快速度

2023 年 4 月 28 日，"太字节红外传输器"（TBIRD）使用 200 吉比特／秒的激光通信链路，在不到 5 分钟的时间内发送了 4.8 TB 的无错误数据。TBIRD 相当于纸巾盒大小，随同美国航天局的"探路者 3 号"任务进入轨道，其数据中继速度大约比常见的卫星链路快 1 000 倍。

隔热板
隔离热等离子体和超冷电磁线圈

极向场线圈

等离子体
超高温带电气态物质

环向场线圈

最大的托卡马克

2023 年 12 月 1 日，日本茨城县那珂市首次启动了 JT-60SA（*上图*）。这是一种托卡马克，是实验性设备。它利用强大的磁场将等离子体控制在一个类似甜甜圈形状的环形空间内，而由此产生的温度和压力会引发核聚变。原子聚合会释放能量，人们希望有朝一日能利用这一原理生产出丰富的清洁能源。可以容纳 135 立方米等离子体的 JT-60SA 将用于支持法国卡达拉舍正在建设的国际热核聚变实验堆（ITER）的研究。2024 年 3 月，ITER 大型项目建成了最大的超导磁体。这些磁体被称为极向场线圈 PF3 和 PF4（*左图为 PF4*），它们的直径达 24 米，重达 350 吨，反应堆的尺寸相当于 6 个 JT-60SA。

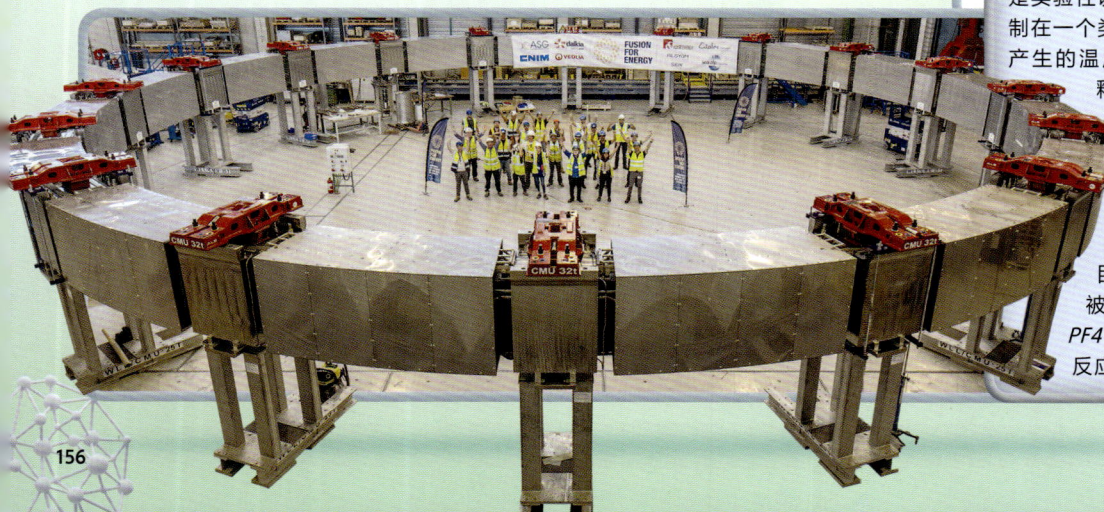

这束激光创造了一条电离空气路径，吸引闪电沿着一条无形的导电等离子体"细丝"下行。

首次用激光引导闪电

2021 年 7 月 24 日下午 4 点刚过，在瑞士森蒂斯山上空，一束激光改变了闪电的路径。由奥雷利安·胡艾德（法国）和让·皮埃尔·沃尔夫（瑞士）领导的研究团队安装了一个太瓦级近红外激光器，用以拦截经常袭击山顶广播塔的闪电。闪电沿着激光的路径行进了 50 米，随后转向原来的目标。2023 年 1 月 16 日，这项实验的细节被发表在《自然·光子学》杂志上。人们希望有一天，类似的高功率激光可以用于偏转闪电路径，保护机场等易受损设施，因为这些地方面积太大，传统的避雷塔防护效果不佳。

全景展示：怪异车辆

速度最快的单轮摩托车

2022 年 9 月 25 日，在英国约克郡北部的埃尔文顿机场，英国单轮摩托车队的马克·福斯特骑着"特洛伊"飙出了 129.890 千米 / 时的速度。自 2010 年起，由 4 名工程师组成的团队一直在设计制造速度越来越快的单轮摩托车。马克是团队的驾驶员。"特洛伊"的设计时速为 128.7 千米，他驾驶"特洛伊"在 2019 年创下了 117.346 千米 / 时的速度纪录后，便下决心再次突破极限。

面包车安装 LED 彩灯的最多数量

2022 年 7 月 19 日，泰国普吉岛的梦幻嘉年华主题公园组织了一系列的开园庆祝活动。一辆炫酷的 12 座丰田面包车创造了世界纪录，车身上装饰了 65 759 个变色 LED 灯。

行驶最快的垃圾桶

2023 年 5 月 24 日，在英国北约克郡的埃尔文顿机场，迈克尔·沃尔海德（英国）驾驶的垃圾桶竟然能以 88.344 千米 / 时的速度飞驰。他花费近 700 英镑将垃圾桶改装成超短轴距的跑车，装配了铃木 GP125 二冲程发动机、五速变速箱和转向减振器，提高了稳定性。

速度最快的电动代步车

2023 年 8 月，杰森·利弗西奇（英国）去世，年仅 47 岁。他患有运动神经元疾病，颈部以下基本瘫痪，但这不妨碍他创造大把的吉尼斯世界纪录。杰森将轮椅安装到卡丁车底盘上（下图），经过多次尝试后，在 2020 年跑出了 107.546 千米 / 时的**电动代步车速度最快**纪录（右图）。两年后，为适应恶化的身体状况，他再次改装了这辆特制的代步车，也因此创下了**头部操控电动代步车速度最快**的新纪录——77.92 千米 / 时。

杰森还曾驾驶代步车登上威尔士最高峰斯诺丹山（也称复活节峰），以及从亨伯桥上绕绳降到地面。

最大怪异汽车博物馆

截至 2023 年，印度海得拉巴的苏德哈汽车博物馆藏有 57 辆车体巨大、造型奇特的车辆。这些新奇展品均由博物馆创始人卡尼尼亚博伊纳·苏达卡尔（印度）设计制作，他正坐在板球主题作品"球棒车"（*上图*）上。苏达卡尔还曾把运动鞋造型汽车（*下图*）开到了大街上。他用回收材料和废旧零件制作另类汽车，其中包括不同的球型汽车（*左下图*）。2005 年，他制作了**最大的三轮车**，其长度为 11.37 米，前轮直径 5.18 米。

苏达卡尔为 2012 年国际劳动妇女节设计了几辆可驾驶的高跟鞋汽车，他的女儿斯帕什塔克沙拉（*左图*）乘坐的便是其中一辆。

苏达卡尔制作的怪异汽车都能上路行驶，最高时速约为 45 千米／时。

可驾驶的最矮汽车

意大利改装车爱好者科奇·鲁迪、马泰奥·马泽蒂和尼古拉·瓜达宁被称为"汽车杂志"。他们将一辆菲亚特 Panda 切成两半，魔改成一辆 59.5 厘米高的机动车，其车架的大小接近卡丁车，车轮尺寸类似超市购物车。不可思议的是，驾驶员完全能坐进车里，不过要屈身侧倾才行。2024 年 1 月 23 日，这辆非常低矮的车辆在意大利米兰的试驾中成功跑了 100 米。

铁路

载客量最大的地铁线路

沙特阿拉伯的麦加朝觐地铁每小时可单向载客 72 000 人。该专线开通于 2010 年 11 月，全年仅在朝觐期间运营 10 天，在米纳、穆兹达利法和阿拉法特山这三个圣地间运送穆斯林朝圣者。麦加地铁线全长 18.1 千米，每列 12 节车厢，可载客 3 000 人左右，每小时发车 24 列。

最长的螺旋线铁路

1912 年建成的阿里山森林铁路主要服务于中国台湾省嘉义县的伐木业，其中一段的起止站点相距仅 570 米，海拔高差却有 233 米。因此，列车行驶到樟脑寮和梨园寮两个村庄之间的路段时，必须沿着螺旋形轨道绕山行驶 5.1 千米。

最早的蒸汽动力客运列车

到 2025 年，乔治·史蒂芬森开通的斯托克顿—达灵顿铁路就有 200 年的历史了。这两座英国城镇间的铁路线全长 40 千米。1825 年 9 月 27 日，由蒸汽机车牵引的列车开始了第一次载乘任务。此前的客运铁路都使用马匹牵引的列车。**第一条客运铁路**是奥伊斯特茅斯铁路，1807 年在英国斯旺西开通。

第一条公共电气铁路线

1881 年 5 月 16 日，搭载了 26 名乘客的格罗斯·里希特菲尔德有轨电车在德国柏林的里希特菲尔德发车。每节车厢都以 180 伏的直流电机驱动，是最早投入运营的电气化铁路，当时的线路全长 2.5 千米。

旅客乘火车出行最多的国家

截至 2022 年，瑞士国民每年的平均火车出行里程为 2 113.35 千米。该数据为铁路旅客出行总里程除以全国人口总数的结果。

2022 年 10 月 29 日，为纪念本国的铁路网修建 175 周年，瑞士开通了世界上**最长的窄轨客运列车**。这条蜿蜒的山区铁路全长 1 906 米，穿行于阿尔卑斯山中段的蕾蒂亚山间。

最长的铁路网

根据国际铁路联盟的数据，截至 2023 年，美国现有正常运行的铁路总里程长 148 533 千米。

中国拥有**最长的高速铁路网**，平均运行时速可达 200 千米或更高。

最繁忙的……

• **地铁系统：** 2022 年，中国的上海地铁系统实现日均客运量 7 363 500 人次，全年客运量达到 2 287 917 700 人次。北京地铁以微弱差距紧随其后。

• **铁路网（国家）：** 2023 年，日本铁路网完成客运量近 6 565 700 000 人次。东日本旅客铁道株式会社是最大的单一运营商，客运量仅次于印度铁路公司。

• **货运铁路网（国家）：** 2023 年，中国铁路网完成货物和原材料运输量总计 2.57 万亿吨。

坡度最大的铁路线路

在葡萄牙里斯本的圣方济各斜巷，有一段铁轨的坡度达到 1:7.2（即 13.8% 或约 7.9°）。此处为里斯本有轨电车系统 28 号线的一段，因为特别陡峭，载客量较大的铰接式车辆无法通行，只能改用单体有轨电车。

最繁忙的地铁站

2022 年，日本东京的新宿站日均接待旅客 270 万人次。相比之下，巴黎的里昂站和纽约中央车站的日均客运量只有 70 万人次左右。新宿站的日均客运量在疫情前的 2019 年达到峰值，大约为 370 万人次，之后便显著下降。

"大男孩"蒸汽机车能拉动 3 810 吨重的货运列车。

X4014

BiG Boy

4014

UNION PACIFIC 4014

牵引力最强的蒸汽机车

联合太平洋铁路公司的 4014 号蒸汽机车"大男孩"能在 16 千米／时的速度下输出 602 178 千牛的牵引力（拉力），约等于 100 辆半挂卡车的功率之和。1941—1944 年间，该款机车一共生产了 25 台，它们的速度最高能达到 112 千米／时。1941 年 11 月，建成的 4014 号车交付给联合太平洋铁路公司并一直服役到 1959 年 7 月。1962 年，该车成为美国加利福尼亚州洛杉矶的铁路巨人火车博物馆内的展品。但在 2012 年，4014 号车被运回公司。2019 年 5 月 4 日，修复后的"大男孩"成为游览列车的牵引车。

可再生能源

最大的水力发电站

三峡大坝工程位于中国湖北省宜昌市，发电装机容量为 22 500 兆瓦，这足以满足比利时全国的用电需求。大坝全长 2.09 千米，共有 32 台主发电机，其中 26 台沿坝而建，由长江水流驱动，另有 6 台发电机则建在地下。

最大的抽水蓄能电站

丰宁抽水蓄能电站位于中国河北省，于 2021 年完工，装机容量为 3 600 兆瓦，能以每秒 36 亿焦耳的速度向电网供电。

在典型年周期内，电站的设计储能水平将达到 8 716 吉瓦时（1 吉瓦时相当于维持 1 小时供电 10 亿瓦电力所需的能量值，相当于 3.6 万亿焦耳）。在用电低峰期，电站会利用过剩电力把水抽到上水库内。等到用电高峰时，上水库放水，带动涡轮机发电。

最大的潮汐能发电装置

设得兰潮汐能阵列建在英国布鲁摩尔海峡，包含 6 套固定在海床上的 Nova M100 型潮汐涡轮机组，总发电量为 600 千瓦。Nova Innovation 公司（英国）从 2016 年开始分期安装设备，直至 2023 年完工。

潮汐涡轮机不会阻断水流，但能利用涨落的潮水发电，原理类似于空中的风力涡轮机。它与潮汐坝不同，后者在涨潮时蓄水，在退潮时通过涡轮机排水发电。朗斯潮汐电站采用的就是潮汐坝，也是第一座潮汐能发电站，1966 年 11 月 26 日在法国布列塔尼开始运行。

风力涡轮机 24 小时的最大发电量

因为台风"海葵"带来了风暴级强风，建在中国福建省近海的一台金风 GWH252-16 风力发电机在 2023 年 9 月 1 日的发电量达到 384.2 兆瓦时。该风力发电机属于漳浦六鳌海上风电场，其转子直径为 252 米。

2023 年 6 月 8 日至 7 月 18 日期间，金风 GWH252-16 还是最大的风力涡轮机，但随后安装的 MySE 16-260（右图）超越了它。两台机组现在共享功率最大风力发电机纪录——16 兆瓦。

可再生能源贡献的最大发电量

中国的可再生能源产能领先全世界。根据国际可再生能源署的数据，中国电网在 2021 年（有数据在案的最近一年）从可再生能源领域获取了 2 405 538 吉瓦时的电能。

然而，这部分电能却仅占该国能源供应量的 28%。可再生能源占比最高纪录为许多小国拥有，其电力供应几乎 100% 为可再生来源（因为一座大坝就能满足一国的水电需求）。在能源需求量大的大国经济体当中，挪威处于领先地位，其电网中的水力发电占比高达 98.8%。

最大的风力涡轮机组

风电厂商明阳智慧能源集团股份公司（中国）研发的 MySE 16-260 型风力发电机组在 2023 年 7 月 18 日启用。机组安装在中国福建省沿海的一处海上风电场，有三片 123 米长的叶片，转子直径达 260 米。叶片每旋转一周可发电 34.2 千瓦时，相当于能给一个普通中国家庭供电 12 天。

最大的地热电站

盖瑟尔斯地热田位于美国加利福尼亚州玛雅卡玛斯山脉，面积达 117 平方千米，建有 22 座地热发电厂，峰值发电量为 1 517 兆瓦。这里蕴藏着巨量的地下水，所形成的天然蒸汽通过钻探出的 350 多口井得到有效利用。

史上最大的波浪能发电装置

阿古卡杜拉波浪发电厂的总装机容量为 2.25 兆瓦，足以为 1 500 户家庭供电。该装置由三组 Pelamis P1 波浪能转换器组成，于 2008 年 9 月 23 日至 11 月 1 日在葡萄牙北部的大西洋中运行。由于主要投资方财务爆雷，该试点项目运行 5 周后就废弃了。

最高的太阳能聚光发电（CSP）塔

这座 CSP 塔建在阿联酋迪拜以南 50 千米的穆罕默德·本·拉希德·马克图姆太阳能开发园区内，塔高 263.12 米，几乎是英国伦敦伊丽莎白塔（大本钟）高度的 3 倍。以这座炽热的塔为中心，四周地面上布置了约 7 万块定日镜，其镜面能随着太阳转动，并将阳光聚集到高塔上。这些热量被固定后存储为热能，再转化成驱动涡轮机发电的蒸汽。这座 CSP 塔是阿联酋太阳能开发项目的一部分。经过 4 个阶段的建设，整个园区于 2023 年 5 月 29 日竣工，监管方为努尔能源 1 号项目和迪拜水电局（均来自阿联酋）。

CSP 的应用历史可追溯到 1866 年，奥古斯丁·穆肖当时已开发出一台太阳能驱动的蒸汽机。

海上救援

从业时间最长的救生员

克里斯·刘易斯（英国）已为游泳者保驾护航超过 58 年。1965 年，他还是 15 岁的学生时就成了志愿救生员。2024 年 3 月，72 岁的刘易斯仍代表英国皇家全国救生艇协会，在英国多塞特郡伯恩茅斯的海滩上巡逻。他被授予了英帝国勋章，以表彰其对海上安全做出的贡献。

首次直升机吊升救援

1945 年 11 月 29 日，在美国康涅狄格州费尔菲尔德附近的一艘油驳船上，船长约瑟夫·波利克和船员史蒂文·佩宁格被困于狂风暴雨中。巨浪使救援船无法靠近，于是他们成了历史上第一批通过直升机吊升脱离危险并安全着陆的幸存者。Sikorsky R-5 直升机由吉米·维纳操控，杰克·贝格尔是他的助手（均来自美国）。

现存最古老的救生船

"泽特兰号"救生船由亨利·弗朗西斯·格雷特黑德于 1802 年建造，现保存于英国北约克郡雷德卡尔的专属博物馆。这艘木质救生船服役了 78 年，营救了至少 502 名遇险人员。"泽特兰号"的设计与第一艘专用救生船（左图）相同。

在海上被一匹马救下的最多人数

1773 年 6 月 1 日，荷兰船只"德容托马斯号"在南非开普敦的桌湾搁浅。农民沃尔拉德·沃尔特马德（南非）骑着他的马"火花"前往事故现场，但未能成功靠近失事船只。于是他叫两名船员跳下船，抓住马的尾巴，用马把他们拖回岸边。他用这种方式救出了 14 人。不幸的是，在最后一次救援中，6 名绝望的船员一起跳下，把沃尔特马德和他疲惫不堪的马拖下水底，导致全员遇难。

第一艘专用救生船

1790 年，在英国泰恩威尔，英国造船工人亨利·弗朗西斯·格雷特黑德制造了"原创号"。

它有 9 米长，可容纳 20 人，其中包括 12 名船员。为了增大浮力，船的内部衬有软木，这是它和渔船等普通船只在设计上的主要区别之一。1790 年 1 月 30 日，"原创号"首次开展救援行动，在英国南泰恩赛德郡赫德沙滩上营救了海难后陷入困境的幸存者。

海上单次获救的最多人数

2012 年 1 月 13 日，在意大利托斯卡纳海岸外的吉利奥岛附近，"歌诗达协和号"邮轮撞上了暗礁。冲击力把两个巨大的钢板从船身上撕下，海水涌入了轮机舱。意大利海军、海岸警卫队和空军展开联合行动，他们驾驶救生艇、摩托艇和直升机，成功救出了 4 196 名乘客和船员。不幸的是，据说仍有 33 人丧生。

最大规模的直升机海上救援

1953 年 1 月 31 日夜，一股风暴潮在英格兰、苏格兰、比利时和荷兰引发了重大洪灾。在荷兰海防设施被冲垮后，一项国际救援行动随之展开。部署在德国的美国直升机和驻扎在英国汉普郡高斯波特的第 705 海军航空中队的蜻蜓直升机都参与救援。2 月的前两周，在英国和欧洲大陆遭遇洪灾的沿海地区，至少有 810 人被直升机救起。

最快的救生艇

SAR 60 救生艇的速度最高可达 60 节（111.1 千米／时）。它的设计者是已故的意大利动力艇制造工程师、赛车手法比奥·布齐。2016 年 7 月 12 日，该救生艇从摩纳哥蒙特卡洛出发，仅用 22 小时 5 分 42 秒，就行驶了 2074 千米，平均速度为 52.3 节（约 96.9 千米／时）。

最大的海警船

美国海岸警卫队的"希利号"破冰船长 128 米，排水量为 16 000 吨，它主要负责科研、护航、执法和海上救援。

从长度来看，最大的海警船当数中国海警的万吨大型巡逻舰，从船头到船尾足有 156 米长。

最早的国家级救生组织

1824 年 3 月 4 日，国家沉船救援协会成立，1854 年更名为英国皇家救生艇协会（RNLI）。该组织在英国、爱尔兰、海峡群岛及马恩岛一带开展工作，已经拯救了 144 000 多人的生命。英国皇家救生艇协会是一家慈善机构，员工多为志愿者，经费大部分来自捐款。它已有 200 年历史，见证了无数救生英雄和令人惊叹的英勇行为（以下选取几项亮点事迹）。

最繁忙的 RNLI 救援站是位于泰晤士河的塔站。它于 2002 年开设，在 2023 年实施了第 10 000 次营救。

1．英国的威廉·希拉里爵士积极向议会请愿，请求建立一个专门的海上救援组织。他被视为"RNLI 之父"。

2．1838 年 9 月 7 日，在诺森伯兰郡附近海域，格蕾丝·达令和她负责守护灯塔的父亲威廉冒着生命危险，救援遭遇海难的"福尔法希尔号"轮船上的幸存者。格蕾丝因此成为民族英雄，也成为 RNLI 英勇勋章的首位女性获得者。

3．作为获得荣誉最多的 RNLI 船员，亨利·布洛格于 1947 年退休。他曾被授予 3 枚金质奖章和 4 枚银质奖章，以奖励其英勇行为。他驻扎在诺福克郡的克罗默，在 53 年的服役生涯中共参加过 387 次救援行动，营救了 873 条生命。

4．1907 年 3 月 17 日，在康沃尔郡的利泽德角，因受浓雾和恶劣天气的影响，白星航运公司的"苏米克号"轮船撞上了梅恩希尔礁。在 RNLI 的组织下，约 60 名志愿者参加救援行动，经过 16 小时的努力，成功救出了所有乘客和船员——共有 456 人，包括 70 名婴儿。直到今天，这次行动仍然是**最大规模的救生艇海上救援行动**。

165

极限掘进

最大的地下排水设施

为了预防台风季的洪涝灾害，日本政府在东京郊区修建了一套形似巨大罐头的地下防洪设施，名为"G-Cans"。这项工程有5个65米×32米的蓄水井，通过6.4千米长的隧道彼此连通。排水系统中的主蓄水池(如图)长177米、宽78米，高度达到25.4米，有6层楼高。

最长的铁路隧道

2016年6月1日，瑞士的圣哥达基线隧道正式通车，57千米的铁路隧道连通了格申恩和艾罗洛两地。2011年3月23日，工程人员在瑞士一侧2 000米深的阿尔卑斯山下方钻通了岩层，完成了最后的工程掘进。2023年8月，隧道因列车脱轨而受损，至2024年3月仍处于关闭维修状态。

最长的公路隧道

双车道的洛达尔隧道全长24.5千米，2000年正式通车。隧道连通艾于兰和洛达尔，使得卑尔根与奥斯陆这两座挪威大城市之间的交通更加便利。

最大的地下人行通道网

加拿大魁北克省蒙特利尔市在市中心居民区的地下修建了RÉSO(通常所说的地下城)，里面有32千米长的公共步道和多处购物区。

最长的排水隧道

2019年11月27日，墨西哥城的东部泄洪隧道建成。隧道直径7米，总长62.1千米。墨西哥城地处盆地，没有天然的排水系统，发生洪水的风险很高。这条隧道的设计流量为每秒150立方米，能将城中的废水排到莫克特苏马-帕努科河流域的处理厂。

最快的隧道掘进速度

为了在澳大利亚的蓝山山脉挖掘卡通巴污水改向隧道，罗宾斯公司专门制造了Mk 12C型隧道掘进机。1994年8月，这台直径3.4米的特种设备实现了172.4米的单日掘进距离纪录，挖出的岩石达1 565.3立方米。

最大的地下矿区

智利中部的特尼恩特铜矿从1819年一直开采到今日，目前仍是世界上最高产的铜矿之一。每天约有5 000名工人下到错综复杂的地下迷宫中工作，内部巷道长度超过3 500千米，还有近1 500千米的车行道。

特尼恩特铜矿沿着水平方向挖掘山体，其垂直深度并不大。位于南非豪登省卡雷顿维尔市的姆波尼格金矿是最深的采矿区，最大深度有4千米。

手工挖掘的最深水井

英国东萨塞克斯郡的沿海城市布莱顿郊外有一眼391.6米深的水井，名为伍丁迪恩水井，其深度相当于纽约帝国大厦的高度。水井挖掘于1858年至1862年3月16日，由于地质条件复杂，工人们挖到海平面以下270米的地方才冒出水来。

最深的公路隧道

挪威西南部的吕菲尔克隧道建在霍尔格峡湾，深入海平面以下292米，连通了斯塔万格和吕菲尔克两个城市。海底隧道全长14.4千米，2019年正式开通，日均通行车辆约有7 000辆。为了让驾车人保持专注，艺术家维尔·比耶韦赛特·安徒生设计了一系列独创性的照明设施，包括在隧道开阔地段布设大面积的彩光效果(如图)。

通航水道下修建的第一条隧道

英国伦敦泰晤士河隧道将在2025年迎来奠基200周年的历史时刻。这项工程全长365米，由法裔英国发明家马克·布鲁内尔在其子伊桑巴德的帮助下设计。这是世界上第一次使用盾构法施工，但施工难度依然很大，一直到1843年3月25日才向公众开放。

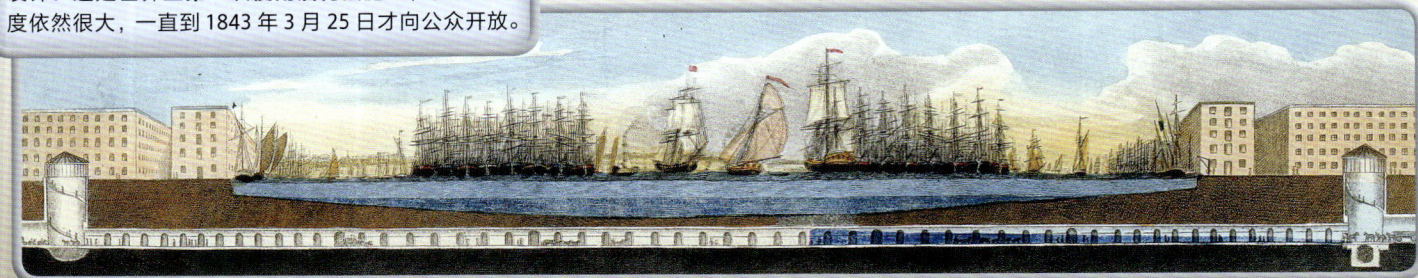

S-880
盾构机专门
用于江河湖海下方
渗水作业面的
挖掘作业。

最大的隧道掘进机（TBM）

直径 17.63 米的"秦良玉"为 S-880 型混合盾构式隧道掘进机，其高度相当于 4 层楼房。设备全长 120 米，重 4 850 吨，由德国海瑞克工程公司研制。2015 年 3 月 25 日至 11 月 3 日期间，布伊格建筑公司使用这台盾构机在中国香港挖掘屯门至赤鱲角海底公路隧道的超宽路段。随后，施工方将盾构机直径缩至 14 米完成施工。另一台海瑞克隧道掘进机则用于开挖旁边的平行隧道。2019 年 2 月 27 日，两台隧道掘进机几乎同时挖通了两条隧道。

液压油缸体推动机器前进。

颚式破碎机在开挖仓内将潮湿的岩石粉碎成糊状泥浆。

多个液压系统将预制混凝土板块铺设成隧道壁。

刀盘用来切削岩石。

泥浆通过管道从开挖仓排出。

167

遥控技术

制造的雪地履带车以 69.01 千米 / 时的速度创造了纪录。

手动操控最多架固定翼遥控飞机同时飞行

2023 年 2 月 11 日，在伊朗伊斯法罕的一座室内体育馆内，阿斯加里·莱姆吉里·阿里（伊朗）遥控两架飞机在空中飞行了 2 分钟。这位刚十几岁的少年用双手操作一个遥控器，用一只脚操作另一个遥控器。

多旋翼遥控无人机 1 分钟完成的最多次翻转

2023 年 2 月 5 日，在英国西苏塞克斯郡霍舍姆，科技爱好者芬利·雷德福德（英国）遥控他的多旋翼无人机用时 60 秒完成了 46 次翻转。芬利在吉尼斯世界纪录数据库中搜索纪录标题，选出最合适的项目，并在家里制作了这架多旋翼无人机，随后打破了之前的纪录（15 次）。

遥控太阳能飞机模型的最长飞行时间

2020 年 8 月 22 日，在美国华盛顿州西雅图市，丹尼尔·赖利（美国）制造的一架三角翼飞机模型飞行了 8 小时 30 分钟后成功着陆。2009 年，赖利在 YouTube 上创立了"遥控试验飞行"频道，用来展示自己制作的飞机模型。

最快的机器人真空吸尘器

2022 年 10 月 8 日，在澳大利亚新南威尔士州阿尔伯里，阿里斯特·莱德劳（澳大利亚）改装的高速吸尘器 Vroomba 的速度可达 57 千米 / 时。2023 年，阿里斯特用尼龙 - 碳纤维部件和扰流板给 Vroomba 进行了升级，但它还没来得及打破自己创造的纪录，就在一次高速撞击中损毁了。

最小的遥控轿车

2002 年，日野道广（日本）制作了一辆比例为 1∶90 的精灵轿车，它的长度只有 25 毫米，充满电后，可行驶约 15 分钟。

100%

速度最快的遥控……

• 火箭发动机汽车：2016 年 5 月 4 日，火箭发动机轿车"黑骑士"以 338.14 千米 / 时的速度创造了纪录。这辆混合动力火箭汽车由托尼·洛弗林（英国）制造和驾驶。

• 电池驱动汽车模型：2014 年 10 月 25 日，电池驱动汽车模型"子弹"以 325.12 千米 / 时的速度创造了纪录。该车由尼克·凯斯（美国）制造。

• （越野）轿车：2022 年 10 月 2 日，轿车"香肠"以 162.5 千米 / 时的速度创造了纪录。为了提高稳定性，凯文·塔尔伯特（英国）将遥控车剖成两半，分别用螺栓固定在滑雪板的两端。

• 履带车：2023 年 3 月 20 日，在美国华盛顿州西雅图市，丹尼尔·赖利（美国，*同上*）

首次遥控飞机模型在遥控航母模型上起飞降落

2023 年 10 月 15 日，在英国斯塔福德郡的拉迪亚德湖畔，航空科技爱好者詹姆斯·沃姆斯利（英国）遥控一架按比例缩小的美国海军 F4U"海盗"舰载机模型，降落在一艘遥控航母的甲板上，创造了纪录。

这是詹姆斯在 2023 年获得的第二个吉尼斯世界纪录头衔。此前于 7 月 1 日，在英国格温内德的兰贝德尔机场，他获得了**喷气动力遥控汽车的最快速度**纪录〔右图〕，该遥控汽车速度可达 152.50 千米 / 时。

遥控飞机模型飞行的最高海拔高度

2019 年 10 月 13 日，由美国高中生保罗·考普、杰克·明克、尼克·罗斯、埃里克·戈登、雷切尔·斯塔克和丹尼·克特组成的团队利用气象气球，将一架 RVJET 遥控飞机带入美国新墨西哥州美国太空港上空的平流层。飞机在 10 607 米的高空与气球脱离，之后依靠自身动力飞回地面。

遥控车完成的坡道跳跃的最远距离

2019 年 11 月 12 日，乔恩·豪厄尔斯（英国）遥控一辆 56 厘米长的电动卡车飞越了 40.21 米的距离。这次特技表演是为了庆祝英国伯明翰第五频道《新鲜小玩意儿》第 400 期节目的播出。

遥控车在水面上行驶的最长距离

2020 年 7 月 28 日，在美国纽约州里奇菲尔德斯普林斯附近，迈克尔·史泰龙（美国）遥控他的 Traxxas X-Maxx 怪物卡车（配桨式轮胎）在湖面上行驶了 1.53 千米。

最大的喷气式遥控飞机模型

奥托·维德罗伊特（德国）按照 1∶6 的比例制作了一架协和式超音速客机模型。它的机身长 10 米，比标准尺寸的塞斯纳 172 飞机还大，并配备了 4 台强劲的 JetCat P300-Pro 发动机。该飞机模型用时两年才制作完成。2019 年 9 月 13 日，在德国巴伐利亚州的一场航展上，这架飞机模型首次公开飞行。

遥控飞机模型上安装的发动机的最多数量

2021 年 8 月 4 日，在美国俄亥俄州马尔文，一架配有 50 个发动机的泡沫纸板飞机（*主图*）飞上天空。该项目由彼得·斯里波尔（美国）策划。他与一大群志愿者一起完成了这架飞机模型的制作，并在 2021 年的飞行节上实现了飞行目标。这架飞机翼展 10 米，每个机翼上安装了 25 个发动机。

彼得是一位 YouTube 博主，他最大的爱好就是制作各种奇特的飞行器。在 2023 年 12 月 4 日发布的一段视频中，他又公布了两项破纪录的创新。受英国航空先驱霍雷肖·菲利普斯多翼设计的启发，彼得制作了一架"二十翼飞机"，并创下了**遥控飞机模型上安装最多升力机翼**的纪录（20 个）（*左图*）。他还用履带作为螺旋桨，实现了**首次遥控飞机模型利用履带螺旋桨飞行**（*下图*）。彼得将此戏称为一个"馊主意"。

彼得的多发动机飞机模型"大家伙查德"在飞行节上飞了半圈就摔到了地上。

纪录集萃

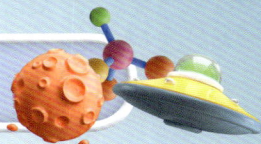

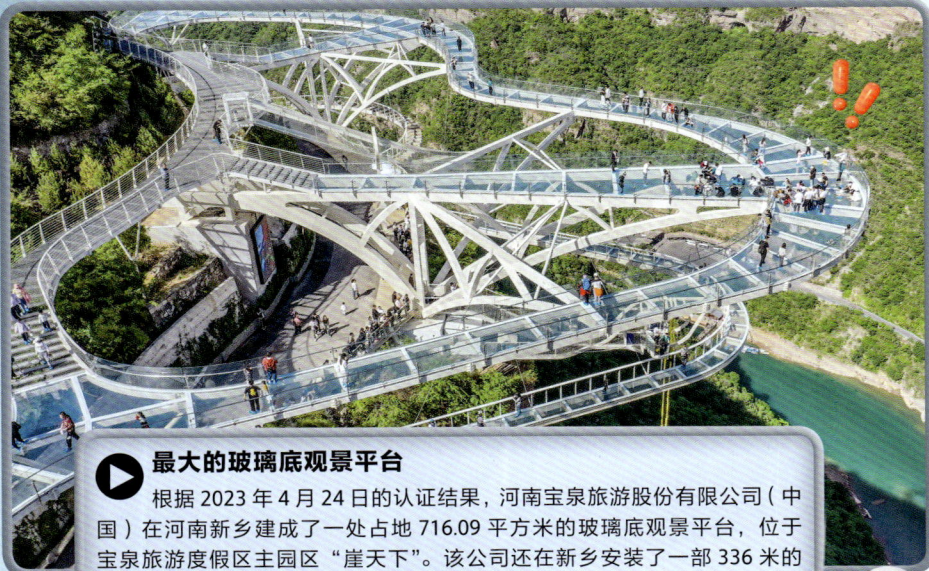

最大的玻璃底观景平台

根据 2023 年 4 月 24 日的认证结果，河南宝泉旅游股份有限公司（中国）在河南新乡建成了一处占地 716.09 平方米的玻璃底观景平台，位于宝泉旅游度假区主园区"崖天下"。该公司还在新乡安装了一部 336 米的**最高山体内电梯**，同日也获得了纪录认证。

单一型号火箭一年内发射的最多次数

美国太空探索技术公司（SpaceX）制造的"猎鹰 9 号"在 2023 年成功发射了 91 次，平均每四天一次，超过了其在 2022 年创下的发射 60 次的纪录。

2024 年 4 月 13 日，"猎鹰 9 号"的芯一级火箭 B1062 完成了**一级火箭最多的发射任务**，其 20 次轨道发射堪称里程碑。此次从美国佛罗里达州卡纳维拉尔角空军基地发射的火箭搭载了 23 颗"星链"卫星，改写了芯一级火箭 B1058 在 2023 年 12 月 23 日最后一次任务创下的一箭多星（19 颗）的纪录。多次出征的 B1058 一直是该系列火箭的领头羊，但在驳船返回基地的过程中被风暴摧毁。

月球上的第一个业余无线电台

2024 年 2 月 2 日，日本宇宙航空研究开发机构业余无线电俱乐部注册了 JS1YMG 电台，其发射器安装在 LEV-1 小型漫游车"漏斗"上。2024 年 1 月 19 日，日本发射的智能月球探测着陆器将漫游车释放到月球表面。漫游车遥测（数据）通过 437.41 MHz 的业余无线电频段进行传输。

世界各地的无线电爱好者争相尝试接收 JS1YMG 的信号，但由于距离远、功率低（1 瓦），标准设备无法收到。

最紧密的结结构

Au6 结是一个由 54 个原子形成的闭环。以金、磷和氧为主的原子聚合或的分子链纠结成一个 2 纳米宽的三叶结。这是最简单的"非平凡"结，有三个链的交叉点——相当于两端相连的常规反手结。

中国大连化物所的李志文、张晶晶和李杲（均来自中国）与加拿大西安大略大学的理查德·普德法特（加拿大，生于英国）远程合作完成了 Au6 分子结。

四足机器狗行进 100 米的最短用时

2023 年 10 月 26 日，韩国高级科学技术学院在韩国大田的田径场上进行了一次实验，四足机器狗 HOUND 静态起步，用时 19.87 秒跑完了 100 米。这个跑步机器狗由韩国高级科学技术学院动态机器人控制与设计实验室设计制造。

最快的电喷双推进汽车

2023 年 5 月 21 日，一台萨菲里亚蓝鸟汽车在英国北约克郡的埃尔文顿机场跑出了 75.53 千米的时速。重力方程—萨菲里亚蓝鸟项目（英国）设计制造了这辆电喷涡轮驱动的三轮混动车。项目团队的远期目标是吸引更多学生进入工程、科学和技术领域。

最靠南的月球着陆器

2023 年 8 月 23 日，无人探测器"维克拉姆号"（下图）在月球的南纬 69.37°处着陆，打破了美国宇航局"勘测者 7 号"在 1968 年创下的纪录。"维克拉姆号"是印度太空研究组织"月船 3 号"航天器的着陆器部分。印度因此成为第四个成功登月的国家。然而，这一纪录并没有保持多久。2024 年 2 月 21 日，直觉机器公司（美国）的着陆器"奥德修斯号"降落在马拉珀特 A 陨石坑附近，着陆点在月球南纬 80.13°。

机器人建造的最大干石墙

自动液压挖掘机器人 HEAP 在瑞士苏黎世修建了一道 10 米长、1.7 米宽、4 米高的无砂浆独立墙。该项目由格拉马齐奥·科勒研究院和苏黎世联邦理工学院机器人系统实验室（均来自瑞士）联合实施，2023 年 11 月 22 日公布了相关细节。

修墙成功后，HEAP 在瑞士上格拉特市的一处公园又建造了一道 65 米长的挡土墙。

用科乐思积木搭建的最大隧道掘进机

莎拉·乔利夫（英国）使用建筑玩具科乐思拼装了一台长 3.13 米、直径 1.65 米的盾构机。成品重约 163 千克，莎拉花了大约 1 000 小时，用了 92 364 块积木。2021 年 4 月 30 日，该纪录在英国诺福克郡的道纳姆市场获得认证。参见第 *167* 页的**最大隧道掘进机**。

最重的商业卫星

"木星 3 号"是麦克萨科技公司为休斯网络系统公司（均来自美国）制造的一颗通信卫星，总质量达到 9 200 千克。卫星主体相当于一辆校车大小，其太阳能电池板展开后跨度为 38.7 米。2023 年 7 月 29 日，SpaceX 的猎鹰重型火箭搭载"木星 3 号"在美国佛罗里达州肯尼迪航天中心发射升空。虽然有可能存在更大的在轨军事侦察卫星，但它们的具体质量等细节都是绝密，吉尼斯团队无法得到确切数据。

氢动力汽车行驶的最远距离

2023 年 6 月 23—26 日，"生态跑者 13 号"仅用 45 升加压氢气就行驶了 2 488 千米。该车由代尔夫特生态跑步队（荷兰）研制，在德国伊门丁根的梅赛德斯－奔驰试验场进行了测试。

第一艘电动水翼船

2023 年 11 月 16 日，瑞典造船商 Candela Technology 制造的 P-12 电动水翼船原型船完成了海试。这艘 30 座客船使用电动机和一套升降式水翼来实现高速行驶，其噪声和尾流都很小，设计初衷是用其取代城市水道上的柴油动力渡轮。

最大的游轮

2023 年 11 月 27 日，"海洋标志号"交付皇家加勒比国际游轮公司（美国）。这艘远洋客轮在芬兰的梅耶图尔库船厂完成建造，总吨位为 250 800 吨，船艏至船艉总长 364.75 米。

制造丙烯酸主体面板时使用了 Ultimaker 3D 打印机和 Lasertec 激光切割机。

▶ 最小的人形机器人

中国香港的拔萃男书院的 DBS 机器人团队（中国）设计并制造了一台 141 毫米高的自动机器人，并于 2024 年 1 月 6 日获得纪录认证。在研发过程中，学生们使用了计算机辅助设计，用激光切割机和 3D 打印机制作大部分组件。该机器人可充电、可编程。

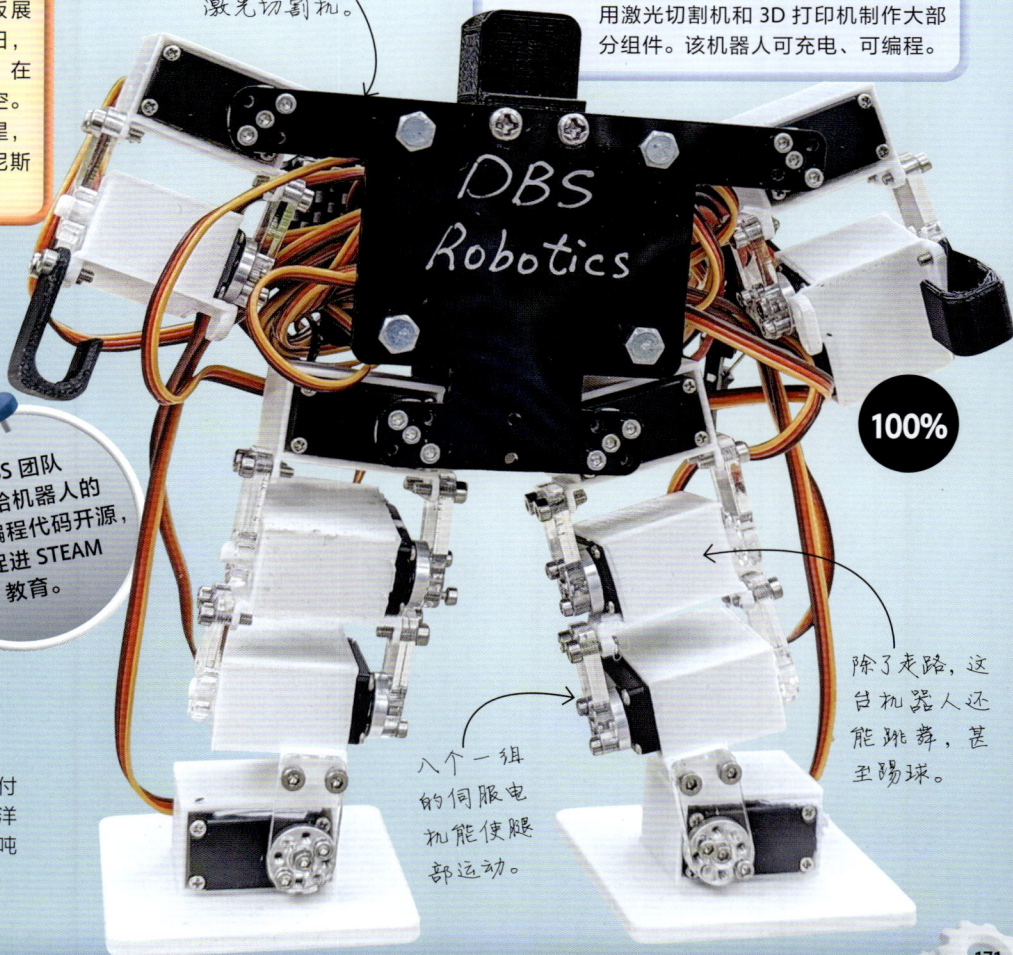

DBS 团队计划给机器人的设计和编程代码开源，以促进 STEAM 教育。

100%

八个一组的伺服电机能使腿部运动。

除了走路，这台机器人还能跳舞，甚至踢球。

ICON

野兽先生

来 见识一下"野兽先生"吧。吉米·唐纳德森（美国）是社交媒体红人和创新型企业家，也是高风险慈善家。其实你在现实中很可能已经知晓他了。

唐纳德森毕竟是 YouTube 上订阅量最多和收入最高的个人。据《福布斯》估算，他在 2023 年赚了 5 400 万美元。同年，《时代》周刊还将他列入了著名的"100 位最有影响力人物"榜单。他第一次在 YouTube 上发布视频时只有 13 岁，此后花了数年时间研究该平台算法，分析如何制作吸引眼球、粉丝喜闻乐见的视频。他通过分析齐下的热点击诱导策略在平台上迅速蹿红，包括用惊险视频（比如"我吃了10万美元的黄金冰淇淋？"）以及诸多奖品或金钱礼物。野兽先生的商业模式逐渐成型：推升观众的财富值能获得更多的可观众分成（通常来自赞助商或金歌的 AdSense 广告业务），同时不断扩大的观众群又进一步增加了收入。

唐纳德森将不断增长的收入投入到"野兽慈善"频道，例如内境思善支付过手术费用。2022 年 9 月，"野兽先生"团队在美国北卡罗来纳州的格林斯维尔次组织食品募捐和又物肢捐赠，还为 1 000 个美国人提供了大素食汉堡，40 多人参与制作。

2022 年，唐纳德森推出自己的品牌"盛宴"。为了推广野兽先生巧克力棒，他表扮成罗尔德·达尔笔下的人物威利·旺卡，而且复制出一座正巧克力工厂。然后，他为10名参赛者提供了真正的工厂产权或 50 万美元奖金的机会。在最后一道巧克力甜点，以打动电视机大闸战中，参赛者必须烘焙出一道巧克力蛋糕。拉胜获胜者获得现金奖励！

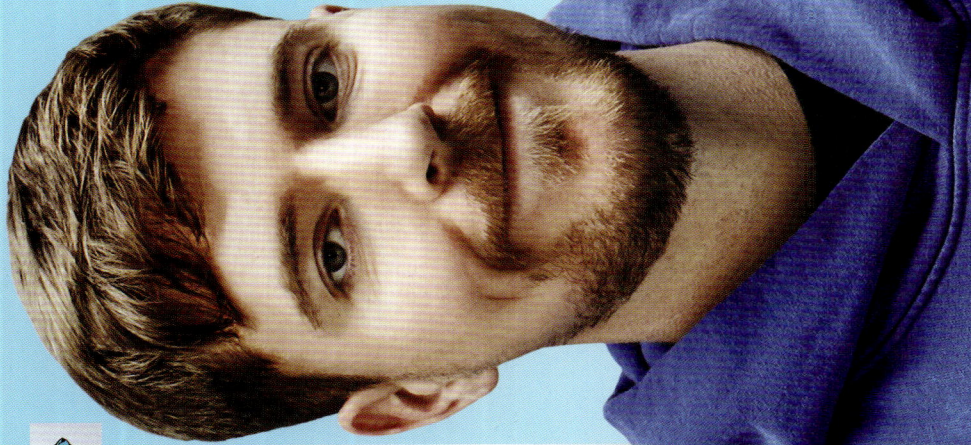

2012 年，13 岁的唐纳德森第一次在 YouTube 发布视频，但以"野兽先生"身份实现重大突破则是在 2017 年，当时他实拍了自己数数数到 100 000 的视频（上图），挑战耗时 40 多小时。尽管他在视频中神情疲惫，但是赢得了数百万的浏览量和大量的关注。

关键数据

全名 吉米·史蒂芬·唐纳德森
出生地 美国北卡罗来纳州威奇托市
出生日期 1998年5月7日
当前持有的世界纪录 若干项，包括最多的视频博主订阅人数最多的视频博主，至2024年4月21日，订阅量达2.5亿
所获奖誉 流媒体奖（11次）；尼克国际儿童选择奖（2次）；肖蒂奖（国际）一线社交媒体创作奖（2次）；美国人民选择奖（1次）

唐纳德森曾在 2022 年和 2023 年两次获得尼克儿童选择奖最受欢迎男创作人奖。2022 年出席领奖的唐纳德森也成功为颁奖礼上被喷溅泼入数量最多史记录的一部分，包括他在内的 1 000 人都被淋上了尼克国际儿童频道标志性的绿色黏液。

因为有一支专业的内容创作团队协助，野兽先生才能实现的"病毒式"传播（图中从左到右依次为克里斯·泰森、钱德勒·哈洛、诺兰·汉森、塔里克·萨拉梅、吉米和卡尔·珀各布斯。团队正在展示新的品牌形象和"巧克力棒"盛宴"的新配方。

2021年11月，唐纳德森参与视频《现实生活中的《鱿鱼游戏》》的录制。该视频改编自美国Netflix公司的热门剧集《鱿鱼游戏》。参赛者们将为这笔丰厚的奖金一决胜负。这是一场典型的大手笔活动，唐纳德森付出的制作成本超过300万美元，包括模仿原剧中的一些场景。截至2024年1月，该视频的观看次数已超过5.59亿次，成为唐纳德森观看次数最多的视频。

2019年，在订阅量达到2000万之际，唐纳德森决定种植2000万棵树纪念这一里程碑时刻。于是，#TEAMTREES项目诞生了。唐纳德森和团队找到合作伙伴阿伯基金会以及同样热衷于环保的YouTube博主马克·罗伯。他们一致决定，只要公众认捐1美元，他们就会种下一棵树。植树小队再接再厉：公众每认捐1美元，他们就会打捞一磅（约0.45千克）海洋垃圾，清理垃圾。截至2024年1月，新植树木超过2400万棵，清理垃圾达到了3365万磅。

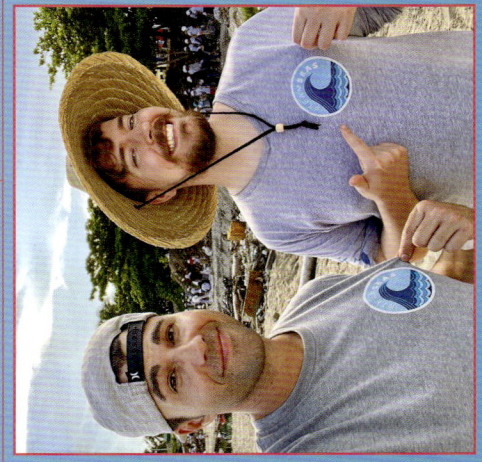

请访问网站www.guinnessworldrecords.com/2025，在《偶像》专栏中了解关于野兽先生的更多内容。

少年儿童专区

在挑战吉尼斯世界纪录头衔的舞台上，我们没有理由让成年人独享其乐。面对年轻观众的时候，我们一直在努力提升挑战项目的水准。最打动人心的是"16岁以下"专属纪录项越来越丰富。所以，老家伙们，放手让孩子们干吧！不管是辨认神奇宝贝的名称、在FIFA游戏中进球，还是快速整理书包，总有适合孩子们的挑战项目（翻页了解更多）。

打破世界纪录的青少年越来越多，如果你认为自己具备条件，就请在下面的分步指南中了解具体步骤。如果没有灵感，你可以借鉴我们最新一批天赋异禀的"青少年才俊"（第182～189页）。如果你还想证明年龄不是问题，可以访问网站 kids.guinnessworldrecords.com，或者YouTube平台的GWR Kids。如果你觉得年龄不过只是一个数字，也可以凭借自己储备的世界纪录知识挑战一下本书中超高难度的测试题（见第190～191页），里面正好涉及几位低龄破纪录明星。现在就剩下一个问题：你从哪一项开始挑战呢？

有些纪录项可能需要租用场地、聘请专家裁判或利用专业设备。

① 选定目标！

你已决定打破纪录，但不知道具体是哪一项。那么有两个途径：一个是从我们现有的数以万计的纪录中选一个发起挑战；另一个是自创全新项目。不论哪种，你都需要先注册账号。请访问 **guinnessworldrecords.com**，点击"注册"按钮，几分钟就能搞定！

开始

老练的纪录创造者都知道，每次挑战之前必须要有充足的练习时间！

提交新挑战
创意之前，请做好功课。可以在以往的《吉尼斯世界纪录大全》或吉尼斯网站中找到你喜欢的内容。

坚持练习！

如果你选好了挑战项目，请在吉尼斯网站注册的账号提交初步申请。如果申请的项目已经存在，或者我们接受你的新创意，你都会收到一份具体的行动指南。请仔细阅读并严格遵守该指南。了解所有规则之后，你就可以开始进入最重要的训练环节。成功永远留给有准备的人。

你准备好挑战纪录所需的必要装备了吗？请参考行动指南！

②

开始行动！

大显身手的日子到了。你已经练得炉火纯青，指南中规定的条件都已经就绪，秒表和摄像机等关键设备也经过了测试，确保能正常工作。现在万事俱备啦！记住，心里紧张很正常，计划再周密也会有疏漏，如果第一次尝试没有成功，不要给自己太大压力。慢慢来，重新准备，再来一次。别忘了享受过程！

3

吉尼斯访谈录

戴夫·威尔逊是吉尼斯世界纪录的认证官之一，他的足迹遍布全球。在我们的极力劝说下，戴夫终于放下了手中的记录板，回答了一些与纪录相关的问题……

你能给我一些创造世界纪录的建议吗？

最大限度利用我们网站的搜索功能！无论你有什么爱好或特长，我们的系统中很可能已经有了你可以申请的纪录项目。吉尼斯世界纪录最棒的一点就在于，每个人都能找到适合自己的项目。

我可以申请一个全新的纪录项吗？

我们愿意倾听所有的新想法，但也有一些规则。新纪录必须有可能实现、突破、进行测量，而且最重要的是所有人都可尝试。提出设想前，请做足功课，保证你对各个环节了如指掌。

你愿意挑战什么样的纪录呢？

很遗憾，吉尼斯团队成员不允许参加挑战。但如果有机会，我想试试1分钟吃掉吉百利奶油鸡蛋数量最多纪录。我肯定是挑战大胃王之类的纪录！

你认为吉尼斯认证官身份最棒的地方是什么？

打破世界纪录对大家来说意义重大，我十分幸运能见证这一过程。我的同事都是如此！穿上这身大有来头的行头就是一份荣耀。

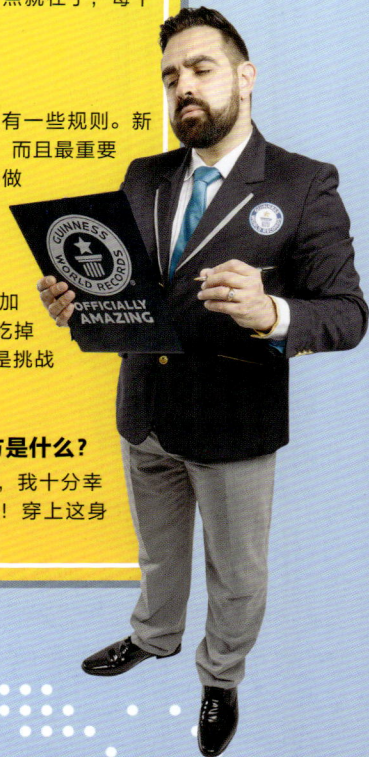

不管年龄多大，打破纪录都不容易！如果挑战没有成功，那就试试别的项目。

申请认证！

现在该把挑战材料发给我们了。不同纪录项目需要不同的证明材料，可能包括视频、照片和见证人陈述。一定不要有任何遗漏！我们需要几周时间来审查你提供的材料。如果审查通过，我们将以电子邮件形式发给你确认文件，之后会发给你吉尼斯世界纪录证书，你就正式成为"严肃而有趣"的吉尼斯世界纪录大家庭的一员了！

4

结束

5

照着我的步骤做，你也能得到"严肃而有趣"这样的评语！现在的问题是，证书该挂在哪里呢？

16 岁以下纪录

我们的大多数纪录（危险项目除外！）面向所有年龄段的人开放。但在 2021 年，吉尼斯认为是时候为年轻粉丝们准备一些专属于他们的纪录了。我们在此介绍几项主要面向 16 岁以下少年儿童的主题，每一项都有仍待打破的纪录示列。你能成为第一个纪录保持者吗？如果挑战成功，你也将成为创造吉尼斯世界纪录的超能儿童（见底栏）。

玩具篇

拆装"蛋头先生"的最短用时

动动巧手，你需要在最短时间内用零部件组装出这款经典玩具。

- 必须从组装完好的蛋头先生开始操作。每个部件都应组装正确。
- 计时器显示"3、2、1，开始！"之前，确保双手平放在桌面上。
- 拆卸蛋头先生，将每个部件逐个分开摆放在面前。
- 重新组装好蛋头先生。
- 蛋头先生组装完成并直立摆好后立刻停止计时。高举双手以示挑战结束。
- **最低要求**：15 秒

联系我们！

申请立项或打破纪录非常简单！进入 GWR Kids 网站上的"创纪录"页面。这里有一系列 16 岁以下组别的挑战供你尝试。你还可以在第 174 ~ 175 页查看我们的分步指南。请记住：网站上列出的项目并非全部；如果你有新想法，请告诉我们！

时令篇

1 分钟拉响最多的圣诞拉炮（四人一组）

感受到节日氛围了吗？如果你和你的圣诞搭档齐心协力，说不定就能得到一份史上最棒的礼物——吉尼斯世界纪录！

- 在地面上画两条相隔 5 米的标记线，两边各站一人，并分别手持一个市售圣诞拉炮。
- 计时器开始计时，第一个人跑到对面其中一个伙伴面前，拉动拉炮并戴上他（她）的帽子。动作完成后，下一个伙伴才能继续接力。
- 只有所有人都跑到了这 5 米，所有拉炮都拉响，所有人都戴上纸帽，计时器才会停止计时。
- **最低要求**：31 秒

记得回收所有拉过的拉炮，查看有无不可回收的部分。保留爆出的小礼物和笑话小字条！

分类两袋可回收材料的最短用时（两人一组）

34.78 秒，2023 年 10 月 16 日，由达克莎娜·卡尔西克克和萨娜·卡尔西克克（均来自美国）在美国北卡罗来纳州莫里斯维尔创造。

用直角乐高积木块搭建 20 层高塔的最短用时

13.33 秒，2023 年 3 月 23 日，由荒川龙马（日本）在日本爱知县名古屋市创造。

30 秒摆好并推倒的多米诺骨牌数最多（两人一组）：

20 块，2023 年 7 月 12 日，由泰勒·泰和里德·郭·巴林顿-富特（均来自加拿大）在英国伦敦创造。

搭建纸杯蛋糕塔的最短用时

装饰茶点可以创下美味的世界纪录，更别说完成之后还能享受来之不易的成果了！

- 准备 6 个纸杯蛋糕，自制或购买均可。
- 开始计时前，每个纸杯蛋糕都应分开平放于桌面上。
- 蛋糕塔只能单手搭建，并且按照如下顺序：底层 3 个，中间层 2 个，顶端放剩余的 1 个。
- 在不移动纸杯蛋糕的情况下，每次只能拿取 1 个。
- 蛋糕塔必须至少坚持 5 秒不倒。如果失败了，那就再挑战一次吧。
- **最低要求：10 秒**

在《我的世界》中用触控手柄驯服鹦鹉的最短用时

在这款**最畅销电子游戏**中，你用多长时间调教好一只稀有生物？

- 从菜单中选择"开始游戏"，然后选择"新建"，再选择"创建新的世界"。
- 选择生存模式和普通难度。
- 将世界种子设置为丛林模板，然后将游戏设备放于平面上，双手背在身后。
- 录制整个挑战过程，确保你和你的设备处于可见范围内。
- 倒计时结束后，开始挑战。一旦野生生物被驯服，大喊"停"！
- 秒表停止计时，需要展示驯服结果，比如鹦鹉坐在地上或玩家肩膀上的游戏画面。
- **最低要求：30 秒**

1 分钟篮球胸前传球的最多次数（两人一组）

你和搭档能不能靠胸前传球打破吉尼斯世界纪录呢？

- 准备一个正常大小的篮球。
- 双人至少相隔 3 米站立。可以在地面上画两条标志线。
- 倒计时结束后，双方开始胸前传球，必须双手抛球。
- 篮球在双方接球回传之前不可落地。
- 如果没能接住球，则此次传球不计入总数，不过可以捡起球继续挑战。
- **最低要求：30 次**

1 分钟在手指滑板上完成豚跳的最多次数

128 次，2023 年 12 月 16 日，由朱利安·库奇马（美国）在美国弗吉尼亚州弗吉尼亚海滩创造。

30 秒给一只脚套上袜子的最多数量

26 只，2023 年 7 月 1 日由兰登·威廉姆森（美国）在美国俄亥俄州莱巴嫩创造。

1 分钟蒙眼接住毛绒玩具的最多数量（两人一组）

20 个，2023 年 9 月 24 日，由吉薇嘉·邦和普雷克莎·拉蒂（均来自印度）在印度马哈拉施特拉邦贾尔冈创造。

全景展示：全家总动员

你是不是厌倦了桌游和看电影？是不是在寻找新的家庭挑战？想不想一起打破世界纪录？无论你与何人搭档，比如兄弟姐妹、父母、祖父母、亲戚或者朋友，看看谁能助你创造吉尼斯世界纪录。想要获得一些奇思妙想，那就看看下面几位先行一步破纪录的人吧……

和父亲西尔维奥一样，年轻的克里斯蒂安·萨巴（均来自意大利）也多次获得吉尼斯世界纪录头衔。2021 年 1 月 7 日，两人在意大利米兰以 10.31 秒的成绩创造了**堆叠多米诺骨牌的最短用时（两人一组）**纪录。不过，克里斯蒂安跟父亲的成就相比还有距离。因为西尔维奥目前持有约 200 项纪录，是世界上持有纪录最多的个人之一！

澳大利亚的劳拉·努南（左）和艾希莉·努南两姐妹的记忆力令人称奇！他们创造了与识别名人面孔（不管是虚构角色还是现实人物）相关的多项世界纪录。右表列举了她们的纪录项（劳拉的纪录为蓝色，艾希莉的为红色）。

最强大脑姐妹		
漫威角色（1分钟）*	88张	2021年9月5日
卡通角色（1分钟）	102张	2022年1月6日
美国总统（1分钟）	40张	2022年5月22日
公司标识（1分钟）	102个	2022年9月14日
《哈利·波特》角色台词（1分钟）	44句	2022年12月23日

*漫威角色识别最多纪录在2023年6月17日被什里亚斯·M（印度）刷新为98个。

弗雷德里克有四个女儿，他计划在她们每个人16岁生日时都带她们去冒险！

玛蒂尔德·德·拉努维勒用特别方式来过 16 岁生日，她要与父亲弗雷德里克（均来自法国）一起远途骑行。2023 年 8 月 16—31 日，父女二人骑着双人自行车环游法国 2 162 千米，完成了最大的**自行车 GPS 轨迹图（二人组）**。这一壮举还为慈善机构筹集了 28 331 美元善款。

2023 年 3 月 1 日，塞尔维亚的卢卡·佩约夫斯基和伊利亚·佩约夫斯基兄弟俩邀请父亲德拉甘帮忙建造**最高的智美高塔**。塞尔维亚国家电视台播出了整个挑战过程！他们用磁力棒在塞尔维亚贝尔格莱德建成一座 3.46 米高的摩天大楼。

　　阿联酋的拉希德·阿尔梅里家的 3 名子女都是才华横溢的文学大师，每人都拥有与文学相关的世界纪录。

　　• 阿尔达比（大姐，生于 2014 年 7 月 13 日）是**出版双语丛书的年龄最小的作者（女子）**，2023 年 3 月 9 日，她的作品《我有一个想法》和《从这里开始》出版时，她年仅 8 岁 239 天。

　　• 赛义德（二弟，生于 2018 年 8 月 30 日）的《大象赛义德和熊》于 2023 年 3 月 9 日出版，这使他成为**出版图书的年龄最小的作者（男子）**——4 岁 218 天。

　　• 阿尔玛哈（三妹，生于 2020 年 2 月 22 日）于 2024 年 1 月 7 日凭借《花与蜜蜂》成为**出版丛书的年龄最小的作者（女子）**，当时只有 3 岁 319 天。

　　全职泡泡艺术家伊兰·贝克勒（绰号"高地小丑"，英国）将玩肥皂泡的秘诀传授给了自己的孩子们。2018 年 11 月 25 日，他与儿子卢锡安联手完成了**最长的泡泡接力**——用两个泡泡拍传递泡泡 17 次，中途没有一个破裂！打破这项纪录后，伊兰邀请女儿派琪娅和他一起在 2022 年 11 月 13 日实现突破（*上图*），在英国怀特岛纽波特连续传递了 27 次。2018 年 12 月 22 日，伊兰还和妻子劳伦一起创造了**在泡泡中停留时间最长的纪录**——1 分 2.92 秒。

　　说说全家人一起跑步吧。2023 年 7 月 29 日，查德·坎佩尔（美国，*上图*）把萨凡纳、艾弗里、诺埃尔、格雷森和普雷斯顿 5 个孩子推上了跑道。这位 7 娃爸爸在美国爱达荷州伊格尔市用 5 分 34 秒创造了**男子推 5 人婴儿车跑 1000 米最快**的纪录。

　　另一位爱跑步的家长是跑步俱乐部会员蕾切尔·罗兹德斯特文斯卡娅（英国，*下图*）。2022 年 5 月 1 日，她在英国曼彻斯特以闪电般的 39 分 24 秒完成了**最快的女子推婴儿车跑 10 千米**的挑战，而车里的女儿伊娃大部分时间都在睡觉！

　　2023 年 9 月 2 日，在美国加利福尼亚州苏珊维尔，格伦·蔡斯和他的祖父蒂姆·特雷维特在梅森·冈萨雷斯（均为美国人）的协助下用消防梯**在有支撑结构上搭建最多圈的风火轮飞旋轨道**——共有 28 个环形轨道。

游戏时间！

可别小看玩具箱——它还是一道门，有着打破纪录的无限可能！下面的一些奇思妙想一定能启发你，让你步入游戏的高阶玩家行列……

旋转指尖陀螺的最长时间
- 在一根手指上：25 分 43.21 秒，李威廉（新加坡），2019 年 5 月 1 日。
- 在一根脚趾上：6 分 52.28 秒，布伦丹·凯尔比（澳大利亚），2020 年 7 月 2 日。

1 分钟完成杂耍抛接的最多次数
下列纪录均由西蒙·格雷厄姆（英国）创造：
- 5 球：423 次，2022 年 10 月 25 日。
- 6 球：396 次，2022 年 10 月 25 日。
- 7 球：378 次，2023 年 2 月 4 日。

最大的儿童玩具车
2016 年 12 月 20 日，为庆祝雷德福来尔股份有限公司（美国）成立 100 周年，公司总裁罗伯特·帕辛（上图前）在美国伊利诺州芝加哥市的公司总部推出了一款长 8.05 米、高 3.55 米、宽 3.59 米的超大四轮玩具车，车身涂有公司标识。

1 分钟抽出叠叠乐积木的最多块数
- 单人：33 块，林凯毅（马来西亚），2023 年 10 月 20 日。
- 双人：22 块，林凯毅和郑浩然（中国），2023 年 1 月 18 日。

收藏量最大的泰迪熊玩偶
20 367 只，伊斯特万·阿诺茨基（匈牙利），截至 2019 年 4 月 27 日。

泰迪熊玩偶排成的最长队列
15 534 只，芬利·丘奇（英国），2015 年 5 月 3 日。

最高的科乐思积木塔
1999 年 6 月 5—6 日，玩具厂商科乐思制造（英国）用 50 342 块积木成功搭建了一座 30.87 米高的积木塔！

组装"蛋头先生"的最短用时
- 单人：5.43 秒，林凯毅，2022 年 8 月 9 日。
- 双人：9.5 秒，林凯毅和翁文宏（马来西亚），2023 年 7 月 26 日。
- 蒙眼：10.88 秒，林凯毅，2023 年 4 月 8 日。
  10.88 秒，布伦丹·凯尔比（澳大利亚），2023 年 11 月 30 日。

16岁以下组评见第176页

陀螺转动的最长时间
- 单次加力：1 小时 37 分 42 秒，森伊之助（日本），1999 年 10 月 24 日。
- 持续加力：7 小时 1 分 14 秒，阿什利塔·福曼（美国），2006 年 11 月 18 日。

贝斯用时3年多制作了悠悠球"哇哟"，尝试3次才获得世界纪录。

海绵软弹枪击倒 5 个目标的最短用时

3.94 秒，大卫·拉什（美国），2019 年 5 月 23 日。

最大的悠悠球

2012 年 9 月 15 日，美国俄亥俄州辛辛那提市的贝斯·约翰逊凭借自己的悠悠球"哇哟"创造了纪录。这只超大号悠悠球竟然有 3.62 米宽。为创造纪录，贝斯只能用工业起重机来"甩动"这个重 2.09 吨的巨型悠悠球。这个庞然大物向下降了 36.5 米之后回弹起来。

- **同时旋转悠悠球的最多个数**

  19 个，迈克尔·弗朗西斯（加拿大），2020 年 8 月 7 日。

- **1 分钟完成"行星跳跃"的最多次数**

  73 次，寺泽直（日本），2022 年 2 月 13 日。

- **距离最远的"遛狗"招式**

  9.75 米，迈克尔·弗朗西斯，2023 年 2 月 3 日。

- **彩虹圈翻下台阶的最多级数**

  30 级，马蒂·乔普森和休·汉特（均来自英国），2014 年 2 月 18 日。

- **连续手递手移动彩虹圈的最多次数**

  1 045 次，丹尼尔·吉拉德·博尔杜克（加拿大），2022 年 9 月 11 日。

- **最长的"风火轮"轨道**

  751.13 米，《菲茨与韦帕秀》节目（澳大利亚），2020 年 8 月 4 日。

- **单条轨道上完成最多的飞旋圈数**

  10 圈，罗汉·达亚尔和拉胡尔·达亚尔（均来自印度），2021 年 4 月 7 日（参见第 179 页）。

- **收藏量最大的巨魔娃娃**

  8 130 件，雪莉·格鲁姆（美国），截至 2018 年 9 月 20 日。

- **《饥饿的河马》游戏的最快通关时间**
- **个人：** 14.69 秒，唐纳德·麦克尼尔（美国），2021 年 1 月 30 日。
- **4 人组：** 4.833 秒，叶佳希、杨心静、杨心怡、章婷（均来自中国），2023 年 4 月 30 日。

青少年才俊

金奈呼啦圈俱乐部

对 普通人来说，呼啦圈可能只是一个有趣的玩意儿，但对于这群满怀热忱的印度孩子来说，呼啦圈已经融入骨髓，成为他们身份认同的一部分，更是创造世界纪录的秘诀。

金奈呼啦圈俱乐部创办于 2018 年，创始人维贾亚拉克什米·萨拉瓦南不光是教练，也是狂热的呼啦圈爱好者。现在，俱乐部已从最初的寥寥几人发展成有 500 多名学员的成熟培训机构。

2019 年，学员塔伦·R S 创造了**1 分钟呼啦圈绕膝次数最多纪录**（194 次），这也是该校创造的第一项吉尼斯世界纪录。自那以后，这所学校一发不可收，创造了 30 余项世界纪录。

吉尼斯特别希望当场见证一下这种才艺，于是在 2023 年 1 月份邀请 3 位呼啦圈明星选手来到伦敦总部。巴拉萨拉尼塔·巴拉吉、贾纳尼·萨拉瓦南（维贾亚拉克什米之女）和玛玛蒂·维诺斯（*图中由左至右*）表现出色，一举刷新了 9 项纪录——包括巴拉萨拉尼塔创造的**30 秒呼啦圈绕肩次数最多纪录**（53 次）、贾纳尼创造的**1 分钟肘部传递呼啦圈次数最多纪录**（46 个），还有玛玛蒂创下的**1 分钟呼啦圈绕踝同时完成跳跃次数最多纪录**（110 次）。我们只能说：金奈呼啦圈俱乐部的孩子们棒极了！

* 以上纪录保持者均来自印度。

目前，保持常规训练的学生大约有 75 名（包括线上和线下），他们在尽情享受着呼啦圈带来的乐趣。

2023 年 4 月 22 日，年仅 10 岁的沙什瓦特·S 创造了**1 分钟呼啦圈绕肘次数最多纪录**（218 次），超出先前纪录 20 次。他说："我破了自己的首个纪录，这让我非常自豪。这个成绩让我信心倍增，我争取日后更上一层楼。"

是什么吸引你爱上呼啦圈运动的？

玛玛蒂：转呼啦圈可以激发体内能量，同样也是实现自我提升的途径。它可以帮助我设定个人目标，成为我与日俱进的见证。

在这项运动上，你有哪些偶像吗？

贾纳尼：对我来说，偶像就是我妈妈（维贾亚拉克什米）。她经营着金奈呼啦圈俱乐部，也是我爱上呼啦圈的引路人。

巴拉萨拉尼塔：有的，偶像就是我的朋友马诺尼亚，她是玩呼啦圈的高手。我就是看她玩才萌生出转呼啦圈的想法，并在她的鼓励下从菜鸟成长为专业选手的。

创造纪录是一种什么感觉？

玛玛蒂：可以说是喜不自胜，功夫不负有心人吧，就是纯粹的开心。

跟这么多志同道合的朋友相处，你觉得有什么好处呢？

贾纳尼：在这里，学员们不光可以学习呼啦圈的相关知识，还可以当小老师。当你成为一名合格的"前辈"时，就有机会教更小的孩子。我性格比较内向，对我来说，这种机制可以说是一举两得，我不仅提升了教学技能，也跳出了自己的舒适圈。

有什么建议给呼啦圈初学者吗？

贾纳尼：在教初学者过程中，我发现他们在尝试几分钟后会变得灰心丧气。因此，在我看来最有用的建议无非就是再多些耐心。

你以后还会继续玩呼啦圈吗？

巴拉萨拉尼塔：那当然！我真的很爱呼啦圈！它给我带来了无穷的欢笑和乐趣，起码在短期内我会继续玩下去的。

在教练维贾亚拉克什米·萨拉瓦南（坐在最右侧）的推动下，整个俱乐部不断发展。

这群才华横溢的呼啦圈运动员正将吉尼斯世界纪录证书收入囊中。截至 2023 年 9 月，他们已经创造了 30 余项世界纪录。

奥利·弗格森与哈里·弗格森

许多人都有自己的意愿清单，但清单上有 500 个目标的人实属罕见，更不要说在上学期间就已经完成这么多了。奥利·弗格森和哈里·弗格森（均来自英国）可不是一般的清单制定者。

多年来，在父亲麦克和母亲维姬的支持下，这对来自苏格兰阿伯丁郡的兄弟一直致力于在 18 岁前完成 500 项挑战。从淘金到尝试盐渍鲱鱼，再到寻找化石，甚至建立自己的国家！兄弟俩的挑战相当丰富多彩。

真正让弗格森兄弟在吉尼斯世界纪录大全留名的还是他们的摩比海盗船。2017 年，他们制作的如同漂流瓶的"冒险号"海盗船（1）正式启航，朝着公海航行。这艘船从苏格兰出发，先抵达瑞典，在搭上一艘路过的帆船后，继续驶向西非，然后随着大西洋洋流到了加勒比海，总共航行了 6 072.5 千米，成为**世界上航行最远的玩具船**。

当然，这对浑身是胆的兄弟不会止步于此。之后，他们不仅与另一个家庭合作（2）打破了自己的纪录，最近还开启了第三次更加大胆的冒险之旅（3）。

1 **"冒险号"：** 奥利（左）和哈里正在对摩比海盗船做一些小的改进，比如使用聚苯乙烯材料增强浮力、加装 GPS 跟踪器。最终航程分为两段：第一段从苏格兰到斯堪的纳维亚，第二段（见地图）从加纳利群岛附近到巴巴多斯。

冒险2号
冒险号（第二段）

2 **"冒险 2 号"：** 在弗格森兄弟的协助下，贾克斯、凯（上图）和费恩·刘易斯三兄弟在特立尼达岛成功制作了第二艘船。2020 年 9 月，在父亲基思的帮助下，这艘船在圭亚那下海，并在经历了两次飓风后抵达墨西哥湾！之后，它沿着美国东海岸漂流，于 2021 年 11 月消失在茫茫大西洋中，创造了航行 15 439 千米的新纪录。这个纪录是否会被刷新，让我们拭目以待吧。

3 **"幽冥号"和"惊恐号"：** 2023 年夏天，受到英国皇家海军的"幽冥号"和"惊恐号"的启发，兄弟俩制作的模型船已经开始新的航程，此次目标是环游南极洲。这次航行可能需要长达两年的时间，行程约 22 000 千米。

从"冒险号"到"冒险 2 号"，你们做了什么改动吗？

哈里：""冒险号"的航行非常顺利，我们不想做任何变动，所以"冒险 2 号"基本与"冒险号"一样。我们使用了相同类型的模型船，也对其进行了类似的改造，不过这次是跟住在特立尼达岛的贾克斯、凯和费恩三兄合作完成的。

在玩具船下水时，你们能预计它的路线吗？

奥利：我们完全根据洋流方向进行判断。我们知道大部分洋流在哪里，所以可以选择小船入海的位置。洋流可以使小船沿着我们希望的方向航行，这对我们确定小船的位置大有帮助。但是洋流流向并非一条直线，这就导致小船有时候会绕圈，浪费电池电量。

你们新的南极探险会有什么不同之处吗？

哈里：造船花了我们两年时间，我们尽自己所能让它们接近"幽冥号"和"惊恐号"的样子。船体是用两百年生榆木制成的，表面还包了一层铜。

奥利：尽管忠实于原设计可能意味着小船寿命不长，但也不能使用塑料。小船将以类似于 1839 年原船只的轨迹沿着南极绕极流航行。我们会像罗斯远征那样，持续记录诸如气温、水温和海水 pH 值等数据。

给我们讲讲你们的其他"迷你冒险"吧。

奥利：我们有一张 500 个目标的清单，到目前为止，我们已经完成了 456 个（截至 2023 年 9 月）。最困难的可能是把乐高小人仔送上太空。我们现在正在进行的冒险任务是驾驶 30 种交通工具。

想了解更多关于打破吉尼斯世界纪录的青少年才俊以及 16 岁及以下组别的信息，请访问 kids.guinnessworldrecords.com

YOUNG ACHIEVERS

西马尔·库拉纳

孩子们在闲暇时间打游戏再正常不过，但加拿大安大略省的西马尔·库拉纳却喜欢自己开发游戏。

在父亲帕拉斯与母亲曼普雷特的鼓励下，西马尔在 6 岁时就决定学习编程。她父亲说："为西马尔找到一门合适的编程课并非易事。游戏开发需要学习者具备高级阅读和写作能力，而多数编程机构不相信她这么小，能在这两方面有足够的能力。"不过西马尔还是遇到了良师，开始了自己的编程之路。

帕拉斯看见女儿进步很快，觉得她也许能成为**年龄最小的游戏开发者**。但要打破年龄纪录，西马尔必须在 4 个月内开发出一款游戏。帕拉斯说："西马尔愿意付出努力。一个 6 岁的孩子要兼顾学校和夜校课程、家庭作业以及编程任务，可以想象有多难，即便对成年人来说也是一个很大的挑战！"但是，西马尔做到了！在 6 岁 364 天的时候，她为同年龄段玩家开发的第一款游戏《健康食物大挑战》正式上线。

我能通过编程指挥电脑，使它们有了交流的能力，真是太奇妙了。

除了编程，西马尔也是运动达人，她还学习舞蹈、体操和空手道。

编程有哪些吸引你的地方？

上学时我最喜欢数学课，也挺擅长数学。我在幼儿园就能做二年级的数学题。很小的时候，我就通过看 YouTube 视频自学数学。此外，我还喜欢做手工和游戏。所以我爸爸建议我可以试试编程。

《健康食物大挑战》背后的理念是如何产生的？

我很挑食，但医生告诉我和姐姐，说我们需要健康饮食，并给我们看了什么是健康食物。那时候我每周已经有 4 节编程课，需要给自己的游戏定一个主题。

在开发游戏的过程中遇到过什么困难吗？

编这款游戏的确花了很长时间。我很难保持耐心，有时候真的很想出去玩！但最后打破纪录的喜悦无以复加，家人也以我为傲。

你还喜欢什么娱乐活动？

我爱玩《罗布乐思》，还喜欢美术和手工，我有一个 YouTube 账号——"西马尔的世界"。

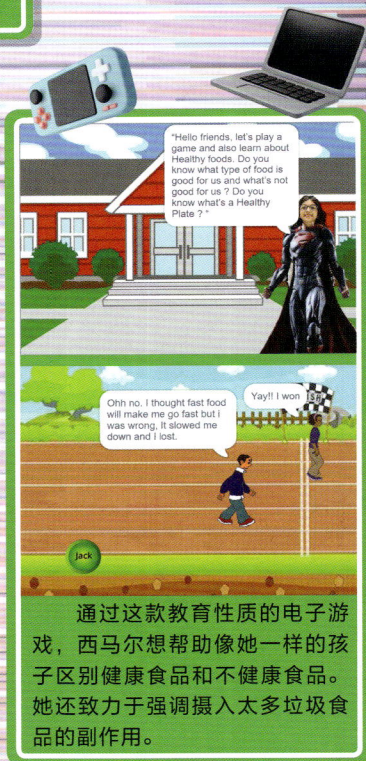

"Hello friends, let's play a game and also learn about Healthy foods. Do you know what type of food is good for us and what's not good for us ? Do you know what's a Healthy Plate ?"

Ohn no. I thought fast food will make me go fast but i was wrong, It slowed me down and I lost.

Yay!! I won

Jack

通过这款教育性质的电子游戏，西马尔想帮助像她一样的孩子区别健康食品和不健康食品。她还致力于强调摄入太多垃圾食品的副作用。

如果能给编程爱好者提建议，你最想说什么？

如果你想学编程，那就去做吧！它很有意思。遇到困难也别担心，就像骑自行车一样——一旦学会了，就永远也不会忘记。

你有什么将来的计划吗？

我想成为一名游戏和程序开发员。如果还能打破吉尼斯世界纪录，那就太棒啦！

想了解更多关于打破吉尼斯世界纪录的青少年才俊以及 16 岁及以下组别的信息，请访问 kids.guinnessworldrecords.com

娜美·斯顿普与艾琳娜·斯顿普

学习轮滑时难免磕磕碰碰，青一块紫一块也是正常现象。伤痛可能会令很多人望而却步，但瑞士姐妹娜美·斯顿普和艾琳娜·斯坦普却对轮滑乐此不疲。

这对双胞胎姐妹从 8 岁起就开始练习直排轮滑，尽管一路上磕磕绊绊，她们的热情却丝毫不减，在技巧动作方面更是能展现出过人的协调控制能力。2023 年 10 月 14 日，姐妹二人在 3.9 米的垂直坡道上共同创造了两项世界纪录：**30 秒完成轮滑同步技巧最多纪录**（11 个）和 **1 分钟完成同步技巧最多纪录**（21 个）。

姐妹俩在《吉尼斯世界纪录大全》上看到巴西轮滑运动员法比奥拉·达·席尔瓦的介绍，产生了挑战的想法。席尔瓦曾获得**夏季世界极限运动会金牌数量最多（女子）**纪录——7 枚。然而，创造自己的世界纪录对姐妹俩来说简直难如登天，因为艾琳娜两岁时患上脑瘤，之后便是无休无止的头痛，记忆力也出现了问题。但现年 14 岁的艾琳娜决定克服病痛，和娜美一道创造属于她们的奇迹。

开始练轮滑之前，姐妹俩溜冰就已经非常熟练了。她们 5 岁时就加入当地的冰球俱乐部，并多次参加国内和国际比赛。

姐妹俩想找到能一起参与的爱好，便决定练习双人同步直排轮滑。

练好同步轮滑的秘诀是什么？
相互之间要做到心有灵犀，就是不用交流就知道对方想干什么。水平高的一个还要照顾另外一个。

你们最喜欢的轮滑技巧是什么？
我喜欢巴拉尼翻转和空中技巧。艾琳娜更喜欢单手着地和后空翻。

你们为破纪录是怎样训练的？
我们把不同花样组合在一起，然后练习以完全相同的高度和速度完成动作。

训练过程中最大的挑战是什么？
自从患上脑瘤，艾琳娜的记忆力就出现问题，总是忘记动作顺序。为了让她能记住所有动作，我们一起苦练了很长时间。

挑战纪录那天的心情如何？
因为担心挑战失败，我们俩都特别紧张；因为有机会创造世界纪录，我们又万分高兴。

你们打破世界纪录后是怎么庆祝的？
我们准备了晚餐，招待帮助我们破纪录的所有人。我们表达感恩和庆祝的方式就是做饭。

能给其他想打破吉尼斯世界纪录的年轻人提些建议吗？
要敢于挑战自认为不可能的事情。决不放弃，再接再厉。

除了轮滑，还有什么别的爱好吗？
到了冬季，我们喜欢自由式滑雪。我们还喜欢玩一切带轮子的东西，比如滑板、花样滑冰和溜旱冰。

青少年才俊

DJ 里诺卡

在 YouTube 上刷视频往往不会给生活带来多大变化，但对于一个日本的 4 岁乐迷来说，刷 YouTube 却成了她人生的重要转折点。

里诺卡（2017 年 2 月 4 日出生）在网上看了一名女 DJ 的混音现场视频后，决心要成为混音大师。她在 2022 年收到的圣诞礼物之一就是一台 DJ 控制器——由混音器连接的两套唱机转盘。不久之后，她的过人天赋开始大放异彩。2023 年 7 月 9 日，年仅 6 岁 155 天的里诺卡就在家乡东京举办了个人现场演奏会。为乐迷进行一个多小时的演奏是一个不小的挑战，但里诺卡淡定自若，演奏非常成功，她也因此成为世界上**年龄最小的女 DJ**！

DJ 里诺卡现在想出去巡演，到全球各地办音乐节。她的宏大计划从 2024 年 1 月 21 日就开始了。她当天现身中国台湾省台北市的 2024 霓虹绿洲音乐节，成为**音乐节现场年龄最小的女 DJ**，当时只有 6 岁 351 天。

2023 年 7 月，里诺卡在挑战吉尼斯世界纪录过程中吸引了 100 多名俱乐部成员。她用双卡座 XDJ-Rx3 控制器演奏曲目。

里诺卡也是滑板爱好者，同时参加街舞和爵士舞课程，还喜欢画画。

你因为什么开始打碟的呢？

从我记事起，就喜欢跳舞、听不同流派的音乐。在我 4 岁时的某一天，我在 YouTube 上看到了一位女 DJ 的混音现场视频，于是决定自己也试一试。我是从 5 岁开始打碟的，整整一年我都希望圣诞老人可以给我送来一台 DDJ-200。终于在 2022 年 12 月收到了！

为在演奏会上创纪录，你做了什么准备？

我在电脑上搜索自己喜欢的歌曲，列成歌单，然后照着练习。

长大以后想成为职业 DJ 吗？

我想当一个酷酷的会打碟的艺术家。

你的 DJ 偶像有哪些？

我觉得艾米丽·伦斯和妮娜·克拉维茨都很棒。

最后，有什么寄语给想要挑战世界纪录的年轻人吗？

我觉得他们可以放手一试，不单为了纪录，也会给大家带来快乐。

年龄最小的俱乐部 DJ 当数阿奇（英国，2014 年 11 月 20 日出生），他在 2019 年创造纪录时只有 4 岁 130 天。阿奇现在正跟随父亲一起在世界各地的俱乐部演出。

日本的岩室纯子（被称为 DJ 纯岩；1935 年 1 月 27 日出生）在 2018 年被吉尼斯世界纪录认证为**年龄最大的俱乐部 DJ**。2023 年，88 岁高龄的她仍然在东京的俱乐部打碟！

想了解更多关于打破吉尼斯世界纪录的青少年才俊以及 16 岁及以下组别的信息，请访问 kids.guinnessworldrecords.com

青少年才俊

阿丽莎·特鲁

720°（两个完整的半空转体）是滑板运动中很难实现的技术动作，却是阿丽莎·特鲁（澳大利亚，2010 年 4 月 5 日出生）的招牌动作。

2023 年 6 月 24 日，这位浑身是胆的滑板运动员在美国犹他州盐湖城的比赛中成为第一位成功完成 720° 技巧的女运动员。这是托尼·霍克垂直滑板极限大赛的一幕，该比赛是夏季世界极限运动会的热身赛（传奇滑板人物霍克在 1985 年首秀 720° 技巧，这比阿丽莎出生时间早 25 年！）。在赛后的一个月，她在美国加利福尼亚州举行的世界极限运动会中再次展现该技巧，并由此获得一枚金牌。这位年仅 13 岁 108 天的小将是世界极限运动会近 30 年历史上完成这一动作的年龄最小的选手。（另见下文）

阿丽莎表示，有朝一日她可能会尝试 900°（两圈半转体）。无论未来如何，这位滑板神童已经在这项运动上留下了独属于她的印记。

接触滑板的契机是什么？
我从 8 岁起就开始玩滑板了，那年冬天太冷了，不适合户外冲浪。

如何在滑板训练和学业生活之间找到平衡呢？
我就读的是澳大利亚 LVLUP 滑冰学校。上午 3 个小时上课，下午 4 个小时滑冰。

在世界极限运动会上，你对再现 720° 技巧有多大信心呢？
我知道，如果我想赢，就必须完成这个动作。比赛中，当身体旋转到 540° 时，我的脚几乎落不到滑板上，差点儿摔倒，这也是有史以来最糟糕的一次。在完成 720° 技巧时，我必须得让滑板落地。我最终完成了这个技巧！我能听到朋友们的欢呼声，这是最无与伦比的时刻了。

成为世界极限运动会的双金得主有何感受？
太不可思议了，因为在拿到垂直滑板项目的金牌后，说实在的我都不太关心我的个人表现了，只要站上颁奖台就行。在我拿到碗池项目金牌之后，我高兴极了。

你的家人和朋友对你创造纪录有何评价？
我觉得大家都挺意外的，当然也为我自豪。

对于其他挑战坡道技巧（如 720°）的滑板选手有什么建议吗？
一定要有教练指导。如果没有我的教练特雷弗·沃德，我根本不可能完成这个动作。

给我们讲讲成为一名成功竞技滑板选手需要的素质吧。
意志坚定，激情满怀，还要永远乐在其中。

继夺得 2023 年世界极限运动会女子垂直滑板项目冠军仅一天，阿丽莎又在碗池项目上一举夺冠。年仅 13 岁 109 天的小将阿丽莎成为世界极限运动会年龄最小的双金得主。

除了滑板坡道，阿丽莎也会在海浪条件不错的情况下放下滑板，拿起冲浪板。

希利安·奥康纳

魔术世界变幻莫测、神秘异常，但魔术师希利安·奥康纳（爱尔兰）的天赋异禀却早已不是秘密！

尽管年纪轻轻，又罹患孤独症，但 15 岁的希利安在魔术道路上的志向却丝毫不受影响。他曾在国内和国际的热门电视节目上亮相，比如《爱尔兰 AM》《蓝彼得》和《英国达人秀》，主持过自己的 TEDx 访谈节目，并担任玩具品牌"马文魔术"的形象大使。2023 年 8 月 26 日，他首次创造吉尼斯世界纪录：**1 分钟变的魔术最多（16 岁以下）**纪录——28 个，差不多每两秒钟就变一个。该纪录仅仅是他众多荣誉中的最新一项。

2023 年，希利安在暑假期间首次巡演《我的魔术世界》，足迹遍及英国和爱尔兰的 14 个城镇。曾亮相 2022 年《英国达人秀》的魔术师莱兰·佩蒂也参与了巡演。

在策划全球巡演和挑战更多世界纪录的同时，希利安还喜欢走进校园，与同学们分享自己平衡孤独症和魔术的心路历程，希望能以此激励他人。

上图是希利安与妹妹凯茜的合影。2023 年参加《英国达人秀》期间，希利安赢得了全国观众的喜爱。表演结束后，评委和观众起立为希利安鼓掌喝彩。他一路过关斩将，最终在决赛中获得第三名。

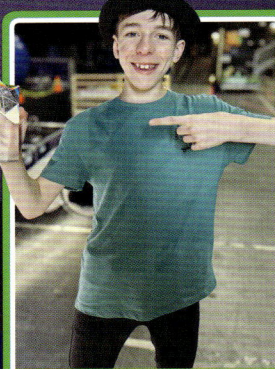

2023 年 10 月，在美国加利福尼亚州洛杉矶市拍摄《美国达人秀：梦幻联盟》的片场，希利安领取了马文魔术新星奖。

2017 年的《英国达人秀》亚军、年轻魔术师伊西·辛普森激励着希利安不断前行。

你是什么时候开始接触魔术的？

我从 7 岁起就开始变魔术了，见过的第一个魔术是我叔叔德西表演的。他握住自己的拇指，看似将它扯成两半，然后再复位。那情景把我惊呆了，吓得我跑出一英里，生怕我的拇指也会掉下来。

学魔术对你的生活有什么影响？

我学魔术的一个主要原因就是孤独症。魔术提高了我的社交能力，我能与人交流了。小时候，我知道自己想说什么，但不知道怎么表达。而现在，魔术就是我和他人之间的传声筒。

魔术师要面对的最大挑战是什么？

因为存在运动障碍，我的身体协调性不好，一些手上魔术很难掌握。我的双手以前总是不听使唤。有一年圣诞节，圣诞老人送给我一个魔方和一副扑克牌，它们对我双手的灵活性起了很大作用。

你最喜欢哪类魔术？

因为我偏爱近景表演，所以最喜欢的当然是意念类和纸牌类的魔术。

除了魔术，你还有别的爱好吗？

我喜欢收集扑克牌，家里有个专门的纸牌陈列架。我还喜欢下象棋和摄影，也特别喜欢摔跤和足球。

你想给那些希望打破吉尼斯世界纪录的孩子们提出什么建议呢？

我总结为 DOG，分别代表 don't、only 和 go，就是不要放弃梦想，只有你才能创造未来，还要坚持到底。

想了解更多关于打破吉尼斯世界纪录的青少年才俊以及 16 岁及以下组别的信息，请访问 kids.guinnessworldrecords.com

青少年才俊

奥尔丁·麦克斯韦

凭借搭积木的非凡本领，年仅 12 岁的奥尔丁·麦克斯韦创造了自己的第一个世界纪录。他的故事已经成为一部电影的素材！

这位加拿大少年同样是孤独症患者，可他却说叠叠乐不单单是游戏，还是一种建造各种结构的工具。他兴致勃勃地说："搭积木能挑战我的工程思维，能激发出无限的创造力。"奥尔丁在 2023 年 1 月创造了两项纪录——**在一块竖立的叠叠乐积木块上码放的积木块数最多**（1 840 块，*下图*），以及**在一块竖立的巨型积木块上码放的巨型积木块数最多**（900 块，*最下图*）。

贺曼公司的贺岁片《圣诞节的世界纪录》（美国，2023 年）讲述了一位患孤独症的男孩梦想打破纪录的故事。主人公身边的人借他挑战纪录的良机，为社区筹集善款，所以他把家人和小镇居民凝聚在了一起。奥尔丁说："我从没想过自己会成为电影主角的原型。有时候仍然觉得这一切像做梦一样！"

除了搭积木，奥尔丁也爱打篮球、骑独轮车、玩保龄球和魔方，还喜欢玩策略游戏。他将来想成为篮球运动员或演员。

你在那部电影里出演角色了吗？
我客串了一个角色，太棒了！演员和工作人员都很和善，待我像待明星一样。有人说正因为有了我，他们才加入剧组，大家都为我鼓掌。我忘不了当时的情景。

你为什么想用叠叠乐积木挑战纪录？
我一直都想挑战世界纪录。我有几套积木，然后就开始设计不同的搭建方案。我想出了几个搭建思路，发现完成起来易如反掌。后来我在 YouTube 上看到相关纪录，于是决定试一试。

你是如何进行训练的？
首先，我通过骑独轮车或者跟继父打篮球来清空头脑。我总是一边挑战一边听音乐，这样能帮我集中注意力。如果搭起来的高塔倒下，或者预感它要塌下来，我就会休息一会儿。我会换换脑子，假设自己从来没搭过那座塔。这能帮我找到新的思路。

挑战过程中有没有想放弃的时候？
有过。看到官方规则后，我发现以前的训练方法错了。我一直都是每只手拿 3 块积木开始码放，申请时才发现你们要求每次只能叠一块，我当时想过放弃。幸好我妈妈鼓励我按新标准练习，过了几周我也就习惯了。

还准备挑战更多纪录吗？
我想尝试一下**骑独轮车破解最多魔方**、**1 分钟从篮板后投中最多篮球**和**堆叠保龄球数量最多**纪录，当然主要还是尽我所能保住我手中的积木纪录。

你最想给挑战世界纪录的人们提的建议是什么？
找到最适合自己的项目，勤加练习，多些耐心，永不言弃，因为梦想一定会成真！

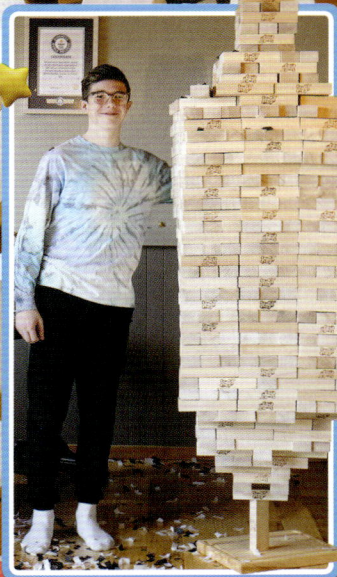

吉尼斯大测试

你是吉尼斯世界纪录的铁粉吗？用下面25个脑筋急转弯来验证一下吧！

1. **3分钟水下表演魔术最多**纪录是38个，由13岁的艾弗里·爱默生·费希尔（美国）创造。她在表演过程中甚至没时间说"阿布拉卡达布拉"。这句2000多年前的希伯来咒语最初的用意是什么？

   a) 治病　b) 战斗口号　c) 迎宾

2. **职级最高的企鹅**是尼尔斯·奥拉夫三世少将（参见第57页）。这种企鹅是王企鹅属中体型第二大的种，身高略低于1米，那么等一大的企鹅是哪种？

   a) 巴布亚企鹅　b) 法老企鹅　c) 帝王企鹅

3. 15岁的阿纳夫·达加（印度）用大约143 000张扑克牌精心搭建了**最大的纸牌建筑**（参见第110页）。之后，阿纳夫是怎么处理他的纸牌城堡的？

   a) 把它捐给博物馆　b) 在上面翻滚并毁掉它
   c) 将纸牌黏在一起

4. 2024年2月，汤米·切里（美国）仅用12秒就蒙眼还原了一个三阶魔方。以下关于三阶魔方的说法，哪一个是正确的？

   a) 厄尔诺·鲁比克在1974年发明了魔方，但他用了一个月才解出来　b) 只有智商150以上的天才才能解魔方　c) 魔方只有一种解法

5. 来自印度的维斯瓦吉特·V是货真价实的恐龙专家：5岁时，他就创造了**1分钟辨认恐龙最多**的纪录——41头。以下哪种不是恐龙？

   a) 气龙　b) 普基萨龙　c) 斑比盗龙

6. 肯尼斯·卡伦（美国）创造了《我的世界》中制作并吃掉3个蛋糕的最短时间纪录——27.29秒。《我的世界》是**最畅销的电子游戏**，截至2024年初的销量已突破多少份（以整数记）？

   a) 1亿　b) 3亿　c) 5亿

7. 一只名叫"代基里"的小狗和主人珍妮弗·弗雷泽（下图）喜欢一起打破世界纪录，比如**1分钟小狗拽下最多袜子**纪录——21只。代基里是什么品种？

   a) 澳大利亚牧羊犬　b) 腊肠犬　c) 哈士奇

8. 11岁的麦考利·胡佛（美国）目前握有多项女子1分钟挑战纪录，比如**背向呲板动作最多**纪录——34次，以及**正向呲板动作最多**纪录——33次。滑板运动起源于美国的哪个州？

   a) 纽约　b) 佛罗里达　c) 加利福尼亚

9. **30秒敲击钢琴键次数最多**纪录为495次，由日本少年服部京太创造。京太平均每秒钟敲击多少次琴键？（不许用计算器！）

   a) 16.5次　b) 25次　c) 33.5次

10. 金伯利·温特（美国）在2023年4月创造了**女性打嗝声音最大**纪录（参见第78页）。这种多余气体释放现象的学名是什么？

    a) 嗳气　b) 脱气　c) 打嗝

11. YouTube博主"Airrack"（美国）联合必胜客共同制作了1 296.72平方米的**世界最大比萨饼**。比萨饼的起源时间可追溯到哪一年？

    a) 公元前812年　b) 公元997年　c) 公元1788年

12. 游戏《FIFA 23》"传奇"难度下的**最多进球**为11个，创造者为西蒙尼·德·塞萨雷（英国）。在现实世界，哪个国家在世界杯上夺冠次数最多？

    a) 巴西　b) 阿根廷　c) 英格兰

扑克牌的组合方式比地球上的原子数量还多。

13. 麦克和扎拉·卢瑟福姐弟（英国/比利时）分别在 17 岁 64 天和 19 岁 199 天的年纪成为单人驾飞机完成环球飞行的年龄最小的挑战者。下列哪对兄弟姐妹在 1903 年完成了首次动力飞行？
    a) 莱荣兄弟　b) 怀特姐妹　c) 莱特兄弟

14. 村田制作所（日本）创作了**最大的折纸兔子**（参见第 117 页）。下面哪个说法是错误的？
    a) 折纸的英文 origami 源于日语词 ori（折叠）和 kami（纸）　b) 折纸艺术已经发明 30 年了　c) 折纸艺术不许使用剪刀和胶水

15. 印度的穆罕默德·D 制作出**最大的足球鞋**（参见第 118 页）。这只鞋的用途是什么？
    a) 要给**世界上最高的人**（参见第 64～65 页）穿　b) 艺术比赛的参赛作品　c) 供拍卖会销售

16. 截至 2024 年 1 月，野兽先生（美国）是拥有最多 YouTube 订阅用户的个人博主（参见第 172～173 页）。他在第一条 YouTube 视频里玩的是哪款游戏？
    a)《我的世界》　b)《FIFA》　c)《堡垒之夜》

17. 麦当劳的超级粉丝唐纳德·戈尔斯克（美国）**一生中吃的巨无霸汉堡包最多**——34 128 个。以下关于巨无霸汉堡包的说法哪一种是错误的？
    a) 最初的名字叫"贵族"　b) 有一个巨无霸博物馆　c) 它是麦当劳最畅销的菜品

18.《芭比》是 2023 年**最卖座的电影**。芭比娃娃的口号是"你就是无限可能"。芭比（参见第 192～193 页）已经在"从事"你能想到的大多数职业，但还不包括：
    a) 空姐　b) 厨师　c) 清洁工

19. **组装 3 个乐高小人的最短用时记录**是 13.28 秒，创造者是托伦·楚姆斯泰因（美国）。乐高公司每年会生产约 3.4 亿套小人仔，相当于哪个国家的人口数？
    a) 中国　b) 新西兰　c) 美国

20. 德布·霍夫曼（美国）拥有**收藏量最大的维尼熊纪念品**——23 623 件。哪种动物没有出现在"维尼"系列故事中？
    a) 獾　b) 老虎　c) 驴

21. **拍卖成交价最高的旧篮球鞋**是一双耐克 AJ13，原主人是篮球巨星迈克尔·乔丹；这双鞋在 2023 年 4 月拍出了 220 万美元的高价。乔丹篮球生涯中效力最久的 NBA 球队是哪支？
    a) 洛杉矶湖人　b) 波士顿凯尔特人　c) 芝加哥公牛

22. 泰勒·斯威夫特（参见第 216～217 页）在 2023 年征服了流行乐坛。她在 2023—2024 年间的破纪录巡演叫什么？
    a) 永世　b) 时代之旅　c) 爱的告白

23. **在英超联赛单赛季 38 场比赛中进球最多纪录为 36 个**，由埃尔林·哈兰德在 2022—2023 赛季打进。哈兰德出生于何地？
    a) 挪威奥斯陆　b) 德国多特蒙德　c) 英国利兹

24. 西蒙·拜尔斯（美国）获得了**最多的世界艺术体操锦标赛奖牌**（参见第 242 页）。她是健康饮食的忠实拥护者，但她承认抵挡不住什么诱惑？
    a) 肉桂卷　b) 复活节彩蛋　c) 幸运饼干

去第 254 页找答案吧，祝你好运！

史蒂夫在游戏《我的世界》中名声鼎盛，竟然还在《无主之地 2》中客串过角色。

芭比

关键数据

全名	芭比·密里森·罗伯兹
出生地	美国威斯康星州柳树林（不是现实中的威斯康星州柳树镇！）
出生日期	1959年3月9日
身高	29.2厘米
代表色	芭比粉
当前持有的纪录	最畅销的娃娃：2021年出货量8600万个，截至2023年累计销量过10亿

1959年3月9日，一款金发娃娃首次亮相美国国际玩具展。当时很少有人能想到他们会是一个文化偶像诞生的见证人。

芭比娃娃的缔造者是玩具制造商美泰公司的联合创始人露丝·汉德勒（美国）。露丝发现女儿芭芭拉玩的娃娃都是婴儿玩偶，市场上缺乏可以穿着不同服装的成年女性娃娃，于是她有了芭比娃娃的创意。她的创意抓住了全美女孩的心理，芭比娃娃上市第一年就实现超过35万的销量。据估计，芭比娃娃自面世以来的总销量已经达到惊人的10亿件。

从空军飞行员到棒球运动员，芭比已经有了250种职业形象。2016年推出了三种新造型芭比，并登上《时代》周刊的封面，证明了露丝·汉德勒和丰满的芭比虽已65岁高龄，但丝毫没有丧失浮获公众的魔力。

几十年来，芭比娃娃反映出时代和社会观念的变迁。目前，每秒种就能售出两件。2023年上映的电影《芭比》也大获成功，

露丝·汉德勒曾为了赋予年轻女性梦想的力量。借助芭比传递。"我设计芭比是为了让全部理念着想，小女孩可以成为她想成为的任何人。"她说道。

芭比的设计灵感部分源自德国的塑料娃娃（比尔德·莉莉，原型为《比尔德》时报上的连环漫画角色。露丝在欧洲的时候买下几款莉莉，美泰公司随后在1964年买下了莉莉的版权。

1959年：第一款
芭比配有醒目的黑白条纹泳装和太阳眼镜，使其从一众儿童造型的玩偶中脱颖而出。

1961年：芭比的男友"肯""出生"。两年后这个名字取自露丝·汉德勒的儿子。肯的头发最初使用毛毡，沾湿后经常脱落。

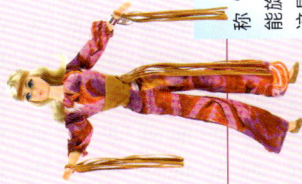

1965年：身着银色的"字航员芭比"面世，反映出20世纪60年代女性不断觉醒的职业追求，此前由男性主导的职场也开始对女性开放。

1970年：第1116号款也称"谨璨新生芭比"，其腰部能旋转、膝肘关节也可以弯曲。这是首款可以摆出各种姿势的芭比娃娃。

自2005年以来，超级粉丝贝蒂娜·多夫曼（德国）一直持有收藏芭比娃娃最多的吉尼斯世界纪录。1966年，贝蒂娜收到的第一个芭比娃娃是芭比的朋友米奇。截至2022年12月，贝蒂娜收藏的芭比收藏品达到令人惊叹的18 500件，而且每一件都是独一无二的。

Barbie
Ryan Gosling
Margot Robbie
Only In Cinemas July 20
She's everything. He's just Ken.

《芭比》（美·英）是2023年的票房赢家，全球票房收入高达14.41亿美元。该片由玛格特·罗比主演，格蕾塔·葛韦格（美国）执导，是票房最高的女性导演执导的影片。

1992年：销量破千万的芭比娃娃。该款长发版芭比成为最畅销的芭比娃娃。2017年，该款芭比在其25岁生日之际再次发售。

2017年：首款戴头巾的芭比面世，其原型为美国奥运击剑运动员伊布蒂哈吉·穆罕默德。这款也是美泰公司"女英雄"系列的一员。

IBTIHAJ MUHAMMAD

2023年：美泰与美国唐氏综合征协会合作推出了首款的芭比。顶链上的3个V形图案代表导致该病患有唐氏综合征的第21号染色体的3个复本。

1980年：芭比的黑人朋友"克里斯蒂"早在1968年便出现在系列之中，但黑人形象的芭比直到12年后才现身。她出自美泰的首位黑人设计师凯蒂·布莱克·帕金斯之手。

2004年：芭比在1992年首次竞选公职。到了2004年的美国大选，总统芭比娃娃抛弃了红白蓝相间的礼服，换上了更现代的长裤职业装。

2019年：第一款坐轮椅的芭比是1997年出品的贝琪。到了2019年，"时尚达人"系列除了轮椅芭比（左），还有一位义肢限量版的朋友。

登录 www.guinnessworldrecords.com/2025，你可以在《偶像》专栏了解关于芭比娃娃的更多内容。

艺术与娱乐

在游戏里为马里奥配音的查尔斯·马提尼特在电影中客串露脸两次。

票房最高的根据游戏改编的电影

根据美国电影行业数据网站 The Numbers 的统计，截至 2024 年 1 月 17 日，《超级马里奥兄弟大电影》（2023，美国）的累计票房已经飙升至 1 363 377 030 美元。这部奇幻动画电影取材于任天堂游戏系列。故事讲述了创业工马里奥（克里斯·帕拉特配音）和路易吉（查理·戴配音）两兄弟意外进入神秘绿色水管，从纽约来到蘑菇王国。马里奥与碧姬公主（安雅·泰勒配音），奇诺比奥（基根·迈克尔·奇配音）联手从酷霸王（杰克·布莱克配音）的魔掌中拯救了蘑菇王国，并救出惨遭俘虏的路易吉。

尽管毁誉参半，《超级马里奥兄弟大电影》还是受到观众们的热烈追捧，上线仅 1 周就超越了《大侦探皮卡丘》（2019，美／日），成为最受欢迎的游戏题材电影，也是首部电影史上最成功游戏类型电影中票房破 10 亿美元里程碑的影片。

闪回：最昂贵的画作

欢迎来到吉尼斯世界纪录画廊。我们将带你走马观花地欣赏一番历史上最贵的美术作品。这里展出的每一幅杰作都曾是全世界某一时期最贵的画作。在 20 世纪，美术作品日益成为回报丰厚的投资品。如果回顾历史成交数据，你会发现，这些作品的价格自 20 世纪 80 年代开始显著飙涨，部分原因是全球经济的繁荣，而营销手段更加老到的拍卖机构也起到推波助澜的作用。由于早期数据过于零散，我们主要介绍 1955 年（第一部《吉尼斯世界纪录大全》出版之际）以后 70 年间成交的作品。*

《鸢尾花》（1889 年）
- 文森特·凡·高（荷兰）
- 5 390 万美元（1987 年）
凡·高的这幅画作笔触质感满满，深受日本木版画的影响。

《胡安·德·帕雷亚的肖像画》（1650 年）
- 迭戈·委拉斯开兹（西班牙）
- 231 万英镑（1970 年）
创作于 17 世纪的这幅作品是第一幅售价超过 100 万英镑的油画。买家是纽约大都会艺术博物馆。

《亚里士多德与荷马半身像》（1653 年）
- 伦勃朗·凡·莱因（荷兰）
- 230 万美元（1961 年）
纽约大都会艺术博物馆在拍卖会上以前所未有的高价拍下这幅荷兰大师的油画。荷兰政府于 2022 年购得的《旗手》是目前**最贵的伦勃朗作品**（1636 年）。——参见底栏第 7 条

《阿黛尔·布洛赫－鲍尔肖像一号》（1907 年）
- 古斯塔夫·克利姆特（奥地利）
- 1.35 亿美元（2006 年）
阿黛尔·布洛赫－鲍尔是一位富有的维也纳社交名媛，也是克利姆特的主要赞助人，据传也是他唯一画过两次的人物（另见底栏第 16 条）。这幅装饰豪华的画作贴上了金箔银箔，是克利姆特"黄金时期"（1901—1909 年）的代表作。

以下是我们按照成交价递增顺序罗列的 20 幅史上公认的最贵画作。

纵观 19 世纪，艺术品交易商和收藏家偏爱古典名画，而非当代作品。正如下列清单所示，1900 年以后创作的画作却主导着当今美术市场。

- ● 过去大师作品
- ● 后印象派
- ● 象征主义
- ● 印象派
- ● 立体画派
- ● 抽象表现主义
- ● 20 世纪具象画派
- ● 波普画派
- ● 写意画

20 《第五号》（1948 年）
杰克逊·波洛克（美国）
约 1.4 亿美元（2006 年）

19 《山水十二条屏》（1925 年）
齐白石（中国）
1.41 亿美元（2017 年）

18 《弗洛伊德肖像画习作》（1969 年）
弗朗西斯·培根（英国）
1.424 亿美元（2013 年）

17 《捉蝶扣（小版）》（1888 年）
乔治·修拉（法国）
1.492 亿美元（2022 年）

16 《阿黛尔·布洛赫－鲍尔肖像二号》（1912 年）
古斯塔夫·克利姆特（奥地利）
1.5 亿美元（2016 年）

15 《梦》（1932 年）
巴勃罗·毕加索（西班牙）
1.55 亿美元（2013 年）

14 《向左侧卧的裸女》（1917 年）
阿梅代奥·莫迪里阿尼（意大利）
1.572 亿美元（2018 年）

13 《杰作》（1962 年）
罗伊·利希滕斯坦（美国）
1.65 亿美元（2017 年）

12 《侧卧的裸女》（1917—1918 年）
阿梅代奥·莫迪里阿尼
1.704 亿美元（2015 年）

11 《阿尔及尔的女人（"O"版本》（1955 年）
巴勃罗·毕加索
1.794 亿美元（2015 年）

《红磨坊的舞会》（1876 年）
· 皮埃尔 - 奥古斯特·雷诺阿（法国）
· 7 810 万美元（1990 年）
雷诺阿的这幅印象派名作描绘了巴黎蒙马特的一处舞蹈花园。高端艺术品藏家罗伊斋藤购得此画。

《加歇医生》（1890 年）
· 文森特·凡·高
· 8 250 万美元（1990 年）
保罗·加歇医生照顾过弥留之际的凡·高。画家绘制了两幅医生的肖像画，这是其中的第一幅。凡·高一生坎坷，生前很少能靠作品赚钱。经过弟弟遗孀的一番努力，凡·高的画作在其死后却受到追捧。目前最贵的凡·高画作是《柏树环绕的果园》（1888 年），2022 年以 1.171 亿美元成交。

《拿烟斗的男孩》（1905 年）
· 巴勃罗·毕加索（西班牙）
· 1.041 亿美元（2004 年）
这幅画出自毕加索"玫瑰时期"的作品。毕加索在 1904—1906 年偏爱橙色和粉色等暖色调。2015 年成交的另一作品成为最贵的毕加索画作（参见底栏第 11 条）。

《玩纸牌者》（1890—1895 年）
· 保罗·塞尚（法国）
· 约 2.5 亿美元（2011 年）
目前依然是最贵的塞尚作品。他创作的《窗帘、水壶和水果》（1894 年）是最贵的静物主题油画，1999 年拍出 6 050 万美元的高价。

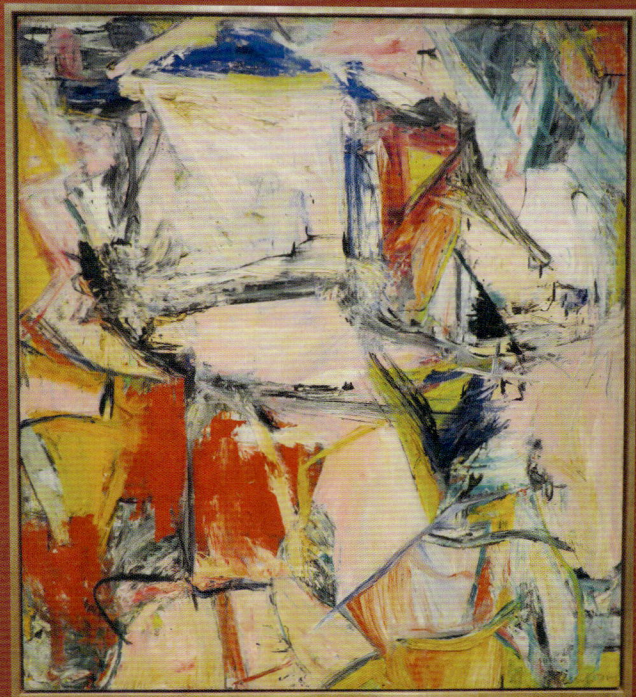

《交换》（1955 年）
· 威廉·德库宁（荷兰裔美国人）
· 约 3 亿美元（2015 年）
完成创作后不久，抽象表现主义画家德库宁以 4 000 美元卖掉了这幅作品，如今却成为 20 世纪最贵的画作。

《救世主》（1500 年左右）
· 列奥纳多·达·芬奇（意大利）
· 4.503 亿美元（2017 年）
这幅史上最贵的油画描绘的是中指与食指交叠的耶稣像，曾经多年难觅踪迹。即便重现世间，人们最开始也不认为它是真迹。在 2017 年佳士得拍卖之前，该画按要求经过了细致清理和修复。有报道称沙特王室将其买下。此前网上的拍卖成交价竟然低到 1175 美元！

所列作品并非实际尺寸。标示价格均依据本书英文版出版时的最新人均数据，包括拍卖、转让和私下的交易价

全景展示：顶流网红

YouTube 订阅用户最多的女性个人

戴安娜·基迪斯尤克（美国，生于乌克兰）在 YouTube 上的个人频道《儿童戴安娜秀》有 1.18 亿订阅用户。这位年仅 10 岁的小女孩擅长拆箱、角色扮演和唱儿歌，经常跟哥哥罗马一起拍视频。她还与一群动画角色一起拍摄了《爱与戴安娜》系列内容。在第 172 ~ 173 页可见史上 YouTube 订阅量最高博主的纪录。

Instagram 粉丝数最多的人

葡萄牙球星克里斯蒂亚诺·罗纳尔多在 Ins 上有 621 979 902 名粉丝，数量几乎是全美人口的两倍。罗纳尔多目前比他的球场劲敌梅西（阿根廷）多出 1.2 亿粉丝。但一张梅西高举 2022 年国际足联世界杯的照片（下图）是 **Instagram 平台最受欢迎的图片**，总共收获 75 504 160 个赞。

2023 年 8 月，卡比的形象成为《堡垒之夜：大逃杀》游戏的"偶像系列"皮肤。

TikTok 粉丝数最多的人

生于塞内加尔、网名"卡比"的意大利网红卡本·莱姆（右图）在短视频平台 TikTok 上拥有 1.615 亿粉丝。他用非语言的方式吐槽那些所谓的"生活小窍门"的短视频在 2022 年 6 月 22 日超越美国网红舞者查莉·达梅里奥（左图），成为 TikTok 上最火的创作者。拥有 1.52 亿粉丝的查莉保持着**女子**纪录，也是 **TikTok 上最受欢迎的用户**，其发布的作品收获了 115 亿个赞。

* 所有数据截至 2024 年 3 月 4 日。

X 平台粉丝数最多的人

埃隆·马斯克（美国，出生于南非）在 X（原推特）上拥有 173 149 588 名粉丝。2022 年 10 月 27 日，马斯克收购了推特，并更名为 X。这位科技界亿万富豪在该平台上的粉丝数比排在第二位的美国前总统奥巴马多 4 000 万。超过 40% 的粉丝都来自收购完成之后。马斯克在网络上的言行经常引发争议，但他坚持亲自运营自己的账户，每天发帖数多达 30 条。

X 粉丝最多的女性

蕾哈娜（巴巴多斯，原名罗比恩·蕾哈娜·芬缇）在社交媒体 X 上广受欢迎，粉丝多达 108 167 892 名。2023 年 4 月，这位巴巴多斯女歌手兼企业家超越凯蒂·佩里，成为 X 粉丝数最多的女性。这是自 2013 年佩里霸榜后，该纪录首次易主。2023 年，蕾哈娜在第 57 届超级碗的中场休息时奉献了精彩绝伦的表演，并登上媒体头条，她此时正怀着次子瑞尔特。超过 1.2 亿平台观众收看了她的表演。

Twitch 平台同时在线观看的最多人数

2023 年 7 月 1 日，共有 3 442 725 名观众同时观看了电竞名人伊拜·拉诺斯（西班牙，*左图*）直播的拳击赛事《第三届主播拳会》。伊拜的职业解说生涯始于《英雄联盟》，如今已成为极具影响力的流媒体主播，吸引了"坏痞兔"（见*第 203 页*）和艾德·希兰等音乐巨星前来接受他的采访。

Twitch 粉丝最多的女性是加拿大的波基曼（本名伊玛妮·安尼斯，*右图*），拥有 9 332 274 名粉丝。2024 年 1 月，波基曼突然宣布撤出 Twitch 并转投 YouTube。虽然消息令人震惊，但她的旧账户仍然活跃，历史视频仍受欢迎。

将《俄罗斯方块》打爆机的首位玩家

2023 年 12 月 21 日，玩家 Blue Scuti（本名威利斯·吉布森，美国）闯过了 NES 版《俄罗斯方块》的第 157 关，并触发了"杀屏"（即游戏代码的崩溃点）。这名 13 岁少年玩了 38 分钟，爆机前拿下 6 850 560 分。长期以来，《俄罗斯方块》的玩家们往往止步于第 29 关，但"超速点击"和"摇杆滚动"之类的技巧可以帮助他们突破更多关卡。

最畅销的 FPS 游戏系列

根据动视暴雪（美国）公布的数据，《使命召唤》全系列累计销量超过 4 亿套。自 2003 年第一部《使命召唤》发行以来，该系列已推出 20 款主要阵容游戏。游戏背景已不仅限于"二战"，还扩展到了冷战时期的间谍活动和科幻战场。2023 年发布的最新款名为《使命召唤：现代战争 3》，玩家需要扮演第 141 特战队来阻止第三次世界大战的爆发。

最大的彩屏掌上游戏机

2022 年，YouTube 博主尼克·卡里尼（美国）制作了超大版可运行的任天堂掌上游戏机。这个设备高 2.23 米，宽 1.24 米，厚 0.6 米。卡里尼在木质橱柜内的个人电脑上运行了模拟器，并使用 Xbox 无障碍控制器连接超大号按钮。

《吉尼斯世界纪录大全游戏特辑 2025》

《吉尼斯世界纪录大全游戏特辑》回来了！我们重启了视频游戏类的历史纪录汇编，最新一版要比以往更全面、更精美。书中详细描述 100 项游戏圈最重要的吉尼斯世界纪录，比如最热销和好评度最高的游戏、玩家创造的最高得分和最快通关速度等。我们会介绍屡获殊荣的电竞冠军、执着的游戏收藏家和角色扮演者，还有动视公司这样的开发商和《塞尔达传说》之类的经典游戏。你认为哪项游戏的纪录会名列第一呢？

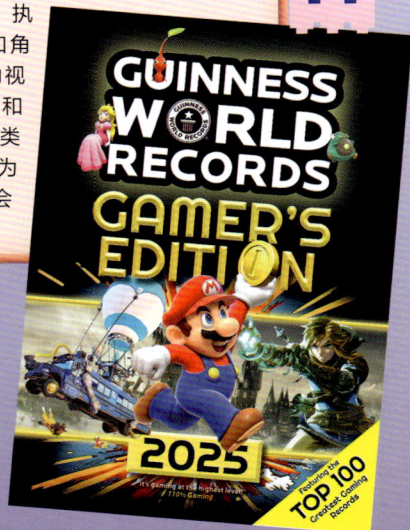

由用户生成的最大内容游戏平台

2006 年发布的 Roblox 是一个电子游戏创建平台,能为玩家提供多种设计工具,让玩家创建自己的游戏(即所谓的"体验")。这些游戏创建完毕后可供所有玩家获取。2023 年 8 月 13 日,Roblox 的日均活跃用户达到 7 020 万。

销售最快的《塞尔达传说》游戏

自 2023 年 5 月 12 日发售以来,任天堂的《塞尔达传说:王国之泪》在 3 天内售出了 1 000 万份,大约每秒 40 份!游戏背景为海拉尔大陆,角色在广阔天地间过关夺隘。该款游戏到 2023 年年底时的总销量超过 3 000 万份,成为任天堂 Switch 历史上最畅销的 5 款游戏之一。

最畅销的视频游戏

2023 年 10 月 15 日,发行商微软公司证实,《我的世界》的销量已超过 3 亿。2009 年 5 月 17 日,网名为 Notch 的马库斯·佩尔松最早编写了这款沙盒游戏的代码,此后吸引到一大批忠实玩家。2023 年,《我的世界》粉丝们迎来了升级版《足迹与故事》和动作策略衍生产品《我的世界:传奇》(左图)的发布。

第一只完成游戏速通的小狗

2023 年 7 月 13 日,玩家"JSR_"上传了他的柴犬"花生酱"在 1985 款 NES 游戏 Gyromite 当中快速通关的视频。花生酱用爪子按下定制控制器上的超大按钮,在 25 分 29 秒内操纵梦游的赫克托博士通关。花生酱还在游戏速通慈善盛会上再现了这个过程。

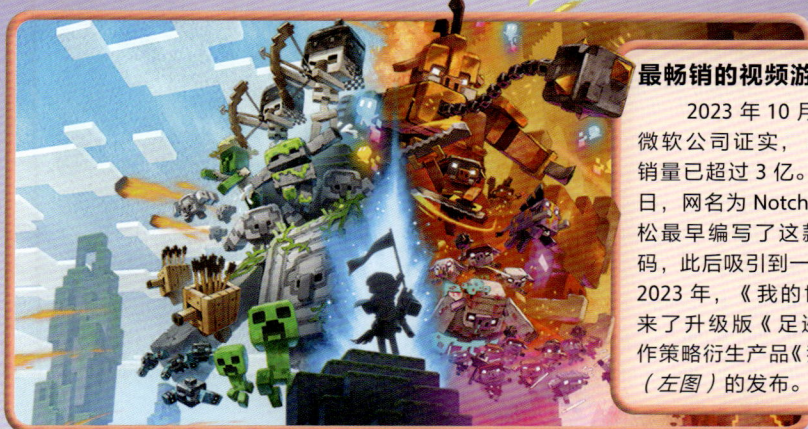

赢得金摇杆大奖最多的游戏

《博德之门 3》(拉瑞安工作室,2023 年)2023 年斩获 7 项英国电子游戏大奖,其中包括"最佳年度终极游戏"。这部角色扮演游戏以奇幻桌游《地下城与龙》为背景,收获了极高的业界口碑和商业成功。拉瑞安工作室在 2023 年 12 月透露,游戏发布 4 个月后,玩家沉溺在被遗忘国度的总时长达到 452 556 984 小时,相当于 51 662 年。

音乐

获得格莱美最佳金属乐演奏奖的最多次数

在 2024 年 2 月 4 日举行的第 66 届格莱美颁奖礼上，金属乐队（美国）凭借其第 11 张录音室专辑的主打歌 72 Seasons 第七次获得该奖项。拉尔斯·乌尔里希（鼓手）和詹姆斯·海特菲尔德（主唱兼吉他手）在 1981 年组建了这支重金属乐队，专辑销量超过 1.25 亿张。

英国冠军单曲的最长跨度

1963 年 5 月 2 日，披头士乐队（英国）凭借 From Me to You 第一次登上英国排行榜首位。2023 年 11 月 16 日，他们的"尾声曲"Now and Then 成为乐队的第 18 支榜首单曲，距离第一支榜首单曲已经过了 60 年 198 天。

Now and Then 与 1969 年 6 月 25 日登顶的第 17 支榜首单曲 The Ballad of John and Yoko 相距 54 年 144 天，创造了英国两支冠军单曲的最长跨度。

歌名最长的公告牌百强榜单曲

2023 年 12 月 2 日，一首时长 12 分 20 秒的单曲登上美国单曲榜第 90 位，但歌名却长得出奇：I Swear, I Really Wanted to Make a "Rap" Album but This Is Literally the Way the Wind Blew Me This Time。这是 OutKast 组合成员"安德烈 3000"（本名安德烈·本杰明，美国）的第一首单曲作品，收录在氛围爵士长笛专辑 New Blue Sun 里。

同时登上公告牌百强榜的最多新歌数量

2023 年 3 月 18 日，公告牌百强榜单揭晓，乡村音乐巨星摩根·沃伦（美国）有 27 首新歌上榜，外加 3 首单曲重新上榜。排名最高的是 Thinkin' Bout Me（第九位）。同一天，沃伦的第三张录音室专辑 One Thing at a Time 首次登上公告牌两百强榜首位，其中不乏多支热门歌曲。

年龄最大的格莱美最佳新人奖得主

作为 34 岁 279 天的"乐坛新人"，维多利亚·莫奈（美国，1989 年 5 月 1 日出生）在 2024 年获得第 66 届格莱美最佳新人奖。她的首张录音室专辑 Jaguar II（2023）也获得了最佳 R&B 专辑和最佳非古典类工程专辑奖。

2023 年 11 月 10 日，莫奈的女儿黑兹尔凭借歌曲《好莱坞》成为年龄最小的获得格莱美奖提名的人，年仅 2 岁 262 天。

蝉联日本冠军单曲的最多年份

从 1997 年到 2024 年，日本流行组合"近畿小子"（堂本光一与堂本刚）每年至少有一首金曲排名第一。他们最新的排行榜冠军单曲是 2024 年 1 月 8 日发行的《薛定谔》。

"震感"最强的演唱会

泰勒·斯威夫特（美国，参见第 216 ~ 217 页）的"时代之旅"巡演现场效果堪称史无前例，竟然产生了地震波。2023 年 7 月 22—23 日，她在美国华盛顿州西雅图市流明球场连演两场，总共有 144 000 名"霉粉"捧场。根据地震专家的说法，观众发出的噪声和音响系统共制造的声响相当于 2.3 级地震的效果。

同一位歌手获得欧洲歌唱大赛的最多奖项

2023 年 5 月 13 日，罗琳（本名罗琳·塔勒哈维，瑞典）凭借舞曲 Tattoo 在欧洲歌唱大赛上第二次获奖。2012 年，她曾凭借 Euphoria 夺冠。迄今为止，两次夺冠的歌手还有爱尔兰的强尼·罗根（本名肖恩·谢拉德，澳大利亚），获奖歌曲为 What's Another Year（1980）和 Hold Me Now（1987）。

单一年份赢得全英音乐奖的最多项数

2024 年 3 月 2 日，在伦敦举行的全英音乐奖颁奖典礼上，创作型多流派歌手 RAYE（本名蕾切尔·基恩，英国）斩获 6 座奖杯——英国年度专辑（My 21st Century Blues）、年度歌曲（Escapism，共同创作者 070 Shake）、年度英国歌手、最佳 R&B 歌手、最佳新人和年度歌曲作者。颁奖礼之前，因为单曲 Prada（共同创作者 cassö 和 D-Block Europe）获得了年度歌曲的提名，蕾切尔共得到 7 项提名，成为单一年份获得全英音乐奖提名最多的歌手。

被取名"坏痞兔"的灵感源自贝尼托幼年时的一张照片——他满脸阴沉，被迫穿着兔子装去学校。

流媒体平台Spotify播放量排行榜		
纪录	播放量	歌名/演唱者
单曲（男子）	40.8亿	*Blinding Lights*, 威肯（加拿大）
单曲（女子）	29.9亿	*Dance Monkey*, 托尼与我（澳大利亚）
单曲（团队/双人组）	29.6亿	*STAY*, 乐洛伊小子（澳大利亚）与贾斯汀·比伯（加拿大）
专辑（男子）	157.3亿	*Un Verano Sin Ti*, 坏痞兔（波多黎各）
专辑（女子）	119.5亿	*Dua Lipa*, 杜阿·利帕（英国/阿尔巴尼亚）
专辑（团队/双人组）	87.3亿	*AM*, 北极猴子（英国）
艺人（男子）	945亿	德雷克（加拿大）
艺人（女子）	730.7亿	泰勒·斯威夫特（美国）

*以上数据为截至2024年2月24日确认的累计播放量

Spotify 播放量最高的专辑

Spotify 播放量最高的专辑是《没有你的夏天》，为波多黎各说唱歌手"坏痞兔"（本名贝尼托·奥卡西奥）2022 年发行的作品。截至 2024 年 2 月 24 日的累计播放量达到 15 738 250 533 次。其中 6 首单曲的播放量都冲过了 10 亿大关。

这张专辑连续在 2022—2023 年间成为 Spotify 平台**播放量最大的专辑**，仅 2023 年的播放量就达 45 亿。它还收获了诸多奖项和提名，包括**第一张格莱美年度西班牙语专辑提名**，并在 2023 年的第 65 届格莱美颁奖礼上提名为最佳拉丁嘻哈专辑（*见下图*，"坏痞兔"与 R&B 明星 SZA）。

"坏痞兔"还是知名的"拉丁陷阱音乐之王"，在 2020—2022 年间连续三次获评 Spotify **播放量最高的年度艺人**，又在 2023 年公告牌拉丁音乐奖上拔得头筹，从而将**连续获得年度最佳艺人**奖项纪录增加到 4 项。

"坏痞兔"一直都是职业摔跤爱好者，近些年已经从台下走上擂台。2021 年，他与摔跤巨星达米安·普利斯特组成车轮战两人组合，赢得了第 24/7 期世界摔跤娱乐（WWE）大赛冠军。然而，昔日的队友在 2023 年的 WWE 爆裂震撼大赛上变成了对手（*上图*），两人的搏杀非常惨烈，一直从场内打到场外。凭借自己的标志性动作"兔子毁灭者"，这位霸榜歌手最终击败了普利斯特。

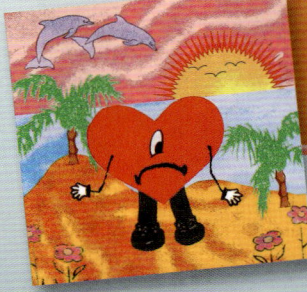

霹雳舞

与打碟、饶舌和涂鸦一样，霹雳舞也是嘻哈文化的一大基本元素。霹雳舞起源于 20 世纪 70 年代的美国纽约市布朗克斯区，舞者们会在曲目的间奏期间即兴表演，这段间奏就是 "breaks"。库尔·赫克等 DJ 最先开始同时使用两台唱盘机来混音，以延长间奏时间，这种艺术形式进而得到蓬勃发展。如今，被普遍称为街舞的霹雳舞已融入主流文化，并成为一项竞技性舞蹈运动。霹雳舞在 2024 年巴黎奥运会上首次成为表演项目。

赢得红牛街舞大赛 B-Boy 冠军称号的最多次数

2023 年 10 月 21 日，Hong 10（本名金洪烈，韩国）在全球一对一霹雳舞比赛中第三次获得总冠军。这位 39 岁老将经验十足，在法国巴黎的罗兰加洛斯球场摘下桂冠，此前已于 2006 年和 2013 年两获冠军。第三次夺冠

意味着他追平了 Menno（本名门诺·范·戈尔普，荷兰）在 2014 年、2017 年和 2019 年三度夺冠的历史纪录。

红牛赛事从 2018 年开始增设女子项目 B-Girl，有两名女孩都取得双冠纪录，分别是 2019 年和 2020 年蝉联冠军的 Kastet（本名娜塔莎·基利亚奇基娜，俄罗斯），2018 年和 2023 年夺得冠军的汤浅亚美（日本，参见第 205 页）

头顶滑行的最长距离

2018 年 11 月 24 日，在意大利罗马的《纪录之夜》电视节目上，霹雳舞冠军米歇尔·伽格诺（意大利）头顶触地滑行了 2.6 米。

30 秒完成风车动作的最多数量

Rock Steady 舞团成员、嘻哈先锋 Crazy Legs 首创了街舞标志性的风车动作。舞者要躺在地上，依靠背部和上半身力量完成转体，双腿同时在空中盘旋。2010 年 10 月 10 日，Cico（本名莫罗·佩鲁齐，意大利）在伦敦举行的英国街舞锦标赛世界总决赛上，半分钟完成了 50 个风车动作。

第二天，Cico 还成功创下连续空中动作数量最多纪录——6 个杂技旋转。

最多的连续肘跳

2016 年 11 月 24 日，在日本东京，Ashitaka（本名五十岚隆裕，日本）在一天内连创两项纪录。一是用肘部撑地腾空 187 次，成绩几乎是前纪录的 3 倍；二是连续单手撑跃次数最多——139 次。

红牛街舞大赛年龄最小的冠军

2021 年 11 月 6 日，Logistx（本名洛根·埃德拉，美国，生于 2003 年 5 月 8 日）在波兰格但斯克的决赛中击败 Vavi，赢得 B-Girl 冠军时年仅 18 岁 182 天，比 2020 年的 B-Boy 冠军 Shigekix 还要小 80 天。她现在是第三位红牛街舞大赛 B-girl 冠军，此前曾在美国费城和新加坡的比赛中获胜。她的绰号 Logistx 为其父亲所取。

30 秒单手飞机跳的最多次数（女子）

2024 年 2 月 24 日，街舞女孩 Solid（本名乔凡娜·丰塔纳，意大利）在英国伦敦完成了 25 个单手飞机跳。这个动作需要舞者单手支撑身体腾空，同时旋转身体。每周练习 6 天的 Solid 说："我们像运动员那样训练，但跳舞时就是艺术家。"

30 秒鲤鱼打挺的最多次数

2023 年 3 月 6 日，在巴基斯坦德拉伊斯梅尔汗，诺曼·梅苏德（巴基斯坦）半分钟从仰躺状态跃起 32 次。诺曼还持有 2020 年 12 月 12 日创造的 1 分钟鲤鱼打挺 52 次的纪录。

2021 年 7 月 2 日，同样是在德拉伊斯梅尔汗，丹尼尔·梅苏德（巴基斯坦）创造了不用手 1 分钟完成鲤鱼打挺次数最多纪录——43 次。

最多的"年度之战"团队冠军

首办于 1990 年的 BOTY（Battle of the Year）大赛是世界最高水平的国际霹雳舞比赛。参赛队伍先参加表演赛，然后选出 4 支队伍参加一对一决赛。有 3 支队伍曾 3 次夺冠，分别是 2006 年、2011 年和 2012 年的冠军 Vagabonds（法国），2015—2017 年蝉联冠军的 The Floorriorz（日本）以及 2010 年、2018 年和 2021 年的 Jinjo Crew（韩国，上图）。

维克多的招牌动作有后空翻托马斯和"超级蒙塔尔沃",即单手支撑旋转。

赢得世界体育舞蹈联合会(WDSF)霹雳舞世锦赛 B-Boy 冠军头衔的最多数量

2023 年 9 月 24 日,维克多(全名维克多·蒙塔尔沃,美国)成为 WDSF 霹雳舞世界锦标赛中首位两届 B-Boy 冠军得主。维克多曾于 2021 年夺冠,又于 2023 年在比利时鲁汶的决赛中以 2:1 击败卫冕冠军"巫师菲尔"(本名菲利普·金),有幸代表美国队出战首次入选 2024 年巴黎奥运会比赛项目的霹雳舞竞赛。维克多的父亲维克多·贝穆德斯和叔叔赫克托·贝穆德斯都是霹雳舞界的先锋人物,正是他们将 6 岁的维克多领进霹雳舞之门。他还是 2015 年和 2022 年红牛街舞大赛的冠军。

赢得 WDSF 霹雳舞世锦赛 B-Girl 冠军头衔的最多数量

汤浅亚美(日本)曾两次赢得这项全球性体育舞蹈竞赛冠军。她在 2022 年 10 月 22 日的韩国首尔锦标赛上击败中国选手"671"(本名刘清逸),二次捧杯。汤浅亚美以动作流畅刚劲闻名,在 2018 年成为红牛街舞大赛的首位 B-Girl 冠军。她的姐姐 Ayu 也是一名霹雳舞圈的 B-Girl。

205

电视

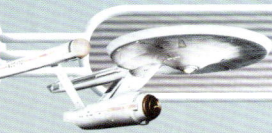

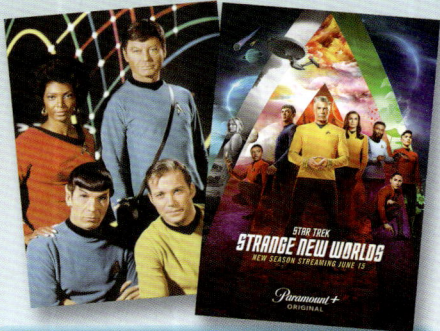

最成功的科幻电视剧品牌

电视剧《星际迷航》（派拉蒙，美国）于 1966 年 9 月 8 日首播，剧本出自吉恩·罗登伯里（美国）之手。该剧衍生出了 11 部总计约 900 集的电视剧和 13 部电影。该品牌现在估值约 107 亿美元，其中电视收入为 23 亿。2022 年新推出的《星际迷航：奇异新世界》（派拉蒙，美国）由吉恩的儿子罗德担任联合制片人。

游戏改编剧集赢得艾美奖的数量最多

HBO 的迷你剧《最后生还者》（加拿大/美国）播出后广受好评，在 2023 年艾美奖上获得 24 项提名，最终拿下 8 个奖项。该剧改编自顽皮狗工作室在 2013 年发行的同名生存冒险游戏，斯托姆·里德荣获剧情类最佳客串女演员奖，尼克·奥弗曼成为剧情类最佳客串男演员奖得主。

获得最佳真人/竞赛节目主持人类艾美奖的最多次数

鲁保罗·查尔斯（美国）凭借《鲁保罗变装皇后秀》（Logo TV/VH-1，美国）8 次获得最佳主持人类艾美奖。鲁保罗是艾美奖历史上获奖最多的黑人，在不同类别中被提名 22 次，其中有 14 次获奖。

获得金球奖提名的最多次数

梅丽尔·斯特里普（美国）曾 33 次被好莱坞外国记者协会列入最后的评奖名单，并 8 次荣获美国电影电视金球奖。2023 年 12 月 11 日，这位女演员再次获得最佳女配角提名。她在《大楼里只有谋杀》（Hulu，美国）中饰演洛蕾塔·杜尔金一角。

首播季获得艾美奖的数量最多

《熊家餐馆》(Hulu，美国) 在 2024 年艾美奖颁奖礼上收获 10 项大奖，包括最佳喜剧类剧集奖和杰里米·艾伦·怀特（左图）获得的喜剧类最佳男主角奖。该剧自 2022 年 6 月 23 日播出以来一共获得 13 项提名，故事主线围绕怀特在芝加哥经营一家三明治店的经历展开。

获得最佳限定剧/诗选剧/电视电影类金球奖提名的最多次数

2023 年 12 月 11 日，电视剧《冰血暴》（FX，美国）第四次获得该类别金球奖提名，该剧以前曾在 2014 年、2015 年和 2017 年三获提名。这部黑色幽默犯罪剧集在首播季便成功入围，2024 年则再次入围，超越了《美国犯罪故事》（FX，美国，2016 年首播）。后者分别在 2017 年、2019 年和 2022 年三度入围。

播出集数最多的情景喜剧

截至 2023 年 4 月 23 日，《外来媳妇本地郎》（广东广播电视台，中国）已经播了 4 382 集。自 2000 年 11 月 4 日首播以来，这部家庭剧已经播放了 22 年 5 个月。

播出时间最久的电视直播访谈节目

首播于 1962 年 7 月 6 日的《深夜秀》（爱尔兰公共广播公司）直至 2024 年 3 月 15 日仍在播出，前后已过了 61 年 253 天。节目固定主持人只有 4 位：盖伊·拜恩、帕特·肯尼、瑞恩·特布里迪和帕特里克·基尔蒂。

获得金球奖剧情类最佳电视剧集奖的最多次数

HBO 的《继承之战》（美国）在 2024 年 1 月 7 日第三次获得剧情类最佳剧集奖，追平了 1994 年、1996 年和 1997 年《X 档案》（福克斯，美国）以及 2007—2009 年《广告狂人》（AMC，美国）的表现。这部剧共有 4 季，讲述了媒体帝国陷入家族内斗的故事，播出后好评如潮。编剧为杰西·阿姆斯特朗。

最大的动作明星人像

2024 年 3 月 25 日，为了宣传动作喜剧系列剧《面目全非》（Netflix，美国），Netflix 在美国加利福尼亚州圣达菲斯普林斯的 ShowFX 公司立起了一座 6.74 米高的"人像"，其形象为主演阿诺德·施瓦辛格。人像臂膀肌肉发达，能够活动。正式揭幕之前，Netflix 公司的本·乔治通过 3D 扫描技术设计了常规尺寸的人像（现已上市）。

《继承之战》也是单一年度获得艾美奖表演类提名最多的剧集，在 2022 和 2023 年都获得 14 项提名。

2023 年最受欢迎的电视节目

数据分析机构 Parrot Analytics 将收视量、流媒体统计数据和社交媒体热度等指标整合成一套"人均需求指数"，可以按类型根据得分比较电视节目的受欢迎程度。节目所得分数是与同类型平均分的比较值，例如，《权力的游戏》的分数为 74.5 ×，表示其受欢迎程度是一般节目的 74.5 倍。

1. 系列电视剧
《权力的游戏》
（HBO，美国 / 英国）
74.5 ×

2. 肥皂剧
Yeh Rishta Kya Kehlata Hai
（StarPlus，印度）
33.4 ×

3. 喜剧
《足球教练》
（Apple TV+，美国 / 英国）
52.5 ×

4. 律政剧
《亿万》
（Showtime，美国）
40.7 ×

5. 综艺类
《吉米今夜秀》
吉米·法伦（NBC，美国）
35.8 ×

6. 纪录片
《地球脉动 3》
（BBC One，英国）
25.8 ×

7. 数字原创类
《怪奇物语》
（Netflix，美国）
60.9 ×

8. 动作与冒险
《曼达洛人》
（Disney+，美国）
58.5 ×

9. 科幻片
《最后生还者》
（HBO，加拿大 / 美国）
67.6 ×

10. 动画片
《咒术回战 2》
（JNN，日本）
71.2 ×

11. 首播剧
《秘密入侵》
（Disney+，美国）
102.4 ×

12. 超级英雄
《洛基》
（Disney+，美国）
55 ×

13. 惊悚片
《星期三》
（Netflix，美国）
34.2 ×

14. 青春剧
《亢奋》
（HBO，美国）
34.9 ×

以上排序基于首播后 30 天的需求指数

热门大片

电影中最受欢迎的动物

依据在线电影数据库 IMDb 的统计，截至 2024 年 2 月 11 日，剧情简介中出现以狗作为重要角色的影片多达 1 304 部。虽然马的出镜次数可能更多，但一般都是无名小角色。图中的这条边境牧羊犬叫梅西，在《堕落的审判》（法国，2023；参见右文）中饰演导盲犬。该片获得第 76 届戛纳电影节金棕榈奖，梅西则成为拿到金棕榈奖的名犬。

一部电影获得奥斯卡奖的数量最多

《宾虚》（美国，1959）、《泰坦尼克号》（美国，1997）和《指环王：王者归来》（新西兰 / 美国，2003）各自获得 11 项奥斯卡奖。2024 年奥斯卡金像奖最大赢家是《奥本海默》（见第 209 页），在所获 13 项提名中斩获 7 项大奖（包括最佳影片奖），主演基里安·墨菲获得最佳男主角奖。

获得奥斯卡最佳影片奖提名次数最多的制片人

2024 年 1 月 23 日，史蒂文·斯皮尔伯格（美国）凭借传记片《音乐大师》（美国，2023）第十三次获得奥斯卡最佳影片奖提名。

获得奥斯卡最佳男配角奖提名次数最多的纪录为 4 次，一共有 8 位美国演员获此殊荣。最近一位是马克·鲁弗洛，他凭借在《可怜的东西》中饰演的邓肯·威德伯恩一角四获提名。

获得致敬次数最多的电影

根据 IMDb 连接数据库的统计，截至 2024 年 2 月 20 日，有 580 部电影都出现了主动致敬阿尔弗雷德·希区柯克的恐怖片代表作《惊魂记》（美国，1960）的桥段。

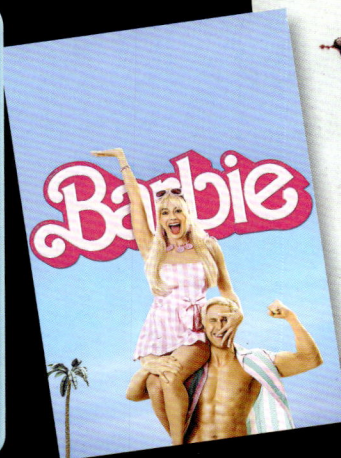

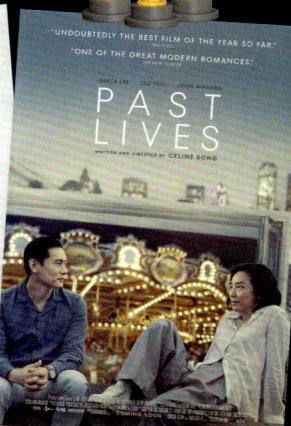

获奥斯卡奖提名的年龄最大的人

2024 年 1 月 23 日，91 岁 349 天的美国作曲家约翰·威廉姆斯（1932 年 2 月 8 日出生）凭借《夺宝奇兵：命运之盘》（美国，2023）获得最佳原创音乐奖提名。影片中哈里森·福特饰演一位迟暮英雄，菲比·沃勒－布里奇饰演他的教女海伦娜·肖。

威廉姆斯是在世的**获得奥斯卡提名次数最多**的人——54 次。华特·迪士尼（美国；1901—1966）曾 59 次获得提名，总数超过威廉姆斯。

获奥斯卡最佳影片奖提名的女性导演最多的单一年度

2024 年 3 月 10 日，茹斯汀·特里叶的《堕落的审判》、格蕾塔·葛韦格的《芭比》（美 / 英，2023）和席琳·宋的《过往人生》（美 / 韩，2023）都入围了第 96 届奥斯卡最佳影片奖。这一现象说明女性导演群体正在扩大。纵观历史，自 1929 年第一届奥斯卡颁奖礼以来，获得该奖项提名的电影有 601 部，其中只有 22 部由女性执导。

电影中脏话最多的国家

爱尔兰电影中冒出的脏话平均数量最多。研究员史蒂芬·法罗对 2000—2022 年间的电影作品做过调查，发现每部爱尔兰电影中平均包含 26.6 句被审查者定为程度"非常严重"的脏话。近 70% 的爱尔兰电影至少包含一句"严重"或"非常严重"的脏话。

然而，脏话最多的电影却是加拿大喜剧片《公园男孩：脏话网》（2014），时长仅 112 分钟，却塞进了 868 句脏话。前纪录是马丁·斯科塞斯（见下文）执导的 180 分钟喜剧片《华尔街之狼》（美国，2013）。

美誉度最高的动物演员

"扳机"（又名"金云"）是一匹帕洛米诺纯种马，于 1938—1959 年间出演了 92 部剧情片。它的银幕首秀是 1938 年的《在西部的星空下》，它的主人"歌唱牛仔"罗伊·罗杰斯骑着它亮相。

获奥斯卡最佳导演奖提名的年龄最大的人

2024 年 1 月 23 日，81 岁 67 天的马丁·斯科塞斯（美国，1942 年 11 月 17 日出生）凭借史诗犯罪剧《花月杀手》（美国，2023）获得奥斯卡最佳导演奖提名。斯科塞斯曾 10 次入围奥斯卡奖，创造了**在世导演获得奥斯卡提名次数最多**的纪录，距离提名总数纪录不远。《宾虚》（见左上文）的导演威廉·惠勒（美国，生于德国）曾在 1936—1965 年间获得 12 次提名。

同一日，拥有黑脚族和尼米普斯血统的莉莉·格莱斯顿（最左侧）成为**获得奥斯卡表演奖提名的首位美国原住民演员**。她凭借在《花月杀手》中饰演奥色治族女性莫莉·伯克哈特（又名莫莉·凯尔）获得最佳女主角奖提名。尽管输给了《可怜的东西》的主演艾玛·斯通从而与奥斯卡大奖失之交臂，但格莱斯顿仍然在 2024 年 1 月 7 日成为**获得金球奖的首位美国原住民演员**，荣获剧情片最佳女主角奖。

票房最高的传记电影

根据 The Numbers 的数据，截至 2024 年 3 月 11 日，《奥本海默》（美 / 英，2023）创造了 960 727 251 美元的全球票房收入。影片由基里安·墨菲主演，克里斯托弗·诺兰执导，讲述了研发第一颗原子弹的首席科学家 J. 罗伯特·奥本海默的生平。

2023 年 7 月 21 日，《奥本海默》与格蕾塔·葛韦格的《芭比》同步上映，许多粉丝将这两部电影作为双片连放来观看，将其称为"芭比海默"。两部电影的巨大成功大大提振了夏季票房市场。

在第 96 届奥斯卡颁奖礼上，《奥本海默》囊括 7 项大奖，包括最佳影片奖、最佳导演奖、最佳男主角（基里安·墨菲）奖和最佳男配角（饰演海军少将刘易斯·斯特劳斯的小罗伯特·唐尼）奖。

《芭比》击败《奥本海默》，成为 2023 年票房最高的电影，全球票房收入达 14.3 亿美元。

电影制作

视觉效果演职人员的最多人数

在 IMDb 列出的演职人员名单中，《复仇者联盟 3：无限战争》（美国，2018）有 2 659 名专业视觉效果人员。这部超级英雄大片是漫威电影宇宙的第 19 部作品，也是第四部票房超过 20 亿美元的电影，并获得第 91 届奥斯卡最佳视觉效果奖提名。

一部电影出现在其他影片中的最多次数

截至 2024 年 1 月 16 日，在 IMDb 上列出的 129 部电影中都出现了乔治·A. 罗梅罗执导的《活死人之夜》（美国，1968）的片段。因为这部经典僵尸片在美国版权局的注册手续不全，所以电影中播放其中部分片段（比如背景中电视播放的画面）不用支付版税。

最昂贵的电影版权

据报道，迪士尼拥有林 - 曼努尔·米兰达的百老汇音乐剧《汉密尔顿》的独家版权，并为此支付了 7 500 万美元的版权费。根据协议，该剧的原班人马从 2020 年 7 月 3 日开始在 Disney+ 流媒体平台播出。

最昂贵的废电影

2022 年 8 月 3 日，华纳兄弟宣布取消上映《蝙蝠女侠》（美国）。该片已完成拍摄，投入的 9 000 万美元制作成本完全泡汤。这部由莱斯利·格雷斯主演的 DC 扩展宇宙处女作作为获得税收抵免而被迫下马，再也没有投放院线的机会了。

人造雪覆盖的最大面积

电影《拿破仑》（美 / 英，2023）拍摄期间，制片方将 12 000 袋纸质人造雪铺在英国萨里郡的汉克雷公地，把 125 000 平方米的土地改造成环境恶劣的俄罗斯西部荒原。在制作设计师亚瑟·马克斯（美国）和冬季特效专家团队 Snow Business（英国）的帮助下，导演雷德利·斯科特成功重现了拿破仑在 1812 年冬季从莫斯科大撤退的著名场景。

场景重拍的最多次数

查理·卓别林默片时代的爱情喜剧《城市之光》（美国，1931）在长达两年的制作过程中，有一个镜头重拍了 342 次。影片的最后一幕只有 3 分钟，荧幕首秀的女演员弗吉尼亚·切瑞尔在片中饰演失明的卖花女，她误认为卓别林饰演的流浪汉是一个富翁。

电影中最多的穿帮镜头

截至 2024 年 1 月 9 日，从电影穿帮网站用户上传的数据看看，1979 年的战争史诗片《现代启示录》（美国）中有 456 个穿帮镜头，包括同一场景出现了镜头转换后演员位置变动的情况，还有同一间小屋被炸毁两次。

单部影片中明显的设备或人员穿帮最多的是《生死时速》（美国，1994）和《加勒比海盗：黑珍珠的诅咒》（美国，2003），各有 43 处。这两部电影都必须在局促布景中拍摄快节奏动作（分别在公共汽车和船甲板上）。梯子、灯光甚至未着装的演职人员偶尔会进入镜头。

翻拍次数最多的电影

意大利浪漫喜剧片《完美陌生人》2016 年 2 月 11 日首映，截至 2024 年 1 月，已经 24 次被翻拍成不同语言的版本。

最常用的电影片名

名为 *Broken* 的剧情片居然有 34 部——从恐怖片到基督教成长故事，风格迥异、类型多样。其他最常见的片名还有 *Hero*（33 部）和 *Mother*（30 部）。

与院线上映版相比最长的导演剪辑版影片

在 DC 扩展宇宙电影《正义联盟》（2017）上映后票房和口碑不佳的情况下，DC 的粉丝们（甚至该片的一些演员）都呼吁放出"扎导剪辑版"（原导演扎克·施耐德复出剪辑版）。2021 年 3 月，这个版本最终以《扎克·施奈德版正义联盟》为名发布，时长 242 分钟，是 2017 年播出版的两倍。

最大的电影布景

霍比屯是一座专为电影而生的小村子，占地 5.5 公顷，位于新西兰北岛的一个农场内。它于 1999 年 3—12 月搭建，最初用于拍摄《指环王》系列，后来为拍摄《霍比特人》三部曲进行了扩建。霍比屯由布景师艾伦·李设计，包括 44 处地下霍比特人房屋、一座水磨坊以及广袤秀丽的花园和农田。现在这里已成为著名的旅游景点，到访的托尔金迷已达 350 多万。游客可以参观比尔博·巴金斯和弗罗多·巴金斯的家——"袋底洞"，还可以在绿龙酒馆（左上）内品尝南域佳酿。

电影服饰

使用服装最多的影片

史诗巨作《暴君焚城录》（美国，1951）共使用了 32 000 件服饰，包括 15 000 双手工缝制的凉鞋和 12 000 件定制首饰，很多都是为群演制作的。15 000 件服装后来被送往米高梅电影公司的道具库，又在古代历史题材电影中重复使用了几十年。

最贵的电影演出服

有报道称，《欲望都市 2》（美国，2010）耗资 1 000 万美元为主演们设计了奢华服饰。影片中 4 位主角经常身着最新款的时装亮相。有记者做过统计，仅凯莉·布拉德肖（莎拉·杰西卡·帕克饰演，右二）一角就换过 41 套衣服，其中一套成本在 230 000 美元左右。

最早出现在演职员表中的电影服装设计师

在美国早年拍摄的长篇电影《埃及艳后》（1912 年）的片头演职人员列表中，出现了海伦·加德纳（美国）和创意人员斯蒂潘奇夫人的名字。演员兼制片人加德纳专为女主角设计服装，而斯蒂潘奇夫人则负责其他演员的服装。

第一部时装电影

《巴黎时装 50 年之 1859—1909》发行于 1910 年 2 月 10 日，是英国高蒙电影公司拍摄的一部无声短片，长约 7 分钟，通过一系列画面展现过去的流行设计。此类影片深受女性观众欢迎，制作新闻短片的多家公司也很快开始拍摄体现巴黎或伦敦的最新流行趋势的时尚题材短片。

最重的演出服

阿德里安·格林伯格（字幕中常用单名阿德里安）为历史剧《绝代艳后》（美国，1938）中的婚礼场景设计的一件礼服重达 49.9 千克。设计模板是路易十六时期法国宫廷服饰，使用了钢架紧身胸衣、10 层衬裙和 457 米的白色真丝缎面材料，面料上还有用银线手工绣制的百合花饰，再配上成串的小粒珍珠镶边。据说拍摄这场戏的女主演诺玛·希勒的体重还不及这套衣服重。

全球票房收入最高的服装设计师

根据美国电影行业数据网站 The Numbers 的统计，截至 2023 年 12 月 24 日，由莱迪安娜·马科夫斯基担任服装设计师的 24 部电影共创造了 12 175 907 030 美元的票房收入。多部知名大片都使用了她设计的服装，比如《哈利·波特与魔法石》（英/美，2001）、《饥饿游戏》（美国，2012）和《复仇者联盟 4：终局之战》（美国，2019）。

使用布料最多的演出服（包括备用服装）

莉莉·詹姆斯在迪士尼真人版电影《灰姑娘》（美国，2015）中身着的舞会礼服有 8 件完全一样的备用礼服。每件用料约 250 米，一共使用布料 1 997 米，足以覆盖半个足球场！出现礼服的大量镜头画面需要多件备用服装，其中包括午夜时分灰姑娘逃离舞会时穿的稍微改短的那一件。

历史最悠久的服饰店

1813 年，开服装店的丹尼尔·安吉尔从德国法兰克福移居伦敦，并于 1840 年创立"天使服饰"（英国）。该公司为电影、电视和戏剧作品提供演出服，在其伦敦西北的库房里存放的演出服饰超过了 500 万件。现在的经营者是创始人的第七代后人。

在电影中换装最多的单一角色

在史诗级黑帮电影《爱尔兰人》（美国，2019）中饰演弗兰克·希兰的罗伯特·德尼罗竟然换了 102 套衣服。演出服均出自设计师桑迪·鲍威尔和克里斯托弗·彼得森之手。鲍威尔把这部影片称为"全方位的挑战项目"。电影的时间线从 20 世纪 50 年代持续到 2003 年，服装设计工作特别辛苦，研究服饰搭配不仅要关注主角，还要照顾到众多的配角和群演。

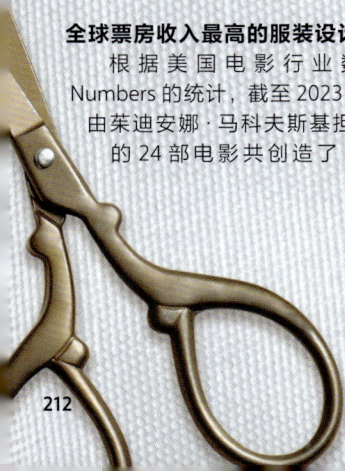

演职员表中出现次数最多的服装设计师

在 1925—1982 年期间，伊迪丝·海德（美国）曾在 432 部好莱坞电影中负责服装部门，更早时还有 111 次以服装设计和服装助理身份被列入片头字幕。在漫长的职业生涯中，海德几乎为所有女主角设计过服饰，并获得了**奥斯卡奖提名次数最多（女子）**和**获奖次数最多（女子）**两项纪录——分别为 35 次和 8 次。海德的独特发型和眼镜紧随时尚潮流，与自己亲手打扮的众多明星一样（*见下文图*），她是一位极具辨识度的设计师。有人认为，动画片《超人总动员》里的"衣夫人"形象（*最右侧小图*）就是源自海德女士。

伊迪丝·海德（1897——1981）

在阿尔弗雷德·希区柯克导演的惊悚片《群鸟》（1963）中，海德为女主演蒂比·海德莉设计了一身鹦鹉绿的套装。海德莉在大部分戏份中都穿着这套衣服，并回忆说："海德选择的色调很柔和，人们看到我穿这套衣服时不会感到难受"。

海德为《罗马假日》（1953）中的奥黛丽·赫本设计了多套服饰，既有时尚别致的街头服饰，也有魅力四射的晚礼服，是年轻的赫本成为超级明星的大功臣。海德和赫本也都凭借《罗马假日》荣获奥斯卡奖。

为了营造《后窗》（1954）中格蕾丝·凯莉饰演角色的时髦造型，海德贡献了别致的时尚设计，包括黑色紧身胸衣和雪纺绸薄纱裙的"新风貌"女装搭配。

成本最高的演出服

好几套著名电影服装都称得上"史上最贵的服装"，但首屈一指的当是伊迪丝·海德为金杰·罗杰斯在《嫦娥幻梦》（1944）中的舞女扮相设计的戏服。这套皮草镶边的亮片裙装有两版，其一是专为静态特写画面设计的主角装，另一件是较为轻薄的备用装，方便舞蹈时穿戴，总费用为 35 000 美元。如果考虑通胀因素，服装成本相当于 2023 年的 620 000 美元。

海德为影片《骗中骗》（1973）设计了年代感十足的服装，包括罗伯特·雷德福（图）和保罗·纽曼穿的套装，她也因此收获个人的第八次，也是其最后一次奥斯卡奖。

纪录集萃

连续跳舞的最长时间

2023 年 5 月 29 日至 6 月 3 日，在印度马哈拉施特拉邦拉杜尔的达亚南德学院，斯鲁什蒂·苏迪尔·贾格塔普（印度）不间断地跳舞 127 小时。这位 16 岁的在校女生表演的卡塔克舞是印度八大古典舞之一。挑战期间，她每小时有 5 分钟休息时间，并借助"瑜伽休息术"恢复体力。

规模最大的多莉·帕顿装扮聚会

2023 年 6 月 24 日，爱尔兰凯里郡利斯托维尔镇举办了一场慈善筹款活动，959 人装扮成乡村歌手多莉·帕顿在《朝九晚五》中的经典扮相。在"多莉日"，人们会换上金色假发和高跟鞋，还会在悬挂美国国旗的街道上跳排舞。

电影演员的最高年收入（统计年度）

据《福布斯》统计，亚当·桑德勒（美国）2023 年的收入约为 7 300 万美元。主业为影视表演和脱口秀的桑德勒与 Netflix 签订了独家合同，在 2023 年参与制作了该公司的 4 部电影，包括《罪犯联盟》《谋杀疑案 2》和动画片《蜥蜴伯伯里奥》。

2023 年收入最高的女演员是玛格特·罗比（澳大利亚），5 900 万美元的收入仅次于桑德勒。这位《芭比》女主演年仅 33 岁（参见第 192 ~ 193 页），是 10 年来跻身福布斯电影演员年度收入榜前十的最年轻演员。

1 年内到影院看电影的最多场次

2022 年 7 月 5 日至 2023 年 6 月 30 日，扎卡里亚·斯沃普（美国）在美国宾夕法尼亚州哈里斯堡看了 777 场电影。他总共光顾了 5 家影院，并且按照挑战指南的规定，在放映期间不吃东西。扎卡里亚在观影马拉松中最喜欢看《蜘蛛侠：纵横宇宙》（美国，2023）。

最深的水下模特摄影

2023 年 12 月 5 日，模特金·布鲁诺（加拿大）在巴哈马拿骚近岸 40.2 米深的海底完成了拍摄。金是训练有素的自由式潜水员，她穿着潜水装备游到"海货"号沉船旁，摆出各种姿势拍照。每次拍摄时她都要摘下氧气面罩，并将配重带藏在芭蕾舞裙下。她的摄影师是皮娅·奥亚尊（智利）。

Spotify 播放量冲到 10 亿次用时最短的歌曲

田柾国（韩国）与 Latto（本名艾丽莎·斯蒂芬斯，美国）合作的 Seven 在 Spotify 上线的第 109 天（2023 年 10 月 30 日）便实现 10 亿次播放量。

一部动画片获得美国尼克儿童选择奖的次数最多

2024 年是《海绵宝宝》播出的第 25 个年头，2003—2023 年，它曾 20 次被观众评为最受欢迎的卡通 / 动画系列。

收藏量最大的……

- 爱莉安娜·格兰德纪念品：1 609 件，吕西安·穆索利诺（瑞士），截至 2023 年 7 月 9 日。
- 埃尔维斯·普雷斯利（猫王）纪念品：1 848 件，康斯坦特·菲尔姆（美国），截至 2023 年 5 月 17 日。
- 接吻乐团纪念品：3 799 件，拉文·西蒙（美国），截至 2023 年 4 月 8 日。

最小的书店

经过 2023 年 12 月 23 日的核实，日本群马县前桥市的 Sowa Delight 书店是世界上最小的书店——仅有 1.246 平方米。书店的设计理念是给儿童一个独特空间，让孩子们远离大人的打扰，尽情享受阅读乐趣。

最北端的演唱会

2023 年 6 月 20 日，路易斯·贾特（丹麦）的演出给格陵兰岛的诺德站带来惊喜。诺德站是一座军事基地，位于北纬 81.60°，深入北极圈以内约 1 700 千米。观看演出的是该站仅有的 5 名工作人员。路易斯擅长举办"随机音乐会"。他希望有一天能登上大名鼎鼎的罗斯基勒音乐节的舞台。

最畅销的 PlayStation 5 独家游戏

《漫威蜘蛛侠 2》（失眠工作室，2023）在 2023 年 10 月 20 日公开发售，24 小时内出货 250 万份。这是《蜘蛛侠》系列游戏的第三部，彼得·帕克和迈尔斯·莫拉莱斯这两代蜘蛛侠将共同迎战毒液和火焰等众多反派。它的销量后来一路攀升到了 1 000 万份。

最贵的蜘蛛侠漫画

2024 年 1 月 11 日，美国海瑞得拍卖行以 138 万美元的价格拍出一本近乎全新的《超凡蜘蛛侠 1》。这本书在 1963 年 3 月首次出版，标价仅为 12 美分。它标志着这位超级英雄有了自己的名号，同时开始与神奇四侠并肩作战。

单一艺术家创作的最大街头粉笔画

2023 年 10 月 3 日，普雷蒂·高达普尔（美国，上图圈内）在美国康涅狄格州南温莎的一条死胡同里完成了大作。这幅 226.50 平方米的北极光绘画用时 3 天，用掉了 500 支粉笔和 3 副手套。普雷蒂表示：她的画体现了自己对自然界的热爱。

登上公告牌百强榜的年龄最小的女艺人

2024 年 4 月 13 日，凭借专辑《牛仔卡特》中的单曲《保护者》，年仅 6 岁 305 天的鲁米·卡特（美国，生于 2017 年 6 月 13 日）首次与母亲碧昂斯一起登上百强榜第 42 位。

最畅销的纪实类图书

哈里王子（英国）的回忆录《备胎》在 2023 年 1 月 10 日的发行首日就售出 143 万册。这本备受瞩目的自传打破了美国前总统贝拉克·奥巴马的《应许之地》（2020）创造的首日售出 88.7 万册的纪录。

连续玩……游戏的最长时间

• 大型多人在线角色扮演类：59 小时 20 分 12 秒，巴纳巴斯·武吉蒂－佐尔奈（匈牙利）于 2022 年 9 月 26—28 日在布达佩斯玩《魔兽世界》时创造。
• 赛车竞速类：90 小时，"绿蚱蜢"（本名切佩·萨博尔奇，匈牙利）于 2023 年 6 月 29 日至 7 月 3 日玩《GT 赛车 7》时创造。
• 虚拟现实类：50 小时，"Based AF"频道博主罗宾·施密特（荷兰）于 2023 年 10 月 18—20 日在荷兰福尔斯霍滕玩《我的世界》时创造。

最年轻的双料奥斯卡奖得主

2024 年 3 月 10 日，22 岁 83 天的比莉·艾利什（美国，生于 2001 年 12 月 18 日）第二次获得奥斯卡最佳原创歌曲奖。她与哥哥 FINNEAS 为电影《芭比》创作了 What Was I Made For?

跳小鲨鱼舞的最多人数

2023 年 5 月 5 日，美国佛罗里达州的苏格洛夫学校为庆祝新建的基础翼楼启用，举办了一场线上舞蹈狂欢，共有 887 人参加。本场活动的组织方为阿贾克斯建筑公司（美国）、学校师生，甚至当地执法人员也参与其中。

时间最长的水下直播

2023 年 10 月 16 日，加拿大多伦多的里普利水族馆举行了一场持续 5 小时 44 分 30 秒的水下直播。活动内容包括潜水员探访馆内水生动物，以及与观众的互动问答。

年龄最小的电台节目主持人

阿玛图拉·哈米德（巴基斯坦，生于 2018 年 2 月 4 日）每周都会在拉瓦拉科特 VOK 电台的 FM105.8 波段主持《阿玛图拉秀》，内容涉及科学、社会教育、故事和诗歌等。该节目于 2022 年 4 月 14 日开播，阿玛图拉当时才 4 岁 69 天。她两岁时在哈桑·哈米德（巴基斯坦，生于 2015 年 4 月 8 日）的邀请下第一次到电台参加节目。哈桑本人在 4 岁 70 天的时候获得同类别的**男子纪录**。

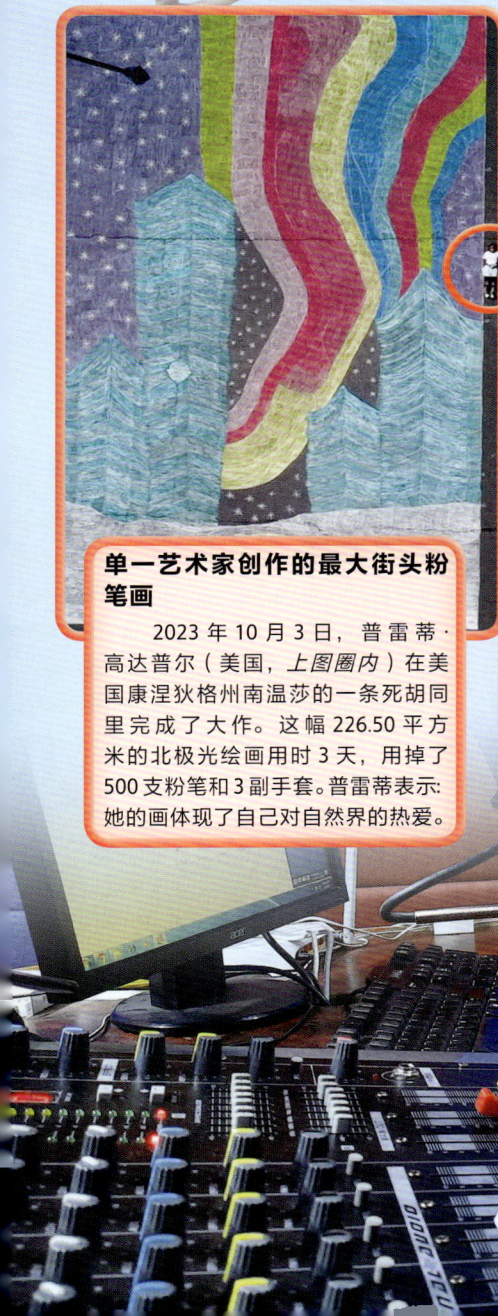

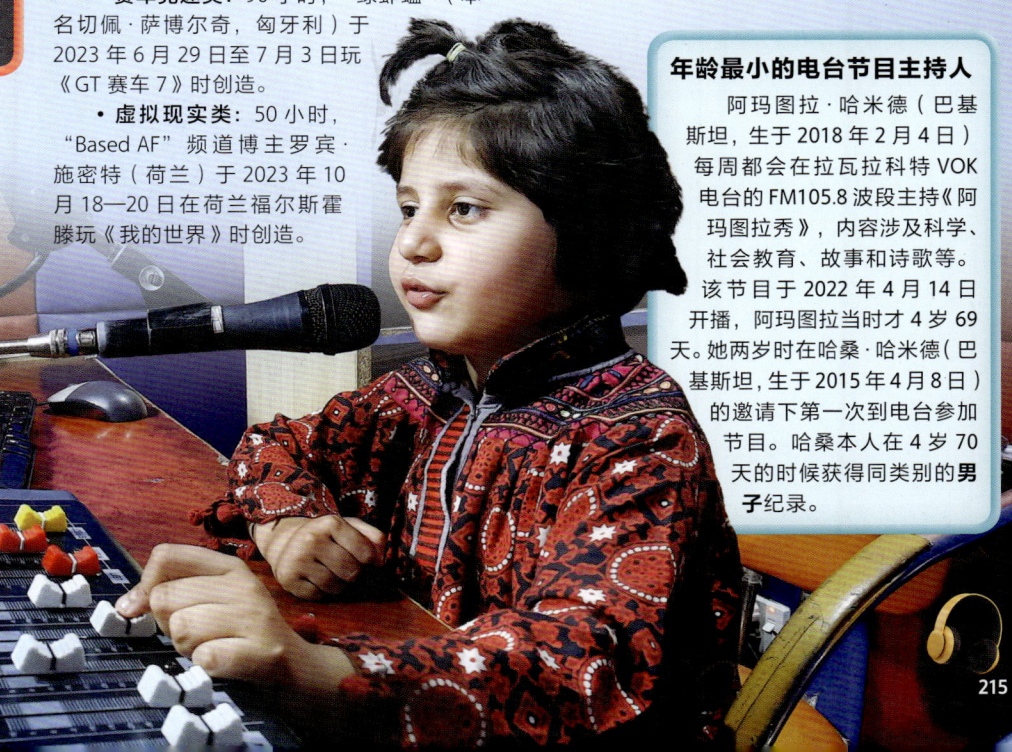

泰勒·斯威夫特

斯威夫特有时会在睡梦中得到一些词曲灵感，比如专辑《1989》中的单曲《只要你留下》。

她被誉为"世界上名气最大的流行乐巨星"，如果你欣赏过顶级水准的《举世盛名》专辑和同名巡演，便不难理解其中的缘由了。自出道以来，泰勒创造了1.14亿张的专辑销量，更是各类颁奖礼上的统治级人物，她还举办过6次全球巡回演唱会。2023年底，"时代之旅"世界巡演收获了破纪录的10亿美元收入，成为史上最高收入演唱会。

泰勒从小就对音乐创作和表演充满热情。她的偶像是洛丽塔·琳恩和多莉·帕顿这样的顶点，她也凭借一系列乡村歌曲成名。自专辑《放手去爱》（2008年11月11日）发行以来，她的14张专辑均登顶美国专辑榜榜首，虽然美国说唱歌手Jay-Z和她分享首发专辑登顶美国专辑榜最多纪录，但无法掩盖《午夜》们对她的痴迷程度。2022年11月5日，她又凭借专辑《午夜》中的10首歌曲同时排进前十的第一位艺人；其最新专辑《苦难诗社》也在2024年5月4日取得了同样亮眼的成绩。

发单曲在美国公告牌百强单曲榜上同时排进前十的第一位艺人；其广大歌迷的心。迄今为止，她获得的一众奖项不仅让乐坛人士和青少年选择奖（26次，也是个人获奖次数最多的纪录）。她一方面为各类慈善组织贡献自己的力量（包括捐赠和全球感召力），同时也帮助那些感动她故事的普通人。

泰勒收获的奖项数以计，无疑证明了她有实力俘获乐坛许人和青少年选择奖（40次），MTV音乐录影带奖（23次）和美国乡村音乐协会奖以计，她也凭借音乐上的起点，她也凭借一系列乡村歌曲登顶美国专辑榜。

无论是对音乐风格的探索，还是舞台外角色转换（比如美国小姐导演），泰勒对她的事业发展从未止步，因此，全世界与这位美国小姐的"爱情故事"显然还没有落幕。

关键数据

姓名 泰勒·艾莉森·斯威夫特

出生地 美国宾夕法尼亚州西雷丁

出生日期 1989年12月13日

当前持有的世界纪录
· 格莱美年度最佳专辑奖（4次）
· 次数最多的歌手
· 美国单曲百强榜上榜曲目最多（263首）
· 年度巡回演唱会总收入最高（1 039 263 762美元）。

榜首专辑 145张（美国）/125张（英国）。

以上数据截至2024年5月1日

2002年，12岁的泰勒在一场篮球赛上为费城76人队演唱了美国国歌，从此一举成名。两年后，她与当年的音乐出版公司Sony/ATV签约，成为该公司历史上最年轻的签约艺人。

2022年，泰勒从纽约大学荣誉博士学位。她获得美术学博士学位，身着紫色长袍，头戴学位帽，在羊基球场体育馆举行的毕业典礼上做演讲。

对泰勒影响最大的早期启蒙者是仙妮亚·唐恩（上图右）和多莉·帕顿（下图右）这样的乡村音乐传奇。三人在音乐都发挥了重大作用，也享受过在音乐排行榜上创造纪录的喜悦。2021年，泰勒取代前纪录保持者唐恩，拿到美国顶级乡村音乐专辑排行榜累计排名第一周数最多的女子纪录。

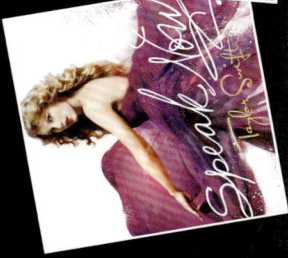

最多的百万周销量专辑（美国）

专辑名	周截止日期	周销量
《爱的告白》	2010年11月13日	104.7万
《红》	2012年11月10日	120.8万
《1989》	2014年11月15日	128.7万
《举世盛名》	2017年12月2日	121.6万
《午夜》	2022年11月5日	114.0万
《1989（泰勒版）》	2023年11月11日	135.9万
《苦难诗社》	2024年5月4日	191.4万

数据来自市场调研公司 Nielsen SoundScan/Luminate 和公告牌

泰勒在2023年创造了多项世界纪录，第二次入选《时代》周刊年度人物（创**女子**年度人物）无疑是这一年的最高光时刻。她在2017年首次获此殊荣，彼时她还是女团"打破沉默者"的一员，而2023年的荣誉则为个人独享。《时代》周刊赞扬了她为音乐界和更大社会层面带来的积极影响。

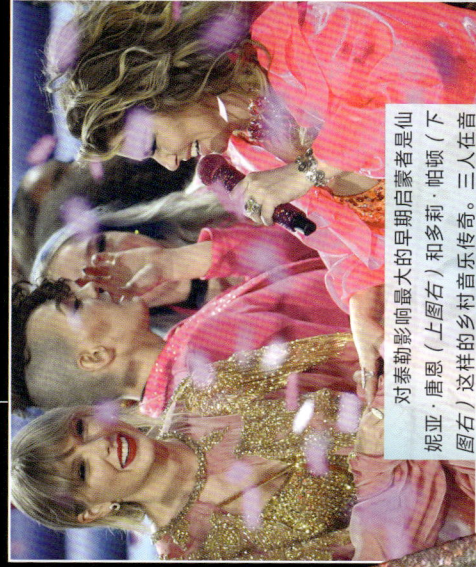

PERSON OF THE YEAR
TIME

2022年的美国音乐奖颁奖典礼是泰勒的荣耀之夜，其6项提名全部胜出赢得大奖，包括全美音乐奖最高荣誉"最佳年度艺人"奖，从而将自己演艺生涯获得的全美音乐奖总数增加到40个。

92,003

女排比赛的最高上座率

　　2023 年 8 月 30 日，共有 92 003 名观众涌入美国内布拉斯加州林肯市的纪念体育场，观看内布拉斯加州康沃尔人队与奥马哈小牛队进行的大学排球比赛。五届 NCAA 冠军康沃尔人队直落三局击败了她们的同州对手，比分为 25：14、25：14 和 25：13。当日还有一场内布拉斯加州科尔尼·洛佩斯队和韦恩野猫队之间的表演赛。组织方之所以安排了一日双赛的"排球日"，目的就是突破女子运动项目的历史上座率纪录。然而，随后的媒体报道却间接挖出另一项世界纪录：一场鲜为人知的观众人数更多的足球赛（见第 219 页）。

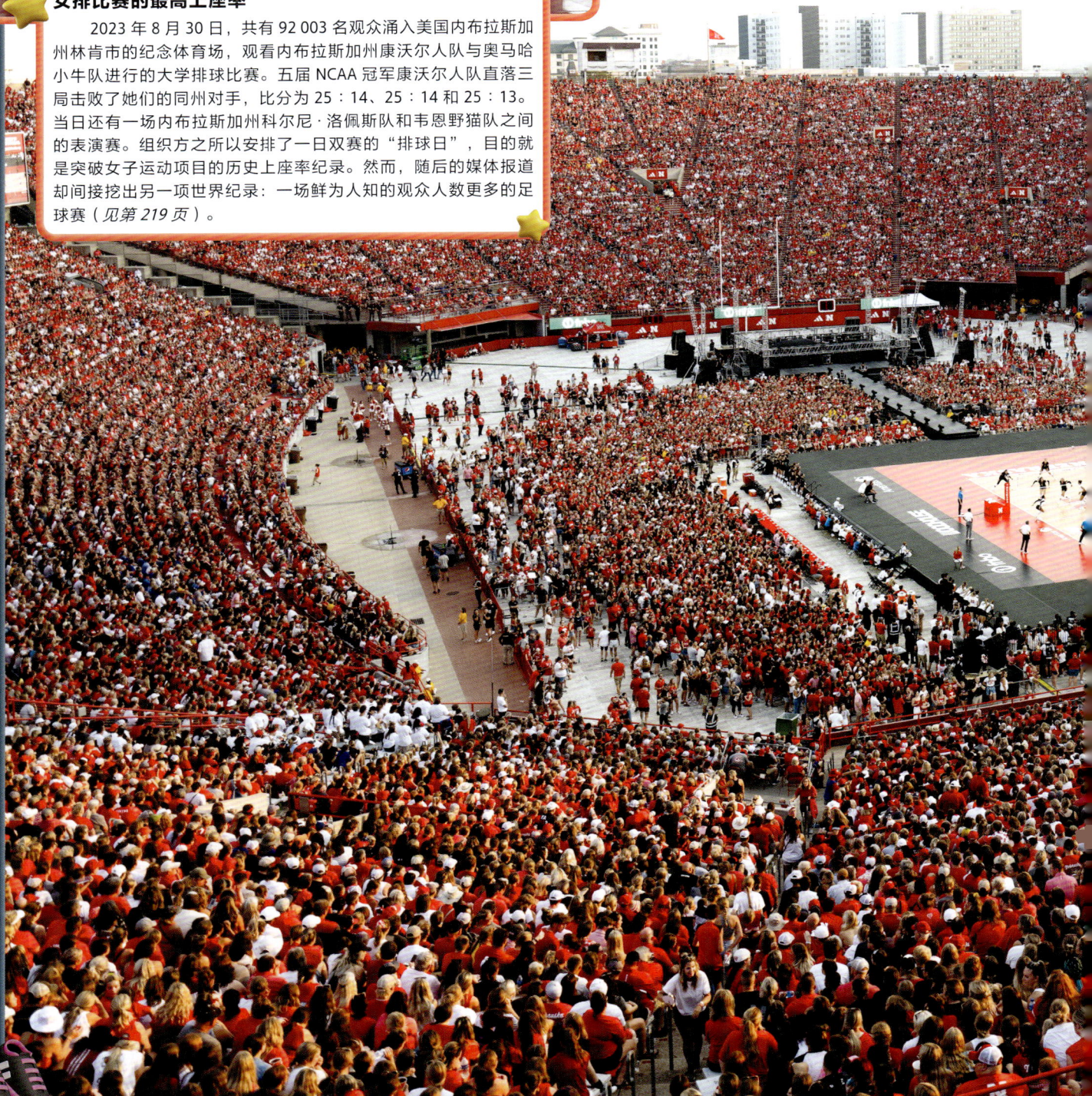

女子体育赛事的最高上座率

1971 年的"女足世界杯"（第二届女子足球锦标赛）在墨西哥城举行。虽然未获国际足联官方承认，但 9 月 5 日的决赛还是有110 000 名观众来到阿兹特克体育场观赛。在 1991 年正式举办国际足联旗下的首届女足世界杯赛事的 20 年前，共有 6 支球队参加了此次杯赛，吸引了大批观众进场。决赛在墨西哥队和丹麦队之间进行，凭借 15 岁的苏珊娜·奥古斯滕森贡献的帽子戏法，丹麦队以 3：0 取胜。

自 1962 年以来，只要有玉米剥皮队的橄榄球比赛，号称"红色海洋"的纪念体育场的所有门票都会售罄。

219

闪回：身价最高的足球运动员

职业足球运动始于 1885 年。从那以后，大手笔的球员转会费总会引发社会轰动和争议。签约费纪录榜单上的球员要证明自己配得上身价，无不尽其所能地在绿茵场上拼搏征战，其中部分球员堪称足坛楷模。

1905 年，桑德兰前锋阿尔夫·考蒙加盟米德尔斯堡时的转会费为 1 000 英镑。有人在报纸上发文，将这种交易怒斥为"一种新型的奴隶贸易"。可是在接下来的 100 年间，职业足球运动持续发展，热度不断上升，职业俱乐部壮大后变身成大型企业，转会费不仅连年上涨，而且像火箭般一飞冲天。

整个 20 世纪上半叶，拿到最高转会费的主要是英国球员，唯一例外是阿根廷强力前锋贝尔纳维·费雷拉。1932 年，费雷拉从提格雷转会到河床，35 000 比索（20 500 美元）的转会费纪录保持了 17 年。到了 1955 年，《吉尼斯世界纪录》开始关注球员身价，而财大气粗的意大利俱乐部无疑是转会市场上的主角。1992 年，AC 米兰和尤文图斯两家俱乐部在短短两个月内就 3 次开出了史无前例的巨额转会费。

21 世纪初，皇家马德里俱乐部启用新政策，通过若干招牌式的合约全力打造"银河战舰"，连续 5 次打破球员转会交易纪录。但在 2017 年，有卡塔尔财团支持的巴黎圣日耳曼俱乐部以 2.22 亿欧元的价格从巴塞罗那签下内马尔，一举将前纪录翻了一倍，此后（截至本书截稿）的交易还未达到这一高度。难道足坛的金元时代结束了？

路德·古利特
AC 米兰（1987—1994）
6 000 000 英镑
球衣号码 4

出场次数	125
进球数	38
意甲联赛冠军数	2
欧洲冠军杯冠军数	2
生涯帽子戏法次数	66

1987 年，古利特加盟 AC 米兰，同年获得欧洲金球奖。这位时尚的中场球员与荷兰同胞弗兰克·里杰卡尔德和马尔科·范·巴斯滕合力带领 AC 米兰冲上意甲联赛和欧洲冠军杯的荣耀之巅。

罗伯托·巴乔
尤文图斯（1990—1995）
8 000 000 英镑
球衣号码 10

出场次数	141
进球数	78
意甲联赛冠军数	
欧洲联盟杯冠军数	
生涯帽子戏法次数	56

巴乔的转会离开令佛罗伦萨球迷心碎不已，并引发了骚乱。事实证明，"神奇马尾辫"在尤文图斯的人气值同样超高，他在 1992—1993 赛季成功率队赢得欧洲联盟杯，自己也拿下欧洲金球奖。

迭戈·马拉多纳
那不勒斯（1984—1991）
5 000 000 英镑
球衣号码 10

出场次数	188
进球数	81
联赛冠军数	2
欧洲联盟杯冠军数	
生涯帽子戏法次数	91

在 1986—1987 赛季，这位阿根廷足球大师率排名靠后的那不勒斯队一路过关斩将，夺得球队历史上首个意甲联赛冠军，那不勒斯队就此脱胎换骨。马拉多纳在 2020 年离世后，那不勒斯将主场更名为马拉多纳体育场。

约翰·克鲁伊夫
巴塞罗那（1973—1978）
922 000 英镑
球衣号码 9

出场次数	143
进球数	48
联赛冠军数	1
欧洲杯冠军数	1
生涯帽子戏法次数	48

在加盟巴萨的第一个赛季，这位荷兰大师就带领球队夺得了 14 年来的西甲首冠，并在 1973 年和 1974 年赢得了金球奖。1988 年，克鲁伊夫回到巴塞罗那担任经理，又帮助俱乐部 4 次获得联赛冠军。

路易斯·苏亚雷斯
国际米兰（1961—1970）
152 000 英镑
球衣号码 10

出场次数	256
进球数	42
联赛冠军数	3
欧洲杯冠军数	2
生涯帽子戏法次数	32 次

1960 年，路易斯·苏亚雷斯赢得金球奖。他是一位优雅的组织核心，也是加盟意甲联赛的首位西班牙球员。有了苏亚雷斯这样的关键球员，国际米兰队所向披靡，1964 年和 1965 年连续赢得欧洲冠军杯。

1954	72 000 英镑：胡安·耶基亚诺（乌拉圭），由阿纳约尔罗转会至 AC 米兰
1957	93 000 英镑：奥马尔·西沃里（阿根廷），由河床转会至尤文图斯
1961	152 000 英镑：路易斯·苏亚雷斯（西班牙），由巴塞罗那转会至国际米兰
1963	250 000 英镑：安杰洛·苏蒂（意大利），生于巴西），由曼托瓦转会至尤文图斯
1967	300 000 英镑：哈拉德·尼尔森（丹麦），由博洛尼亚转会至国际米兰
1968	500 000 英镑：皮耶特罗·阿纳斯塔西（意大利），由瓦雷泽转会至尤文图斯
1973	922 000 英镑：约翰·克鲁伊夫（荷兰），由阿贾克斯转会至巴塞罗那
1975	1 200 000 英镑：朱塞佩·萨沃尔迪（意大利），转会至那不勒斯
1976	1 750 000 英镑：保罗·罗西（意大利），由维琴察转会至尤文图斯
1982	3 000 000 英镑：迭戈·马拉多纳（阿根廷），转会至巴塞罗那
1984	5 000 000 英镑：迭戈·马拉多纳，由巴塞罗那转会至那不勒斯
1987	6 000 000 英镑：路德·古利特（荷兰），埃因霍温转会至 AC 米兰
1990	8 000 000 英镑：罗伯托·巴乔（意大利），由佛罗伦萨转会至尤文图斯
1992	10 000 000 英镑：让-皮埃尔·帕潘（法国），由马赛转会至 AC 米兰

阿兰·希勒
纽卡斯尔（1996—2006）
15 000 000 英镑

球衣号码 **9**

出场次数
303
进球数
148
联赛冠军数
0
足总杯决赛冠军数
2
生涯帽子戏法次数
63

1996年，布莱克本前锋希勒转会到自己家乡的俱乐部纽卡斯尔。尽管与联赛冠军奖杯无缘，但他仍然是俱乐部的传奇人物。30年来，希勒一直持有英超联赛进球最多纪录（260个）。

克里斯蒂亚诺·罗纳尔多
皇家马德里（2009—2018）
80 000 000 英镑

球衣号码 **7**

出场次数
292
进球数
311
联赛冠军数
2
欧冠联赛冠军数
4
生涯帽子戏法次数
205

号称CR7的罗纳尔多在皇马大放异彩，成为俱乐部历史上的得分王（450球），也是西甲历史上进球第二多的球员，平均每场进球超过1个，并为皇马出战欧冠联赛105场。

内马尔
巴黎圣日耳曼（2017—2023）
198 000 000 英镑

球衣号码 **10**

出场次数
112
进球数
82
联赛冠军数
5
法国杯冠军数
生涯帽子戏法次数
128

2017年，内马尔加盟巴黎的转会费创下纪录，世界足坛为之震惊不已。巴黎圣日耳曼之所以能统治国内赛场，这位巴西巨星发挥了关键作用。他在6个赛季内帮助球队赢得了13座冠军奖杯，其中包括5个法甲冠军。

罗纳尔多
国际米兰（1997—2002）
19 500 000 英镑

球衣号码 **9**

出场次数
68
进球数
49
联赛冠军数
0
欧洲联盟杯冠军数
1
生涯帽子戏法次数
98

罗纳尔多是一位冲击力十足的前锋，在意大利的首个赛季就获得了金球奖。尽管在国际米兰效力时饱受伤病困扰，他还是助力球队赢得了1998年的欧洲联盟杯，在决赛中打进一粒令人难忘的进球。

路易斯·菲戈
皇家马德里（2000—2005）
37 000 000 英镑

球衣号码 **10**

出场次数
164
进球数
38
联赛冠军数
2
欧冠联赛冠军数
生涯帽子戏法次数
21
127

作为"银河战舰"第一人，菲戈转会皇马的举动引起了崇拜他的巴塞罗那球迷的愤怒。这位优雅的边锋在第一个赛季就赢得西甲联赛冠军，打进14球，一年后又赢得了冠军联赛冠军。

如果考虑通胀因素，克里斯蒂亚诺·罗纳尔多在2009年的转会费将跃居榜单第二位。

12 000 000 英镑：詹卢卡·维亚利（意大利），由桑普多利亚转会至尤文图斯

13 000 000 英镑：詹路易吉（意大利），由都灵转会至AC米兰

15 000 000 英镑：阿兰·希勒（英国），由布莱克本转会至纽卡斯尔

19 500 000 英镑：罗纳尔多（巴西），由巴塞罗那转会至国际米兰

21 500 000 英镑：由安东尼奥转会至皇家贝蒂斯

32 000 000 英镑：克里斯蒂安·维埃里（意大利），由拉齐奥转会至国际米兰

35 500 000 英镑：埃尔南·克雷斯波（阿根廷），由帕尔马转会至拉齐奥

37 000 000 英镑：路易斯·菲戈（葡萄牙），由巴塞罗那转会至皇马

46 500 000 英镑：齐内丁·齐达内（法国），由尤文图斯转会至皇马

56 000 000 英镑：卡卡（巴西），由AC米兰转会至皇马

80 000 000 英镑：克里斯蒂亚诺·罗纳尔多（葡萄牙），由曼联转会至皇马

86 000 000 英镑：加雷斯·贝尔（英国），由热刺转会至皇马

89 000 000 英镑：保罗·博格巴（法国），由尤文图斯转会至曼联

198 000 000 英镑：内马尔（巴西），由巴塞罗那转会至巴黎圣日耳曼

| 1992 | 1992 | 1996 | 1997 | 1998 | 1999 | 2000 | 2000 | 2001 | 2009 | 2009 | 2013 | 2016 | 2017 |

美国体育

NFL 季后赛由同一组合完成达阵传球的最多次数

自 2019 年以来，堪萨斯城酋长队的四分卫帕特里克·马霍姆斯（左）和擅长防守的特拉维斯·凯尔斯在季后赛中合力取得 18 次达阵。酋长队在 2024 年 1 月 21 日以 27：24 战胜布法罗比尔队，二人配合得分超过了汤姆·布雷迪和罗布·格伦科夫斯基达阵 15 次的前纪录。在第十三届超级碗决赛上，酋长队以 25：22 险胜旧金山 49 人队，马霍姆斯和凯尔斯也各自获得了第三枚总冠军戒指。

NBA 单场比赛取得 20 分和 20 个篮板的年龄最小的球员

2023 年 12 月 8 日，效力圣安东尼奥马刺队的维克托·文班亚马（法国，生于 2004 年 1 月 4 日）在面对芝加哥公牛队的比赛中砍下 21 分和 20 个篮板，当时他只有 19 岁 338 天。这个 2.24 米的大个子是 NBA 最火的天才球员之一。

NFL 比赛连续达阵得分的最多场次

从 2022 年 12 月 4 日到 2023 年 10 月 29 日，旧金山 49 人队的克里斯蒂安·麦卡弗里连续 17 场比赛攻入端区得分，追平了巴尔的摩小马队的莱尼·摩尔在 1963—1964 年间创造的历史纪录。麦卡弗里连续贡献 23 次精彩达阵得分：包括 15 次冲刺奔袭和 8 次端区接球。

NFL 季后赛获胜的年龄最小的四分卫

2024 年 1 月 13 日，C.J. 斯特劳德（生于 2001 年 10 月 3 日）带领休斯敦得克萨斯人队以 45：14 战胜克利夫兰布朗队，当时他年仅 22 岁 102 天。这位新秀奉献了 274 码传球和 3 次达阵。

布法罗比尔队的四分卫乔什·艾伦在 2023 年打破另一项纪录：单一赛季完成传球达阵和跑动达阵比赛场次最多——11 场。此前的最好数据是亚利桑那红雀队的凯勒·默里在 2020 年创造的 9 场。

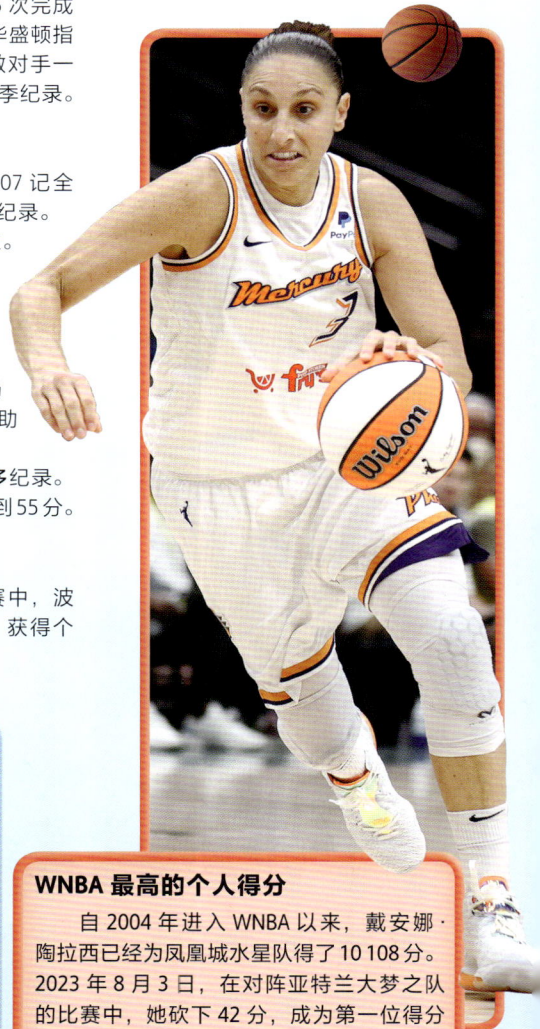

NFL 单赛季完成抄截回攻达阵的最多次数

达拉斯牛仔队的达隆·布兰德在 2023 年 5 次完成抄截回攻达阵。2023 年 11 月 23 日，在对阵华盛顿指挥官队的比赛中，布兰德拦截成功后直接回敬对手一次 63 码达阵，个人数据达到 5 次，也创下单赛季纪录。

MBL 单赛季完成全垒打最多的球队

亚特兰大勇士队在 2023 赛季一共轰出 307 记全垒打，追平了 2019 赛季明尼苏达双城队刨下的纪录。马特·奥尔森凭借 54 个全垒打成为球队得分王。

NBA 季后赛系列赛抢七大战中的最高个人得分

2023 年 5 月 14 日，波士顿凯尔特人队和费城 76 人队在东部半决赛中要通过第七场比赛决出胜负。杰森·塔图姆得到 51 分，帮助凯尔特人队以 112：88 获胜。

塔图姆还保持有 **NBA 全明星个人得分最多纪录**。2023 年 2 月 19 日，代表"字母哥队"出战的他得到 55 分。

赢得 NHL 塞尔克奖杯的最多次数

在 2022—2023 赛季的北美国家冰球联赛中，波士顿棕熊队中锋帕特里斯·伯杰隆（加拿大）获得个人的第六座最佳防守奖杯。

斯坦利杯决赛中最高的团队得分

2023 年 6 月 13 日，拉斯维加斯黄金骑士队以 9：3 击败佛罗里达黑豹队，夺得球队史上第一个 NHL 冠军。右边锋马克·斯通得分最高，并上演帽子戏法。继 1936 年的底特律红翼队和 1942 年的多伦多枫叶队（加拿大）之后，黄金骑士队成为第三支在斯坦利杯决赛中拿到 9 分的冰球队。

WNBA 最高的个人得分

自 2004 年进入 WNBA 以来，戴安娜·陶拉西已经为凤凰城水星队得了 10 108 分。2023 年 8 月 3 日，在对阵亚特兰大梦之队的比赛中，她砍下 42 分，成为第一位得分达到 10 000 分的 WNBA 球员。

2023 年 8 月 22 日，拉斯维加斯王牌队的阿贾·威尔逊得到 53 分，追平了丽兹·坎贝奇（澳大利亚）在 2018 年 7 月 17 日创下的**单场得分纪录**。

*除非特别说明，所有运动员及球队均来自美国。

身高 1.93 米的大谷翔平是令对手胆寒的投手，能够投出 164 千米 / 时的快速球。截至 2023 赛季末，他已经给 608 名美国职棒大联盟的击球手送上过三出局，责任失分均值为 3.01。然而，肘部动过手术的大谷翔平预计要到 2025 年才能再次登场比赛。

MLB 最大的签约合同

据 2023 年 12 月 9 日报道，棒球运动员大谷翔平（日本）与洛杉矶道奇队签署了一份为期 10 年、价值 7 亿美元的合同。身为投手和指定击球手，他具备非凡的双向天赋，人们愿意将他与棒球传奇贝比·鲁斯相提并论。大谷翔平在 2018 年加盟美国职棒大联盟，并被评为联盟年度最佳新秀。5 年后，他以自由身离开洛杉矶天使队。在 2021 年和 2023 年，他无异议地获评"最有价值球员"，成为两次获此殊荣的第一人。

选择打棒球之前，大谷翔平曾有机会成为奥运会游泳选手。

MLB 单赛季投出 100 次三振的最少局数

亚特兰大勇士队的斯宾塞·斯特莱德在 2023 年只投了 61 局就令 100 名击球手黯然出局。从 1893 年以来，投球区与本垒踏板之间的距离虽然一直没变，但斯宾塞却用最短时间达到了单赛季巅峰。24 岁的斯宾塞又用 $123\frac{1}{3}$ 个投球局便创造了 **200 次三振**的新纪录。

MLB 联盟完成 250 次全垒打的最少比赛场次

2023 年 9 月 1 日，亚伦·贾奇在对阵休斯顿太空人队的比赛中，实现了 810 场打出 250 记全垒打的辉煌战绩。这位纽约洋基队的强击手比之前的纪录保持者瑞安·霍华德实现这一战绩少用了 45 场。

球类运动

获得世界男子轮椅篮球锦标赛冠军的最多次数

2023 年 6 月 20 日，美国男子轮椅篮球队收获了自 1979 年以来的第七个世界冠军，也是近 20 年来的首冠。他们在阿联酋迪拜举行的世锦赛决赛中以 67：66 击败卫冕冠军英国队，布莱恩·贝尔的得分最高，拿下 18 分；队友特雷冯·杰尼弗和史蒂夫·塞里奥（右）各贡献 16 分。

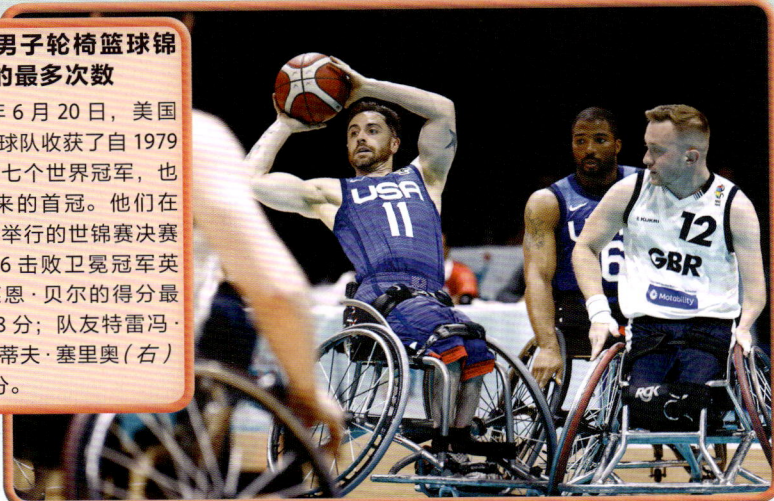

获得英式无板篮球世界杯冠军的最多次数

澳大利亚队已经在这项无板篮球的顶级国际大赛中 12 次夺冠。2023 年南非世界杯的最新胜利为球队历史再添一星。她们在 8 月 6 日的决赛中以 61：45 击败了英格兰队。新西兰、特立尼达和多巴哥两队也曾夺得赛事冠军。1963—2011 年，这项赛事被冠以世界无板篮球锦标赛的名义举办。

征战英式无板篮球世界杯的最多届数

有 3 名参加 2023 年世界杯的球员成为 6 届老将：英格兰队的杰德·克拉克和格瓦·门托（2003—2023 年连续 6 届）和巴巴多斯队的拉托尼亚·布莱克曼（1999—2003 年和 2011—2023 年）。三人追平了特立尼达和多巴哥的朗达·约翰·戴维斯（1999—2019 年）的历史纪录。

获得世界男子棍网球锦标赛冠军的最多次数

棍网球又被称为长曲棍球、兜网球或网棒球。自 1967 年以来，美国男队已经在四年一度的棍网球世锦赛上 11 次夺冠，最近一次是 2023 年 7 月 1 日，他们在美国加利福尼亚州圣地亚哥的骁龙体育场对阵加拿大队，最终以 10：7 赢得了决赛。除了美国队，只有加拿大队在 1978 年、2006 年和 2014 年赢得过该项赛事冠军。

获得世界女子软式曲棍球锦标赛冠军的最多次数

20 世纪 60 年代，瑞典发明了在室内场地进行的软式曲棍球（又称旱地冰球）运动，这项运动使用有洞的塑料球。2023 年 12 月 10 日，世锦赛决赛在新加坡举行，瑞典队以 6：4 击败芬兰队，在获得第 11 个世界冠军的同时也实现了九连冠，继续捍卫自己在这项运动中的统治地位。

获得世界槌球锦标赛冠军的最多次数

罗伯特·富尔福德（英国）在 2023 年获得了个人的第六个世界冠军。在扣人心弦的决赛中，罗伯特鏖战 7 小时，在落后两局的情况下实现逆转，以大比分 3：2 战胜了美国选手马修·埃西克。

全爱尔兰板棍球锦标赛决赛的最多连胜次数

2023 年 7 月 23 日，利默里克队在爱尔兰都柏林的克罗克公园球场举行的决赛中以 0-30 比 2-15 的大比分击败基尔肯尼队，在全爱尔兰板棍球锦标赛上豪取四连冠。该战绩追平了科克队在 1941—1944 年间和基尔肯尼队在 2006—2009 年间取得的连续夺冠纪录。板棍球就是爱尔兰式曲棍球，比赛节奏很快，是爱尔兰传统的盖尔式运动之一，双方各上场 15 人，使用前端为平板的球棍争夺球权，使用的球也叫"滑块"。

EHF 女子手球冠军联赛的最多进球

2005—2023 年，司职右边锋的约万卡·拉迪切维奇（黑山）在顶级欧洲手球俱乐部赛事中一共射进 1 069 球。这位右边锋在斯洛文尼亚克里姆俱乐部打完了最后一个赛季，其总进球数超过了安妮塔·戈尔比兹保持的 1 016 球的前纪录。

获得 FIBA 男子三人篮球世界杯冠军的最多次数

三人篮球在半场进行，只使用一个篮筐。率先得到 21 分或在 10 分钟比赛结束时得分最高的球队获胜。2023 年 6 月 4 日，塞尔维亚队在奥地利维也纳举办的世界杯决赛中以 21：19 的比分战胜美国队，第六次获得冠军。

女子纪录由美国队保持，分别在 2012 年、2014 年和 2023 年夺冠。

担任英式橄榄球国际比赛主裁判的最多次数

在 2023 年橄榄球世界杯决赛上，韦恩·巴恩斯（英国）用哨声宣告一项纪录的诞生，他担任主裁判的国际大赛场次达到了 111 场。2006 年 6 月 24 日，巴恩斯首次亮相太平洋五国锦标赛，当时的斐济队以 23：20 战胜萨摩亚队。巴恩斯在 5 届世界杯上执法了 27 场比赛，而裁判生涯中的最后一场还有着更加特别的意义（参见第 225 页）。

橄榄球世界杯夺冠的最多次数

2023 年 10 月 28 日，在巴黎法兰西体育场举行的世界杯决赛中，南非队以 12：11 击败新西兰队，第四次捧起韦布-埃利斯杯。自 1987 年的首届橄榄球世界杯以来，被戏称为"跳羚队"的南非国家队在以往的 10 届杯赛中 8 次入围决赛，分别在 1995 年、2007 年和 2019 年夺得冠军。尽管三冠王新西兰队在决赛上半场领先一个达阵，但最终不敌南非队。这场比赛还因为出现了橄榄球世界杯决赛中的第一张红牌而引人注目，被罚的球员是新西兰"全黑队"的队长山姆·凯恩。

新西兰队的山姆·怀特洛克在最初参加的 18 场世界杯比赛中全部取胜，并且在 2011 年和 2015 年获得冠军。

取得单届橄榄球世界杯达阵的最多次数

在 2023 年世界杯上，威尔·乔丹（新西兰）为全黑队贡献了 8 次达阵。这位速度型边锋在对阵阿根廷队的半决赛中上演达阵帽子戏法，追平了乔纳·洛穆（新西兰）在 1999 年、布莱恩·哈巴纳（新西兰）在 2007 年和朱利安·萨维亚（新西兰）在 2015 年创造的单届世界杯个人达阵总数记录。虽然新西兰队决赛失利，但是乔丹创造了国际大赛 31 场 31 次达阵的骄人成绩。

橄榄球世界杯个人纪录榜

最多的……	总数	球员	球队	杯赛时段
总得分	277分	强尼·威尔金森	英格兰	1999—2011
达阵	15次	乔纳·洛穆	新西兰	1995—1999
		布莱恩·哈巴纳	南非	2007—2015
追加射门	58次	强尼·威尔金森	英格兰	1999—2011
罚踢射门	58次	丹·卡特	新西兰	2003—2015
落地射门	14次	强尼·威尔金森	英格兰	1999—2011
比赛场次	6场	山姆·怀特洛克（上图）	新西兰	2011—2023
世界杯次数	5届	布莱恩·利马	萨摩亚	1991—2007
		毛罗·贝加马斯科	意大利	1999—2015
		塞尔吉奥·帕里塞	意大利	2003—2019

拍类运动

获得女子美式壁球世界锦标赛冠军的最多次数

2022 年 8 月 25 日，5 届单打世界冠军保拉·隆戈里亚（墨西哥）在家乡墨西哥圣路易斯波托西再次夺得冠军。她在 7 届比赛中只输了 1 届。在同届世锦赛上，隆戈里亚与搭档萨曼莎·萨拉斯（墨西哥）一起将**女双冠军次数**纪录扩大到了 5 次。

女子壁球世界锦标赛连续夺冠的最多次数

2023 年 5 月 11 日，在美国伊利诺伊州芝加哥市举行的女子壁球世锦赛决赛中，努尔·埃尔·谢尔比尼（埃及）击败头号种子诺兰·戈哈尔，实现赛事五连冠，追平了尼科尔·大卫（马来西亚）在 2008—2012 年的连冠纪录。谢尔比尼一共 7 次夺得世锦赛冠军，落后于保持 8 次冠军总数纪录的大卫一次。

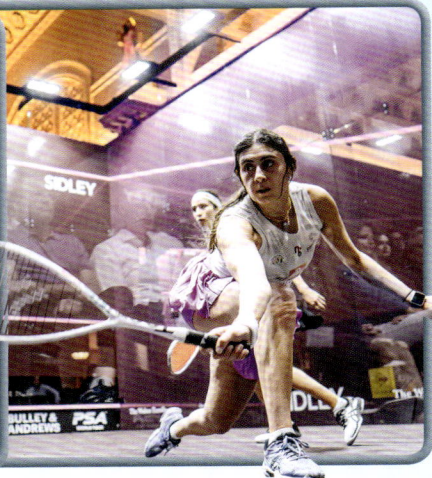

耗时最长的女子壁球比赛

2023 年 6 月 25 日，努兰·戈哈尔和哈妮娅·哈玛米（均来自埃及）在埃及开罗举行的一场壁球比赛中连续激战 130 分钟，戈哈尔最终获胜，赢得个人的第二个女子 PSA 世界巡回赛总冠军，四局比分分别为 10：11、11：9、9：11 和 12：10。这两名运动员在此前 3 个月也创纪录地进行过 105 分钟和 107 分钟的两场苦战。

耗时最长的男子壁球比赛出现在 2015 年的"霍特兰燃气城杯"职业与业余选手对抗赛。中国香港名将欧镇铭在加拿大艾伯塔省梅迪辛哈特鏖战 170 分钟，以 11：6、4：11、11：6、7：11 和 16：14 击败肖恩·德莱尔（加拿大）。

获得世界羽毛球锦标赛女双冠军的最多次数

2023 年 8 月 27 日，在丹麦哥本哈根举行的 2023 年世锦赛女双决赛中，中国组合陈清晨和贾一凡仅用 41 分钟便击败对手，第四次夺得世界冠军。

最快的羽毛球击球速度

2023 年 4 月 14 日，羽毛球厂商尤尼克斯在日本埼玉县草佳市的东京工厂举行挑战活动，萨维克赛拉吉·兰基雷迪（印度）创造了 565 千米 / 时的杀球速度，比一级方程式赛车的最高时速大约快了 200 千米。同时参加活动的陈康乐（马来西亚）则凭借 438 千米的时速打破了女子纪录。

苏迪曼杯世界羽毛球混合团体锦标赛夺冠的最多次数

2023 年 5 月 21 日，在中国江苏苏州举行的世界羽毛球混合团体锦标赛决赛中，中国队以 3：0 横扫韩国队，第 13 次赢得冠军。黄雅琼和郑思维（下图）的混双组合首先取胜，石宇奇和陈雨菲在随后的单打比赛中锁定了胜局。

男子网球大满贯赛事年龄最大的冠军

2024 年 1 月 27 日，罗汉·波帕纳（印度，生于 1980 年 3 月 4 日）与搭档马修·艾布登赢得澳大利亚网球公开赛男子双打冠军。波帕纳时年 43 岁 329 天。波帕纳在 16 年前首次亮相墨尔本公园球场，这位第 61 次征战大满贯赛事的老将这次终于捧得第一座男双冠军奖杯。

女子网球大满贯赛事年龄最大的双打冠军（年龄合计）

2023 年 7 月 16 日，巴尔博拉·斯特里科娃（捷克，生于 1986 年 3 月 28 日）和中国台湾的谢淑薇（1986 年 1 月 4 日生）联手在温布尔登的草地球场上取胜，两人的年龄相加为 74 岁 303 天。

连续夺得轮椅网球大满贯赛事女单冠军的最多次数

2024 年 1 月 27 日，征战澳大利亚网球公开赛的迪德·德·格鲁特（荷兰）连续第 13 次夺得大满贯单打冠军。这位荷兰冠军在各类单打比赛中保持 135 场不败战绩，包括 2022 年的澳网首冠。

男子大满贯赛事最年轻的轮椅网球单打冠军

2023 年 6 月 10 日，17 岁 33 天的小田凯人（日本，生于 2006 年 5 月 8 日）在决赛中以 6：1 和 6：4 击败头号种子阿尔菲·休伊特，赢得法国网球公开赛冠军，以 76 天的优势成为最年轻的男子大满贯冠军。前纪录保持者是 1989 年的法网冠军得主张德培。夺冠两天后，小田凯人成为世界排名第一的最年轻的轮椅网球运动员。

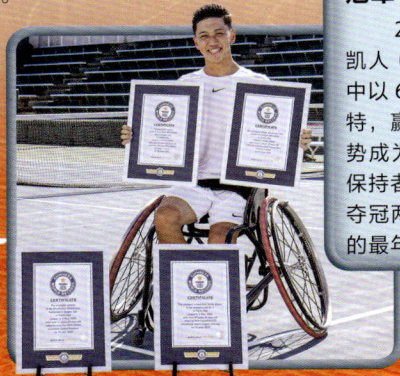

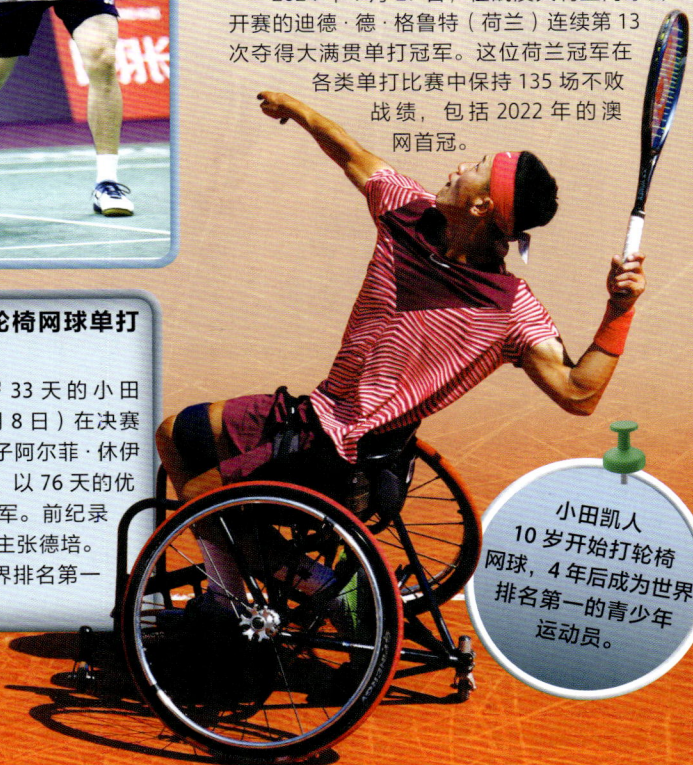

小田凯人 10 岁开始打轮椅网球，4 年后成为世界排名第一的青少年运动员。

获得网球大满贯赛事单打冠军的最多次数

2023 年 9 月 10 日，诺瓦克·德约科维奇（塞尔维亚）在美国网球公开赛单打决赛中以 6：3、7：6 和 6：3 击败达尼尔·梅德韦杰夫，夺得个人的第 24 个大满贯冠军（*插图*），追平了玛格丽特·考特（澳大利亚）在 1960—1973 年间的夺冠纪录。德约科维奇的纪录中包括 3 次法网冠军、4 次美网冠军和 7 次温网冠军，以及**最多次数的澳网男单冠军——10 次**。

此外，德约科维奇在 2023 年延续着**获得 ATP 大师赛 1000 强赛单打冠军次数最多**的纪录——40 冠。截至 2023 年底，他还保持着**男子单打排名第一周数最多**的纪录——405 周。德约科维奇还是获得 **ATP 总决赛单打冠军次数最多**纪录的运动员——7 次称王。

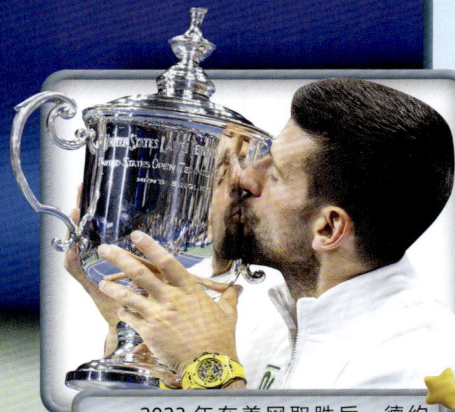

2023 年在美网取胜后，德约科维奇收获颇丰，其职业生涯奖金总额达到惊人的 175 281 484 美元，创下了**男子网球收入最高**的纪录。西班牙的纳达尔的奖金收入紧随其后，比他少了 4 000 多万美元。

为庆祝温网夺冠，冯德鲁索娃和教练文了比赛图案的文身。

首位赢得温网女单冠军的非种子选手

2023 年，马克塔·冯德鲁索娃（捷克）在这项世界最古老的网球锦标赛（1877 年首办）上享受了童话般的经历。冯德鲁索娃因手腕受伤，在 2022 赛季休战 6 个月。她以排名第 42 位参加温布尔登公开赛，在这块草地球场上也只赢过 4 场比赛。然而，24 岁的她却在 7 月 15 日的决赛中以 6：4 和 6：4 直落两局击败昂斯·贾比尔，出人意料地举起冠军奖杯，并获得 235 万英镑的奖金，在 WTA 排名中也升至第 10 位。

赛车运动

获得美国改装式高速汽车协会（NHRA）冠军次数最多的女子

艾莉卡·恩德斯（美国）在 NHRA 旗下的直线竞速赛中取胜 49 场，其中获得量产改装赛车组冠军 48 次，超级燃料组冠军 1 次。2023 年 10 月 15 日，她取代安吉尔·桑佩成为 NHRA 赛事中胜率最高的女赛车手，在得克萨斯站秋季全国赛上为自己再添一座"沃利"奖杯（上图）。

获得蒙特卡罗拉力赛冠军的最多次数

1911 年首次举行的蒙特卡罗汽车拉力赛堪称一项魅力无穷的赛事。塞巴斯蒂安·奥吉尔（法国）是目前的九冠王。他在 2023 年 1 月 19—22 日的第 91 届拉力赛中所向无敌，发车后一路领先，直到终点。

一级方程式（F1）大奖赛参赛的最多次数

截至 2024 年 3 月 9 日，费尔南多·阿隆索（西班牙）参加的 F1 赛事达到 379 场。他两次获得年度总冠军，2005—2006 赛季在 6 支不同车队效力过。

世界摩托车大奖赛杆位的最多次数

2023 年 3 月 25 日，马克·马奎兹（西班牙）在葡萄牙举行的 MotoGP 赛季揭幕战中抢得杆位，其摩托车大奖赛的累计首发纪录达到 92 次。这位七届世界冠军有 64 次在 MotoGP 的排位赛中跑出最快成绩，在 Moto2 赛事抢到 14 次杆位，在 125cc 级别也有 14 次杆位。

获得 NHRA 量产改装组冠军的最多次数

自 1998 年 4 月 29 日以来，直线竞速赛选手格雷格·安德森（美国）在号称"工厂热棒"的量产改装组比赛中 103 次夺得冠军。目前冠军达到三位数的 NHRA 赛车手只有 5 位。安德森的第 103 冠来自 2023 年 10 月 1 日的中西部比赛。

曼岛 TT 摩托车大赛的最快圈速

2023 年 6 月 9 日，彼得·希克曼（英国）在曼岛山地赛道上飙出了 219.446 千米/时的单圈均速。他在超级改装组的 TT 比赛中驾驶宝马 M1000RR 赛车，用 16 分 36.115 秒便跑完了 60 千米绕岛公路的惊险赛道。

在纳斯卡杯系列赛取胜的最多连续赛季

从 2005 年到 2023 年，凯尔·布希（美国）每年都在这项美国顶级改装车竞赛中至少取得一场胜利。2023 年 2 月 26 日，他在加利福尼亚州丰塔纳举行的 Pala Casino 400 赛事中率先冲过方格旗，超过了理查

最快的室内赛车时速

2023 年 7 月 25 日，迈凯轮 FE 车手杰克·休斯（英国）在伦敦 ExCeL 会议中心的室内赛道上跑出了 218.71 千米/时的成绩。休斯驾驶着一辆经过改装的 E 级方程式 Gen3 赛车，与同为冠军车手的卢卡斯·迪·格拉西展开了一场争夺吉尼斯世界纪录头衔的正面交锋，这也算是 2023 年伦敦 FE 大奖赛前的热身赛。

德·佩佩连续 18 个赛季有胜绩的历史纪录。

布希在继续扩大自己保持的纳斯卡赛事胜场次数最多的纪录，截至 2024 年 2 月 24 日，他在 3 个全美系列赛（杯赛、无限制级和卡车组）中的获胜场次达到 230 场。

印第 500 大奖赛杆位的最快速度

2023 年 5 月 21 日，在美国印第安纳州印第安纳波利斯赛车场进行的 2023 年印地 500 排位赛中，亚历克斯·帕卢（西班牙）创造了 376.936 千米/时的 4 圈均速，为奇普加纳西车队赢得首发机会。帕卢在 1 周后的正赛中以第四名完赛。

获得电动方程式（FE）杆位的最多次数

2024 年 1 月 26 日，在 FE 世界锦标赛的利雅得分站赛首回合中，让－埃里克·维尔涅（法国）第 16 次杆位发车，追平了塞巴斯蒂安·布埃米（瑞士）的杆位纪录。

在 FE 大奖赛同一赛道获胜的最多次数

2023 年 7 月 15 日，米切·埃文斯（新西兰）在 FE 罗马站大奖赛的首场较量中获胜，在"欧洲城市赛道"上取得三连胜，在罗马收获的冠军总数也达到了 4 个。

年龄最小的达喀尔拉力赛冠军

2023 年 1 月 15 日，埃里克·戈切尔（波兰，生于 2004 年 11 月 6 日）在沙特阿拉伯赢得达喀尔拉力赛 SSV（即两排座的四轮赛车）组冠军，当时他只有 18 岁 70 天。拿到驾照刚刚两个月的戈切尔就在首秀时赢得冠军。他与领航员奥里奥尔·梅纳在 SSV 组 14 个赛段中 4 次夺得头名。

年龄最大的达喀尔拉力赛冠军是卡洛斯·赛恩斯（西班牙，生于 1962 年 4 月 12 日），他以 61 岁 282 天的高龄赢得 2024 年赛事的汽车组冠军。

一级方程式比赛连胜的最多次数

2023 年 9 月 3 日，马克斯·维斯塔潘（荷兰，生于比利时）在意大利大奖赛上接过方格旗，史无前例地取得 F1 分站赛的 10 连冠。这位红牛车队的车手连续 3 次夺得世界冠军，在 22 场比赛中获胜 19 场，巩固统治地位的同时打破了自己在**大奖赛单一赛季获胜次数最多**的纪录。在 12 月 8 日的颁奖仪式上，维斯塔潘接过了总冠军奖杯（右上图，与之合影的是国际汽联主席穆罕默德·本·苏拉耶姆）。

维斯塔潘（生于 1997 年 9 月 30 日）自首次亮相 F1 赛场以来，已经积攒了多项吉尼斯世界纪录头衔，包括**年龄最小的大奖赛冠军**（右图）——2016 年 5 月 15 日，他在 18 岁 228 天时在西班牙大奖赛上夺冠。

只有 17 名 F1 赛车手职业生涯分站赛冠军总数超过维斯塔潘在 2023 年取得的成绩。

一级方程式大奖赛杆位的最多次数

在匈牙利站大奖赛上，刘易斯·汉密尔顿（英国）9 次以最快成绩从排位赛中脱颖而出。尽管他所在的梅赛德斯车队经历过艰难的几个赛季，但手握 7 个世界冠军的汉密尔顿还是在 2023 年 7 月 22 日的匈牙利赛道强势反弹，跑出惊艳的单圈最快成绩，将其最多杆位总数的纪录扩大到 104 次。

1985—1991 年，埃尔顿·塞纳（巴西）在圣马力诺站大奖赛上曾连续 7 次赢得杆位，创造了**同一站大奖赛连续杆位次数最多**的纪录。

229

对抗运动

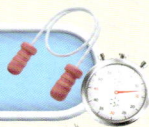

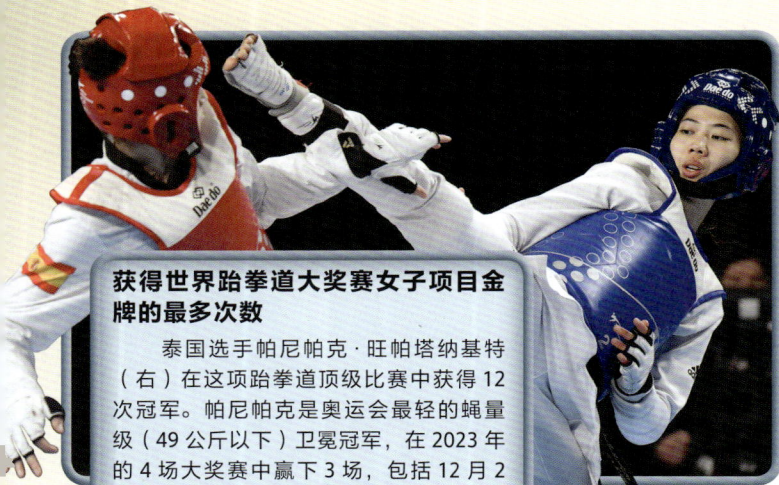

获得世界跆拳道大奖赛女子项目金牌的最多次数

泰国选手帕尼帕克·旺帕塔纳基特（右）在这项跆拳道顶级比赛中获得12次冠军。帕尼帕克是奥运会最轻的蝇量级（49公斤以下）卫冕冠军，在2023年的4场大奖赛中赢下3场，包括12月2日在英国曼彻斯特举行的总决赛。

职业生涯 UFC 出战总时间最长

截至2024年3月10日，拉斐尔·多斯·安乔斯（巴西，左）已经在八角笼中奋战了8小时41分49秒。这位前轻量级冠军出战过35场 UFC 比赛，取得21胜。2022年12月3日，他在 ESPN 42 赛事中击败布莱恩·巴伯雷纳，成为首位累计参赛时长突破8小时大关的运动员。

出战 UFC 获胜的最多场次

在2024年1月13日举行的第234期 UFC 格斗之夜上，40岁的轻量级选手吉姆·米勒（美国）第43次进入八角笼，在第三回合降伏加布里埃尔·贝尼特斯获胜，将自己保持的 **UFC 获胜场次最多** 的纪录扩大到26场。米勒于2008年首次进入晋级赛，目前的降伏次数也仅比查尔斯·奥利维拉（巴西）保持的16次降伏次数最多纪录少4次。

获得女子 UFC 比赛胜场的最多次数

在2013年8月3日至2023年6月11日期间，阿曼达·努尼斯（巴西）在综合格斗冠军赛上16次获胜，其中包括 **女子头衔争夺战获胜场次最多——11场**。努尼斯是迄今唯一一位同时持有 UFC 两个级别金腰带的女运动员。她在第289期 UFC 格斗之夜击败艾琳·阿尔达娜后宣布退役。

女子 UFC 比赛降伏获胜的最多次数

在2017年12月1日至2023年4月16日期间，吉莉·罗伯逊（加拿大）已经令7位对手俯首称臣。在美国密苏里州堪萨斯城举行的 ESPN 44 赛事中，转战草量级的"野蛮人"吉莉用一招"十字固"迫使皮埃拉·罗德里格斯拍手认输，从而扩大了自己的获胜纪录。

年龄最大的男子柔道世界冠军

2023年5月13日，时年34岁36天的泰迪·里纳（法国，生于1989年4月7日）在卡塔尔多哈赢得100公斤以上级冠军，里纳的两个冠军引人注目，因为他保持的另一项纪录是**最年轻的男子柔道世界冠军**。他在2007年9月13日赢得个人首冠，当时只有18岁159天。

获得世界柔道大师赛奖牌的最多数量

2023年8月4—6日，在匈牙利布达佩斯大师赛上，高市未来（日本）获得女子63公斤级银牌，加上之前获得的4金2铜，她在这项邀请赛性质的年度赛事中已收获7枚奖牌。

获得跆拳道世界杯男子团体冠军的最多次数

2023年11月15日，伊朗男队在韩国高阳以2：0击败澳大利亚队，第五次赢得跆拳道团体冠军。他们之前曾在2010年和2017—2019年四度夺冠。

此前一天，韩国女队以2：0战胜摩洛哥队，第六次夺得冠军，追平了获得**女子团体冠军次数最多的纪录**。韩国队也是2006年、2009年、2010年、2013年和2014年的冠军得主。保持此项纪录的中国女队则在2012年和2015—2019年间六度夺冠，而其他国家的女队则从未夺得冠军。

获得世界空手道锦标赛男子团体套路赛冠军的最多次数

自1986年以来，日本男队已经13次夺得世锦赛团体套路赛冠军。在2023年匈牙利布达佩斯世锦赛上，日本队在决赛中击败土耳其队，以四连冠的战绩延续着自己的纪录。

获得世界空手道锦标赛女子团体套路赛冠军的最多次数

2023年10月29日，在布达佩斯世锦赛的决赛中，日本女队击败意大利队，第14次获得团体套路赛冠军。该项目于1986年推出，由三人组成的团队演练精心编排的套路动作和技术，根据技术运用精度和实战技能等获得评分。

获得国际柔道联合会（IJF）世界巡回赛金牌数最多

截至2024年3月3日，克拉丽丝·阿格贝涅努（法国）在 IJF 世界巡回赛上共20次赢得中量级（63公斤以下）冠军，其中包括8次大奖赛冠军、10次大满贯冠军和2次世界大师赛冠军。她还是8枚世锦赛金牌和2枚奥运金牌得主。

克劳福德在 7 回合比赛中 3 次击倒斯彭斯，这是后者职业生涯中首次被击倒！

首位在两个级别无争议赢得四大组织金腰带的男子拳击世界冠军

2023 年 7 月 29 日，在美国内华达州拉斯维加斯市举行的争霸赛上，特伦斯·克劳福德（美国）通过第九回合的 TKO 击败小埃罗尔·斯彭斯，将 WBA、WBC、WBO 和 IBF 四大组织的次中量级冠军腰带尽数收入囊中。他曾在 2017 年的超轻量级比赛中取得同样战绩。克劳福德参加过 40 场职业比赛，31 次 KO 取胜，与斯彭斯的对决也是其中的第 40 场。

拳坛的四带统一始于 2000 年年中，目前的无争议冠军有 18 位，但迄今只有 4 人在两个重量级上包揽四带，他们是克莱莎·希尔兹（下图）、凯蒂·泰勒、克劳福德和井上尚弥。

年龄最小的无争议拳击四带世界冠军

2022 年 6 月 5 日，23 岁 200 天的德文·哈尼（美国，生于 1998 年 11 月 17 日）在澳大利亚墨尔本击败小乔治·坎博索斯，成为无争议男子轻量级世界冠军。

首位无争议获得两个重量级拳击四腰带的世界冠军

2021 年 3 月 5 日，克莱莎·希尔兹（美国）击败玛丽·伊芙·迪凯尔，获得轻中量级冠军金腰带，第二次将女子拳击冠军金腰带悉数收入囊中。2019 年 4 月 13 日，希尔兹在第九场职业比赛中成为无争议中量级冠军，也创下以最少比赛场次成为四带冠军的纪录。

以最少比赛场次成为无争议男子拳击四带冠军

2018 年 7 月 21 日，在俄罗斯莫斯科举行的世界拳击超级系列赛决赛中，奥列克桑德尔·乌西克（乌克兰）战胜穆拉特·加西耶夫，仅打了 15 场职业比赛就成为首位次重量级四带世界拳王。

水上运动

残疾人女子 400 米自由泳的最短用时（S7 级）

2023 年 8 月 1 日，摩根·斯蒂克尼（美国）在曼彻斯特残疾人游泳世锦赛上以 4 分 54.28 秒的成绩夺得金牌，并将保持了 11 年的世界纪录提高了近 5 秒。斯蒂克尼在 2018 年和 2019 年接受过膝盖以下截肢手术。

获得世界游泳锦标赛女子 10 米跳台跳水金牌数最多

2023 年 7 月 19 日，陈芋汐（中国）获 10 米跳台跳水冠军，这是她连续第三次获得冠军。这位 17 岁小将还与全红婵搭档夺得双人 10 米跳台金牌。福冈游泳世锦赛设有 13 个跳水项目，中国队豪取 12 项冠军。

最快的女子 400 米个人混合泳

2023 年 4 月 1 日，在加拿大多伦多举行的世界游泳锦标赛国内选拔赛上，16 岁的萨默·麦金托什（加拿大）以 4 分 25.87 秒的成绩率先触边，打破了 400 米个人混合泳世界纪录。她此前已经游出了 3 分 56.08 秒的 **400 米自由泳的最好成绩**。2023 年 7 月 23 日，阿里亚娜·蒂特姆斯（澳大利亚）则在世锦赛的 400 米自由泳项目上夺冠，并以 3 分 55.38 秒的成绩刷新世界纪录，麦金托什仅列第四。

最快的残疾人男子 100 米蝶泳（S11 级）

2023 年 8 月 1 日，在英国曼彻斯特举行的世界残疾人游泳锦标赛上，丹罗·楚法洛夫（乌克兰）在决赛中胜出，成绩为 1 分 0.66 秒，荣获个人的第一个游泳世界冠军。参加 S11 级比赛的是盲人运动员。

获得游泳世锦赛男子水球冠军的最多次数

在 2023 年游泳世锦赛上，匈牙利队第四次夺得水球世界冠军的过程很有戏剧性。他们在 7 月 29 日的决赛中，通过点球大战以 14 : 13 击败希腊队，与 1978 年、1994 年、2011 年和 2019 年夺冠的意大利的历史战绩持平，同为水球项目的四冠王。

女子轻量级双人双桨赛艇 2 000 米的最快成绩

2023 年赛艇世界杯第二站比赛在意大利瓦雷泽举行。英国组合艾米丽·克雷格和伊莫金·格兰特在 6 月 17 日的半决赛中胜出，成绩为 6 分 40.47 秒。2022 年 7 月 9 日，格兰特还创下**单人双桨**纪录——7 分 23.36 秒。

男女混合双人双桨赛艇 2 000 米的最快成绩（PR3 级）

2023 年 6 月 18 日，澳大利亚组合妮基·艾尔斯和杰德·阿尔茨瓦格在瓦雷泽举行的赛艇世界杯上划出 7 分 7.02 秒的优异成绩。PR3 级运动员能运用腿部、躯干和手臂功能，在划桨时也能使用滑动座板。

女子动态无蹼自由潜水的最远距离

第 30 届全球屏气潜水联合会（AIDA）自由潜水泳池世界锦标赛在韩国济州举行。2023 年 6 月 13 日，朱莉娅·科泽尔斯卡（波兰）在水下一口气游了 213 米，超过 4 个奥运会标准泳池的长度之和。

男子帆板的最快速度

2023 年 6 月 30 日，在法国拉帕尔梅举行的"速度王子"帆板比赛中，安托万·阿尔博（法国）的冲浪速度达到了 44.12 节（约 81.71 千米 / 时）。6 月 15 日，同场竞技的海蒂·乌尔里希（瑞士）以 38.44 节（约 71.19 千米 / 时）的成绩打破了**女子**速度纪录。这两项纪录都得到了世界航行速度纪录委员会的认证。

男子滑水技巧赛的最高得分

2023 年 5 月 12 日，在美国佛罗里达州温特花园举行的一场大师赛预赛上，帕特里西奥·方特（墨西哥）取得 12 690 分的花样技巧成绩，将自己在 2022 年创下的世界纪录提高了 100 分。

女子恒重自由潜水的最大深度

2023 年 5 月 24 日，阿莱西娅·泽基尼（意大利）在菲律宾海域闭气下潜到 123 米的深度。在 AIDA 的赞助下，泽基尼打破了 4 个不同类别的 11 项自由潜水世界纪录。她还是 2023 年 Netflix 纪录片《最深的呼吸》中的主角。

在国际功能分类系统（ICF）皮划艇回转世锦赛获得个人项目金牌数最多

杰西卡·福克斯（澳大利亚，生于法国）一共 10 次赢得世锦赛个人项目冠军，包括 4 次皮艇（K1 级）冠军、4 次划艇（C1 级）冠军和 2 次极限皮划艇冠军。皮艇运动员采用坐式，使用双叶桨两侧滑水，而划艇运动员则保持跪姿，使用单叶桨滑水。

男子 400 米个人混合泳的最快成绩

2023 年 7 月 23 日，在日本福冈举行的世界游泳锦标赛上，莱昂·马尚德（法国）夺得 400 米个人混合泳冠军，决赛成绩为 4 分 2.50 秒。该项比赛要连续比蝶泳、仰泳、蛙泳和自由泳 4 种不同泳姿，每种泳姿游 100 米。美国泳坛传奇迈克尔·菲尔普斯给马尚德颁发了金牌（插图）。菲尔普斯在 2008 年奥运会该项目游出的 4 分 3.84 秒是保持时间最久的游泳世界纪录。

FUKUOKA 2023
WORLD AQUATICS
CHAMPIONSHIPS

马尚德的成绩比迈克尔·菲尔普斯保持了 5 460 天的纪录快了 1.34 秒。

男子 200 米蛙泳的最快成绩

覃海洋（中国）在福冈摘得 50 米蛙泳、100 米蛙泳和 200 米蛙泳的金牌，成为史上第一个在一届游泳世锦赛赢得 3 个项目冠军的运动员。2023 年 7 月 28 日，覃海洋在 200 米蛙泳决赛中以 2 分 5.48 秒的成绩打破世界纪录。

QIN HAIYANG

女子 200 米自由泳的最快成绩

2023 年 7 月 26 日，澳大利亚的莫莉·奥卡拉汉赢得了第二个个人项目世界冠军，成绩为 1 分 52.85 秒。尽管这位 19 岁的选手在 6 周前膝盖骨脱臼，但仍然在福冈收获了 5 枚金牌，并创造了 4 项世界纪录（其中 3 项为接力赛）。

获得游泳世锦赛个人项目金牌数最多

凯蒂·莱德基（美国）在福冈赢得女子 800 米自由泳和 1 500 米自由泳冠军，使其职业生涯的个人项目冠军总数达到 16 个。前纪录是迈克尔·菲尔普斯在 2001—2011 年间获得的 15 冠。

田径运动

世界田径锦标赛最多的出场次数

2023 年 8 月 19 日,47 岁的竞走运动员若昂·维埃拉(葡萄牙)参加了在匈牙利布达佩斯举行的男子 20 千米竞走比赛,这是他第 13 次现身田径世锦赛,完赛成绩排在第 33 名。维埃拉追平了西班牙名将赫苏斯·安赫尔·加西亚创造的 13 次参加世锦赛纪录(1993—2019 年间),比赛项目同为竞走。

女子纪录是 11 场,有两名竞走运动员保持该项纪录:1991—2011 年间的苏珊娜·费特(葡萄牙)和她的同胞伊内斯·亨里克斯(2001—2023 年)。

年龄最小的钻石联赛女子项目冠军

始于 2010 年的钻石联赛是一年一度的田径精英系列赛,每站赛事为期一天。2023 年 6 月 15 日,伯克·海勒姆(埃塞俄比亚,2006 年 1 月 6 日出生)在挪威奥斯陆站的比斯雷特赛场上赢得"梦想一英里"冠军时的年龄只有 17 岁 160 天。海勒姆还作为古达夫·特里盖的领跑员,助其在钻石联赛总决赛中刷新 5 000 米的世界纪录(*参见第 235 页*)。

男子撑竿跳的最高成绩

2023 年 9 月 17 日,在美国俄勒冈州尤金市举行的钻石联赛总决赛上,阿曼德·杜普兰蒂斯(瑞典,生于美国)成功跳过 6.23 米的横杆。被称为"蒙多"的杜普兰蒂斯是一名撑竿跳神童,3 岁时就在自家后花园首次尝试这项运动。20 岁时,他以 6.17 米的成绩首次打破男子世界纪录,后来又 6 次在不同赛事中刷新世界纪录。

男子投掷铅球的最远距离

2023 年 5 月 27 日,瑞恩·克劳泽(美国)在美国加利福尼亚州洛杉矶市的德雷克体育场取得了 23.56 米的最佳成绩。这位身高 2.01 米的奥运冠军在铅球比赛中使用全新的"克劳泽滑步法",连续投出过人成绩。为了将速度和力量发挥到极致,他在圈圈内增加一次滑步后再出手。

瑞恩·克劳泽的父亲、叔叔和堂弟都曾代表美国参加投掷项目比赛。

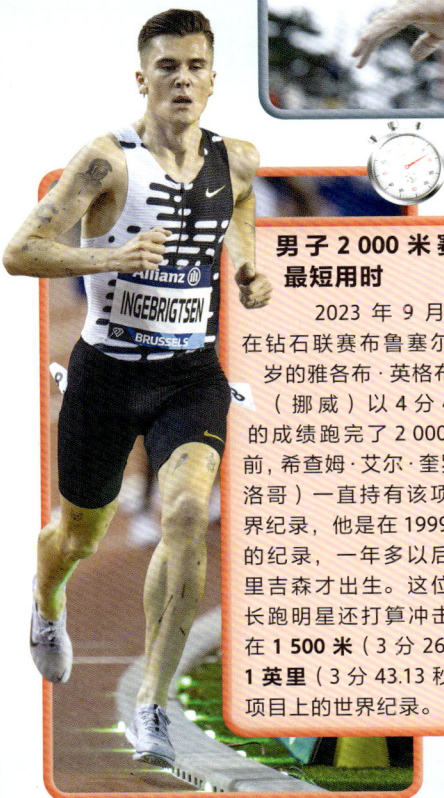

男子 2 000 米赛跑的最短用时

2023 年 9 月 8 日,在钻石联赛布鲁塞尔站,22 岁的雅各布·英格布里吉森(挪威)以 4 分 43.13 秒的成绩跑完了 2 000 米。此前,希查姆·艾尔·奎罗伊(摩洛哥)一直持有该项目的世界纪录,他是在 1999 年创造的纪录,一年多以后英格布里吉森才出生。这位挪威中长跑明星还打算冲击奎罗伊在 **1 500 米**(3 分 26 秒)和 **1 英里**(3 分 43.13 秒)两个项目上的世界纪录。

男子 3 000 米障碍赛的最短用时

障碍赛跑从 1900 年开始成为奥运会的常设径赛项目,也是唯一一项必须跨越障碍的长跑项目,运动员途中要跃过 28 个栏架和 7 个水池。2023 年 6 月 9 日,在钻石联赛巴黎站,拉梅查·吉尔马(埃塞俄比亚)跑出了 7 分 52.11 秒的成绩,打破了尘封 19 年的世界纪录。

4 × 400 米混合接力的最短用时

2023 年 8 月 19 日,贾斯汀·罗宾逊、罗塞·埃菲翁、马修·博林和亚历克西斯·霍尔姆斯组成的美国队在布达佩斯田径世锦赛上夺得金牌,成绩为 3 分 8.80 秒。组委会在 2017 年设立男女混合接力项目;自 2022 年起,运动员必须按照"男一女一男一女"的顺序跑。

男子跳远的最远距离(T64 级)

2023 年 6 月 25 日,"跳跃刀锋战士"马库斯·雷姆(德国)在家乡德国里德跳出了 8.72 米。该成绩将残疾人跳远纪录提高了 1 米,使用碳纤维假肢参赛的雷姆在历史最佳成绩榜上位列第九。

女子 100 米轮椅的最短用时(T34 级)

2023 年 5 月 27 日,汉娜·科克罗夫特(英国)在瑞士诺特维尔大奖赛上参加了 T34 级的比赛,最终战胜其他 6 名轮椅运动员夺冠,成绩为 16.31 秒。她是 7 届残奥会冠军,也是 T34 级的 **200 米**(28.90 秒)、**400 米**(52.80 秒)、**800 米**(1 分 44.43 秒)和 **1 500 米**(3 分 21.06 秒)的世界纪录保持者。

女子 1 500 米跑的最短用时

2023 年，费思·吉普耶根（肯尼亚）在短短 49 天内席卷 3 个不同项目的世界纪录。6 月 2 日，她首先在钻石联赛佛伦萨站的 1 500 米比赛中跑出 3 分 49.11 秒；7 天后在巴黎冲击 **5 000 米**冠军，尽管在备战时感觉到疲劳，但她依然跑出了 14 分 5.20 秒的好成绩。7 月 21 日，吉普耶根又在摩纳哥以 4 分 7.64 秒的成绩刷新了自己保持的 **1 英里**世界纪录（*下图*）。

在布达佩斯举行的 2023 年田径世锦赛上，吉普耶根的黄金之夏步入巅峰，将**获得女子 1 500 米世锦赛冠军次数最多**的纪录增至 3 次（*最下图*）。

女子 5 000 米跑的最短用时

2023 年 9 月 17 日，在尤金钻石联赛总决赛上，古达夫·特赛盖（埃塞俄比亚）打破 5 000 米世界纪录，成绩为 14 分 0.21 秒，比费思·吉普耶根 3 个月前创造的纪录快了 5 秒。她在 2022 年赢得世锦赛 5 000 米金牌，比赛地点同样是尤金的海沃德体育场。

耐力运动

后院超级马拉松跑的最多圈数

后院超跑运动由绰号"拉撒路湖"的加里·坎特雷尔设计,跑者每小时要跑完总计 6 706 米的一圈,坚持到最后的即为胜者。2023 年 10 月 21—25 日,哈维·刘易斯(美国)在美国田纳西州贝尔巴克尔市举行的"大后院超跑"挑战赛中一共跑了 108 圈,在 5 天内连续跑了 724 千米。

首位跑完巴克利马拉松赛的女性

2024 年 3 月 22 日,贾丝明·帕丽斯(英国)在美国田纳西州弗罗曾黑德州立公园完成了难度最大的山地超级马拉松比赛,成为总第 20 位、女性第一位完赛者。她在 32 千米环线上跑完了 5 圈,累计爬升高度约 18 000 米,在 60 小时终止时限前 99 秒到达终点。

男子 100 千米赛跑的最短用时

亚历山大·索罗金(立陶宛)继续在 2023 年向超跑纪录发起孤勇冲击。5 月 14 日,在立陶宛维尔纽斯市举行的"世界最快跑步"超级马拉松比赛中,用 6 小时 5 分 35 秒跑完了 100 千米,也将自己创下的前世界纪录缩短了 6 秒。在国际超跑者协会追踪的 9 项男子纪录中,索罗金目前持有 5 项。

女子 48 小时长跑的最远距离

2023 年 3 月 24—26 日,在澳大利亚首都领地的哈特菲尔德举行的"钦莫伊 48 小时田径节"上,卡米尔·赫伦(美国)创造了 435.336 千米的新纪录。她在两天内绕着 400 米赛道跑了 1 088 圈,平均每千米用时 6 分 36 秒(包括休息时间)。

女子 12 小时超跑纪录在 2023 年落入芬兰运动员萨图·利皮宁之手。5 月 20 日,她在家乡的"科科拉超跑大赛"中跑了 153.6 千米,比之前的最远距离多了约 1 千米。

获得世界山地越野跑锦标赛女子组冠军的最多次数

自 2006 年以来,安德莉亚·梅尔(奥地利)已经在这项艰苦的山地越野长跑比赛中 7 次赢得世界冠军。2023 年 6 月 7 日开始的垂直组比赛高山赛段全长 7.1 千米,爬升总距离 1 020 米,而终点线附近的坡度达 40%。梅尔的完赛成绩是 48 分 14 秒。

斯巴达超级马拉松赛的最快成绩

公元前 490 年,为马拉松战役求援的费迪皮迪兹受命一路跑到斯巴达。为了效仿雅典信使的壮举,斯巴达超级马拉松赛的参赛者要在希腊境内奔跑 246 千米。2023 年 10 月 1 日,警官福蒂斯·齐西莫普洛斯(希腊)以 19 小时 55 分 9 秒的成绩连续第三次夺冠,并打破了希腊超跑传奇扬尼斯·库罗斯自 1984 年以来一直保持的纪录(20 小时 25 分)。

恶水河超级马拉松赛女子组的最快成绩

恶水河超马的起止点分别为美国最大陆域国土内的最低点死亡谷和最高点惠特尼山,全长 217 千米,环境气温可能高达 53℃。2023 年 7 月 4—6 日,阿什利·保尔森(美国)以 21 小时 44 分 35 秒的完赛成绩夺冠,也是此项赛事第二快的成绩。男子纪录为 21 小时 33 分 1 秒,由石川佳彦(日本)于 2019 年 7 月 15—16 日创造。

单人征服蒙罗山脉的最短用时

2023 年 5 月 26 日至 6 月 26 日,杰米·亚伦斯(美国)爬遍了苏格兰高地所有 3 000 英尺(约 914 米)以上的 282 座高山,一共用了 31 天 10 小时 27 分钟,并以超过 12 小时的巨大优势刷新了唐尼·坎贝尔在 2020 年创造的原纪录。她挑战的路线有 135 366 米的爬升高度,相当于 15 次登顶珠峰。亚伦斯徒步走完了 1 315 千米,自行车骑行 1 249 千米,划艇前进了 11.6 千米,每晚只睡 4 个小时左右。

规模最大的超级马拉松赛

"战友马拉松赛"首办于 1921 年,比赛线路设在南非德班与彼得马里茨堡之间的丘陵地带,赛道全长约 90 千米。2000 年有 23 961 名参赛者从起点出发,一度创下超马规模纪录。2023 年的比赛吸引了 16 000 多人参赛,并产生了**男子最快**和**女子最快**成绩的赛事新纪录——泰特·迪亚纳(南非)跑出的 5 小时 13 分 58 秒和格尔达·斯特因(南非)的 5 小时 44 分 54 秒。

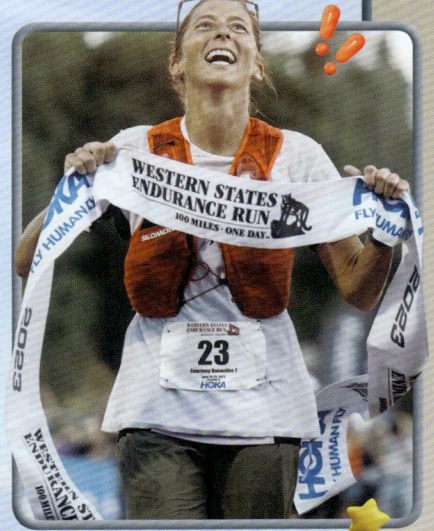

第一个超跑比赛"三冠王"

2023 年，在短短 10 周的时间内，考特尼·道瓦尔特（美国）成为历史上第一个赢得 3 项著名 100 英里越野赛事冠军的超级跑者，分别是西部 100、硬石 100 和环勃朗峰越野跑。她在 70 天内一共跑了 310.7 英里（500 千米），爬升高度 25 500 米。

道瓦尔特从 6 月 24 日开启挑战之旅，首先在美国加利福尼亚州内华达山间赛道跋涉到终点，打破了**女子西部 100 英里耐力赛最快**的纪录，成绩为 15 小时 29 分 33 秒（*最右*）。7 月 14—15 日，她在美国科罗拉多州的西尔弗顿拿到第二项超跑冠军，创下**女子硬石 100 越野赛最快**的纪录（*下图*）：26 小时 14 分 12 秒，完赛总排名第四。9 月 2 日，道瓦尔特在欧洲的环勃朗峰越野赛上克服了疲劳和胃部不适，在女子组当中率先冲过终点线，领先第二名 40 分钟，完美收获超跑第三冠（*右图*）。

道瓦尔特在高中时曾 4 次获得州级越野滑雪赛冠军。

足球运动

最年轻的西班牙顶级联赛进球队员

2023 年 10 月 8 日，巴塞罗那队以 2 : 2 战平格拉纳达队。16 岁 87 天的拉明·亚马尔（西班牙，生于 2007 年 7 月 13 日）收获其在巴萨生涯的首粒进球。这位边锋首次效力巴萨时只有 15 岁。包括亚马尔在内仅有 5 名球员在 16 岁生日前实现过西甲联赛首秀。亚马尔也是西班牙国家队最年轻的球员，在 2024 年欧洲杯比赛中以 4 次助攻荣膺助攻王，并且成为欧洲杯最年轻进球者（16 岁 362 天）和欧洲杯决赛最年轻出场球员（17 岁 1 天）。

分别以球员和教练身份赢得 FIFA 世界杯的第一人

2024 年 1 月，两位世界足坛名宿在两天内相继离世。巴西的马里奥·扎加洛（右上）分别在 1958 年和 1962 年以球员身份赢得两届世界杯冠军，之后成为出谋划策的教练，率巴西队赢得 1970 年世界杯冠军。紧随扎加洛去世的弗朗茨·贝肯鲍尔（左上）是首位以队长和教练身份赢得国际足联世界杯的足球人。他带领西德队夺得 1974 年世界杯，也是 1990 年意大利世界杯冠军得主德国队的主帅。

最长的男足国际比赛生涯

伊尔德丰索·利马·索拉（生于西班牙）为安道尔国家队效力了 26 年 82 天。1997 年 6 月 22 日，17 岁的索拉第一次进入首发阵容，在安道尔队有史以来的第二场正式国际比赛中登场并攻入 1 球，但安道尔队仍以 1 : 4 不敌爱沙尼亚队。2023 年 9 月 12 日举行的 2024 欧洲杯预选赛是索拉生涯第 137 场比赛，也是他的最后一场比赛，对手是瑞士队。

FIFA 女足世界杯最年轻的出场球员

2023 年 7 月 25 日，在澳大利亚新南威尔士州悉尼举行的 H 组比赛中，16 岁 26 天的混血球员凯茜·费尔（韩国，生于 2007 年 6 月 29 日）代表韩国队迎战哥伦比亚队。

非洲国家杯比赛的最多出场次数

2024 年 1 月 13 日至 2 月 11 日，被推迟的 2023 年非洲杯足球赛在科特迪瓦举行。安德烈·阿尤（加纳）和优素福·姆萨克尼（突尼斯）的身影第八次出现在绿茵场上。里格贝特·宋（喀麦隆）和艾哈迈德·哈桑（埃及）在 1996—2010 年间同样征战过八届非洲杯。

UEFA 欧洲杯预选赛的最多进球

在 2024 年欧洲杯 3 场预选赛中，罗梅卢·卢卡库（比利时）一共打进 14 球，帮助比利时队以 F 组第一的成绩晋级。在对阵阿塞拜疆的最后一轮比赛中，状态神勇的卢卡库在上半场前 20 分钟就攻入 4 球。

获得 CAF 非洲冠军联赛冠军的最多次数

2023 年 6 月 11 日，阿尔阿赫利队（埃及）在非洲大陆顶级俱乐部赛事中第 11 次封王。在两回合的总决赛中，他们以 3 : 2 击败摩洛哥维达德 AC 队。

获得 UEFA 欧洲联赛冠军的最多次数

欧足联的欧洲联赛前身为联盟杯赛。2023 年 5 月 31 日，塞维利亚队在点球大战中以 4 : 1 战胜罗马队，第七次成功加冕冠军。这支西班牙球队 7 次打进欧联杯决赛并全部获胜。

男足俱乐部的最多连胜场次

在 2023 年 9 月 25 日至 2024 年 4 月 11 日期间，利亚德新月足球俱乐部（沙特）取得 34 场连胜的战绩，其中包括联盟杯和国王杯赛的 4 场胜利。在 2024 年 4 月 17 日的亚冠联赛联赛中，新月队以 2 : 4 输给艾因队后终止了连胜势头。

意甲最年轻的出场球员

2023 年 11 月 25 日，弗朗切斯科·卡马尔达（意大利，生于 2008 年 3 月 10 日）在圣西罗球场完成意大利顶级联赛首秀，当时年仅 15 岁 260 天。在 AC 米兰以 1 : 0 战胜佛罗伦萨的比赛中，这位年轻的前锋在第 83 分钟替补出场。

翻到第 220～221 页，可见男球员的转会纪录。

转会费最高的女球员

据 2024 年 2 月 13 日公布的数据，来自赞比亚的拉恰尔·昆达南吉以 735 000 欧元的身价从马德里 CFF 俱乐部转会至美国海湾足球俱乐部。这位 23 岁的前锋在西班牙联赛效力的 43 场比赛中一共打进 33 球。她加盟的海湾俱乐部总部位于圣何塞，2024 年开始参加扩编的美国国家女足联赛。

获得 FIFA 沙滩足球世界杯冠军的最多次数

2024 年 2 月 25 日，在阿联酋迪拜举行的沙滩足球世界杯决赛中，巴西队以 6 : 4 击败意大利队，第六次问鼎冠军。前锋罗德里戈（上图）上演帽子戏法。巴西队也是 2006—2009 和 2017 赛季的冠军得主。

国际赛事的最多进球

克里斯汀·辛克莱（加拿大）在绿茵场上征战了 23 年，一共为加拿大队打入 190 球，国际比赛进球数超过其他任何球员。在 2000 年阿尔加维杯赛上，16 岁的辛克莱首次亮相，并在第二场比赛中进球。在最高产的 2012 年，她在 22 场比赛中打进 23 球。2020 年 1 月 29 日，她在对阵圣基茨和尼维斯队的比赛中梅开二度，超过了阿比·瓦姆巴赫 184 球的前纪录。

2023 年 12 月 5 日，辛克莱参加的第 329 场比赛是其最后一场国际比赛（下图）。在推迟举办的 2020 年东京奥运会上，她帮助加拿大队夺冠（左上），此后以奥运金牌得主身份功成身退。

获得金球奖的最多次数

久负盛名的金球奖是《法国足球》杂志授予年度最佳足球球员的奖项。莱昂内尔·梅西（阿根廷）分别在 2009—2012 年、2015 年、2019 年、2021 年和 2023 年 8 次获奖。2023 年 10 月 30 日，由于带领阿根廷队在前一年卡塔尔世界杯夺冠，梅西收获金球奖。

ICON

男足国际比赛的最多出场次数

截至 2024 年 3 月 26 日，克里斯蒂亚诺·罗纳尔多已经为葡萄牙队出战 206 场。2023 年 6 月 20 日对阵冰岛的比赛是罗纳尔多的第 200 场国家队赛事。他在最后时刻打进了制胜球。他获得了吉尼斯世界纪录证书。他此前的 128 粒进球还是此前**男足国际比赛进球最多的**纪录。

板球运动

女子 T20 国际赛（T20I）单场比赛最多的制胜追分

2023 年 10 月 2 日，在澳大利亚北悉尼椭圆形球场举行的 20 回合比赛中，西印度群岛队（213 分 3 出局）一路追赶，在仅剩 1 球的情况下最终反超了 212 分 6 出局的澳大利亚队。西印度群岛队的队长海利·马修斯（最右）表现神勇，率先通过 64 球拿到 132 分，包括 5 个六分球，并连续第七次被评为 T20I "最佳球员"。

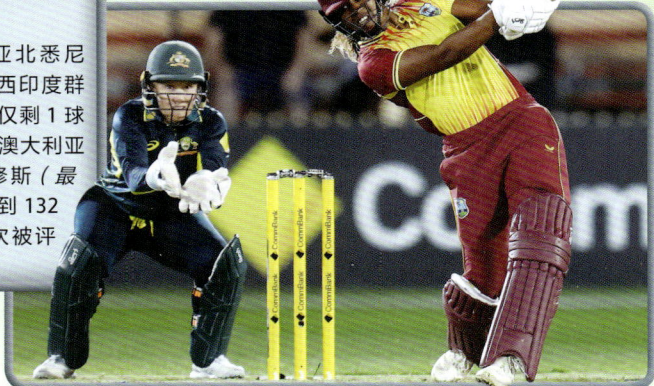

对抗赛打出的最多六分球

英格兰队队长本·斯托克斯在以往的 181 局比赛中，128 次直接将球暴击出界外。原纪录（107 次）由他的国家队教练布伦登·麦卡勒姆创造。前新西兰队长布伦登一直在改造英格兰队，指导队员采用强调进攻的"巴兹球"风格，以便在对抗赛（也称测试赛）中快速得分。澳大利亚的亚当·吉尔克里斯特（100 次）是目前在对抗赛中打出 100 个六分球的唯二球员之一。

男子 T20I 赛事最高的球队得分

2023 年 9 月 27 日，在中国杭州举行的亚运会上，尼泊尔队通过首场小组赛的 20 回合较量，从蒙古队身上拿到了 314 分。带领尼泊尔队取胜的库沙尔·马拉（右图）仅用 34 个球就拿下一百分，创造了**男子 T20I 赛事得到一百分最快的纪录**。2024 年 2 月 27 日，扬·尼克尔·洛夫斯·伊顿在纳米比亚队对阵尼泊尔队的比赛中改写了纪录，用 33 球得到一百分。

最快的一百分

2023 年 10 月 8 日，马什杯单日赛揭幕战在阿德莱德举行，由南澳大利亚州队对阵塔斯马尼亚州队。代表南澳州队的杰克·弗雷泽 – 麦古尔克（澳大利亚）打出了 29 球一百分的超高效率。他在本场比赛中共击出 12 记六分球和 6 记四分球，依靠跑动只得到 4 分。

男子板球世界杯最快的一百分

2023 年 10 月 25 日，在印度德里举行的世界杯赛上，澳大利亚队的格伦·麦克斯韦尔仅用 40 球就轰出一百分。澳大利亚队以 309 分的优势战胜荷兰队，创下了**男子板球世界杯最大的胜负分差纪录**。

2023 年 11 月 7 日，麦克斯韦尔在孟买对阵阿富汗队的一局比赛中又表现神勇。尽管抽筋和背痛，他还是贡献了 201 分未出局的出色表现，创造了**男子国际单日板球（ODI）赛事第二局得分最多的纪录**。

男子板球世界杯投中三柱门次数最多的比赛

2023 年 11 月 15 日，印度队在孟买迎战新西兰队，印度队快速投球手穆罕默德·沙米 9.5 轮便将对方 7 名击球手投杀出局。共期持有单场比赛投杀纪录的运动员还有西印度群岛队的温斯顿·戴维斯（圣文森特和格林纳丁斯）、格伦·麦格拉斯（澳大利亚）、安迪·比切尔（澳大利亚）和蒂姆·索西（新西兰）。

印度超级联赛身价最高的球员

2023 年 12 月 19 日，在印度板球超级联赛的球员交易大会上，加尔各答骑士队以 2 475 万印度卢比（约 235 万英镑）的价格签下了澳大利亚的快速投球手米切尔·斯塔克。

斯姆里提·曼达纳（印度）是身价最高的女子超级联赛球员。2023 年 2 月 13 日，班加罗尔皇家挑战者队花了 340 万卢比（约 341 740 英镑）的转会费才招到曼达纳。

男子 T20I 赛事的最多制胜追分

2023 年 3 月 26 日，在南非森图里昂，南非队（259 分 4 出局）在还剩 7 球的情况下击败了西印度群岛队（258 分 5 出局）。第一对击球手昆顿·德·科克和瑞泽·亨德里克斯合力砍下 152 分。（*女子纪录见上文*）。

女子 T20I 赛事的最高球队得分

2023 年 10 月 13 日，阿根廷队在布宜诺斯艾利斯对阵智利队，阿根廷队取得 427 分 1 出局的战绩，平均每轮得到 21.35 分。拿下 169 分的露西娅·泰勒创造了**女子 T20I 赛事个人得分最多的纪录**。仅得到 63 分的智利队惨遭淘汰，同时，或就了阿根廷队在**女子 T20I 比赛中最高的获胜分差**——364 分。

国际板球理事会（ICC）男子板球世界杯的最多获胜场次

2023 年 11 月 19 日，澳大利亚队在艾哈迈达巴德与东道主、夺冠热门印度队会师决赛，最后六人未出局的黄色军团第六次捧杯。澳大利亚队在 1987 年首度赢得世界杯，并在 1999—2007 年间三次夺冠，后又在 2015 年第五次夺冠。目前，没有其他国家赢过两次以上的世界杯冠军。

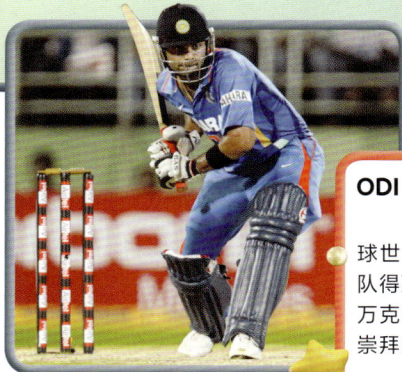

ODI 最多的一百分

2023 年 11 月 15 日，在印度孟买举行的男子板球世界杯半决赛中，维拉特·科利（印度）从新西兰队得到 117 分，完成了 ODI 赛事的第 50 个超百得分。万克赫德体育场全场观众（包括前纪录保持者、科利崇拜的萨钦·滕杜卡尔）向科利报以热烈掌声。

自 2008 年首登赛场以来，科利参加的 ODI 赛事已达 280 局。2009 年 12 月 24 日，在对阵斯里兰卡队的比赛中他第一次收获一百分，接着在 2012 年 3 月 18 日对阵巴基斯坦队的比赛中取得了 183 分的个人最高得分。他最喜欢在 ODI 赛场上面对斯里兰卡队，因为他有 10 次超百得分都是他们所赐。截至 2024 年 2 月 21 日，科利的每轮平均得分为 58.67 分，在 ODI 赛事男子球员历史数据榜上排名第三，第二位是科利的队友舒布曼·吉尔（61.37 分），荷兰的多面手瑞安·滕·多谢特（67.00 分）位列第一。

在 2023 年的世界杯上，科利打出了 765 分的男子板球世界杯赛最高得分。

纪录集萃

女子铁人三项世锦赛的最快成绩

2023 年 10 月 14 日，露西·查尔斯－巴克利斯（英国）在年度铁人三项大赛中夺得个人首冠，总用时为 8 小时 24 分 31 秒。她此前在夏威夷 4 次获得亚军。露西用 49 分 36 秒完成了 3.8 千米，180 千米的自行车赛段用时 4 小时 32 分 29 秒，最后的马拉松成绩为 2 小时 57 分 38 秒。

美国高尔夫公开赛单轮最低杆数

2023 年 6 月 15 日，瑞奇·福勒和赞德·谢奥菲勒（均来自美国）在美国加利福尼亚州洛杉矶乡村俱乐部打完了 62 轮的美国公开赛。二人在首轮均取得低于标准杆 8 杆的好成绩；冠军温德姆·克拉克以低于标准杆 10 杆的成绩完成首轮比赛。

福勒和谢奥菲勒追平了布兰登·格雷斯（南非）保持的**男子高尔夫大赛单轮最低杆数**纪录。2017 年 7 月 22 日，格雷斯在英国默西赛德郡绍斯波特市的皇家伯克代尔高尔夫俱乐部举行的公开赛上打出 62 杆的成绩。

获得世界艺术体操锦标赛的最多奖牌数

西蒙·拜尔斯（美国）在这项国际体操大赛上共收获 30 枚奖牌，包括 3 枚铜牌、4 枚银牌和**最多的金牌**——23 枚。东京奥运会结束后，她于 2023 年重返赛场，在比利时安特卫普夺得 4 金 1 银。拜尔斯将其**女子全能冠军数最多**的纪录扩大到了 6 个。

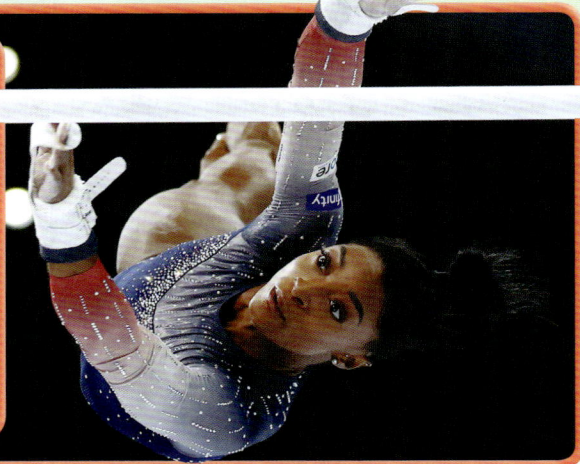

马拉松赛最快成绩

2024 年 2 月 11 日，凯尔文·基普图姆（肯尼亚，*右图*）因交通事故去世，年仅 24 岁，吉尼斯获悉后深感悲痛。2023 年 10 月 8 日，基普图姆在美国伊利诺伊州芝加哥市跑出了**男子马拉松最快成绩**——2 小时 35 秒。芝加哥马拉松赛只是他出道以来参加的第三场重量级赛事。

女子记录在 2023 年 9 月 24 日举行的德国柏林马拉松赛中被改写，蒂格斯特·阿塞法（埃塞俄比亚，*下图*）以 2 小时 11 分 53 秒的成绩撞线，将之前的最好成绩缩短了两分多钟。下表是更多让人血脉偾张的马拉松赛成绩。

凯尔文·基普图姆去世前已经跑完了七大最快马拉松赛中的三站。

男子场地自行车 1 千米计时赛最快成绩

2023 年 10 月 31 日，在墨西哥阿瓜斯卡连特斯的两百周年赛车场，杰弗里·霍格兰德（荷兰）以 55.433 秒的成绩骑完了 1 000 米。该项目的四冠王霍格兰德打破了弗朗索瓦·佩尔维斯把持 10 年之久的前世界纪录：56.303 秒，这也是场地自行车项目中尘封最久的纪录。

15 米攀岩竞速赛的最快成绩

2023 年 4 月 28 日，韦德里克·莱昂纳多（印尼）在韩国首尔举行的国际攀岩运动联合会世界杯赛上表现神勇，仅用 4.90 秒就爬上了 15 米高的攀岩墙。

2023 年 9 月 15 日，亚历山德拉·米罗斯瓦夫（波兰）在意大利罗马创造了 6.24 秒的**女子纪录**。

女子帆板运动员征服的最大海浪

2023 年 1 月 22 日，莎拉·豪瑟（法国）在夏威夷毛伊岛的佩阿希冲浪点（又称大白鲨冲浪点）顺利冲过一波 12.19 米高的巨浪。豪瑟在南太平洋新喀里多尼亚岛出生，曾 3 次赢得国际帆板巡回赛冠军。

男子 1 000 米速度滑冰的最快成绩

2024 年 1 月 26 日，在美国犹他州的奥林匹克椭圆形体育场，乔丹·斯托尔兹（美国）仅用 1 分 5.37 秒就滑完了两圈半的比赛。19 岁的斯托尔兹来自美国威斯康星州，在自家后面的池塘上学会了滑冰，现在是速滑项目的后起之秀，在两届世锦赛上获得过 6 枚金牌，两度包揽 500 米、1 000 米和 1500 米三个项目的冠军。

世界马拉松赛大满贯纪录榜

地点	运动员	日期	成绩
柏林	埃鲁德·基普乔格（肯尼亚）	2022年11月25日	2:01.09
	蒂格斯特·阿塞法（埃塞俄比亚）	2023年11月24日	2:11.53
波士顿	杰弗里·穆赛泰（肯尼亚）	2011年4月18日	2:03.02
	布祖内什·德巴（埃塞俄比亚）	2014年4月21日	2:19.59
芝加哥	凯尔文·基普图姆（肯尼亚）	2023年10月8日	2:00.35
	西凡·哈桑（荷兰，生于埃塞俄比亚）	2023年10月8日	2:13.44
伦敦	凯尔文·基普图姆（肯尼亚）	2023年4月23日	2:01.25
	保拉·拉德克里夫（英国）	2003年4月13日	2:15.25
纽约	塔米拉特·托拉（埃塞俄比亚）	2023年11月5日	2:04.58
	玛格丽特·奥卡约（肯尼亚）	2003年11月2日	2:22.31
东京	本森·基普鲁托（肯尼亚）	2024年3月3日	2:02.16
	苏图梅·阿塞法·科贝德（埃塞俄比亚）	2024年3月3日	2:15.55

最年轻的极限运动会男子滑板公园赛金牌得主

2023 年 5 月 14 日，13 岁 88 天的小野寺吟云（日本，生于 2010 年 2 月 15 日）在日本千叶举行的世界极限运动会上创造了历史，凭借 90.33 分的首轮成绩夺得滑板公园赛金牌。这位滑板天才是第二年轻的极限运动会男子冠军，排在他前面的是巴西的古伊·库里（2008 年 12 月 18 日出生），后者在 2021 年 7 月 16 日获得滑板垂直技巧赛冠军时只有 12 岁 210 天。

获得国际攀岩运动联合会（IFSC）世界攀岩锦标赛金牌数最多

IFSC 组织的世锦赛每两年举办一届。亚妮亚·甘布莱特（斯洛文尼亚）已经 8 次赢得冠军，包括 3 枚抱石赛金牌、两枚速度赛金牌和 3 枚全能金牌。她在 17 岁时收获个人首冠，2023 年又获得两个冠军。目前，除了亚妮亚，还没有攀岩运动员能拿到超过 5 枚的世锦赛金牌。

获得极限运动会冬季项目的最多奖牌数

2024 年 1 月 28 日，马克·麦克莫里斯（加拿大）在阿斯彭极限运动会上第 23 次夺得奖牌，将一枚单板滑雪坡面障碍技巧银牌收入囊中。他在这个惊险刺激的项目中一共赢得 11 金、9 银和 3 铜。

FIS 高山滑雪世界杯赛的最多夺冠次数

米凯拉·希夫林（美国）在高山滑雪的顶级国际赛道上获得了 97 次冠军。她在 2023—2024 赛季的 10 场回转比赛中有 7 场夺冠，在该项目上获得的冠军数已达 60 个，创下获得**单项滑雪比赛冠军数最多**的纪录。

获得男子冰球比赛世界冠军的最多次数

2023 年 5 月 28 日，加拿大队在芬兰坦佩雷以 5：2 战胜德国队，赢得球队的第 28 枚金牌。他们在 1920 年安特卫普奥运会的冰球决赛上第一次成为世界冠军。

获得女子班迪球世界冠军的最多次数

班迪球是冰球的近亲，也称冰上曲棍球，每队由 11 名球员在足球场大小的冰场上使用多层线绳织成的圆球进行比赛。2023 年 4 月 2 日，瑞典女队在瑞典奥比举行的世锦赛决赛中以 15：0 击败芬兰队，第 11 次获得世界冠军。除了 2014 年，她们赢下了其他历届决赛。

获得环法自行车赛青年组冠军的最多次数

在 2023 年环法自行车赛上，塔代伊·波加查（斯洛文尼亚）连续第四次穿上白色骑手衫。1975 年推出的白衫意在奖励完成环法大赛的 26 岁以下最佳骑手。波加查在 2020 年和 2021 年两度赢得山地赛和常规赛冠军。

职业飞镖（PDC）世界飞镖锦标赛最年轻的获胜运动员

2023 年 12 月 20 日，卢克·利特勒（英国，生于 2007 年 1 月 21 日）在英国伦敦亚历山德拉宫以 3：0 击败克里斯蒂安·基斯特，时年仅 16 岁 333 天。利特勒 7 次投中满分 180 分，创下 106.2 分的 PDC 飞镖世锦赛首秀最高平均得分纪录。被称为"核弹"的利特勒表现神勇，一路杀入决赛，虽然 7：4 不敌卢克·汉弗莱斯屈居亚军，但依然成为英国飞镖界的风云人物。

获得斯诺克排名赛冠军的最多次数

2024 年 1 月 21 日，"火箭"罗尼·奥沙利文（英国）赢得世界大奖赛冠军，个人排名赛冠军数增加到 41 个。自 1993 年英锦赛夺得首冠以来，"火箭"已经征战了 30 多年。他在最近两个月状态神勇，接连在三大斯诺克赛事上称王，将自己保持的**英锦赛冠军数最多纪录**和**大师赛冠军数最多纪录**都增加到了 8 个。

获得射箭世界杯冠军的最多次数

2023 年 9 月 10 日，萨拉·洛佩兹（哥伦比亚）第八次获得女子复合弓项目冠军。在墨西哥赫莫西洛举行的射箭世界杯决赛中，她以 143：142 击败了丹麦选手坦贾·盖伦琴。

获得世界乒乓球锦标赛团体冠军的最多次数

2024 年，中国队在韩国釜山创造了纪录，第 23 次拿到**男子团体**和**女子团体**冠军。男队在世乒赛决赛中以 3：0 战胜法国队，女队则以 3：2 力克日本队夺冠。

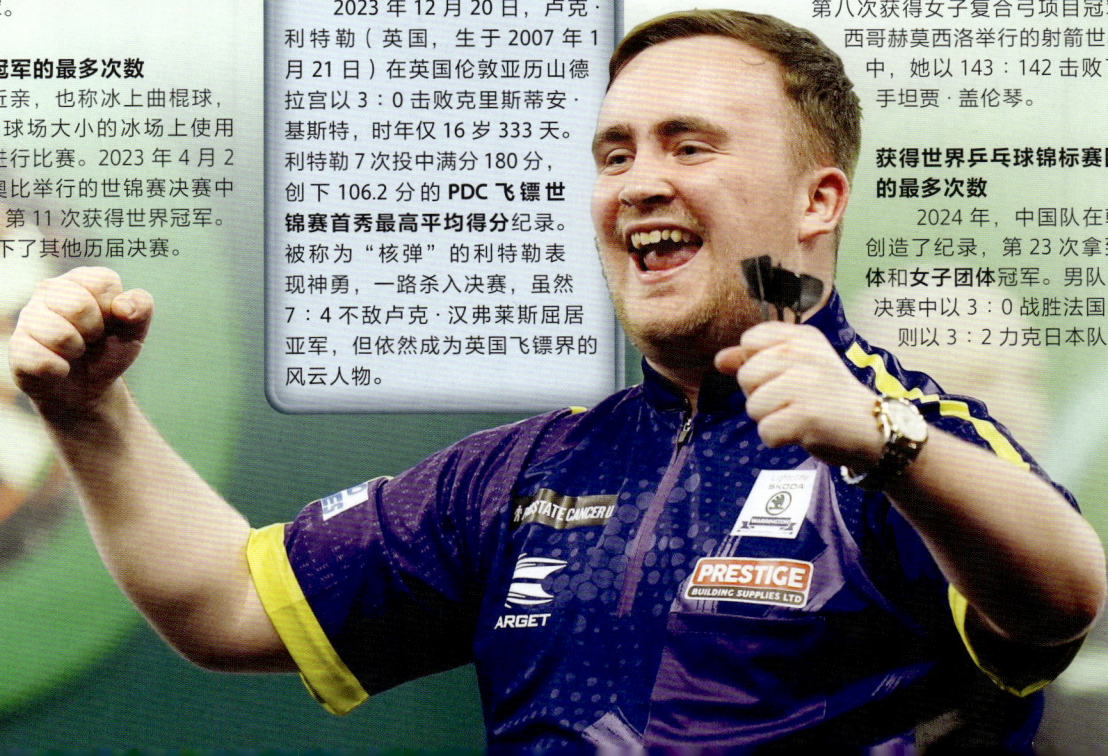

关键数据

全名 勒布朗·雷蒙·詹姆斯

出生地 美国俄亥俄州阿克伦市

出生日期 1984年12月30日

当前持有的世界纪录 超过35届,包括NBA历史总得分最多

所获荣誉 4届NBA总冠军(2012年、2013年、2016年、2020年)、4届总决赛MVP(2012年、2013年、2016年、2020年)、4届NBA常规赛MVP(2009年、2010年、2012年、2013年)、19次入选全明星(2005—2023年)

2023年11月27日,在湖人队对阵魔术队的比赛中,詹姆斯包括季后赛在内的职业生涯出场时间累计达到了66 319分钟,超越了卡里姆·阿布杜尔-贾巴尔,保持的NBA上场时间最长的纪录。

詹姆斯曾效力3支不同球队,4次在同一年中赢得NBA总冠军和总决赛MVP。图为2012年在迈阿密热火队拿到第一个总冠军时的詹姆斯。

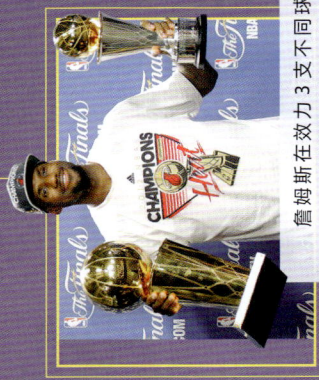

虽然天生是左撇子,但詹姆斯却用"较弱"的右手投篮。

勒布朗·詹姆斯

自第一次踏上篮球场以来,勒布朗·詹姆斯(美国)就背负了高过实际年龄的期望,这成为了颠簸他更上一层楼的动力。

詹姆斯9岁开始接触篮球时,便展现出了天赋。读高中时,詹姆斯就成为了《体育画报》的封面人物,被誉为"天选之子"。2003年NBA选秀大会上,克利夫兰骑士队首轮第一顺位便选中了他,荣获年度最佳新秀奖。

2010年,勒布朗转会到迈阿密热火队,率队赢得NBA总冠军,其个人荣膺总决赛最有价值球员。之后,他在克利夫兰骑士队(2016年)和洛杉矶湖人队(2020年)效力时再次获得两项殊荣。2023年2月7日,在湖人队与俄克拉何马城雷霆队的比赛中,詹姆斯打破了卡里姆·阿布杜尔-贾巴尔保持了39年之久的NBA最高得分纪录——38 387分。2024年3月2日,他成为首位得分达到40 000分的球员。

身高2.06米的詹姆斯凭借过人的力量和速度优势在篮下制造杀伤,投中的三分球也超过2 000个。他的助攻数据排在NBA历史第四,抢断排名第八。虽然NBA首秀已过去20年,但詹姆斯依然是那位"天选之子"。

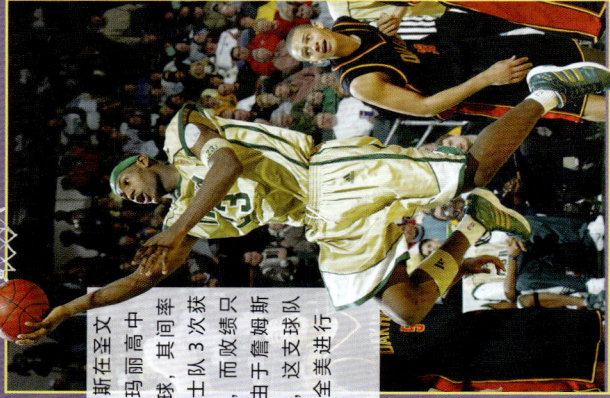

詹姆斯在圣玛丽高中打了4年球,其中率爱尔兰圣文森特-圣玛丽高中3次获得俄州冠军,而败绩只有6场。由于詹姆斯表现出色,这支球队有的比赛在全美进行电视转播。

勒布朗·詹姆斯家庭基金会在这位篮球巨星的家乡俄亥俄州阿克伦市投资教育资源。其公益项目 I Promise 小学已经帮助 1 400 多名儿童接受公立教育。

迈克尔·乔丹曾主演 1996 年的科幻电影《空中大灌篮》，在电影《空中大灌篮：新传奇》（美国，2021 年）中与《乐一通》中的卡通角色一起在多元宇宙里奉献篮球神技。

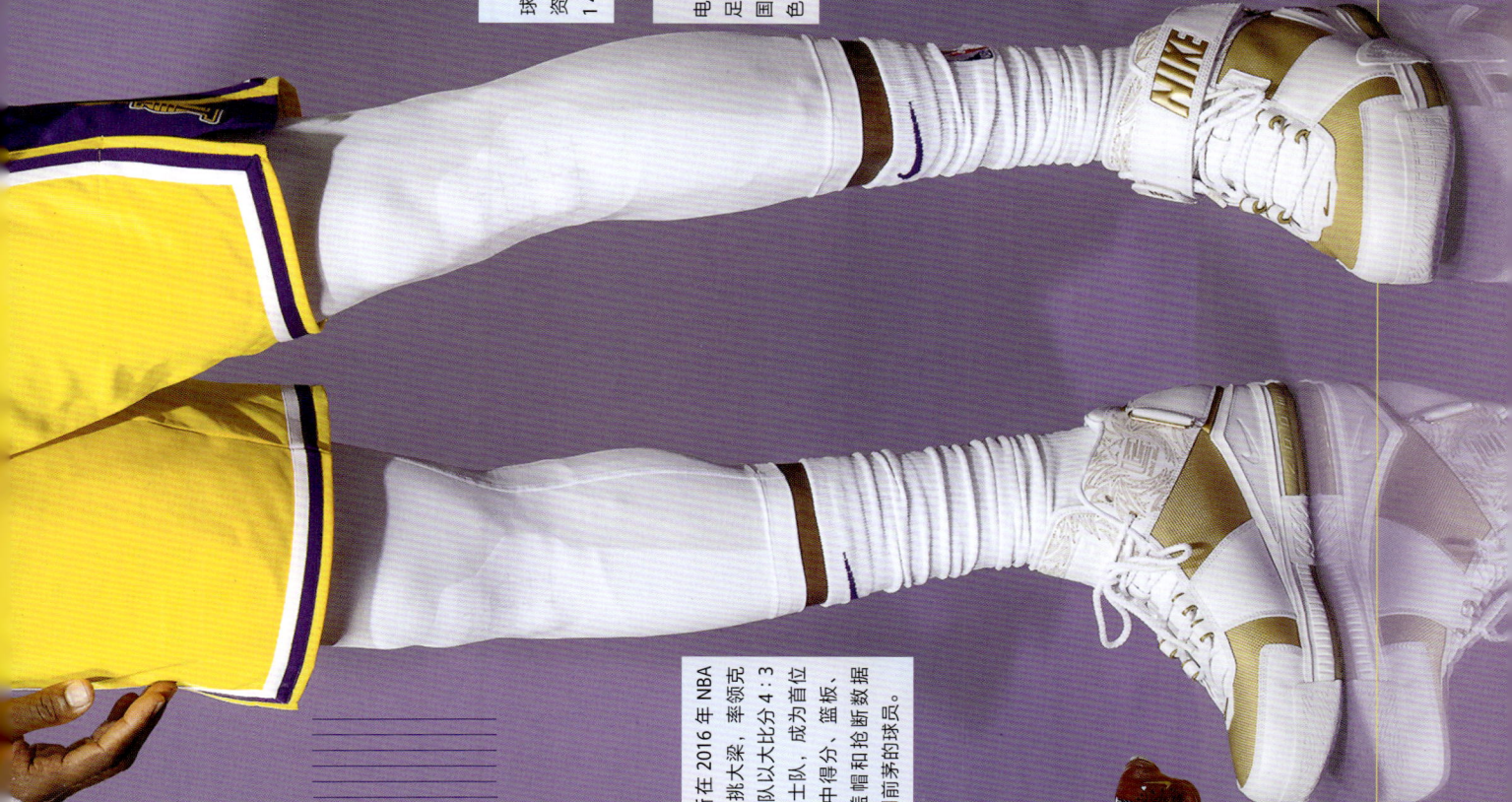

SPACE JAM
A NEW LEGACY HBO max
IN THEATERS JULY 16

詹姆斯在 2016 年 NBA 总决赛上独挑大梁，率领克利夫兰骑士队以大比分 4：3 击败金州勇士队，成为首位在总决赛中得分、篮板、助攻、盖帽和抢断数据上均名列前茅的球员。

2004 年，詹姆斯的奥运之旅大部分时间在替补席上度过，但在 2008 年和 2012 年却带领美国国队夺奥运金牌。他的奥运会总得分为 273 分，在美国队中排名第三，（仅次于卡梅隆·安东尼（336 分）和凯文·杜兰特（435 分）。

请访问网站 www.guinnessworldrecords.com/2025，在《偶像》专栏中了解关于詹姆斯的更多内容。

最多无人机组成的空中图案

　　2024 年 9 月 26 日，在深圳市文化广电旅游体育局主办的一场活动中，深圳大漠大智控技术有限公司和深圳广电谷得传媒有限公司在广东深圳使用 10 197 架无人机组成了最大的空中图案，并且创造了**单台电脑控制最多无人机同时升空**的纪录。

最长寿的大熊猫三胞胎

2014 年 7 月 29 日，大熊猫萌萌（雌性）、帅帅（雄性）和酷酷（雄性）在广东省广州市长隆野生动物世界圈养出生，成为**全球首例全部存活的大熊猫三胞胎。**

2024 年 7 月 29 日，经在广州市长隆野生动物世界认证，10 周岁的萌萌、帅帅和酷酷又创纪录，成为**最长寿的大熊猫三胞胎。**

中国纪录

最大规模的藏族擦擦展示

2024年8月29日，托弥颂宝札文化交流研究中心在青海省果洛藏族自治州玛沁县拉加镇举办的一场藏族擦擦展创下纪录，展品共有868 120件。

最大的室内滑雪场

根据2024年9月6日的认证结果，上海耀雪冰雪世界是全球最大的室内滑雪场，总面积为98 828.7平方米。

最大规模的六手联弹合奏

2024年8月2日，北京中奕嘉许管理咨询有限公司在山东省烟台市组织1 020人表演了最大规模的钢琴六手联弹合奏。

驾驶插电混动SUV满油满电零补能行驶的最远距离

2024年7月20日，由安徽奇瑞汽车销售有限公司在广东省珠海市完成的一场挑战活动中，奇瑞风云T10项目组驾驶的一台"风云T10"在中途不加油或充电的情况下行驶了2 169.641千米，刷新了插电混动SUV车型的里程纪录。

驾驶混动汽车到达的最高海拔

2024年7月4日，由深圳方程豹汽车销售有限公司组织的方程豹车队在西藏自治区完成挑战，该车队驾驶"豹5"混动赛车创了5 980.05米的最高行驶海拔高度。

最大的黄金贴金定制飞机摆件

2023年9月22日，深圳金雅福集团在广东省深圳市推出一件最大的黄金贴金定制飞机摆件，长宽高总和达到7.399米。

最大规模街舞表演（多场地）

2024年8月4日，街舞联盟在中国28个城市同步进行了最大规模的街舞表演（多场地），共有4 034名舞者参与。

最大规模的订单展示

2024年7月24日，浙江飞猪网络技术有限公司在浙江省杭州市举办了规模最大的订单集中展示，一共使用订单票据28 294张。

最大规模的滑冰系列赛

2024年1月30日，吉林省靖宇县人民政府举办了最大规模的滑冰系列赛，参赛者达到808人。

最长的羊肉串

2024 年 4 月 30 日，甘肃省庆阳市环县人民政府、供应链企业甘肃盛飞豪（大良制）、西安小杨烤肉和环县中盛羊业有限公司（中盛环有）共同完成挑战，成功烤制出 256.39 米长的世界最长羊肉串。

职业生涯最长的语言教师（女子）

语言教师执教生涯的最长纪录现归属于叶玉英（生于 1943 年 12 月 16 日）。叶老师从 1960 年到 2024 年 4 月 1 日一直在浙江省丽水市担任语文教师，任教时间长达 64 年 33 天。

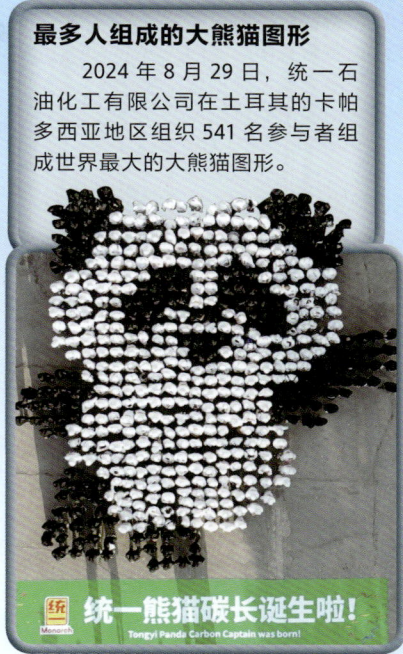

最多人组成的大熊猫图形

2024 年 8 月 29 日，统一石油化工有限公司在土耳其的卡帕多西亚地区组织 541 名参与者组成世界最大的大熊猫图形。

最大的家用空调哥德堡装置

2023 年 10 月 29 日，多米诺世界、广东美的制冷设备有限公司和影视飓风在浙江省杭州市共同打破世界纪录，用 68 个中央空调零部件做出了最大的家用空调机组哥德堡装置。

24 小时内学习线上数学课程人数最多

松鼠 Ai 智适应教育于 2024 年 9 月 21 到 22 日，在上海市组织了 112 718 人参与线上数学课程，荣获 24 小时内学习线上数学课程人数最多的吉尼斯世界纪录称号。

最大规模的打铁花表演

2024 年 4 月 20 日，山西省晋城市的司徒小镇举行了世界最大规模的打铁花表演，现场的表演者共有 108 名。

演出区域最大的沉浸式剧场

2024 年 5 月 29 日，上海深光文化旅游有限公司在上海市获得吉尼斯世界纪录认证，其打造的最大沉浸式剧场占地面积达到 12 110.833 平方米。

参赛队伍最多的龙舟赛

2024 年 5 月 31 日至 6 月 2 日，湖南省永州市道县人民政府组织的道州龙舟赛荣获最多参赛队的龙舟赛（团队）的吉尼斯世界纪录称号，共有 230 艘龙舟参赛。

最长的公路螺旋隧道

2024 年 5 月 15 日，中建路桥集团有限公司在河南省新乡市承建的韩口隧道创造了一项世界纪录，其中的螺旋形隧道部分长达 4 411.707 米，成为最长的螺旋形公路隧道。

最大规模的咖啡品鉴派对

2024 年 8 月 10 日，昆明滇池国家旅游度假区在云南省昆明市举办的一场咖啡品鉴活动创下世界纪录，共有 3 500 人参加。

最大规模的腰鼓舞

2024 年 6 月 28 日，自媒体创作者"南翔不爱吃饭"和陕之北安塞腰鼓表演团在陕西省延安市组织的一场腰鼓表演刷新了人数纪录，共有 1 492 人参与表演。

连续最多天跑半程马拉松（男子）

2023 年 3 月 27 日至 11 月 16 日，长跑爱好者刘艺海在内蒙古自治区满洲里市，将连续最多天跑半程马拉松（男子）的纪录改写为 235 天。

最大规模的鸡肉品鉴会

2024 年 8 月 10 日，内蒙古自治区乌兰察布市卓资县人民政府举办的熏鸡品鉴活动创下世界纪录，共有 588 人参加。

最大规模的扬琴合奏

2024 年 5 月 3 日，规模最大的扬琴合奏纪录在山东省青岛市诞生。刘月宁教授和中国乐器协会扬琴艺术专业委员会成功组织 425 人完成合奏表演。

两人一组连续踢传毽子次数最多

2024 年 3 月 8 日，母子档组合穆丹和沙泽闻在天津，以 1720 次成功完成两人一组连续踢传毽子最多的纪录挑战。

最高的跪姿跳起高度（男子）

2023 年 9 月 9 日，运动博主孙朴男在浙江省杭州市成功将男子跪姿跳起高度纪录刷新到了 76 厘米。

1 分钟内在蹦床上做最多的巴拉尼动作

2024 年 5 月 24 日，刘泽恩在天津卫视播出的一期《跨时代战书》节目中挑战 1 分钟内在蹦床上做最多巴拉尼动作的纪录，最后成功完成了 88 个。

1 分钟内做最多钻石俯卧撑（男子）

2024 年 4 月 23 日，洪钟韬在广东省广州市将 1 分钟内做最多钻石俯卧撑纪录（男子）的成绩刷新为 115 次。

最短时间抛接解 3 个魔方

2024 年 7 月 11 日，李志淏在福建省泉州市改写了最短时间抛接解 3 个魔方的世界纪录，成绩为 1 分 59.76 秒。

最大规模的儿童障碍跑锦标赛

2023 年 10 月 3 日，盛力世家（上海）体育文化发展有限公司在北京市举办了最大规模的儿童障碍跑锦标赛，共有 12 705 名儿童参加。

最大的牛仔裤

2024 年 9 月 27 日，玉林市谊兴纺纺织有限公司在广西壮族自治区玉林市缝制的一条牛仔裤裤长 76.34 米、腰围 58.164 米，创造了世界纪录。

最长时间用嘴持续吐水

2024 年 1 月 24 日，马辉在重庆市以惊人的肌肉控制能力将最长时间用嘴持续吐水的纪录提高了 6 倍，延长至 5 分 51.88 秒。

猫咪最快完成 10 米滑板滑行

2024 年 4 月 4 日，一只名叫"包子"的美国短毛猫和主人李江涛在浙江省温州市，用 12.85 秒创造了猫咪在滑板上行进 10 米的最快纪录。

1 分钟内做最多波比跳（残障级别 AA2，男子）

2024 年 8 月 18 日，10 岁男孩贲悦宸在河北省张家口市举办的斯巴达勇士儿童世锦赛的活动现场，在 1 分钟内完成 21 次波比跳动作。

1 分钟单指转手机的最多圈数

2024 年 3 月 9 日，在读大学生陈小清在福建省福州市以 320 圈的成绩刷新 1 分钟单指转手机最多圈数的纪录。

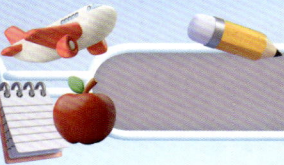

今年已提交的下列申请均在官方截止日期之后获得认证，现已收录到吉尼斯世界纪录数据库。

打扮成蜘蛛侠的最多人数

2023 年 6 月 3 日，在索尼影视娱乐马来西亚有限公司的召集下，想当网红的 685 人齐聚马来西亚巴生港的一家购物中心，通过角色扮演方式庆祝《蜘蛛侠：穿越蜘蛛大战》（美国）的上映。

借助泳池浮条同时漂浮的最多人数

2023 年 8 月 19 日，330 人携带漂浮辅助装备怡然自得地水上漂游在美国明尼苏达州的明尼通卡湖上。旨在帮扶退伍军人的"支持你项目"基金会（美国）组织了这次活动。

最大的水族馆

根据 2023 年 9 月 15 日的认证，中国珠海的长隆宇宙飞船有 75 350 969 升的展区蓄水容量。乐园里的 38 个水族箱里栖息着近 300 种鱼类、珊瑚和水生植物。乐园里多处景点创造出世界纪录，比如高 3.2 米的最大的室内人造浪和容纳 2 848 562 升水的最大活珊瑚礁展区。

以多米诺骨牌方式倒塌的最多麦片包装盒

2023 年 10 月 12 日，专注于食品健康的非营利团体"因饿而动"（美国）在美国密歇根州底特律市将 12 952 个麦片包装盒以多米诺骨牌的形式拼出文字"Topple Hunger（推翻饥饿）"。现场助兴的早餐品牌吉祥物托尼虎推动第一个盒子，盒子全部倒下用了 5 分钟。

1 小时骑行的最远距离（女子）

2023 年 10 月 13 日，维多利亚·布希（意大利）在墨西哥阿瓜斯卡连特斯的"200 周年赛车场"自行车馆 1 小时骑了 50.267 千米，刷新国际自行车联盟女子 1 小时纪录。2018—2021 年的前纪录也由她创造。

最大的水下人体金字塔

2023 年 11 月 11 日，65 名水肺潜水者在泰国克拉丹岛附近的海床上搭成了金字塔造型。MCM 通信公司和艺人阿玛拉·西丽蓬（均来自泰国）组织了此次水下特技表演。

最重的蓝莓

来自澳大利亚的布拉德·霍金、杰西卡·斯卡尔佐和玛丽·弗朗斯·库尔图瓦在澳大利亚新南威尔士州种出的一颗"绮年化"蓝莓重达 20.4 克，大约是常见野生蓝莓单果重量的 70 倍。这颗蓝莓在 2023 年 11 月 13 日采摘后进行了称量。

最长的折页版杂志

旺达咖啡马来西亚公司委托出版的一本折页宣传册完全展开后长达 715.2 厘米。这本特别版杂志的策划方为安培桑咨询公司，大锤通信公司（均来自马来西亚）负责出版。2023 年 11 月 17 日，这家纪录在马来西亚吉隆坡获得认证。

最大的充气城堡

依据 2023 年 11 月 20 日的实测结果，巴基斯坦信德省卡拉奇市的 Jumbo Jump 充气城堡占地 1 421 平方米。充气游乐区配有滑梯和攀岩墙，最多可同时容纳 200 人玩耍。

年龄最大的女性商业飞行员

2023 年 11 月 21 日，维珍航空公司的黛博拉·劳瑞（澳大利亚，1953 年 5 月 14 日出生）仍在驾驶航班，当时已经 70 岁 191 天。劳瑞早在 1973 年便取得飞行资格，直到 1980 年赢得针对一名前雇主的性别歧视诉讼后才开始执行飞行任务。劳瑞机长是澳大利亚的首位女性商业航班飞行员，目前的飞行时长已达 20 000 小时。

足球表演赛登场的最多球员数

2023 年 11 月 23—26 日，公益项目"川根孙站起来！"（日本）在日本静冈县川本町组织了一场 72 小时的足球马拉松，先后上场的球员达 2 391 名。终场哨响后，绿队以 325：302 战胜红队。

用脚完成的最大画作

2023 年 11 月 30 日，专业画家瓦伊巴夫·库马尔·夏尔马（印度）在印度贾坎德邦拉姆加尔只用双脚创作了一幅 189.89 平方米的作品，主题是在世界之巅冥想的人物画像。

彩弹射击的最多人数

2023 年 12 月 16 日，饮料品牌"Mountain Dew"和"Etika"（均来自马来西亚）在马来西亚吉隆坡组织了一场挑战活动，共有 298 名彩弹枪爱好者同时向目标发起攻击。参与者还用 4 715 个彩弹球拼出了英文单词"DEW"，创造了最大的彩弹球单词的纪录。

1 分钟吃完树莓的最多个数

2023 年 12 月 17 日，彼得·利希瓦拉（美国）在美国伊利诺伊州斯普林菲尔德争分夺秒地吞下 95 颗树莓，他每次只能吃一颗。彼得从波兰野生树莓林的回忆中产生了挑战灵感。

立稳 6 枚鸡蛋的最短用时

2023 年 12 月 30 日，布莱恩·斯波茨（美国）在美国科罗拉多州费尔斯通创造了纪录，用时 26.46 秒便将 6 枚鸡蛋稳稳立在平面上。布莱恩之前创造过平衡 12 枚鸡蛋最快的纪录，但在 2015 年 1 月 26 日被西尔维奥·萨巴（意大利）改写为 51.9 秒。

规模最大的滑雪课

2023 年 12 月 30 日，冬奥会双料冠军佩特尔·诺苏格（挪威）向 604 名学员教授滑雪技巧，教学场地在挪威哈弗耶尔山的莫斯特托潘滑雪场。这是扬特洛佩特滑雪节的一个重要组成部分。

穿 5 件 T 恤衫的最短用时（16 岁以下）

2024 年 1 月 5 日，在印度古吉拉特邦米塔塔尔，阿罗希·维塔拉尼（印度）仅用 8.31 秒就穿好了 5 件 T 恤衫。同学和家长在学校里见证了她的挑战过程。

1 小时玩冰滑梯的最多人数

2024 年 1 月 14 日，在蒙古国乌兰巴托举行的首届马扎莱国际冰雪节上，玩冰滑梯项目的人数达到 405 人。蒙古国旅游组织、环境和旅游部以及文化部全程监督了这一活动。

最大的气球龙造型

2024 年 1 月 24 日，来自中国的气球艺术家彭思泰（又名威尔逊）和何坤龙在中国香港的屯门市广场展示了一条长 41.77 米的巨龙。成品由大约 38 000 个可生物降解的橡胶气球扎成，而且没有使用其他材料充当支撑框架。

由人拼成的最大无穷符号

2024 年 1 月 26 日，GRACE 基金会与圣约瑟夫海滨中学（均来自美国）合作，在美国纽约州斯塔滕岛组织 1 540 人排成了无穷大符号"∞"。

非营利组织 GRACE 基金会曾于 2023 年 4 月 19 日集合 2 423 人组成最大的人体拼图。

最大的纯素糕点

2024 年 2 月 3 日，瑞士的一家烘焙店 Bakery Bakery 在瑞士伯尔尼制作了一个重 263 千克、长 22.75 米的巨型巧克力面包。

1 分钟用大腿夹碎西瓜的最多个数（女子）

2024 年 2 月 5 日，来自土耳其的戈兹德·多安在意大利米兰的电视节目《纪录秀》中表演绝技，仅用大腿就破开了 5 个西瓜。

同一日，克兰提·库马尔·潘尼克拉（印度）也创造了纪录，1 分钟用锤子将最多的钉子插入鼻孔——22 根。

最大的立式灯笼

2024 年 2 月 9 日，一座巨型牡丹花灯在中国洛阳面世。为庆祝中国龙年，200 名工匠制作了这个直径 45 米、高 24.8 米的"牡丹灯皇"，大小相当于一栋 8 层大楼，其内部光源有 53 000 个。巨型花灯在施工过程中经受住了两次暴风雪和 7 级大风的考验。该项目得到洛阳文化旅游投资集团有限公司、成都日报锦观传媒有限公司和河南大河文化发展有限公司（均来自中国）的大力支持。

男子 100 米自由泳的最快成绩

2024 年 2 月 11 日，潘展乐（中国）在卡塔尔多哈举行的世界游泳锦标赛上取得突破，用 46.80 秒游完了一个来回自由泳决赛。他还在男子 4×100 米自由泳接力赛游第一棒，帮助中国队夺得冠军。

横渡福尔斯湾的最短用时（男子）

2024 年 2 月 20 日，巴伦德·诺特耶（南非）从南非的米勒角游到对面的鲁伊埃尔斯，共用时 7 小时 28 分 15 秒。该成绩得到了开普角长距离游泳协会的确认。

阵容最大的卡塔克舞

在 2024 年 2 月 20 日举行的第 50 届卡朱拉霍舞蹈节上，1 484 名舞者一起用传统舞蹈为印度的寺庙之城卡朱拉霍增添了光彩。印度中央邦政府文化部组织了这场古典舞蹈盛会。

持续时间最长的旅行视频直播

2024 年 2 月 20—22 日，墨西哥旅游部长米格尔·托鲁科·马奎斯将自己的环球之旅拍成视频，时长达 40 小时 2 分 20 秒。从墨西哥启程后，他经由日本东京飞往土耳其伊斯坦布尔。这是他在飓风"奥蒂斯"过境后为宣传阿卡普尔科市做的努力。

收藏量最大的童子军邮票

截至 2024 年 2 月 22 日，马尼拉的金·罗伯特·德莱昂（菲律宾）收集了 3 289 张童子军主题邮票。2000 年加入童子军的金现在是菲律宾童子军组织秘书长。

24 小时完成引体向上的最多次数（男子）

2024 年 2 月 22—23 日，日本选手足力健太在日本山口县周南市做了 8 940 个引体向上，比前纪录多了 340 个。

身穿夏威夷衫的最多人数

2024 年 2 月 24 日，在奥兰多阳光北极圈队迎战亚特兰大角斗士队的美国 ECHL 联盟冰球比赛现场变成了"海滩之夜"秀场，1 254 名观众身着色彩鲜艳的花衬衫助阵。球员和官员也不甘寂寞，球员的球衣换成了夏威夷风格，裁判则装扮成救生员。

最长的舞龙

2024 年 2 月 24 日，中国内蒙古自治区赤峰市的 3 250 名表演者将 6.5 千米长的羊绒彩龙舞动得活灵活现。这条中华神兽的面料来自赤峰东黎羊绒股份有限公司。

用弹跳球行进 20 米的最短用时（女子）

2024 年 2 月 28 日，S4C 电视台在英国卡马森郡的彭布雷乡村公园拍摄《吉尼斯世界纪录威尔士版 2024》专题节目，主持人瑞安娜·洛伦（英国）用 11.77 秒跳进了这本书。

同一天，残疾人滑雪团队 Ski4All（英国）也在卡马森完成了 1 小时适应性接力滑雪距离最远挑战，累计滑了 13.75 千米。

最幸福的国家

根据 2024 年 3 月公布的调查结果，芬兰国民的满意度得分为 7.741 分（满分 10 分），在 143 个国家当中排在首位，丹麦（7.583 分）位列第二。民调机构盖洛普、牛津大学福祉研究中心、联合国可持续发展解决方案网络和《世界幸福报告》编委会联合进行了此项调查。

猪肉菜肴展示的最多种类

2024 年 3 月 1 日，菲律宾全国养猪户联合会在奎松市的"昆腾天景网关购物中心"推出 313 种猪肉菜肴配方，比如各种口味的肉丸、排骨、饺子和炒菜。

最长的悬臂式建筑

阿联酋迪拜的 One Za'abeel 项目中的两座塔楼通过 230 米长的空中连廊 The Link 相连。有 67.227 米的连廊使用了悬臂构造。该项目由日本建筑咨询公司负责设计，2024 年 3 月 1 日获得纪录认证。

最大的动漫店

根据 2024 年 3 月 1 日的认证结果，日本动漫零售商 Animate 的旗舰店"池袋本店"的建筑面积为 8 554.673 平方米。这座位于东京都丰岛区的 10 层建筑内还有一间影院和多个展厅。

冰面下闭气游泳的最远距离（单蹼无潜水服，男子）

2024 年 3 月 2 日，斯坦尼斯瓦夫·奥德比瓦列克（波兰）在挪威康斯伯格的迈苏斯塔湖冰面下游了 110.44 米。在阿尔夫·格拉夫宁根组织的两天冰泳挑战活动中产生了多项纪录，包括曼迪·萨姆纳（美国）的冰面下闭气游泳最远距离（双蹼无潜水服，女子）纪录——75.13 米，和安伯·费拉里（南非）的冰面下闭气游泳最远距离（单蹼无潜水服，女子）纪录——110.44 米。

立式桨板上时间最长的手倒立

2024 年 3 月 6 日，托里·库比克（美国）在美国佛罗里达州杰克逊维尔创造了纪录，他用倒立姿势在水面上的立式桨板上坚持了 1 分 43 秒。别名 conTORItion 的托里是一名柔术演员，曾在太阳马戏团表演节目。

打扮成爱因斯坦的最多人数

2024 年 3 月 6 日，885 位"阿尔伯特·爱因斯坦"现身美国加州旧金山。他们都是客户管理服务商 Salesforce（美国）的员工化装而成。必备道具包括白色假发和实验室工服，当然还有浓密的小胡子。

排量 50cc 的滑板车行驶 24 小时的最远距离

2024 年 3 月 6—7 日，瓦莱里奥·博尼（意大利）驾驶 Vespa 50 动力滑板车跑了 1 233 千米。他在西班牙巴塞罗那圣佩德雷德里比斯的锡切斯-特拉马尔赛道上完成了挑战。2022 年 5 月，博尼曾在意大利利贝拉莫创造助力小轮车行驶距离最远纪录——740.9 千米。

1 分钟吃下的最多辣酱

2024 年 3 月 8 日，在美国得克萨斯州达拉斯市的塔可钟餐厅，"铁嘴钢牙"的蔡斯·布德肖（美国）吃下 332.7 克辣味十足的调味酱。同日，埃里斯·卡扎雷斯（墨西哥）在达拉斯追平了 1 分钟制作汉堡包数最多纪录——8 个。前纪录是乔治·巴特勒（英国）于 2021 年 3 月 29 日在英国伦敦创造的。

最大的切割坦桑石

2024 年 3 月 9 日，珠宝设计师娜奥米·萨纳（美国）公布了一颗 703.4 克拉（140.68 克）的坦桑石雕刻作品，几乎与台球一样重。娜奥米将这颗在乞力马扎罗山脚下购得的蓝紫色宝石命名为"蓝色时光"。她希望把售卖"蓝色时光"的利润用于公益方面——为坦桑尼亚的马赛人提供眼部护理。

1 分钟旋转着火物品的最多周数

2024 年 3 月 10 日，打破多项纪录的武术家穆罕默德·拉希德（巴基斯坦）在巴基斯坦信德省卡拉奇市将一根燃烧的木杆旋转了 195 周。

轮滑行进 25 米的最低高度

2024 年 3 月 10 日，在印度古吉拉特邦艾哈迈达巴德，6 岁的塔什维·瓦哈尼（印度）在离地仅 16 厘米的横杆下完成了轮滑穿越。

最大的 momo 宴

2024 年 3 月 15 日，可口可乐公司（美国）在尼泊尔加德满都为 511 名当地人准备了晚餐，招待他们的唯一食物是名为 momo 的当地传统蒸饺。

蒙眼速解魔板的最短用时

2024 年 3 月 15 日，杨心静（中国）在中国福建省厦门市通过翻转折叠，仅用 0.879 秒便复原了这种智力玩具。

1 分钟完成乒乓球撞墙的最多次数

2024 年 3 月 16 日，阮黄龙（越南）在越南胡志明市守德郡连续将乒乓球击向墙壁 234 次，平均每秒击球接近 4 次。

获得英国电影和电视艺术学院奖（BAFTA）电视奖最佳女主角提名的最年轻演员

2024 年 3 月 20 日，第 70 届 BAFTA 电视类奖项提名结果揭晓，年仅 20 岁 177 天贝拉·拉姆齐（英国，生于 2003 年 9 月 25 日）有幸入围。在末日题材电视剧《最后生还者》（HBO Max/Sky Atlantic 出品）中，拉姆齐饰演艾莉。该剧集改编自顽皮狗的同名 PS 游戏。

平板支撑的最长时间（女子）

2024 年 3 月 21 日，在加拿大阿尔伯塔省马格拉斯市，多娜让·怀尔德（加拿大）保持了 4 小时 30 分 11 秒平板支撑姿势。她把前纪录保持者、加拿大同胞达娜·格罗纳克（参见第 115 页）的纪录提高了 10 分钟。从副校长职位上退休的多娜让每天坚持练习 2 ~ 3 小时！

堆叠 20 块威尔士蛋糕的最短用时

2024 年 3 月 21 日，约兰达·布朗（英国）在吉尼斯世界纪录伦敦总部用时 19.58 秒平稳叠放好了 20 块威尔士蛋糕。这位获奖的萨克斯演奏家同日又获得 Kickstarter 平台餐厅项目众筹金额最高纪录证书，所获 248 148 英镑用于她的 Soul Mama 餐厅。

FIS 跳台滑雪世界杯赛获得积分的年龄最大的选手

2024 年 3 月 22 日，葛西纪明（日本，生于 1972 年 6 月 6 日）在斯洛文尼亚普莱尼察举行的世界杯比赛中获得第 29 名，在 51 岁 290 天时仍然拿到了这项年度大赛的积分，距其首次获得世界杯积分已经过去了 34 年。

葛西纪明还将 FIS 跳台滑雪世界杯单项比赛出场次数最多的纪录扩大到 578 场。

花样滑冰男子自由滑的最高得分

2024 年 3 月 23 日，在加拿大魁北克省蒙特利尔市参加世锦赛的"四周跳之神"伊利亚·马里宁（美国）在自由滑比赛中获得 227.79 分，赢得个人首个世锦赛冠军。伴随着 HBO 剧集《继承之战》的主题音乐，19 岁的马里宁 6 次完成高难度的四周跳。

最小的人形机器人

根据 2024 年 4 月 6 日的认证结果，工程专业的学生三津谷龙彦（日本）在日本名古屋制作的微缩机器人只有 57.6 毫米高，其尺寸还不到前纪录保持者（见第 171 页）的一半。

Spotify 平台 24 小时播放量最高的专辑

2024 年 4 月 19 日，泰勒·斯威夫特的第 15 张录音室专辑《苦难诗社》在发行首日就收获 313 747 178 次的流媒体播放量。"霉霉"与波兹·马龙（美国）合作的主打歌曲《两星期》则是该专辑的流量王，以 25 204 472 次的播放量成为 Spotify 平台 24 小时播放量最高的单曲。

致谢

SVP Global Publishing
Nadine Causey

Editor-in-Chief
Craig Glenday

Managing Editor
Adam Millward

Senior Researchers
Tom Beckerlegge,
Ben Hollingum

Junior Editor
Caitlin Hyem

Layout Editor
Rob Dimery

**Proofreading
& Fact-Checking**
Matthew White

Picture Editors
Alice Jessop, Abby Taylor

**Director of Publishing
& Book Production**
Jane Boatfield

**Production & Distribution
Director**
Patricia Magill

**Production & Distribution
Manager**
Thomas McCurdy

Talent Researchers
Charlie Anderson, Hannah
Prestidge

Design
Paul Wylie-Deacon
and Richard Page at
55design.co.uk

Cover Design
Chris Labrooy

Indexer
Marie Lorimer

**Head of Commissioned
Content**
Michael Whitty

Original Photography
Brien Adams, Alberto
Bernasconi, Ian Bowkett,
Bob Croslin, James Ellerker,
Santiago Garcés, Gabriel
Gurrola, Krishnendu Halder,
Paul Michael Hughes,
Erik Isakson, Shinsuke
Kamioka, John F Martin,
Kevin Scott Ramos

Original Artwork
Daniel Clarke, Julio
Lacerda,
The Maltings Partnership

Production Consultants
Yannick Laag, Astrid
Renders, Kevin Sarney,
Maximilian Schonlau,
Dennis Thon

Printing & Binding
Mohn Media Mohndruck
GmbH, Gütersloh, Germany

Global Marketing Director
Nicholas Brookes

**Head of Publishing &
Brand Communications
(UK & International)**
Amber-Georgina Maskell

**PR Manager
(UK & International)**
Madalyn Bielfeld

**PR Executive
(UK & International)**
Alina Polianskaya

**Marketing Executive
(UK & International)**
Nicole Dyer-Rainford

**Senior Content Manager
(UK & International)**
Eleonora Pilastro

**Senior PR Manager
(Americas)**
Amanda Marcus

**Senior PR Executive
(Americas)**
Kylie Galloway

CRM Marketing Manager
Jody Ho

Global Sales Director
Joel Smith

**Senior Key Account
Manager**
Mavis Sarfo

**International Sales
Manager**
Aliona Ladus

Reprographics
Resmiye Kahraman
and Louise Pinnock
at BORN Group

Global President
Alistair Richards

Governance
Alison Ozanne

Global Finance
Elizabeth Bishop, Jess Blake, Arianna Cracco, Lisa Gibbs, Kimberley Jones, Jacob Moss, Bhavik Patel, Ysanne Rogers
Business Partnering: Sian Bhari, Lorenzo Di Sciullo, Thomas Jones, Maryana Lovell

eCommerce
Sara Kali, Athina Kontopoulou, Scott Shore

Global Legal
Mathew Alderson, Greyson Huang, Matthew Knight, Maria Popo, Jiayi Teng

IT & Global Operations
Rob Howe
Project Management: Caroline Brouwer, Vivian Peter
Digital Technology & IT: Anita Casari, Mohamed Hanad Abukar, Oliver Hickie, Veronica Irons, Joshua Jinadu, Apon Majumder, Sohail Malik, Benjamin McLean, Ajoke Oritu, Cenk Selim, Gerry Sweeny, Roelien Viljoen, Alex Waldu

Central Records Services
Mark McKinley
Record Content Support: Lewis Blakeman, Amelis Escalante, Clea Lime, Will Munford, Mariana Sinotti, Dave Wilson, Melissa Wooton
Records Curation Team: Nana Asante, Erin Branney, Megan Bruce, Dominic Heater, Esther Mann, Thomas Marshall, William Sinden

Global People & Culture
Stephanie Lunn
London: Eleonora Angelova, Jackie Angus, Gurpreet Kaur, Monika Tilani
Americas: Jennifer Olson, Mariama Sesay
China: Crystal Xu, Nina Zhou
Japan: Emiko Yamamoto
UAE: Monisha Bimal **Brand & Digital**
Katie Forde

Brand Strategy & Communications
Jack Brockbank, Juliet Dawson, Lucy Hunter, Doug Male

TV & Digital
Karen Gilchrist
Social Media: Josephine Boye, Dominic Punt, Dan Thorne
Website Content: Sanj Atwal, Vassiliki Bakogianni, Vicki Newman
Commissioned Content: Michael Whitty
Video Production & Design: Callum Dean, Rebecca Fisher, Jessica Hargrave, Orla Langton, Rikesh Mistry, Fran Morales, Matthew Musson, Joseph O'Neil, Catherine Pearce, Aaron Quinn, Emma Salt
Content Licensing: Kirsty Clark, Kathryn Hubbard, Kate Stevenson

GWR Entertainment
Alexia Argeros, Fiona Gruchy-Craven, Paul O'Neill, Alan Pixsley

Global Consultancies
Marco Frigatti
Global Demand Generation: Angelique Begarin, Melissa Brown
Global Product Marketing: Catherine Blyth, Aled Mann, Rebecca Ward

Americas Consultancy
Carlos Martinez
Commercial Account Services: Isabella Barbosa, Mackenzie Berry, Brittany Carpenter, Carolina Guanabara, Ralph Hannah, Kim Partrick, Michelle Santucci, Joana Weiss
Commercial Marketing: Nicole Pando, Ana Rahlves
Records Management: Raquel Assis, Lianett C Fernandez, Maddison Kulish, Alba (Niky) Pauli, Callie Smith, Carlos Tapia Rojas

Beijing Consultancy
Charles Wharton
Content Licensing: Chloe Liu
Editorial: Angela Wu
Commercial Account Services: Catherine Gao, Linda Li, Xiaona Liu, Tina Ran, Amelia Wang, Elaine Wang
Commercial Marketing: Theresa Gao, Nicole Kang
Events Production: Fay Jiang

Brand Communications: Echo Zhan, Yvonne Zhang
Records Management: Vanessa Tao, Kaia Wang, Richard Xie, Vertin Pang, Alicia Zhao

Dubai Consultancy
Talal Omar
Commercial Account Services: Sara Abu-Saad, Khalaf Badi, Naser Batat, Danny Hickson, Mohammad Kiswani, Kamel Yassin
Commercial Marketing: Shaddy Gaad
Brand & Content Marketing: Mohamad Kaddoura, Alaa Omari
PR: Hassan Alibrahim
Records Management: Reem Al Ghussain, Sarah Alkholb, Dina Charafeddine, Hani Gharamah, Karen Hamzeh

London Consultancy
Sam Prosser
Commercial Account Services: Nick Adams, Monika Drobina, Sirali Gandhi, Shanaye Howe, Nick Hume, Spoorthy Prakash, Nikhil Shukla, Lucia Sinigagliesi, Nataliia Solovei
Commercial Marketing: Amina Addow, William Baxter-Hughes
Records Management: Muhammad Ahmed, Shreya Bahuguna, Andrew Fanning, Apekshita Kadam, Ted Li, Francesca Raggi

Tokyo Consultancy
Kaoru Ishikawa
Commercial Account Services: Saif Alamannaei, Minami Ito, Takuro Maruyama, Yumiko Nakagawa, Nana Nguyen, Yuki Sakamoto, Wei Watanabe, Masamichi Yazaki
Commercial Marketing: Momoko Cunneen, Hiroyuki Tanaka, Eri Yuhira
Event Production: Yuki Uebo
Brand Comms: Kazami Kamioka, Masakazu Senda
Records Management: Aki Makijima, Mai McMillan, Momoko Omori, Naomi-Emily Sakai, Lala Teranishi

Acknowledgements

55Design (Hayley Wylie-Deacon, Tobias Wylie-Deacon, Rueben Wylie-Deacon, Linda Wylie, Vidette Burniston, Lewis Burniston, Paul Geldeart, Sue Geldeart, Jay Page, Ellice Page, Bruno, Zeus, Macy), Arizona Science Center (Sari Custer, Guy Labine, Matthew Schwartz), Atmosphere Inc (Sebastian Quinn and team), Banijay Group Italia & Mediaset (Gabriela Ventura, Silvia Martini and teams), Susan Bender, Big Yellow Self Storage Liverpool (David Reason, Bev Rose), Linda Blyth, Lance Burnett, Cepac Ltd, City Museum (Kieran Burke, Maria Cassilly, Hue Eichelberger, Katy Enrique, Rick Erwin, Eric Gilbert, Joel Heckaman), Codex Solutions Ltd, Copenhagen GWR Museum (Phyllis Calloway, Henri Sokou), DataWorks Plus, Definition Group, Ezoic (Claire Johnson), FJT Logistics Ltd (Ray Harper), Grafit Display Hire Ltd (Paul Harrison, Antonia Johnston), GWR Kids (Pip Anderson, Clara Capgras, Juliet Capgras, Max Capgras, Georgia Grisdale, Samuel Holder, Isaac Holder, Frederick Lazell, Millicent Hume, Harriet Hume, Ellie Jones, Mylo Louw, Willow Sparkle Flower Marsh, Sydney Quince, Derrick Reynolds, Ivy Roelien, Adam Roelien, Michael Sarfo, Thea Simpson, Kaiden Testler Jagpal, Sapphire Testler Jagpal, Isabella Whitty, Clara Walker Knight, Suhana Tilani, Vesna Velkova Djurdjevic, Grace Wild, Sam Wild), Duncan Hart, Roger Hawkins, Matt Hillman, Hollywood GWR Museum (Nick Norman, Kirin Sundher, Raubi Sundher, Tej Sundher), IMG Media
(Tim Ball) and ITV, Kidoodle (Brenda Bisner), Left Brain Games, Chris Lumb, Meta (Dan Biddle), Mintaka (Torquil Macneal, Tim Stuart), Mirage Entertainment (David Draves, Debra Draves), Mohn Media (Yannick Laag, Astrid Renders, Kevin Sarney, Maximilian Schonlau, Jeanette Sio, Dennis Thon), MSC Cruises (Mihaela Carlan, Andrea Correale, Biagio De Girolamo, Steve Leatham, Carlos Ponzetto, Thiago Lucio Santos Vieira), Orchard Wales and S4C (Jessie Lewis, Maisy Williams and team), Papercup (Luis, Idil), Parque de las Ciencias (Xavier A Colon Rivera, Jorge Jorge, Katherine Otero), Robert Partis, Ping Leisure Communication Ltd (Claire Owen), Precision Proco, Prestige Design (Jackie Ginger), Production Box (Milad Khalil, Christy Semaany), Propworks (Emma Banwell, Dan Lee, Annie Lumby, Pauline McGrath, Flo Minchella, Charlie Stoddart, Jess Way, Rosie Young), RCSSD (Clara Clark, Kristen Gilmore, Sophie Williams, Dot Young), Ripley's Office (William Anthony, Tacita Barrera, John Corcoran, Todd Hougland, Jim Pattison Jr., Brian Relic, Clay Stewart), Devonte Roper, Science North (Marc Gareau, Kris Gurnsey, Ashley Larose, Chris Theriault, Pamela Therrien), Liz Smith, Snap Inc (Lucy Luke), Stark RFID, Steinbeis Papier GmbH, The Production Suite (Jo Boase Zoe, Vaux-Thompson, Beverley Williams, Lorna Williamson), Tinizine (Luca Fiore), Julian Townsend, Sally Treibel, Uplause (Veli-Pekka Marin, Jussi Marin)

《智力大比拼》答案提示（问题在第98页）
国旗：澳大利亚、巴西、斯威士兰；
《星球大战》角色：渡藤、尤达、BB-8；
足球俱乐部徽章：巴塞罗那、托特纳姆热刺、尤文图斯

"吉尼斯大测试"答案（问题在第190～191页）
1. a（人们认为它可以召唤亡灵来抵御疾病） 2. c（高达1.2米）
3. b 4. a 5. b
6. b 7. a 8. c
9. a 10. a 11. b
12. a 13. c 14. b
15. b 16. a 17. c（麦当劳最畅销的菜品是炸薯条）
18. c 19. c 20. a
21. c 22. b 23. c
24. a